市场竞争法与创新战略

唐珺 著

知识产权出版社
全国百佳图书出版单位

图书在版编目（CIP）数据

市场竞争法与创新战略/唐珺著. —北京：知识产权出版社，2017.2
ISBN 978-7-5130-4792-0

Ⅰ. ①市… Ⅱ. ①唐… Ⅲ. ①市场竞争—经济法—研究 Ⅳ. ①D912.294.04

中国版本图书馆CIP数据核字（2017）第043224号

内容提要

为了在全球新一轮竞争中把握主导权和主动权，各国均加大力度创新，全球创新竞争手段更趋多样且日趋激烈。竞争与战略机制是市场机制的核心，竞争法与战略布局是市场经济的基石，创新是转化为经济增长驱动力的能力；这样的链条在市场经济成熟国家发挥重要作用已过百年，市场经济越发达和经济发展越健康的国家，越知晓如何运用竞争法与战略规划相结合促进市场乃至一个国家（地区）的经济发展。

本书可作为法学专业、经济与管理专业的本科生、研究生的教材使用。

责任编辑：崔 玲	责任校对：谷 洋
封面设计：SUN工作室 韩建文	责任出版：刘译文

市场竞争法与创新战略
Shichang Jingzhengfa Yu Chuangxin Zhanlüe
唐珺 著

出版发行：知识产权出版社有限责任公司	网 址：http://www.ipph.cn
社 址：北京市海淀区气象路50号院	邮 编：100081
责编电话：010-82000860转8121	责编邮箱：cuiling@cnipr.com
发行电话：010-82000860转8101/8102	发行传真：010-82000893/82005070/82000270
印 刷：北京中献拓方科技发展有限公司	经 销：各大网上书店、新华书店及相关专业书店
开 本：720mm×1000mm 1/16	印 张：21.25
版 次：2017年2月第1版	印 次：2017年8月第2次印刷
字 数：388千字	定 价：48.00元
ISBN 978-7-5130-4792-0	

出版权专有 侵权必究
如有印装质量问题，本社负责调换。

前　言

为了赢得国际竞争优势，西方法学界、经济学界和管理学界一直将市场竞争法与战略理论置于学术研究的前沿地位，从而大大推动了市场竞争法与战略理论的发展与创新。德国社会市场经济的设计者、曾任联邦德国总理的路德维希·艾哈德在其著作《来自竞争的繁荣》中有言："竞争是获得繁荣和保证繁荣最有效的手段。只有竞争才能使作为消费者的人们从经济发展中得到实惠。它保证随着生产力的提高而俱来的种种利益，终于归人们享受。"竞争与战略机制是市场机制的核心，竞争法与战略布局是市场经济的基石，其在市场经济成熟国家发挥重要作用已过百年，市场经济越发达和经济发展越健康的国家，越知晓如何运用竞争法与战略规划相结合。一个国家（地区）没有竞争法，就不可能有市场经济；没有良好的竞争法制的有效保障与有效的战略规划，市场经济的运行机制就会出现严重问题。竞争法在市场主体的经营和发展战略中具有非常重要的作用，能更好地防范和控制法律风险。

我国正在积极推进市场经济体制建设与战略布局，1993年国家颁行了《反不正当竞争法》[1]，2007年国家又颁布了《反垄断法》，我国的竞争法律体系也根据市场的变化与创新，在不断地细化和完善。本书阐释和论述了我国的市场经济、企业行为和参与国际竞争需要怎样的竞争法律制度与战略创新思维，并结合我国的《反垄断法》和最近彻底修改的《反不正当竞争法（修订草案）》，介绍了国内外的相关制度及其最新进展，并论述了我国现代竞争法律制度的形成、完善与市场主体的战略规划。

国内竞争法体系的教材大多理论性有余而实用性不足，也比较忽视竞争法本身与经济管理相结合的本质，造成国外理论与制度阐述过多而结合本国

---

[1] 2016年11月23日，国务院通过了《反不正当竞争法（修订草案）》，该草案于2017年2月23日提请全国人民代表大会常务委员会审议。

国情对国内制度的剖析不足。当前我国法学本科教育正从偏重理论性教学向偏重实践性实用性教学模式转型，研究生教育也深受影响，社会对人才的要求更趋向于多面性、复合型，当前竞争法体系的相关教材，需要更新理论并及时更新内容来适应这种转变，以满足教学与社会需求。本教材在内容上包括竞争法基础理论、反垄断法律制度、反不正当竞争法律制度与市场创新战略四大部分，积极适应我国当前和今后的法学教育转型，注重实用性和实务性，不仅适用于法学专业学生，还适用于经济与管理专业的学生，符合社会对培养合格人才、努力建设一流的实用的教材的要求。

  总体而言，本教材在写作中遵循如下原则：一是立足国内，借鉴国外，注重中外比较研究；二是立足理论，结合实际，讲究理论联系实践；三是立足市场，总结过去，探索未来发展趋势；四是立足实用，深入浅出，方便学生学习掌握。

  本教材最大的特色就是立足我国逾30年的改革开放历史进程，根据市场经济的现实与未来发展趋势，阐明富有中国特色的竞争法制的构建、完善、如何与战略结合创新，以及未来发展趋势。

目 录

第一章 市场经济、竞争法与创新战略 ············ 1
 第一节 市场经济与竞争 / 1
 第二节 竞争法与世界竞争立法 / 3
 第三节 竞争法的多元化目的 / 9
 第四节 市场创新战略 / 11

第二章 竞争法的体系与模式 ············ 18
 第一节 各国（地区）的竞争立法模式 / 18
 第二节 反不正当竞争法和反垄断法之间的关系 / 20
 第三节 我国的竞争法体系 / 22
 第四节 竞争法与知识产权法的关系 / 24

第三章 市场反垄断法 ············ 29
 第一节 市场垄断的基本理论 / 29
 第二节 市场失灵理论 / 36
 第三节 反垄断法的立法 / 39
 第四节 反垄断法的立法目的与法律地位 / 41
 第五节 知识产权反垄断的思考 / 44

第四章 市场垄断协议规制制度 ············ 48
 第一节 垄断协议概述 / 48
 第二节 垄断协议的规制原则 / 54
 第三节 横向垄断协议 / 57
 第四节 纵向垄断协议 / 64

第五章 滥用市场支配地位的规制制度 ············ 73
 第一节 市场支配地位概述 / 73
 第二节 市场支配地位的界定 / 76

第三节 市场支配地位的滥用 / 83

第六章 经营者集中控制制度 …… 98
第一节 经营者集中的反垄断法界定 / 98
第二节 经营者集中的分类及意义 / 100
第三节 经营者集中控制实体标准与申报制度 / 103

第七章 行政性垄断规制制度 …… 107
第一节 行政性垄断概述 / 107
第二节 我国对行政性垄断的规制 / 113
第三节 行政性垄断行为的抗辩与现行法律责任 / 118
第四节 规制行政性垄断制度的缺失 / 121
第五节 完善行政性垄断法律责任的制度建议 / 124

第八章 反垄断法适用除外制度 …… 128
第一节 反垄断法适用除外制度的概述 / 128
第二节 反垄断法适用除外制度的适用 / 135
第三节 我国反垄断法域外适用的规定及其完善 / 145

第九章 不正当竞争与反不正当竞争法 …… 152
第一节 不正当竞争的内涵 / 152
第二节 反不正当竞争立法与修改 / 155

第十章 市场混淆行为规制制度 …… 162
第一节 市场混淆行为概述 / 162
第二节 对知名商品的侵权行为 / 164
第三节 擅自使用他人商标的市场混淆行为 / 167
第四节 擅自使用他人企业名称与域名的混淆行为 / 170

第十一章 商业贿赂行为规制制度 …… 174
第一节 商业贿赂行为的概述 / 174
第二节 对商业贿赂行为的认定 / 178
第三节 在公共服务中的商业贿赂行为 / 183
第四节 未如实记载的商业贿赂行为 / 188
第五节 给付有影响第三方经济利益的商业贿赂行为 / 191

第六节　商业贿赂的定性处理 / 194

第十二章　虚假商业宣传行为规制制度 …………………………… 197
　　第一节　虚假宣传的概述 / 198
　　第二节　虚假商业宣传行为的认定 / 200
　　第三节　引人误解或虚假宣传行为的表现形式 / 203
　　第四节　片面的虚假宣传 / 205
　　第五节　对未定论观点与现象的宣传 / 207
　　第六节　歧视性语言的广告宣传 / 209
　　第七节　侵害商标权及不正当竞争纠纷案 / 210

第十三章　商业秘密的规制制度 …………………………………… 212
　　第一节　商业秘密的概念、特征和范围 / 212
　　第二节　不正当手段获取商业秘密 / 215
　　第三节　披露、使用或者允许他人使用不正当手段
　　　　　　获取商业秘密 / 218
　　第四节　违反约定披露、使用或者允许他人使用 / 219
　　第五节　第三人明知或者应知视为侵犯商业秘密 / 221
　　第六节　商业秘密保护与举证 / 221
　　第七节　商业秘密豁免披露规定 / 224

第十四章　商业诋毁行为规制制度 ………………………………… 226
　　第一节　商业诋毁概述 / 226
　　第二节　对商业诋毁行为的认定 / 228
　　第三节　诋毁新技术 / 230
　　第四节　案析商业诋毁行为 / 233
　　第五节　商业诋毁反诉 / 240
　　第六节　商业诋毁和虚假宣传相竞合 / 242

第十五章　串通招标投标行为规制制度 …………………………… 244
　　第一节　串通招标投标行为概述 / 245
　　第二节　隐蔽的串通投标纠纷证明标准 / 248
　　第三节　招投标瑕疵是否构成串通投标不正当竞争的认定 / 253

第十六章　互联网影响选择行为规制制度 ………………………… 256
　　第一节　对经营者的网络行为的规制 / 256

第二节 对互联网商业推广行为的规制 / 257
第三节 互联网的新型不正当竞争行为 / 259
第四节 互联网竞争的市场替代 / 262
第五节 互联网竞争关系的规制困境与发展 / 265

第十七章 市场竞争的创新战略 267
第一节 全球市场创新竞争的战略 / 267
第二节 我国市场公平竞争环境与创新机制 / 268
第三节 垄断与发展创新并存 / 270
第四节 网络共享环境与创新战略 / 279

第十八章 市场商业模式创新与战略 282

第十九章 竞争法律规制与创新困境 293
第一节 创新困境与战略推动 / 293
第二节 创新困境与竞争规则 / 297
第三节 竞争法律制度与创新的博弈 / 300

第二十章 企业国际化竞争与创新战略 303
第一节 企业国际化竞争方式及其选择 / 303
第二节 品牌与知识产权 / 314
第三节 从贴牌到创牌战略的运用 / 318
第四节 经营者的融资与知识产权质押 / 323
第五节 企业将商业秘密引入竞争的战略布局 / 328

后　　记 331

第一章

市场经济、竞争法与创新战略

第一节 市场经济与竞争

市场经济的灵魂是竞争。市场作为一种交易活动或交换的场所，早已存在，但作为以市场为主来配置社会资源的市场经济的形成则不过几百年。市场经济是以利益最大化为内在驱动力，通过供求、价格、竞争等市场机制配置社会资源和引导社会经济运行的经济体制模式。竞争性是市场经济的本质特征和必然要求。它有利于调动市场主体的积极性，提高经济效益，推动科技创新，优化社会资源配置。

市场经济竞争机制在市场经济发展过程中逐渐形成并完善起来。从历史学的角度看，市场经济是对应于小农经济的，是商品经济发展的高级阶段；就国别横向比较而言，市场经济则对应于第二次世界大战时期德、日的集权经济和战后苏联、东欧、中国的计划经济。小农经济是小生产自给经济且是一个封闭的体制，在这个体制中，只在小范围内存在产品交换竞争。计划经济是集权经济且是国家统制经济的体制，类似于寡头垄断市场经济，竞争只在国家允许的范围内有限和有条件地存在；计划经济则是国家中央集权的产物，国家掌握了几乎所有的生产生活要素并加以配置，社会上没有商品和市场，从根本上否定竞争。市场经济竞争机制的形成过程，实际上是市场经济开放性机理不断起作用的过程，在这个过程中，独立和趋利的竞争参与各方相互作用，由最初的相互排斥和对抗，逐渐发展为相互排斥又相互依存的关系；这种变化，标志着市场经济的竞争机制从初期的不完善逐渐向成熟阶段过渡和发展。已经发展起来的工业化国家，在它们发展的早期，也都经历过这样的历程。市场经济起源之初，限制竞争和不正当竞争情形难以避免，但是这种消极行为又不能任其泛滥，否则它将彻底破坏市场竞争机制和毁掉市场经济发展的基础。所以，早期的市场经济国家都采用了十分严厉的办法来控制这种局面，这个办法就是在法治基础上的规范竞争。

竞争机制崇尚"优胜劣汰、适者生存"，更有赖于政府有形之手对市场平等、有限且高效的干预。从根本上说，市场经济是一种自由竞争经济，自由竞争是市场经济的灵魂。自由竞争的持久与延续有赖于公平竞争。竞争是市场经济的核心，公平是市场经济的灵魂。市场经济不仅要有竞争性，更要有公平性。没有竞争，市场就没有活力；没有公平，市场就没有秩序。在一定时期内和一定地域内，社会资源总是有限的，国家与国家之间的经济竞争主要体现在有限的社会资源能否得以优化配置。在市场经济中，没有竞争也就无法实现资源的合理配置，市场自我调节经济运行只有在国家所确认和保护的竞争这一前提下才是相对有效的。正是从这个意义上说，市场经济归根结底是竞争经济，竞争是市场经济内在要求的基本制度原则。❶ 还是从这个意义上说，20世纪后半叶计划经济和市场经济的竞争注定了前者的败局。

由此看来，竞争是市场经济的基本构成要素，也是市场经济活力的源泉。有这样一个故事：挪威一家远洋捕捞公司发现存放在水槽中的沙丁鱼不喜欢游动，很像半死不活的鱼，不喜欢游动的沙丁鱼和冷冻的鱼一样丧失了鲜味。捕捞公司一直为这个问题所困扰。后来，一位精明的船长想出了一个绝妙的办法：他在存放沙丁鱼的水槽里放入了一些生性好动的鲶鱼。鲶鱼东游西窜，将"死水一潭"的沙丁鱼惊动了，沙丁鱼生怕被鲶鱼吃掉，便一改懒得游动的习性而紧张地快速游动，等到船靠岸时，这些沙丁鱼一条条都还是活蹦乱跳的。因此，这家公司的沙丁鱼始终能卖一个更好的价格，而且生意十分火爆。这就是经济学中所谓的"鲶鱼效应"（Catfish Effect），也是有关竞争的一个形象的例子。市场与竞争的关系也许正像上述海水和沙丁鱼一样，没有市场那么竞争就不可能存在，正如没有海水就没有沙丁鱼等各种海洋生物；市场没有竞争就没有活力直至死亡正如海洋没有沙丁鱼等海洋生物就没有生机。德国社会市场经济的设计者、曾任联邦德国总理的路德维希·艾哈德在其著作《来自竞争的繁荣》中有言："竞争是获得繁荣和保证繁荣最有效的手段。只有竞争才能使作为消费者的人们从经济发展中得到实惠。它保证随着生产力的提高而俱来的种种利益，终于归人们享受。"竞争的内涵到底是什么？竞争的本意是多个市场主体旨在赢取同一目标而争斗，即在市场经济条件下市场主体之间为实现自身经济利益最大化在生产、销售、管理、技术、服务等方面相互争胜的行为。竞争以法律和道德为标准，可以分为正当竞争（合法

---

❶ K. 赫德齐纳. 竞争理论（德文版），第 18 页. 转引自陈秀山. 现代竞争理论与竞争政策[M]. 北京：商务印书馆，1997：8.

竞争）和失范竞争（非法竞争），后者又包括限制竞争（垄断）和不正当竞争两种基本情况。至于竞争的意义，我国有学者做过比较全面的归纳：竞争是一种效益机制、一种创造机制、一种分配机制和一种发现过程，并认为自由即自由竞争和秩序对竞争意义的实现至关重要。

实际上，竞争与协作的关系也非常重要，市场主体之间不单需要自由竞争，市场主体之间的协作，可以有效减少甚至避免过度竞争和无节制竞争所带来的负面影响。市场竞争是各种市场主体为了生存和发展，通过市场行为的优胜劣汰而展开的争斗和较量。市场协作是各种市场主体在市场经济条件下，按照市场规则的基本要求，协同参与市场经济活动，以实现各自的经济利益或既定目标。在市场经济条件下，竞争与协作是对立统一的关系。

第二节 竞争法与世界竞争立法

一、竞争的规则及法律化

市场的自由竞争和有序竞争并非市场常态，市场竞争常常表现为竞争失范，这就是我们通常所谓的市场失灵和市场障碍的主要表现。❶ 竞争失范主要有两种情形：竞争不足和竞争无序。竞争不足往往是大企业对相关市场的垄断和限制竞争所引起的经济现象；竞争无序往往是竞争过于激烈而导致的，主要表现为市场主体采取各种不正当竞争行为打击竞争对手、抢夺商业机会。竞争失范导致竞争关系的失衡甚至竞争不能，竞争机制的破坏使得社会资源不能得以优化配置，这就需要国家对市场竞争失范予以规制，进行竞争立法，为市场竞争确立规则，反对限制竞争和不正当竞争行为。竞争规则是指为保障自由公平的竞争机制充分发挥优化配置资源的作用，国家对市场主体的垄断行为和不正当竞争行为进行打击制裁，从而排除市场竞争障碍的规制。哈耶克曾经指出："竞争发挥……不仅要求诸如资金和信息渠道之类的充分组织与特定的制度……而且首先取决于适当的法律制度的存在，这种法律制度既能维护竞争，又能使其以最有益的方式运行。"❷

竞争规制主要是针对竞争性产业内的垄断行为和不正当竞争行为，然而

---

❶ 漆多俊. 经济法基础理论［M］. 4版. 北京：法律出版社，2008：280.
❷ 哈耶克. 通往奴役之路［M］. 王明毅，译. 北京：中国社会科学出版社，1997：122.

随着20世纪70年代末以来世界范围内垄断产业规制改革的不断深入，垄断性产业内经济性规制开始逐步放松，竞争机制才被逐渐引入，进入垄断性产业内竞争机制的领域才开始越来越广泛。现在可以看到，在很多垄断性产业内，呈现的是一幅经济性规制和竞争规制同时并存的景象，不过二者的规制目标是有区别的：经济性规制是用政府行为直接替代市场机制配置资源，竞争规制则是通过排除竞争障碍以促进市场调节更好地发挥作用；经济性规制是不相信市场或是由于市场失灵导致其不能发挥作用，竞争规制则是使遭受了破坏的市场秩序恢复其原本的面目。也正是由于二者存在上述的区别，人们才会将经济性规制称为政府的直接规制，而将竞争规制称为间接规制。[1]

自20世纪以来，作为国家（政府）利用有形之手矫正市场失灵、弥补市场缺陷而规制市场的主要方式，对竞争规则的规制越来越重要也越来越普遍，其作用有二：一是反对限制竞争和垄断行为；二是反对不正当竞争行为。垄断（限制竞争）与不正当竞争都是妨碍自由和公平竞争，扭曲价值规律，妨碍市场机制充分发挥调节作用的表现，也都是市场障碍的表现。因此竞争规制所依归的竞争法包括反垄断法和反不正当竞争法，两者的基本性质和功能是趋于一致的。一般意义上，竞争法是以市场竞争关系和市场竞争规制关系为调整对象的，以反对限制竞争和不当竞争作为主要表现，以保护公平、自由竞争为主旨的实体性竞争法律规范和程序性竞争管理法律规范的总称。由此看来，竞争法的调整范围一是限制竞争行为，二是不正当竞争行为。竞争法的调整对象包括竞争关系和竞争规制关系。至于竞争法的基本原则，作为对竞争的立法、执法、司法和守法都普遍具有指导意义的根本准则，应该包括自由竞争原则、公平竞争原则、适度规制原则和社会公共利益原则。

二、世界竞争立法的概况

理论上市场经济是自由的、公平的、产权明晰的文明经济。现代竞争法是市场经济国家调整市场结构，规范市场行为，最大限度地发挥、抑制并尽力消除竞争副作用的一种规则性法律制度，是市场经济发展到一定阶段的产物。早在古罗马时期，裁判官就采用诚实信用原则来判断某种商业行为是否构成不正当竞争，即在审理民事纠纷时考虑当事人的主观状态和社会所要求的公平正义。17世纪以来，英国等西欧国家在民法、商法以及判例中，对各种背离商业道德的不正当竞争行为作出了禁止性规定。这些规范竞争的早期

---

[1] 孙晋. 经济法学 [M]. 武汉：武汉大学出版社，2011：178.

法律规定不仅数量极少，而且也很零散，未能形成系统的法律体系。[1] 当市场经济发展到19世纪晚期，各种不正当竞争行为和垄断行为越来越多，对市场机制的破坏力也越来越大，各种社会利益冲突日益严重，国家对市场经济的干预在所必然。直到19世纪末20世纪初期，竞争法产生的经济基础（垄断在市场中存在广泛和破坏性严重）、政治基础（国家对市场经济进行必要干预的正当性）和法律基础（立法本位的确立和社会法学派的兴起）才具备，现代意义上的竞争法才最终形成。

大约在1850年，法国首次出现不正当竞争法的概念。虽然那时没有专门禁止不诚实的贸易惯例，但是法国法院在《法国民法典》第1382条中概括条款的基础上，已制订出一种综合有效的不正当竞争法制度，违法行为人据此应承担损害赔偿义务。就保护竞争者而言，由法院依照《法国民法典》第1382条作出判决所形成的原则，目前仍然是制止不正当竞争的主要依据。为了保护消费者，一项关于商品欺诈的法律早已于1905年实施，而且此后被若干法规法令完善之，其中包括1973年颁布的《禁止误导广告的贸易与手工业指导法》以及1978年和1989年颁布的《消费者信息法》。而德国的发展情况却不同。由于法院拒绝将民法典的侵权行为条款扩展到不正当商业行为，所以必须就此制订专门立法。于是产生了1909年的《反不正当竞争法》，目前它仍然是制止不正当竞争的主要基础。该法包括两条关于不诚实和欺诈性商业行为的概括条款，以及围绕它们制订的专门条款。此外，它几乎只依赖于个人当事人的诉讼，授予竞争者、消费者和商业组织起诉权。德国法院尤为依赖《反不正当竞争法》的第1条和第3条中包含的两个概括条款，形成一种旨在保护竞争者、消费者和一般公众的制止不正当竞争的综合制度。英国的法律以普通法和衡平法为依据，采用了一种不同的方式，没有形成制止不正当竞争的独立法律制度。传统的自由主义方式造成英国不愿制订主观上判断商业行为正当与否的一般规则。自1824年已为人们所认识的关于假冒的侵权行为法，被认为足以保护竞争者。因此，特别在防止假冒，就诈害或毁誉索赔方面，对竞争者的民事救济依据的不成文的侵权行为法原则，目前仍局限于孤立的案件。另外，英国1862年已通过反对误导行为、保护消费者的规定，此后又补充了一批消费者保护方面的法，例如，1968年《贸易说明法》，1973年《公平贸易法》，1971年和1975年《未预订的商品与服务法》，以及1987年《消费者保护法》。1988年，依照1984年欧共体法令制订了管制误导

---

[1] 吕明瑜. 竞争法教程 [M]. 北京：中国人民大学出版社，2008：52.

广告规则，此外，若干自律性广告准则得到充分认可。如同英国一样，美国的不正当竞争法形成于非成文的司法判决，尤其源于普通法中的假冒侵权行为。而且也和英国一样，自始至终不存在完整的普通法的不正当竞争侵权行为。然而，自从1946年以来，根据商标法（《兰哈姆法》）第43条（a）的商标保护条款，对于州与州间商业交往中就自身产品的伪称提供了有限的司法救济。1988年，该条款也扩展到对他人商品与服务的虚假陈述或误导陈述。此外，创建于1914年的联邦贸易委员会拥有广泛的司法权，能对影响州内或州间贸易的各种不正当或欺骗行为起诉。但是，《联邦贸易委员会法》第5条（a）未给受害的竞争者或消费者以诉权，而20世纪下半叶由美国各州颁布的反对不正当商业行为的法律，常常允许由利害关系人提起法律诉讼。

上述示例表明，不正当竞争法在不同国家呈不同形式的发展。与此同时，许多国家就此通过了专门立法，或者取代了早年的不正当竞争法。在1925年修订《保护工业产权巴黎公约》（以下简称《巴黎公约》）海牙外交会议上，有关不正当竞争行为定义的条款（《巴黎公约》第10条之2第2款）和列举典型不正当竞争行为的条款（《巴黎公约》第10条之2第3款）被采纳。这可以理解为公约对缔约国国民和公约侨民❶提供的制止不正当竞争的最低限度国际保护。

1879年美孚石油公司即美国石油业第一个托拉斯的建立，标志着美国历史上第一次企业兼并浪潮的开始，托拉斯从而在美国成为不受控制的经济势力。过度的经济集中不仅使社会中下层人民饱受垄断组织滥用市场势力的苦害，也使市场普遍失去了活力。在这种背景下，美国在19世纪80年代爆发了抵制托拉斯的大规模群众运动，这种反垄断浪潮导致1890年《谢尔曼法》（Sherman Act）的诞生。这是世界上最早的反垄断法，被称为世界各国竞争法之母。之后，美国在1914年颁布了克莱顿法和联邦贸易委员会法作为对《谢尔曼法》的补充。第二次世界大战结束后，在美国的督促和引导下，日本在1947年颁布了禁止私人垄断和确保公正交易法，德国于1957年颁布了反对限制竞争法。1958年生效的《欧洲经济共同体条约》第85条至第90条是欧共体重要的竞争规则。此外，欧共体理事会1989年还颁布了《欧共体企业合并控制条例》，把控制企业合并作为欧共体竞争法的重要内容。意大利在1990

---

❶ 1900年在修订《巴黎公约》布鲁塞尔外交会议上，根据法国代表团的提议，在《巴黎公约》中加入了下述条款："公约侨民在本联盟的任何国家中享有各国给予其国民的制止不正当竞争权"。1911年，在修订《巴黎公约》华盛顿外交会议上，该条款被变更如下："所有缔约国有义务保证本公约侨民得到制止不正当竞争的有效保护"。

年颁布了反垄断法，它是发达市场经济国家中颁布反垄断法最晚的国家。现在，经济合作与发展组织（Organization for Economic Co-operation and Development，OECD）的所有成员国都有反垄断法。

发展中国家反垄断立法的步伐比较缓慢。直到20世纪80年代后期，尽管有联合国大会的号召，联合国贸发会还就管制限制性商业实践提供了技术援助，但是颁布了反垄断法的发展中国家仍然不足12个，它们包括亚洲的韩国、印度、巴基斯坦和斯里兰卡。发展中国家当时对反垄断法普遍不感兴趣的主要原因是，这些国家的许多产业部门或者主要产业部门是由国有企业经营的。为了维护国有企业的利益，国家自然就会在这些部门排除竞争。此外，当时所有的社会主义国家实行计划经济体制，不允许企业间开展竞争，这些国家自然也没有制定竞争法的必要性。80年代后期以来，随着世界各国经济政策总的导向转向民营化、放松管制和促进竞争，各国反垄断立法的步伐大大加快了。这一方面表现在亚洲、非洲和拉丁美洲的许多发展中国家纷纷制定或者强化了它们的反垄断法，另一方面表现在苏联和东欧集团的国家也都积极进行反垄断法的立法。到1991年，中欧和东欧地区的绝大多数国家包括保加利亚、罗马尼亚、克罗地亚、爱沙尼亚、哈萨克斯坦、立陶宛、波兰、俄罗斯、匈牙利等都颁布了反垄断法。现在，世界各国都已经普遍认识到，垄断和不正当竞争不仅会损害企业的效率，损害消费者的利益，而且还会遏制一个国家或者民族的竞争精神，而这种竞争精神才是一个国家经济和技术发展的真正动力。

竞争是市场经济最显著的特点，没有竞争将不是市场经济。在19世纪初，竞争还是个非常边缘的概念。到了19世纪末，制定保护竞争过程使其不受限制和歪曲的一般性法律已经逐渐成为欧洲大多数地区和美国的法律及经济秩序的核心内容。这种新型的法律体现了公法与私法的融合，且以公法为主；也是私人利益和社会利益的统一，且以社会利益优先。国家为了规范竞争，依法保护自由竞争和进行有序的竞争，必须有竞争法的存在。因此，竞争法是指在市场经济条件下，以市场主体之间的竞争关系和国家调节市场竞争关系作为调整对象，以保护竞争自由和维护竞争秩序为主旨，以反垄断和反不正当竞争作为核心内容的各种法律规范的总称。

三、我国竞争法制度的构建

20世纪80年代，中国传统计划经济体制向现代市场经济体制转轨的起步，得益于将市场与计划都看成资源配置方式的新理念的形成。基于这一新的理念，中国对建立市场经济体制的探索取得了令世人瞩目的成就。在经济制度变迁中，法律制度的变迁最为重要，因为经济制度变迁和转轨的阶段性成果进行巩固，还要由法律制度对变迁和转轨的过程加以保护。没有必要的法律制度的保障，经济转轨就无从实现。正是从这个意义上，我们说没有法治就没有市场经济，市场经济实质上就是法治经济。由于经济转轨，我国的商品经济得到了持续快速和较为充分的发展，有了众多真正意义上的独立的市场主体，市场主体能够自主经营及其商品能够自由流动，这才是真正意义上的市场竞争，竞争机制在社会资源优化配置中扮演着越来越重要的角色。经济转轨和市场化改革这一特定的经济基础对竞争立法势必提出了制度上的要求。由此看来，在我国如果没有经济转轨，就没有竞争法的制度需要。从这个意义上来说，我国竞争立法是经济转轨和市场化改革的产物。

我国的竞争立法始于20世纪80年代初。针对改革开放之初，即商品经济发展初期我国存在竞争不足和限制竞争两种矛盾的情况，1980年10月17日国务院发布了《关于开展和保护社会主义竞争的暂行规定》（以下简称《竞争十条》），简单来讲，《竞争十条》主要有两个主旨：一是肯定社会主义也需要竞争并鼓励和倡导竞争，二是反对垄断和不正当竞争以保护正当竞争。❶今天看来，《竞争十条》具有明显的时代性、局限性和不彻底性，❷但它开启了我国竞争立法的序幕，为后续立法进行了理论准备和实践积累。

1992年年初，原国家工商行政管理局根据全国人大常委会的立法计划成立专门起草小组，先行开展《反不正当竞争法》的起草工作，形成《反不正当竞争法（征求意见稿）》，1993年9月2日第八届全国人大常委会第三次会议通过《反不正当竞争法》，该法自1993年12月1日起施行。自《反不正当竞争法》年实施以来，我国经济市场化程度显著提高，经济总量、市场规模、市场竞争秩序发生了广泛而深刻的变化，反不正当竞争法的规定内容已经远远落后于现实社会的需要。时隔17年后，素有"市场经济宪法"之称的《反不正当竞争法》面临大修。工商总局自2003年开始该法的修改工作，2010年初步完成了《反不正当竞争法》修订稿，此后一直在修改完善。此次反不正当竞争法的全面修订，对于社会各界长期以来的修法呼吁给出了回应，对于完善法律规则、维护市场经营秩序、促进公平竞争具有显而易见的现实意义。

《反不正当竞争法》对规范企业的不正当竞争行为发挥了积极作用，但对限制竞争性协议，滥用市场支配地位，不适当的企业合并等进行禁止，以及

---

❶ 垄断在《竞争十条》中被称为地区封锁和部门分割。
❷ 王艳林.中国经济法理论问题[M].北京：中国政法大学出版社，2001：138.

对行政垄断和地方封锁等妨碍充分竞争的行为没有起到应有的威慑与规范作用。这就急需出台反垄断法，对上述情况进行必要抑制，以创造充分竞争的法律环境。反垄断法已经成为世界各国维护公平竞争和市场经济秩序的重要基石。而经过20多年的经济体制改革，我国也具备了反垄断法的立法和执法条件：一是计划经济条件下的价格垄断制度已被打破，市场竞争已普遍存在；二是企业所有制结构已经实现了多元化；三是国有企业已经成为独立自主的市场主体，享有越来越大的经营自主权；四是随着我国加入世界贸易组织，要求我国的经济体制按照市场经济规则建立健全保护竞争和反对垄断的法律制度，为企业营造一个公平的竞争环境。故从1994年起，反垄断法被列入全国人大的立法计划。2006年反垄断法草案首次提请全国人大常委会审议，随后经过多次审议，日臻完善。2008年8月1日，中国《反垄断法》正式实施，对国内各个行业的现有格局产生了深远的影响。我国《反垄断法》的制定和颁布也是国际合作的成果。这部法律不仅借鉴了市场经济发达国家的经验，特别是德国反对限制竞争法、美国反托拉斯法和欧盟竞争法的经验，还有不少外国竞争法专家直接参与了立法。我国《反垄断法》的正式生效，从一个侧面标志着我国市场经济发展步入新的阶段。当然从法律出台到实施的真正完善，还有很长的路要走，反垄断与垄断的斗争在世界经济领域的斗争一直就没有停息过。

第三节　竞争法的多元化目的

竞争法作为市场经济发展到一定历史阶段的制度创新的新型法律现象，虽然在不同的国家和不同的历史时期它的作用有所不同，但是越到后来人们赋予它的期望越多，它承载的功能和意义也就越丰富。

一、规范市场竞争的秩序

市场运行的基本特征之一是"竞争性"。在经济领域中的竞争就是经济主体在市场上为实现效益的最大化，而在投资、生产、销售、管理、技术、服务等方面，相互争胜的角逐过程。市场经济是竞争型经济，只有保证竞争机制的有效运作，才能确保市场主体的优胜劣汰，促进资源的合理流动和优化配置，实现社会整体经济效益的提高和社会福利的增加。作为市场规制法最重要的组成的反垄断法和反不正当竞争法，是市场竞争机制的守护神，它们通过禁止不正当竞争行为、协议垄断行为、滥用市场支配地位行为、行政性垄断行为和控制经营者集中行为，修复被破坏的市场竞争环境或防止市场竞争环境恶化，为市场机制充分发挥优化配置资源作用扫除障碍。因此，竞争法规范竞争秩序，维护竞争机制，使社会资源得以优化配置，推动了经济效益的提高，实现了社会福利的增加。

二、保护消费者利益和社会公共利益

民法建立的公平体系是以人格上的平等作为基础，赋予每个独立的主体相同的权利及义务，同时也体现出每个人机会的均等。但是这种公平，是一种形式上的体现，它适应了在市场经济运行中力求主体平等这一需求，激励人们积极参与竞争、不断进取，有效推动社会生产力的进步。然而，在现实的市场竞争中，个体的差异性其实是非常大的。在经营者与消费者之间的市场交易活动中，由于消费者不仅在经济实力、专业技术以及对商品信息的获取能力方面无法与经营者相抗衡，而且消费者力量分散，处于明显的弱势地位。如果完全按照民商法的原则，消费者的利益就会受到损害，不仅作为现代经济民主理念重要体现的消费者主权原则无从实现，"消费决定生产"也最终会沦为空谈，由此带来对整个社会经济循环的破坏，社会经济的健康与稳定也将受到威胁，因此，这种情况必须得到矫正。矫正的手段就在于通过法律对不同主体权利义务的重要配置，提升消费者与经营者的对话与对抗能力，使经营者与消费者之间的利益达到新的平衡。第二次世界大战结束以后，从各国实践来看，越来越多的国家突出和强调竞争法的消费者保护功能，并且制定专门的消费者保护法、产品责任法对消费者进行倾斜性保护。

很多国家在其竞争法中明文规定或通判例确认保护社会公共利益是竞争法的立法目的。保护公共利益是反垄断法最高层次的目标，从大多国家的实践来看，反垄断法的宗旨是多元化的，维护市场竞争、提高经济效益、保护消费者利益和社会公共利益是现代反垄断法的主要目标所在。反不正当竞争立法同样通过打击不正当竞争行为恢复正当的竞争秩序，弘扬商业道德以保护社会公共利益。其实，竞争法保护社会公共利益这一功能也是竞争法的社会本位立法的应有之义。

三、规范政府权力的运用

市场经济是以竞争为主要手段来实现主体利益的经济形态，市场配置资源效率的高低取决于是否具有健康的市场秩序。市场主体为占据有利的市场地位，会运用各种手段展开竞争。但是，市场竞争只有在合法有序的基础上进行，才能使市场配置资源的作用得以发挥。这就需要政府承担起监管经济的职责，通过行政手段来维护市场秩序，确保公平竞争。在权力的运用中，那些掌握权力的人并不都是追求社会公共利益最大化的，很可能是假借公共利益之名行所追求部门利益、小集体利益甚至个人利益之实。在市场规制过程中，规制者、管理者拥有强大的权力，极易导致权力滥用、官僚主义、寻租与腐败等现象的出现，使国家经济发展同时面临"市场失灵"和"政府失败"的双重风险。因此，竞争法必须控制政府的市场规制行为，这也是竞争法的一项重要任务。

综上所述，早期竞争法的功能主要定位于优化资源配置和促进经济发展，这一点是毫无异议的，并得到了世界的广泛认同，通过了各国市场经济实践的屡次验证。20世纪60年代以来，人们又开始强调竞争法对消费福祉的尊重和保护。历史的经验告诉我们，如果少数人手中的经济实力显著集中并形成垄断，它便具有威胁民主社会的危险性。然而市场经济竞争的结果往往易于产生企业经济力的集中，这就需要运用民主的方法、民主的原则来对企业的这种经济力集中加以制约。从这个意义上说，竞争法尤其是反垄断法所维护的经济民主是一个社会的政治民主的物质基础和实现前提。故而，竞争法不仅对转型国家的市场经济体制的确立和完善至关重要，对其政治民主的推动和实现同样意义重大。

第四节 市场创新战略

一、战略的概念和特征

(一) 战略的起源

"战略"一词最早是军事方面的概念，指战斗或者战争，"略"则是指筹划、策略与计划。在军事上，早在《左传》《史记》中已经开始使用"战略"一词，到西晋史学司马彪就有以"战略"为名的著述。清人陈澹然在文集《寤言》卷二《迁都建藩议》中说："不谋万世者，不足谋一时；不谋全局者，不足谋一隅。"[1]

在西方，战略一词来源于希腊文"Strategos"，其含义指的是将军指挥的艺术。此外，许多著名军事家都对战略一词做过精辟的解释。著名的德国军事战略家克劳塞维茨将军（Carl von Clausewitz）曾说过："战略是为了达到战争目的而对战斗的运用。战略必须为整个军事行动规定一个适应战争目的的目标。"[2] 显然，战略的词义最早是指军事领域的指挥艺术和科学。[3]

随着社会的发展和科学的进步，战略被赋予了新的含义。现代西方学者将"战略"一词引入企业管理战域，或者说将企业作为战略的主体，主要是基于两种需要：第一，企业战略者所面临的经营环境越来越复杂多变，要求企业管理者对那些影响企业发展的长期、整体和重大的决策予以高度的重视并承担更大的责任；第二，企业之间的竞争越来越激烈，企业竞争与军事对抗越来越相似，需要通过企业战略将计划、谋略和博弈引入企业决策。

（二）企业战略的定义

20世纪70年代前后，西方的管理实践出现了令人瞩目的变化，相关的研究著作层出不穷。从战略管理发展的历史来看，对于何为企业战略的认识经历了三个阶段。

第一阶段：理性主义阶段。20世纪60年代，国际学术界对企业战略的认识基本是以理性主义为导向的，主要代表人物有安德鲁斯（Kenneth R. Andrews）、安索夫（H. Igor Ansoff）、波特（Michael E. Porter），其主要观点是：环境的变化是可以预见的；战略由企业高层管理者制定，是自上而下的；战略应该通过正式计划来实施。因而，战略是设计（Design），是计划（Plan），是定位（Position），是规范的（Normative）。

第二阶段：非理性主义阶段。20世纪80年代，国际学术界认为从实证的（Positive）角度来看，实际情况比理性主义所认定的要复杂得多。针对经营环境动态化趋势，非理性主义学派认为，理性主义学派没有认识到非理性的因素，尤其是企业传统或者高层管理者的价值观在战略决策中的重要作用。在时间和信息有限的情况下，企业战略决策者为了在应变中表现出速度和创新性，往往是依据企业传统和价值观进行决策。因而，战略是"摸着石头过河"（Muddling Through, Lindblom, 1959）。

第三阶段：理性主义与非理性主义的整合阶段。20世纪90年代，明茨伯

---

[1] 张幼林. 关于金融发展的几个问题和维度 [N]. 北京日报, 2012-05-14.
[2] 唐震, 张阳, 李明芳. 西方战略管理理论 [M]. 北京：科学出版社, 2008：2.
[3] 郭瑞刚. 战略及战略理论发展概述 [N/OL]. (2009-10-10) [2016-12-30] 全球品牌网.

格（Henry Mintzberg）认为战略应该从多个角度加以定义，提出了战略的整合概念，即5P模式——战略就是计划（Plan）、模式（Pattern）、定位（Position）、观念（Perspective）和策略（Ploy）。

虽然明茨伯格将理性主义和非理性主义这两大学派的观点进行了整合，但是至今这种努力还没有得到学术界的完全认可，这主要是因为企业所处的环境、战略制定的主体非常复杂多样。根据中国企业所处经营环境的特殊性，本书将企业战略定义为：企业战略是根据企业外部环境及企业内部资源和能力状况，为建立、保持和发挥竞争优势而采取的一系列长期、整体和重大的决策的行动。

（三）企业战略的特征

尽管学者们对企业战略的内涵认识各不相同，但是对于企业战略特征的认识却没有太大的分歧。概括起来，企业战略具有以下特征。

1. 总体性

企业战略是以企业总体的持续发展为诉求对象，根据企业持续发展的总体需要而制定的。它所规定的是企业的总体行为，所追求的是企业的总体效果。尽管战略要考虑大量的局部活动，但是各种局部活动和不同层次的战略均是作为总体活动的有机组成部分在战略中出现的，而且每一层次的战略又是企业在该层次上的总体谋划与安排。可以说，企业战略是企业发展的蓝图，决定着企业的一切经营活动。

2. 长远性

企业战略重点关注的是企业未来相对较长时期内的总体发展问题，它决定了企业在今后相当长的一段时期内（通常是3~5年甚至更长）的目标和方向。企业战略的长远性意味着企业关注的是长期利益。

3. 可行性

尽管企业战略瞄准的是企业未来的发展，但是企业战略必须建立在现有的主观因素和客观条件的基础之上，切实可行且易于操作。目前很多企业的战略都流于形式，太过抽象难以实施，产生战略制定出来就被束之高阁的情况。因此一个完整的战略方案不仅要考虑企业内外环境的动态变化，还要考虑企业当前的优势与劣势，通过利用优势和克服劣势，或者通过合适的战略举措改变劣势等，达到利用环境机会、迎接环境挑战的战略效果。

4. 相对稳定性

企业战略一旦确定后，一般要在较长时期内保持相对稳定，以利于企业组织的贯彻执行。只有这样，企业才能沿着比较确定的方向构建企业的管理系统和运营系统、配置和培育所需要的资源和能力，企业组织的效率才有可能获得实现。由于企业的经营环境在不断变化，企业战略的稳定性是一种动态的相对稳定。

5. 风险性

企业战略是对未来发展的规划，然而环境总是动态变化的、不确定的和难以预测的，人类的战略管理能力总是有限的，因此，任何企业战略都隐含着风险。正如明茨伯格所说的那样："战略如同航线，但在不熟悉的水域中航行，采用预定的航线最容易使船撞上冰山。"❶ 由于战略的长远性和稳定性，企业战略一旦确定下来，企业就难以或者不愿意作出调整。这样当外界发生变化时，企业在原来战略的指导下会离正确的轨道越来越远。

二、市场创新战略

（一）创新战略的界定

创新战略又称"结构性战略"或"分析性战略"。是企业依据多变的环境，积极主动地在经营战略、工艺、技术、产品、组织等方面不断进行创新，从而在激烈竞争中保持独特的优势的战略。创新战略是以产品的创新以及产品生命周期的缩短为导向的一种竞争战略，采取这种战略的企业往往强调风险承担和新产品的不断推出，并把缩短产品由设计到投放市场的时间看成是自身的一个重要目标。

（二）创新战略的内容

①产品创新。从社会和技术发展需要出发，以基础研究和应用研究成果为基础，研制出具有新的原理、构思和设计，采用新的材料和元件，具有新的性能特点，具有新的用途或市场需求的新产品。

②生产技术创新。以产品创新为龙头，积极开发和应用新技术、新工艺、新设备和新材料。产品创新会带动和促进技术、工艺、设备和材料的一系列创新，而生产技术的创新又为更新产品准备了必要的生产技术条件，产品创新和生产技术创新循环往复、互为影响。

③组织与管理研究。对组织结构模式和管理方法的创新，如海尔的组织结构模式与管理方法创新引起了世界著名大学和商学院的高度关注。一些世界知名管理专家如竞争战略之父迈克尔·波特、战略管理大师加里·哈默等，

---

❶ （加）亨利·明茨伯格，布鲁斯·阿尔斯特兰德，约瑟夫·兰佩尔. 战略历程：穿越战略管理旷野的指南（原书第2版）[M]. 魏江，译. 北京：机械工业出版社，2012：2.

都肯定了海尔探索的方向。

④研究开发创新。通过基础研究、应用研究和开发研究，为技术创新提供保证与前提。主要内容包括：经济研究、经营管理研究、市场研究、面向产品的研究、面向生产工艺的研究。

三、创新与模式

（一）创新的提出与概念

美籍奥地利经济学家约瑟夫·熊彼特（Joseph Alois Schumpeter）在其《经济发展理论》（*Theory Economic Development*）一书中使用了"创新"（Innovation）一词；而在其《资本主义的非稳定性》（*Instability of Capitalism*）一书中首次提出创新是生产函数或供给函数的变化；并在其《商业周期》（*Business Cycles*）一书中比较全面地提出了创新理论。熊彼特认为，创新就是建立一种新的生产函数，也就是说，把一种从来没有过的关于生产要素和生产条件的"新组合"引入生产体系。这种新组合包括五种情况：一是采用一种新产品或一种产品的新特征；二是采用一种新的生产方法；三是开辟一个新市场；四是掠取或控制原材料或半制成品的一种新的供应来源；五是实现任何一种工业的新的组织。因此，他认为"创新"属于经济范畴而非技术范畴，它不仅是指科学技术上的发明创造，更是指把已发明的科学技术引入企业之中，形成一种新的生产能力。在没有创新的情况下，经济只能处于一种他所称谓的"循环流转"的均衡状态，经济增长只是数量的变化，这种数量关系无论如何积累，本身并不能创造出具有质的飞跃的"经济发展"。熊彼特还认为，创新引起模仿，模仿打破垄断，刺激了大规模的投资，引起经济繁荣，当创新扩展到相当多的企业之后，赢利机会趋于消失，经济开始衰退，期待新的创新行为出现。整个经济体系将在繁荣、衰退、萧条和复苏四个阶段构成的周期性运动过程中前进。

（二）创新的模式

创新的模式囊括了技术和市场要素，甚至包括法律要素。也可以说，创新模式要素将传统的市场技术、成本、法律等要素综合在一起，形成一整套指导企业制订战略的集合。不同的企业在进行创新时会根据自己的特点采取不同的创新模式。一般而言，可将企业创新的模式分为自主创新、模仿创新、引进创新和合作创新四大类。

1. 自主创新

自主创新是企业利用自己的技术优势和经济实力，研制出富有技术竞争力和市场前景的具有很强创造性的产品，从而抢先占领市场，获得超额利润。这种企业一般拥有较强的研发能力，经济实力雄厚，在新产品商品化、市场化方面开拓能力强，并且对技术的市场有较强的预见能力。中国海尔就是一个在技术上自主创新的企业典范。海尔建立了适合本企业使用的中外专利数据库系统，还按产品门类、技术领域建立了有针对性的专利文献库，为专利管理人员和技术人员进行业务管理和技术开发提供了高效、便捷的途径，这成为海尔集团产品开发和专利保护的基础手段。通过专利文献检索，从国际范围内挖掘技术创新点，寻找技术合作开发方，进行方案比较等，有助于选准课题、避免重复开发、明确攻关重点、缩短开发周期、提高产品工艺可靠性、提高效率，并为技术引进、出口贸易、海外建厂等提供决策依据。开发人员在着手开发某个产品或技术之前，都会主动检索、分析在先专利，在开发中主动避开并超越在先专利，通过有效创新形成新的知识产权，从而提高了自己的开发效率和水平。❶

2. 模仿创新

华为虽然每年也会投入接近10%的营业收入在研发上面，但是这些研发支出的90%都投入到应用型技术的开发，只有10%投入到基础型的研究。按照华为的定义："以客户需求驱动研发流程，围绕提升客户价值进行技术、产品、解决方案及业务管理的持续创新。公司在研发领域广泛推行集成产品开发流程，在充分理解客户需求的情况下，大大缩短了产品的上市时间，帮助市场和客户成功"❷。

3. 引进创新

引进创新是一些具有广泛视野的企业常把本来不是本企业的技术、商业模式纳入到本企业中来，以尽可能地消除企业与企业之间的差别。引进的目的是形成后发优势，后发优势是指落后的国家，能在不太长的时间内一举赶上或超越发达国家，成功地实现"后来居上"。正如任何一个企业不论有多强的技术创新能力也不可能开发出所有的技术，即使研发能力超强的企业、国家也是如此。采取这种创新模式的企业需要有较强的技术消化吸收能力，在引进的基础上进行消化、吸收、改进、创新，创造出自主的知识产权。2008年4月，日本第三大制药公司武田公司（Takeda）斥资90亿美元收购美国生物技术公司千禧制药（Millennium Pharmaceuticals），这帮助武田公司填补一

---

❶ 海尔式自主创新的中国意义 [EB/OL]. [2011-11-20] 中国设备网.
❷ 冀勇庆. 跟随如何能到领先：以华为的技术创新为例 [J/OL]. [2011-06-13] 清华管理评论, http://www.sina.com.cn.

项空白：该公司主要从事糖尿病、心血管病和抗传染病类药物的生产，它长期以来一直想进入抗癌药物领域，而抗癌药物研制正是千禧制药公司的专长。收购千禧制药有助于武田解决其不久后就可能会面临的收入问题；武田的两款热销药品——溃疡药 Prevacid 和糖尿病治疗药物 Actos 的专利权分别将在 2009 年和 2011 年到期；而千禧制药的拳头产品血癌治疗药物 Velcade 在当时销售增长迅猛，收购后可以堵住该公司资产组合中可能出现的漏洞。❶

4. 合作创新

企业合作创新是指企业与其他企业或科研机构进行协作或联合共同进行创新的模式。它可以是采取投资入股成立合资企业的方式，也可以采取委托专业科研单位进行研发的方式进行创新。当前，依靠单个企业自身的力量进行市场创新的模式，在风云变幻的市场环境中难以为继，越来越多的企业会采取合作创新模式。通过联盟，企业能在更大范围内合理分配和使用技术资源，实现企业优势互补，从而能更有效地提高企业的技术竞争力。例如，当某企业要开发一项高难度、高风险的新产品，并试图尽快将该产品推向市场时，在产品的研制开发上会涉及多个科技领域，在生产上将涉及诸多行业，在市场开发和销售服务等环节也会面临许多困难和问题。为此，该企业可与其他相关企业建立技术联盟来进行分工协作，为实现技术创新总体战略目标而发挥各自的优势，承担各自的风险，共同完成开发新产品及将其推向市场的任务，并共同分享所获得的利益。

制药公司 Genome Therapeutics 拓展了与 Schering-Plough 的合作伙伴关系。联盟要求公司共同工作，研究和开发防止异常传染性的抗病毒药品。这是因为，在美国，药品专利期为 20 年，普通药品生产公司扣除掉研发到管制批准的时间，通常约有 10 年的专业专利有效期。药品开发需要大量成本，如何使 R&D 成本最小，成为制药业成功的关键因素。所以美国制药业的公司倾向于和其他制药公司或生物技术公司结成战略联盟，通过联盟分摊研发成本，以加快开发进程；技术联盟的战略点在于创新阶段时间跨度的缩短及获得市场。❷

---

❶ 根据进行整理下述文章进行整理：日本武田制药 88 亿美元收购美国千禧制药［EB/OL］.［2008-04-11］FT 中文网. 王静波. 2007 年世界制药产业发展回顾（三）：跨国公司并购动态［EB/OL］.［2008-07-24］上海情报服务平台.

❷ 张晖明，丁娟. 美国企业技术战略联盟发展新动向与启示［J］. 世界经济研究，2006（8）.

第二章

竞争法的体系与模式

竞争法体系是指以一国现行关于竞争规则的所有立法为基础构成的，作为一个有机统一体存在的法的整体。竞争法一般作为经济法的一个子部门独立存在。从理论上来看，竞争法一般由反垄断法和反不正当竞争法两大块构成；从各国立法实践来看，由于政治、经济、社会、历史乃至法律传统和文化等方面的不同，目前各国竞争法体系构成不尽相同，甚至可以说差别相当大。

第一节 各国（地区）的竞争立法模式

当今世界各国（地区）的竞争立法主要有以下三种模式。

第一，以美国为代表的分散式。美国反托拉斯法是一个以规制限制竞争为主、兼及不正当竞争行为的法律体系，以1890年《谢尔曼法》、1914年《联邦贸易委员会法》为基础，加上国会通过的一系列修正案及补充立法、各州立法和司法判例，共同构成了一个庞大的体系。该法律体系以反垄断为主要内容，在反不正当竞争方面的主要渊源是《联邦贸易委员会法》第5条，该条第1款是认定不正当竞争行为的最重要的武器，其内容为："商业中或影响商业的不公平的竞争方法是非法的；商业中或影响商业的不公平或欺骗性行为及惯例，是非法的。"而在《联邦贸易委员会法》和《克莱顿法》中也有涉及商业贿赂、虚假广告等典型的反不正当竞争行为的条款。[1]英国的竞争法制也与之近似。

第二，以德国为代表的分别立法式。在反不正当竞争方面，德国是在世界上最早（1896年）制定"反不正当竞争法"的国家，该法后在1909年基

---

[1] 孔祥俊. 反不正当竞争法新论 [M]. 北京：人民法院出版社，2001：34-36.

于实际需要进行修订后重新颁布，后经多次修改施行至今，其中以2004年的修订幅度最大。该法以保护竞争者、消费者以及其他市场的参与者免于遭到不正当竞争之害为主要目的，同时以列举和概括的方式禁止各种不正当竞争行为。而在反垄断方面，德国1957年颁布了《反对限制竞争法》（简称《卡尔特法》），《卡特尔法》确立了德国社会市场经济的秩序和竞争秩序，为了简要说明这部法律的内容和深远意义，人们又把它称为德国的"经济宪法"。德国的反不正当竞争法制定于1909年，后经过多次修改。该法对奥地利、日本等大陆法系国家制定反不正当竞争法产生了影响。德国的"两法"联手促进了"自由+秩序"的社会市场经济体制的实现，对第二次世界大战后德国经济腾飞起到了应有的保障作用。

第三，以我国台湾地区为代表的合并模式，将传统的反垄断法与反不正当竞争法的内容合并在一部单行法典之中。我国台湾地区于1991年制定的"公平交易法"，其第二章"独占、结合、联合行为"属于典型的反垄断法内容，而第三章"不公平竞争"则属于传统的反不正当竞争法内容。与之相近的有南斯拉夫1974年防止不正当竞争和垄断协议法，匈牙利1990年禁止不正当竞争法，俄罗斯1995年关于竞争和在商品市场中限制垄断活动的法律，等等。该种立法模式出现最晚。

从我国竞争立法的过程来看，最初起草的思路是合并立法模式，但是由于在反垄断条款方面争议太大、无法统一，而于1993年先行出台了主要是为了解决市场竞争无序问题、解决微观竞争秩序问题的《反不正当竞争法》。至于涉及宏观竞争秩序的反垄断条款，大多被拿掉，仅保留了现实中亟待规范的若干限制竞争行为，有关反垄断法的原则性规定及企业合并控制、卡特尔控制等基本制度未有涉及。由此来看，我国《反不正当竞争法》是一部主要调整不正当竞争行为、兼及部分限制竞争行为的法律，可以称之为综合的或混合的立法模式。❶ 至于反垄断问题，按照当时有关人士的看法，应"单独研究完善，争取在三四年中也能立法"。❷ 此后，反垄断法被列入全国人大常委会的立法规划，有关国家机关一直在进行起草、论证工作。显然，从立法实践来看，我国选择了分别立法的竞争立法模式。这是符合中国国情的，是现实、合理的选择。我国的《反垄断法》颁行较晚，于2008年8月施行，与《反不正当竞争法》相隔16年。其中的原因并非是我国垄断行为出现得较晚

---

❶ 国家工商行政管理局条法司. 现代竞争法的理论与实践 [M]. 北京：法律出版社，1993：168.
❷ 王学政在1993年3月15日上海"反不正当竞争国际研讨会"上的发言：《关于中国的限制性商业惯例立法》，转引自陈有西. 反不正当竞争法律适用概论 [M]. 北京：人民法院出版社，1994：222.

或是经济发展水平落后，而是《反不正当竞争法》在一定程度上起到了对于垄断行为的规制作用。我国《反垄断法》采用了四个不同的章节（即从第二章到第五章）对每一类垄断行为进行了详细规定，在法律责任上设置了民事责任、行政责任和刑事责任。

第二节 反不正当竞争法和反垄断法之间的关系

竞争法作为以规范市场竞争行为、维护市场竞争秩序为基本内容的法律规范的总称，其在各个国家和地区不仅在名称使用上有差异，在内容方面也不尽相同。在一些国家和地区，竞争法就是指反垄断法，反不正当竞争的内容一般不包括在内，即使有，也属于附带，不占重要的地位。但是，多数国家和地区的竞争法除反垄断法外，还包括反不正当竞争法的内容，只是在具体的立法模式上，有的采取将反垄断与反不正当竞争合并立法，有的则是将反垄断与反不正当竞争法分别立法。

反不正当竞争法和反垄断法是保护公平竞争的两个重要法律，它们分别从不同的角度来保障和促进公平以及有效的市场竞争。反不正当竞争法是通过制止不正当竞争行为，避免有失诚信的不正当竞争行为对经营者和消费者的危害，以维护市场秩序的稳定。反垄断法通过对垄断和限制竞争的规制，防止出现少数经营者控制和操纵市场、限制竞争的行为，保障市场上的自由、有效的竞争，为经营者创造良好的外部竞争环境。除了调整对象等基本差别之外，反不正当竞争法与反垄断法之间的不同之处，主要表现为以下四个方面。

①保护的对象有所差别。反不正当竞争法的目的，主要是保障具体交易场合特定当事人之间的利益平衡，侧重维护微观的竞争秩序，追求局部和个案的公正，保障静态的财产权和人身权；而反垄断法的目的，则主要是保护竞争的机制不受扭曲，竞争不被削弱或被消除，主要是维护宏观的竞争秩序，侧重追求整体和宏观的效率，实现动态的交易安全。反不正当竞争法适用案件中多存在为不正当竞争行为者所侵害的特定的当事人，如被窃取商业秘密的权利人或遭到商业诽谤的企业，而反垄断法案件中则不一定存在受垄断行为损害的特定当事人。这种现象体现出尽管反不正当竞争法和反垄断法的立法宗旨都关涉竞争者的合法权益和社会公共利益的维护，但是它们保护对

象的侧重点是有所差别的，前者侧重于保护受不正当竞争行为损害的当事人，后者侧重于维护自由竞争、公平竞争的市场秩序，保护市场竞争机制。

②法律的调整方法有所不同。反不正当竞争法虽然也采用了一些公权的干预方法，包括规定执法机关的查处权和相应的行政责任，但更多的仍然是仰赖民事救济手段，正因为如此，在法国、意大利等一些大陆法系国家，反不正当竞争法往往被归属到私法的范畴。反垄断法一般要设立地位独特的执法机构并赋予其强制性的禁止、许可、罚款甚至强行解散或者分割企业等公权力，其调整方法展现了十分突出的主动干预色彩。反不正当竞争法主要是事后调整，以民事救济（主要靠私人提起民事诉讼）手段为主，辅以行政和刑事制裁的手段；而反垄断法则主要是事前管制，如调查市场结构、掌握和公布垄断情况、核准企业合并甚至核准卡特尔等，偏重行政手段，如罚款、在特定情形下分拆大企业等，主要依靠行政程序和公诉，辅以民事制裁和刑事制裁手段，并且其在实施中需要进行复杂的经济分析。

③规制标准有所差异。反不正当竞争法规制的是经营者采用欺骗、胁迫、利诱等违背商业惯例的手段从事市场交易的不正当竞争行为（利用技术手段在互联网领域干扰、限制、影响其他经营者及用户的行为），因此，其适用的核心点为诚实信用和遵守商业道德，二者是判断竞争行为是否正当的基础。当面临某一竞争行为是否构成反不正当竞争法意义上的不正当竞争行为时，应考量其是否违背了诚实信用原则或违背了基本的商业道德。反垄断法确认垄断或限制竞争行为时，必须对企业是否具有市场支配力、是否滥用支配力、企业合并对市场结构的影响等因素进行考虑，其规制的标准关涉非道德判断的经济、统计等技术因素。

④适用范围所遵循的原则有所不同。法律规范作为对千变万化的社会经济生活的反映，经常出现例外适用的情况。所有的不正当竞争行为都受到反不正当竞争法的规制，几乎是不设适用除外制度。反垄断法适用除外制度作为反垄断法的一项基本制度在各国反垄断立法中均得以确立，该制度豁免了一些本属于垄断的一些行为，如国家垄断、自然垄断等。反垄断法的适用除外制度就是保护垄断的积极方面的，这也是符合法律本身的性质和规律的。因为任何法律都不是绝对的、封闭的，总会有例外的存在。

第三节 我国的竞争法体系

《反不正当竞争法》与《反垄断法》的制定，说明我国的竞争立法已经现实地走上了反垄断与反不正当竞争分别立法的道路，形成了一个以上述两部法律为基础，辅之以包括大量其他有关法律中的竞争法条款，国务院发布的行政法规，最高人民法院制定的司法解释，国家发展和改革委员会（以下简称"国家发改委"）、商务部、国家工商行政管理总局等制定的部门规章以及各地方立法等在内的、颇具规模的法律体系。其中，《反不正当竞争法》与《反垄断法》是该法律体系的核心和基本组成部分，因而被称为竞争基本法；而其他法律、法规、规章中含有的与竞争法相关的法律规范被称为竞争附属法（或竞争相关法）；此外，中国参加的国际公约中有关竞争方面的规定，也应成为中国竞争法律体系中的组成部分。它们之间相互联系，构成了有机统一的整体。以上法规中既有实体性规则，也有不少的程序性规则。

一、反不正当竞争法全面修订

《反不正当竞争法》自1993年颁布并实施以来，对社会主义市场经济的不断健全与完善起到了重要的作用。与此同时，由于该法制订时，我国社会主义市场经济发展尚处于初级阶段，对市场经济和市场竞争的认识也有很大的局限性，该法的一些内容确实存在过时、落后的弊端，特别是现行法关于反不正当竞争行为的封闭式规定，为解决大量出现的新型不正当竞争问题带来了很大困难，需要适时予以修订。此次正在进行的全面修订，对于社会各界长期以来的修法呼吁给出了回应，对于完善法律规则、维护市场经营秩序、促进公平竞争具有显而易见的现实意义。

反不正当竞争法不仅是商标权、商业秘密权等民事权利的兜底保护法，而更主要的是针对商业经营者的公平竞争规制法。反不正当竞争法修订稿不仅重新界定了反不正当竞争法所调整的"经营者"，扩大了经营者的范围，与反垄断法的规定保持一致，具有合理性；而且反不正当竞争的执法体系得到了统一和协调，解决了此前不同行业管理部门在此领域执法的管辖、认定和处罚的不统一问题。此外，还与相关法律进行了界限划分和有机衔接，明晰了反不正当竞争法与反垄断法、商标法、广告法等关联法律之间的规则界限和规则衔接；增加了网络不正当竞争的规定，将互联网领域的干扰、限制、影响其他经营者的行为纳入了规制范围。最后，强化了执法机关的监督检查和法律责任，完善了监督检查权限和责任，加大了法律责任的规定。

二、反垄断法的修订

2008年8月1号被称作"经济宪法"的《反垄断法》正式实施，这是一部为了预防和制止垄断行为，保护市场公平竞争，提高经济运行效率，维护消费者利益和社会公共利益，促进社会主义市场经济健康发展而制定的法律。作为一部法律，《反垄断法》从起草到通过，前后经历了整整14年，14年磨一剑。

2015年3月举行的十二届全国人大第三次会议期间，代表们提出，反垄断法存在执法机构的权限不明确、缺乏对行政性垄断的有效制约等问题，建议修改反垄断法。国家发改委委员会认为，反垄断法实施以来，有关部门查办了一系列反垄断案件，执法中发现法律的部分规定难以完全满足执法实践的需要，有必要修改反垄断法。商务部同意议案所提建议。国家工商行政管理总局提出，将在反垄断执法工作中采纳吸收议案提出的有关建议。

三、竞争法律亟待修改完善

随着我国市场经济的深入推进，《反不正当竞争法》《价格法》和《反垄断法》等法律中存在的问题逐渐显现出来，法律中以及法律间存在的重叠与冲突、漏洞和空白问题颇多；法律对不正当竞争方法和行为的规定过窄，使得执法机构处置某些不正当竞争行为无法可依；法律中存在的问题加剧了当前线下和线上市场的不公平竞争现象。同时随着互联网经济的迅猛发展，以往线下市场的价格违法、不正当竞争以及垄断行为也随之被带到了线上市场，相关的竞争法律在同时应对线下和线上市场的违法行为方面有些力不从心。以2015年为例。传统市场内违反三部法律的现象有增无减，如高通垄断行为案、招商银行抽奖涉嫌不正当竞争案、国美电器多地门店虚假宣传案、浙江宁波大港引航有限公司多收引航费等港口航运环节乱收费案、福建电子信息集团和深圳中诺通讯未依法申报经营者集中案等。同时，互联网经济下新兴市场的各类情况也是大量存在，如上海国美在线电子商务有限公司虚假宣传虚构交易案、百度网讯科技有限公司诉青岛奥商网络技术有限公司等不正当竞争纠纷案、百度诉搜狗恶意劫持百度流量不正当竞争案、搜狗诉360恶意竞争案、百度诉360插标案等。在实践中发现，在线上和线下市场存在大量的不正当行为及违法行为，特别是以抓取消费者数据和将竞争对手流量导入给自己等新型的不正当竞争行为，以及商业诋毁和虚假宣传等传统不正当竞争行为亟待规范。面对新的经济形势和情况，我国应尽快修改和完善市场公平竞争法律体系，营造良好的市场法治环境和秩序，进而保护市场公平竞争秩序、经营者和消费者利益及社会公共利益。

第四节 竞争法与知识产权法的关系

一、反不正当竞争法与知识产权法

（一）反不正当竞争法与知识产权法的联系

反不正当竞争法则主要以公法的方法来介入和调整存在于私法领域的竞争关系，而知识产权法主要是运用私法的方法来关注竞争价值。二者在促进竞争这一点上，其实有趋同的一面，可谓殊途同归。

按照相关的国际公约，制止不正当竞争属于知识产权范畴。例如，1967年的《建立世界知识产权组织公约》第2条规定，"知识产权应当包括与以下内容相关的权利：……对于制止不正当竞争的保护，以及所有其他的工业、科学、文学和艺术领域中智力活动成果的权利。"根据这个定义，知识产权是有关智力活动活动成果的权利，不仅包括了有关作品、发明、工业品外观设计、商业标识的权利，而且包括了对于制止不正当竞争的保护。与此相应，对于制止不正当竞争的保护属于知识产权的保护，反不正当竞争法属于知识产权法。按照传统的划分方法，知识产权主要由版权和工业产权构成。其中的工业产权，包括了专利、商标和制止不正当竞争。例如《巴黎公约》第2条明确规定："工业产权保护的客体，包括发明专利、实用新型、工业品外观设计、商品商标、服务商标、商号、货源标记或原产地名称，以及制止不正当竞争。"显然，根据《巴黎公约》，对于制止不正当竞争的保护，属于工业产权的一个组成部分。在这方面，《巴黎公约》第10条之二进一步规定，该公约的成员国应当确保各成员国的国民，享有制止不正当竞争的有效保护；工商业活动中违反诚实信用的所有行为，属于不正当竞争的行为；成员国尤其应当制止仿冒、商业诋毁和虚假宣传。到了TRIPS协定中，先是在第2条规定：世界贸易组织的全体成员，应当遵守《巴黎公约》1967年斯德哥尔摩文本的第1条至第12条以及第19条。《巴黎公约》第1~19条是关于工业产权的保护，包括反不正当竞争保护的实体条款。这表明，在知识产权或者工业产权保护方面，TRIPS 协定完全接受了《巴黎公约》的规定。在此基础上，TRIPS 协定又在第 39 条明确规定，成员应当依据《巴黎公约》第 10 条之二的规定，在制止不正当竞争有效保护的意义上，提供对于商业秘密的保护。由这个规定可以看出，正是从制止不正当竞争的角度，TRIPS 协定将商业秘密的保护纳入了知识产权的范围。除此之外，TRIPS 协定在第 16 条第 3 款还规定了对于驰名商标的反淡化保护。

（二）反不正当竞争法与知识产权法的区别

反不正当竞争法与知识产权法的调整手段和目标重心的差异，以及知识产权本身具有垄断权的性质，其经济权能的行使与促进有效竞争的要求之间存在难以避免的内在冲突。权利主体在行使知识产权过程中不适当地扩张了垄断权的范围，或凭借合法垄断进一步谋求非法垄断或优势竞争地位之目的，从而直接触犯了竞争法。具体表现主要有下述情形。

第一，知识产权法确立的垄断会限制产品的产量、流通量，会维持较高的商品价格。例如，如果没有专利制度，一项发明就可以被他人自由采用，产品的产量就会迅速提高，价格就会下降。而在专利制度下，除非有专利权人的特别授权，只有专利权人可以使用其发明的技术生产产品。因此，产品的产量会受到限制，并可能维持一种较高的价格，即使专利权人将其发明的技术许可给他人使用，被许可人也要向其支付费用，这笔费用转移到产品的成本里面，产品的价格也会提高。此外，专利权人在向被许可人许可使用该项技术时所做的其他限制，通常也会影响到产品的产量和售价。

第二，实施知识产权制度的结果，可能会违背设立知识产权制度的初衷，阻碍技术进步。如某一发明人就某项发明被授予专利权之后，其他人就可能会丧失在相关领域中进行研究探索的信心，因为这种研究很难避开专利权人已经获取的权利。在此情况下，专利制度没有起到激励人们从事技术创新的作用。

第三，知识产权制度，特别是专利制度可能会提高某些行业的集中程度。如果某一行业中有一家或数家企业拥有某项专利技术或近似的几项技术的专利权，就会使得该行业成为集中程度较高的行业，使得新的竞争对手无法进入该产业领域。有时，某一行业中的几家企业还可能通过专利技术的交换或相互许可，使得每家企业侧重于某种产品的生产，从而削弱或消除它们之间的竞争。

知识产权法与反不正当竞争法的潜在冲突，实质上反映着特定情况下私人财产权与社会整体利益之间的矛盾。为了实现个人权利和公共利益的兼顾与平衡，反不正当竞争法作为体现公众利益的公法规范，可以直接干预私权的行使，知识产权的行使应服从竞争法的必要干预，对知识产权领域违背反不正当竞争法精神的滥用权利行为施以严格的控制，从而使两部法律的规范目标最终整合到促进市场整体的有效竞争、社会经济安全与发展的轨道上来。

二、反垄断法与知识产权法

反垄断法与知识产权法的最终目标都是促进竞争，只是调整手段与目标重心有所差异而已。知识产权法主要运用私法的方法，以个人权利的保护作为出发点和落脚点，表达其对竞争的关注，以促进竞争、促进创新；而反垄断法主要以公法的方法来介入和调整存在于私法领域的竞争关系，它运用强制性的手段，维护市场交易的竞争环境，保障市场主体的自由，保护竞争者利益，促进经济的繁荣与社会的发展。

（一）反垄断法与知识产权法的联系

知识产权法的合法垄断，激励发明，鼓励公共披露，有力地推动了专利、版权等商业化的进程。而反垄断法又保障着新的技术、产品和服务在竞争环境下的交易、许可和运用。在当今动态的市场竞争中，市场主体为保持和扩大市场份额而努力改进现有产品、引进新的产品，不断地追求技术进步。反垄断法则通过禁止反竞争的合并、共谋、市场实力的滥用，培育和保护竞争。两者互为补充，都激励着对手间的竞争、创新与发明，让获胜者以更好的技术、产品和服务进入市场，共同致力于消费福利的提升。

知识产权虽说本身是合法的垄断，但权利人极易利用其所拥有的知识产权占领市场，排挤竞争对手，因此知识产权的行使必须在反垄断法的框架内进行。在对知识产权许可行为的调整过程中，知识产权法和反垄断法之间相互协调和补漏，体现了法律调整上的一致性。

第一，知识产权法和反垄断法有共同的精神、价值追求和进行协调立法的共同理论基础。知识产权法和反垄断法都以促进技术创新和增进消费者福利为目标，都必须保证商品、技术和研究开发市场相互之间的平衡和市场竞争秩序的维持。而且，知识产权法和反垄断法可以在公共政策的理念之下进行协调，因为从知识产权法的司法实践中发展出来的知识产权滥用原则本身就体现了公共政策的要求，如创新政策、竞争政策、表达自由政策等。而反垄断法作为公法，是竞争政策的重要载体。

第二，从具体法律制度看，无论是知识产权法还是反垄断法，在立法中都没有排斥另一方法律的适用，相反采取了"积极礼让"或者容纳对方的法律规范等做法。如在反垄断立法中，日本、我国台湾地区的"反垄断法"等都明确规定了"反垄断法"不适用于依据知识产权法行使权利的行为。在知识产权法中，许多国家在许可证贸易协议的禁止条款中都规定了对搭售等垄断或限制竞争行为的禁止。

第三，从对具体行为的调整看，知识产权法和反垄断法相互补漏，共同界定知识产权行使的合适范围。如在反托拉斯法制订前，无论是否涉及专利，维持转售价格在普通法中都被视为是有效的约定，但在反托拉斯法制订后，此项行为被视为当然违法，按照《知识产权许可的反托拉斯指南》的规定，利用专利维持转售价格也要受到反托拉斯执法部门的严格审查。

(二) 反垄断法与知识产权法的区别

反垄断法与知识产权法有精神和价值追求等方面的一致性，也有内在的冲突与紧张。考虑到知识产权制度的积极社会功能，反垄断法在调整影响市场竞争机制运作的知识产权行为时，既原则上适用反垄断法的规定，又制定了一些豁免措施，表现出对行使知识产权行为的特殊规制。具体而言，体现在如下方面：

第一，反垄断法仅调整会产生限制市场竞争效果的行使知识产权的行为，不产生限制竞争效果的行为不属于反垄断法的调整范围。如发明人在获得一项专利后，可以对其专利产品或专利方法行使制造、使用、销售等专有权利，在这种情况下，不管专利权人是否具有支配市场的力量，都不会产生反垄断法上的问题。反垄断法主要调整知识产权许可中可能限制竞争的行为。

第二，反垄断法在调整知识产权许可行为时，对知识产权法明确规定属于知识产权人的权利范围的行为，不再进行调整。知识产权法和反垄断法在调整知识产权许可行为过程中，也存在冲突之处。尽管就精神和价值追求而言，两法之间存在根本上的一致性，但是也存在私法与公法性质上的不同，存在对执法机关而言的保护私权、私益，还是保护公权、公益的两难选择。如根据美国专利法的规定，专利权人可以在不同的区域内，分别授权给不同的人使用其所有的专利，由于专利法已经明文规定这一项权利，因此美国法院一般均视本项规定属于反托拉斯法适用例外的规定，允许专利权人在授权契约中规定被授权人所可以使用的专利的区域。显然，如果仅按照反垄断法的一般理念，这种做法属于反垄断法所调整的划分地区市场的限制竞争协议范畴。

第三，许可方在知识产权许可协议中出于维护自己的品牌的需要或者为了确保最低回报等目的对被许可方所作的产品质量、价格、生产数量等限制并不当然违反反垄断法，如欧共体委员会通过的《技术转让协议集体适用欧共体条约第 85 条第 3 款的第 240/96 号条例》中的白色条款❶部分中规定的要求被许可人就被许可的产品生产必须符合最低要求的质量规范、被许可人有义务生产最低数量的产品或对被转让技术进行最低次数的使用活动、被许可人有义务尽最大努力使用被转让的技术等条款均被视为不产生限制竞争影响的条款。这也是美国、日本等国的通行做法。此种限制的目的在于保证知识产权人获得足够的利益回报。

第四，反垄断法在评价已经构成典型的限制竞争行为的知识产权许可协议条款时，仍然会进一步考虑到该行为对维护知识产权人的利益、促进技术创新等正面价值，而不是仅仅套用反垄断法中的通行做法。如 1996《技术转让协议集体适用欧共体条约第 85 条第 3 款的第 240/96 号条例》列入黑色条款❷的内容的行为数量较 1984 年的专利集体豁免条例和 1988 年的技术秘密转让集体豁免条例的数量已经大为减少，并且技术转让中传统上属于当然违法的限制竞争协议，如价格约束、禁止竞争、禁止出口、限制客户等行为虽然被列入了黑名单，但仍然可能通过个别申请获得个别豁免。在美国反托拉斯法执行中，司法部在 20 世纪 80 年代前，对知识产权许可协议采取较为严格的执法，以 70 年代的"九不"原则为代表，将搭售、转售对象限制、转售价格维持、强制性整批授权等行为一律视为不法，但到 80 年代中期以后，司法部开始更多地用"合理原则"评判这些限制，考虑知识产权的特殊性及其正面价值。维持转售价格等行为在反托拉斯法执法中一直适用"本身违法"原则，但在涉及知识产权的场合，法院在判决中认定：仅在商品投入流通渠道，并且为零售商拥有所有权后，才不得继续维持转售价格。

第五，知识产权在不断扩张过程中，带来的垄断问题也越来越严重。垄断法适用时会考虑到许可人的市场地位以及是否同时是被许可一方的竞争者。如在搭售协议中，销售者是否具有市场支配力，是考量协议是否违法的重要因素，在其他限制条款中，如果许可方同时参与竞争，则协议性质可能由纵向限制竞争协议转化为横向限制竞争协议，将适用更为严格的反托拉斯法审查。

---

❶❷ 集体豁免制度建立了三种类型的清单：白色清单、灰色清单和黑色清单。列入"白色清单"的限制性条款被认为不会对竞争产生限制影响，不必予以申报。白色清单主要是允许许可方对被许可方作一定条件的地域和产品数量限制，所以被称为"白色条款"。列入"灰色清单"的限制性条款会对竞争产生一定的限制作用，所以被称为"灰色条款"。列入"黑色清单"的行为是基本没有豁免的可能性的，所以被称为"黑色条款"。

第三章

市场反垄断法

第一节 市场垄断的基本理论

一、垄断的定义

垄断（Monopoly）是市场经济条件下比较普遍的一种经济现象，市场经济永远呈现出这样的规律：竞争导致垄断，垄断阻碍竞争。垄断是指少数大资本家为了共同控制某个或若干部门的生产、销售和经营活动，以获取高额垄断利润而实行的一种联合。现代意义上的垄断，其概念主要来自于经济学。在经济学基础中，认为垄断在理论上是完全竞争的对立面。拥有垄断优势的卖方会限制产量、抬高价格，以此实现利润最大化。垄断市场是一种与竞争市场相对立的市场类型，垄断市场常常可以用三个结构性和功能性的因素来描述：①一个卖者占据了整个市场，即市场上只有一个卖者，它控制着整个行业的全部供给；②卖者的产品具有独特性（即消费者或交易相对方没有其他替代品可供选择），所以卖者作为垄断厂商是价格的决定者；③没有足够的障碍可以阻碍市场的新进入者，同样使得其退出市场也很困难。[1]

反垄断法所规制的垄断与经济学中的垄断虽然有着密切的联系，但又有着重要区别。经济学上的垄断是从微观层面上来讨论垄断的含义的，而法学上的垄断则是从宏观层面上来理解垄断的概念——即前者是以企业这个市场主体来进行探讨，后者则是从市场竞争秩序上讨论；经济学上对垄断的规制目的是确保效率和追求效率，而法学上对垄断的规制目的兼具效率与公平，甚至包括实现社会主义。

各国反垄断法中并没有关于垄断的一般性定义，而只是根据各自需要解决的主要问题侧重从某个方面或者角度对相关问题加以规定，并且各国因其

---

[1] 欧内斯特·盖尔霍恩，等. 反垄断法与经济学 [M]. 5版. 任勇，等，译. 北京：法律出版社，2009：59.

具体国情、法律文化和垄断的主要表现等差异而对垄断有着不完全相同甚至完全不同的界定方法。各国反垄断法对其所要解决的垄断问题并非都冠以垄断的称谓，就如同反垄断法本身虽是通称，但相应的立法在许多国家并不都被称为反垄断法，而有反限制竞争法、反托拉斯法、竞争法、限制性商业行为法、公平交易法等多种称呼一样。但纵观各国的反垄断法规定，其所规制的垄断可以分为垄断结构与垄断行为两个方面。❶

垄断结构即垄断性的市场结构，一般形成于合法、公平的竞争过程之中，是公平竞争的结果或规模经济的表现形式。对垄断结构进行规制意味着当一个或少数几个企业在某种商品或服务领域的市场占有率达到或超过一定的比例时，使该领域的竞争受到实质限制或损害时，就被认定构成垄断。垄断行为则是占据市场支配地位的经营者故意实施的滥用市场优势限制竞争的行为，或者以谋求垄断利润为目的的限制竞争行为。前者主要包括搭售以及附加不合理交易条件、差别待遇、掠夺性定价、强制交易、限制转售价格、独家交易等，后者则主要包括订立固定价格、限制产量、瓜分市场等卡特尔协议以及企业合并、董事兼任、实际控制人等经营者集中。垄断行为是当前各国反垄断法的主要规制对象，甚至是唯一规制对象。❷

本书认为，无论是垄断结构还是垄断行为，最终都表现为对市场竞争的限制，都需要"反垄断法"予以规制。

二、市场垄断形成的原因

市场垄断形成的原因有很多，但最根本的是为了建立与维护一个合法的或经济的壁垒，从而阻止其他企业进入该市场，以便巩固垄断企业的垄断地位。而垄断企业作为某个市场的唯一供给者，很容易控制市场某一种产品的数量及其市场价格，从而连续获得垄断利润，具体来说，垄断市场形成的主要原因有以下几个方面。

（一）竞争引起的生产资本发展趋势

在生产的社会化发展过程中，自由竞争自然而然会引起生产和资本的集中，而当生产和资本的集中发展到一定阶段以后，就必然会产生垄断。这里实际上是由两个因素引起的：一是生产和资本的集中发展到了一定阶段的时候就会产生垄断的可能性。当生产和资本发展到一定阶段后，生产和资本逐

---

❶ 孙晋，李胜利. 竞争法原论 [M]. 武汉：武汉大学出版社，2011：34.
❷ 王先林. 竞争法学 [M]. 北京：中国人民大学出版社，2009：211.

渐集中到少数大企业中，它们之间很容易达成协议，形成垄断，使其操纵、控制市场供给成为可能，而其他企业则因此无法与其竞争；另一方面，生产和资本的集中发展到一定阶段后，生产和资本必然集中到了少数大企业中，这些大企业要在竞争中击败对方单独取胜，非常不容易。为了避免两败俱伤从而获取稳定的垄断利润，这些大企业都有谋求妥协达成垄断的共同需要。

(二) 规模经济的要求

生产在企业里进行的原因在于效率通常要求大规模的生产、筹集巨额资金以及对正在进行的活动实行细致的管理与监督。❶ 规模经济，表现在一段时期内产品的单位成本（或者说生产一件产品的运作成本）随着总产量的增加而降低。如果这些成本优势很明显，新进入者则会因生产规模不足产生后来的成本劣势。❷ 进行大规模的生产才具有较佳的经济性，低于这种规模的生产则是不经济的，导致这个行业只需要一个企业进行生产就能满足整个市场的产品供给。例如，钢铁、汽车和重型机械等重工业的生产，就要求通过集中大量的资产和资金，由此可见，规模经济就成为垄断形成的重要原因。同时，大量的固定资产和资金作用的充分发挥，使企业具有了进行大规模生产的能力和优势，因而这个企业能够以低于其他企业的生产成本或低于几个企业共同生产的成本、价格，向市场提供全部供给。那么，在这个行业当中，只有这个企业才能够生存下来，其他企业都不具备这种生存能力。

(三) 自然垄断的属性制约

自然垄断概念与资源条件的集中有关，主要是指由于资源条件的分布集中而无法竞争或不适宜竞争所形成的垄断。克拉克森和米勒认为，自然垄断的基本特征是生产函数成规模报酬递增状态，即平均成本随着产量的增加而递减。由一家企业来提供产品会比多家生产更有效率，成本更低。假定一个产业只能容纳一家企业的生存，那么就会有一个幸存者为了降低成本而不断扩大产量，进行低价竞争，最终把对手挤出市场，形成自然垄断。❸ 自然垄断行业通常是指，面对一定规模的市场需求，与两家或更多的企业相比，某单个企业能够以更低的成本供应市场。现实中的自然垄断行业以公用事业为主，如供水、供电、煤气供应等，辅之以其他一些特殊产业。这些自然垄断行业

---

❶ 保罗·A. 萨缪尔森，威廉·D. 诺德豪斯. 经济学（第18版）[M]. 萧琛，译. 北京：人民邮电出版社，2008：31.

❷ 唐珺. 企业知识产权战略管理 [M]. 北京：知识产权出版社，2012：16.

❸ 肯尼斯·W. 克拉克森，罗杰·勒鲁瓦·米勒. 产业组织：理论、证据和公共政策 [M]. 华东化工学院经济发展研究所，译. 上海：上海三联书店，1989.

的初始投资往往十分巨大，如果任由市场竞争机制发挥作用，政府不加以适当规制，可能会产生不利于社会福利改进及资源最优配置的结果。

（四）国家对知识产权保护的需要

知识产权的首要特征是专用性，即未经权利人同意，任何人不得使用权利人的专利、商标、版权、商业秘密等，主要表现在：知识财产为权利人所独占，权利人垄断这种专用权利并受到严格保护，没有法律规定或未经权利人许可，任何人不得使用权利人的知识产品；对同一项知识产品，不允许有两个或两个以上同一属性的知识产权并存。知识产权制度设计的初衷就是为了促进竞争，知识产权保护虽然会在一定程度上限制竞争，但这种限制可以激发人们在知识经济领域的竞争，并推动经济发展。例如，专利权可以激发发明创造，著作权可以激发创作，商标权有助于改善产品质量等。

《美国知识产权许可反托拉斯指南》阐明："知识产权法与反托拉斯法的共同目的是促进创新，并增进消费者的福利。知识产权法通过为新型、实用产品，更有效的方法和原创表达作品等创造者建立可执行的产权，为有关的创新和传播及商业化提供激励。如果没有知识产权，模仿者就可以更快利用创新者和投资者的成果，而不付出任何报酬。快速模仿将减少创新的商业价值，并挫伤为创新而进行投资的积极性，从而最终损害消费者的利益，反托拉斯法通过禁止某些行动来促进创新、提高消费者福利，被禁止的这些行为可能会在现有或新的为消费者服务方面竞争。"TRIPS 协定专门规定了对许可合同中限制竞争行为的控制："与知识产权有关的某些妨碍竞争的许可证贸易活动或条件，可能对贸易具有消极影响，并可能阻碍技术的转让与传播。本协定的规定，不应阻止成员在其国内立法中具体说明在特定场合可能构成对知识产权的滥用，从而在有关市场对竞争有消极影响的许可证贸易活动或条件。如上面所规定的那样，缔约方可以在与本协议的其他规定相一致的前提条件下，根据该缔约方的有关法律和规则，采取适当的措施来防止或控制这样的行为，例如独占性反授条件，禁止对有效性提出异议的条件和强迫性一揽子许可等"。

（五）国家特许经营的法律限制

特许经营作为一种经营模式被世界各国所采纳。未来学家约翰·奈斯比特（John Naisbitt）20 世纪 80 年代在其《大趋势——改变我们生活的十个新方向》（*Megatrends: Ten New Directions Transforming Our Lives*）一书中曾经预言：特许经营（加盟）将成为 21 世纪的主导商业模式。不同于商业特许经营，根据我国《特许经营法征求意见稿》第六稿，"政府特许经营"可以适用于一定期限内，政府授权特许经营者投资、建设、运营基础设施和公用事业，包括现有的基础设施和公用事业及其改建、扩建，期满后交给政府。该征求意见稿还对特许经营的适用范围作出了规定，采用"正面清单"的方式列出了允许进行特许经营的 24 个行业、公用事业和 10 个公共服务领域，其中包括石油、天然气、电力、通信等众多垄断行业。

市政公用事业特许经营的客体是涉及国计民生的公用事业，特许经营项目往往投资额大、周期长，涉及多方利益主体，具有极强的公共性、公益性。对特许经营的投资经营者的选择及特许经营区域的划分及确定，属于政府对公共事务的管理，应由政府根据本地实际情况来决定，从而形成合法的垄断，从法律层面主要是基于三个方面的考虑：一是基于某类企业的福利需要的考虑，例如，某些必须进行严格控制的药品的生产，必须由政府特许独家经营；二是基于保证国家安全的考虑，例如，各种武器、弹药的生产必须垄断；三是基于国家财政和税收收入的考虑，例如，国家对某些利润丰厚的商品，如烟草进行垄断专营等。

三、垄断的组织形式

垄断组织是指在资本主义社会中一个或几个经济部门中居于重要地位的大企业之间的联合。它们凭借这种联合所建立的统治地位，控制相应部门的商品生产，瓜分销售市场、原料产地和投资场所，规定垄断价格，攫取高额利润。垄断组织是在资本主义生产集中的基础上产生的。由于在资本主义发展过程中生产社会化和生产集中的发展程度的不同，资本主义大型企业之间互相勾结或联合的程度和具体目的也不一样，因而垄断组织便有各种不同的形式。

卡特尔（Cartel）、辛迪加（Syndicat）、托拉斯（Trust）、康采恩（Konzern）是垄断组织的四种主要形式。

（一）卡特尔

这是最早出现的、也是最简单的垄断组织形式。正如亚当·斯密所说："行业巨头间一般不会面，只要一见面，他们谈话的结果不是阴谋反对公众，就是图谋抬高价格。"这其实就是典型的"卡特尔"，法语里意为"协定"或"同盟"，它由生产同类产品的企业联合组成，参加这一同盟的成员在生产、商业和法律上仍然保持独立性。以全球钾肥市场为例，目前共有两个卡特尔存在，分别是俄罗斯的 BPC 和北美的 Canpotex，后者成员包括加拿大钾肥公司（PCS）、加阳公司（Agrium）和美盛公司（Mosaic）。这两个卡特尔联手将钾肥价格维持在远超边际生产成本的水平上。

参加卡特尔的企业一方面为获得垄断利润而在价格、销售市场、生产规模和其他方面签订协议；另一方面又保持其在经济活动中的独立性。卡特尔一般有三种类型：一是规定销售市场范围的卡特尔；二是规定销售价格的卡特尔；三是规定参加卡特尔的企业所生产的各种商品的生产限额。随着跨国公司的出现和发展，资本主义各国的大垄断组织之间建立起国际卡特尔，其影响和规模都比国内卡特尔要大得多。

加入卡特尔企业只能够通过某些协议或规定来控制该产品的产量和价格，而这些协议大部分属于"君子协议"，并没有约束力。只要卡特尔成员中出现决策分歧，卡特尔通常维持不下去。卡特尔是四种垄断方式中最不稳定的。

（二）辛迪加

参加辛迪加的企业，通过签订共同的供销协议而形成的企业同盟，在生产上和法律上仍然保持自己的独立性，但是丧失了商业上的独立性，销售商品和采购原料由辛迪加总办事处统一办理，其内部各企业间存在争夺销售份额的竞争。如银团贷款又称为辛迪加贷款（Syndicated Loan），是由获准经营贷款业务的一家或数家银行牵头，多家银行与非银行金融机构参加而组成的银行集团（Banking Group）采用同一贷款协议，按商定的期限和条件向同一借款人提供融资的贷款方式。国际银团是由不同国家的多家银行组成的银行集团。

同卡特尔相比，辛迪加较为稳定，存在的时间也较持久。因为辛迪加的主要目的在于批量采购和销售可以节约资本，这对于每个企业来说，决策都是一致的，同时，一个企业退出辛迪加就意味着它不得不自己建立自己的销售网络——这往往是比较困难的，如果某一成员想要退出，必须花一笔资本去重新建立购销机构和重新安排与市场的联系，而且容易受到辛迪加的阻挠和排挤。在各参加者不能与市场发生直接联系的情况下，它们要想随意脱离辛迪加就会很困难。因此辛迪加的组织形式较为稳定。

（三）托拉斯

托拉斯是垄断组织的高级形式之一，通常指生产同类商品或在生产上有密切联系的企业，为了获取高额利润，从生产到销售全面合并而形成的垄断联合。托拉斯的参加者本身虽然是独立的企业，但在法律上和产销上均失去独立性，由托拉斯董事会集中掌握全部业务和财务活动，原来的企业成为托拉斯的股东，按股权分配利润。托拉斯组织具有全部联合公司或集团公司的功能，因此它是一种比卡特尔和辛迪加更高级的垄断形式，具有相当的紧密性和稳定性。通过这种形式，托拉斯企业的内部企业可以对市场进行独占，并且通过制定企业内部统一价格等手段来使企业在市场中居于主导地位，实现利润的最大化。

1882年，美孚石油公司成为美国第一个托拉斯组织。20世纪初，托拉斯在美国迅速发展，在主要工业部门起着支配作用，因此，美国曾被认为是典型的托拉斯国家。洛克菲勒财团控制的"俄亥俄州标准石油公司"（即美孚）是托拉斯的代表。

托拉斯的垄断组织形式可分为两种：一是以金融控制为基础的托拉斯。参加的企业形式上保持独立性，实际上从属于掌管托拉斯股票控制额的总公司，这种总公司是一种持股公司，通过持有其他公司的股票控制额对它们进行金融控制；二是以生产同类商品的企业完全合并为基础的托拉斯。这种托拉斯所从属的总公司是一种业务公司，直接经营产销业务。在总公司下按产品类别或工序、工艺设立若干分公司来管理。换言之，一个托拉斯是一个公司、一个法人，其组织形式是通过这个公司内部的行政渠道，达成共同策略。因为是内部行政渠道，不涉及公司之间的谈判，所以托拉斯是四种垄断方式中最稳定的之一。

（四）康采恩

康采恩是高级垄断组织形式，晚于卡特尔、辛迪加、托拉斯出现，规模更为庞大。它是指分属不同部门的大企业，以其中实力雄厚的企业为核心，形成以金融控制为基础的垄断联合组织。它的兴起与发展，体现了金融资本和工业资本相结合的进程。是一种通过由母公司对独立企业进行持股而达到实际支配作用的垄断企业形态。一般情况下，基本是由集团中的银行以及其他金融企业来担当控股公司这一角色。这种垄断形态与卡特尔以及托拉斯不同，它的直接目的不是支配市场。在资本集中方面上，康采恩比卡特尔和托拉斯更加进步。

参加康采恩的不仅有单个资本家的企业，还有集团资本家的垄断企业，例如，辛迪加、托拉斯等；康采恩不仅包括许多工业企业、运输公司、矿业公司等生产性单位，还包括银行、保险公司、商业公司、其他服务性公司等非生产性单位。大工业企业和大银行是该组织的核心，它们除了经营本身的业务外，还把一部分资本投入参加康采恩的其他企业中去，通过参与制掌握这些企业的股票控制权。参加康采恩的企业形式上虽然具有独立性，但实际上却受居于核心地位的大工业企业或大银行的控制。垄断资本家通过这种形式，控制着比其本身资本大几倍甚至几十倍的资本，以加强垄断统治，攫取高额垄断利润。

（五）混合联合企业

混合联合企业（Conglomentate）是资本主义国家出现的一种独特的跨部

门垄断联合组织。在第二次世界大战后，资本主义国家的企业普遍实行经营多样化，即广泛渗入与其原来经营业务很少或毫无联系的产业部门，而且很多采用合并现成企业的方式向其他部门扩张。大垄断企业为了攫取高额垄断利润，把积累的资本投向其他部门，实行多样化和异类化的产品生产和经营所进行的一种联合。当代西方经济学界使用这一名词，除指企业的混合合并外，还指通过合并实行广泛多样化经营的企业组织，即混合联合企业。

这股浪潮最先在美国涌起，例如，美国的国际电话电报公司（Internatinal Telephone and Telegraph Corporation, ITT），原来经营电讯业务，1960年其资产只有9亿美元。1960年以后该公司在国内外陆续收买了约350家企业，1984年资产增至133亿美元。该公司除经营电讯业务外，还经营电讯设备制造、住房建筑、食品加工、采矿、保险、生活服务等40多个领域的业务。康采恩后逐渐波及西欧各国和日本。

混合联合企业和传统的康采恩虽然都是跨部门的多家企业的联合，但两者具有显著的差异：一是康采恩所属企业之间在生产或职能上都具有或多或少的联系，而且保持着一个主体部门。混合联合企业则不同；在它控制之下的，既有在生产或职能上相互联系的企业，也有很多是毫无联系的。在它所经营的业务中，并无主导部门，而且经营的部门时常变更。二是康采恩实行跨部门经营，或是自建厂房设备，或是收买现成企业。混合联合企业进行扩张则都是采用合并现成企业的方式。三是康采恩是生产的联合体，是生产和资本的集中。混合联合企业所属企业并不形成统一的生产组织，只是财务上的联合，是资本的集中。四是在组织管理上，混合联合企业实行较康采恩更高的分权体制。

混合联合企业的上述特点，是否构成一种新型的垄断组织，经济学界则有不同看法，有的认为它完全不同于康采恩，有的认为它是多样化康采恩。

第二节　市场失灵理论

一、市场失灵与寻租

（一）市场失灵

19世纪中期前，人们一直秉承古典经济学的自由市场经济理念，反对国家干预经济。但到了19世纪中后期以后，由于社会化大生产和资本越来越集中，市场上的垄断和限制竞争情况愈来愈激烈，经济危机时有发生，这说明出现了严重的市场失灵,传统的放任自流、由市场自我克服的政策难以奏效,民商法不能对垄断行为进行有效矫正,这就需要国家伸出"有有形之手"来干预市场。

市场对资源配置既具有灵活性、及时性,同时也存在不可避免的自发性和盲目性,稳健而有效的市场作用可以促进经济、政治及文化的共同繁荣发展,而市场调节一旦失灵,则会导致资源配置的失效与浪费,阻碍经济的发展及损害社会公平。市场失灵是指在不完全竞争的情况下,市场无法有效率地分配商品和劳务的情况,通常被用于描述市场力量无法满足公共利益的状况。市场失灵有四个表现:垄断、外部性、公共物品、信息的不对称。

垄断是造成市场失灵的重要因素。由于资源配置的稀缺性和规模收益递增的作用,市场往往由一个或者几个企业垄断,在这种情况下,垄断企业则利用其市场控制力,制定与均衡价格相背离的价格,以获得更多的超额利润。由于在垄断市场上,垄断导致了较高的价格和较低的产量,从而使得消费者剩余减少而生产者剩余增加,资源的配置就会难以达到帕累托最优的状态。

(二) 寻租活动

当市场存在垄断的情况下,就会容易产生寻租行为。政府运用行政权力对企业和个人的经济活动进行干预和管制,妨碍了市场竞争的作用,从而创造了少数有特权者取得超额收入的机会。根据美国经济学家布坎南(James M. Buchanan)和A. 克鲁格(Anne. Krueger)的论述,这种超额收入被称为"租金"(Rent),谋求这种权力以获得资金的活动,被称作"寻租活动",俗称"寻租"。

在市场竞争条件下,资源由市场竞争实现配置,会动态地实现帕累托最优。在这一进程中,企业家通过创新来寻找、创造新的利润点,但通过竞争,这些新的利润点会逐渐消失,这时企业家又不得不去寻找新的利润。但是,市场的运作并不一定是完备的,市场的功能也可能受到各种因素的妨碍,这时政府就会介入市场。政府介入市场,用权力配置资源,其结果就会产生各种各样的额外收益点,即权力导致的租金。而权力导致的租金会诱导越来越多的寻租活动。政府批准、同意、配额、许可证或特许等,相当于创造了一个短缺的市场,而谁拥有这一市场的份额就相当于拥有某种特权,就会造成对于资源配置的影响。在这些短缺的市场上,又会造成市场主体企图用自己的资源去获得特权,争取特权的原始分配(再分配)……或者规避政府管制取得非法的"特权"。而对于已经拥有特权的市场主体而言,则是如何保护其特权。所有这些活动都需要费用支出,这些支出都是非生产性,都无法减少或者消除政府人为制造的稀缺，因此它们是社会福利的净损失。

当然，并非所有的政府活动都会导致寻租活动。政府可以通过特殊的制度安排来配置资源，可以使寻租活动难以发生。例如，采取对垄断企业进行价格管制，通过限定价格或收益率来规范垄断企业的行为，也可以从法制上对垄断进行管制……此外政府还可以让垄断企业作为公共企业来经营，从整个社会福利的角度来制定其产品价格。

二、公共物品的市场失灵

（一）公共物品属性

公共物品（Pubilc Goods）是个经济学上的概念，与私人物品（Private Goods）相对。综合各学者的观点，"非排他性"（Non-excludability）与"非竞争法"（Non-rivalry）通常是被作为公共物品的限定性特征。[1] 但这些特征并没有给出造成该事态的原因。而根据公共物品研究领域的开拓者萨缪尔森（Samuelson）的观点，"不可分性（Non-divisibility）"才是公共物品的根本属性。[2]

所谓"不可分性"，根据萨缪尔森的界定，是指每个消费者所消费的数量都与该物品的消费总量相等。公共物品的个人消费等于集体消费。而对私人物品而言，总消费量等于各消费者消费量之和。换言之，对于公共物品，每个消费者都消费该物品的所有产出，各消费者效用函数里的物品数量是相等的。公共物品一旦被生产出来即能使一定规模人群中的每一位都能享受该物品所带来的效用。而公共物品消费人群的最优规模涉及边际费者所带来的成本分摊收益与拥挤成本的权衡。

（二）公共物品市场失灵的根源

公共物品交易的买方必定是一个集体。由于不可分性，公共物品的每个购买者消费相同的数量；这意味着，公共物品的购买者消费相同的数量，公共物品的购买者对该物品的偏好强度不能像私人物品那样通过购买的数量来表征，而必须通过其愿意支付这1单位物品的价格来体现。最理想的情形是，对于每一单位的公共物品，按照每个人从该单位物品中获得的边际效用来分担这一单位公共物品的价格。与私人物品的消费者有激励诚实披露对物品的

---

[1] 罗伯特·考特，托马斯·尤伦.法和经济学（第六版）[M].史晋川，董雪兵，等，译.上海：上海人民出版社，2012：36.

[2] Paul A. Samuelson. The Pure Theory of Public Expenditure [J]. The Review of Economics and Statistics, 1954, 36 (4)：388.

偏好强度（通过对消费量的调整）不同，公共物品的消费者却没有诚实披露的激励。每个消费者都希望通过欺骗或隐藏物品带给他的真实效用并指望其他人承担价格，搭便车的结果必然是供给的不足。这个"偏好显示"困境是公共物品市场失灵的根本原因。

第三节 反垄断法的立法

一、反垄断法的概念

反垄断法的经济学原理是：如果一个企业在市场上占据过大的份额，它势必就会抬高产品价格；而且为了维护垄断高价，它势必会相应减少对市场的供给。反垄断法在市场经济国家有着极其重要的地位。它在美国被称为"自由企业的大宪章"，在德国被称为"经济宪法"，在日本被认为是"经济法的核心"。尽管世界各国因国情不同，各国的反垄断立法以及司法实践存在差异，但由于反垄断法基于的经济学原理是相同的，各国法律在内容上存在很大的趋同性。反垄断是禁止垄断和贸易限制的行为。而反垄断法，顾名思义就是反对垄断和保护竞争的法律制度。关于反垄断法的概念，在世界范围内尚无统一的定论。

根据经济合作与发展组织（OECD）的界定："反托拉斯法是指一个有关垄断和垄断行为的经济政策和法律的领域。反托拉斯法是指一个有关垄断和垄断行为的经济政策和法律的领域。反托拉斯法或反托拉斯政策主要是美国使用的术语，而在其他国家则使用竞争法或竞争政策一词。一些国家使用公平交易法或者反垄断法。大多数反托拉斯法或者竞争法既有关于结构的规定，如合并、独占、市场独占地位和集中，又有关于行为的规定，诸如合谋、固定价格和掠夺性定价。"[1]

二、世界各国反垄断立法的主要内容

美国的反垄断制度与实践经历了100多年的演进和完善，形成了垄断和竞争动态并存的格局。美国1890年颁布的《谢尔曼法》被认为是世界上最早

---

[1] 孔祥俊. 反垄断法原理 [M]. 北京：中国法制出版社，2001：7.

的反垄断立法。1914年，美国还颁布了《克莱顿法》和《联邦贸易委员会法》。这三部法律构成美国反托拉斯法的主体。与传统的政府干预的不同之处是，反托拉斯法作为政府干预经济的手段，它不是限制经营者在市场活动中的自由，而是通过阻止市场势力和反对不正当的市场行为，维护和扩大经营者在市场活动中的自由权利，排除进入市场的障碍。因此，反托拉斯法在美国被称为"自由企业的大宪章"。

第二次世界大战结束之后，由于美国的影响，其他国家也纷纷颁布了反垄断法。如日本在1947年颁布的《关于禁止私人垄断和确保公正交易法》，英国在1948年颁布的《垄断和限制行为调查和管制法》，德国在1957年颁布的《反对限制竞争法》是德国在现代市场经济条件下全面贯彻竞争政策的基本法律依据。欧共体竞争法主要指《欧共体条约》第81条至第87条，它们在建立欧洲大市场的过程中起到了关键性的作用。

20世纪80年代后期以来，随着冷战的结束，反垄断、民营化和减少行政干预成为世界各国经济政策的主流。在这种形势下，不仅发达市场经济国家和地区普遍注重反垄断立法，强化这方面的法律制度，如欧共体于1989年颁布了《企业合并控制条例》，韩国作为新型的工业化国家和经合组织的成员国也在1980年颁布了《垄断管制和公平交易法》，而且发展中国家和经济体制转型国家也开始注重竞争政策和反垄断立法。例如，捷克、斯洛伐克、匈牙利、哈萨克斯坦、俄罗斯、乌克兰等中欧和东欧国家，纷纷在20世纪90年代初期颁布了反垄断法。

在殖民地时期，巴西贸易完全被葡萄牙垄断，直到18世纪初巴西港口对其他国家开放，才结束这一局面。独立后的巴西自然非常重视反垄断，在反垄断领域始终走在发展中国家前列。1994年，巴西政府正式颁布了《反垄断法》，规定由巴西反垄断监管机构经济保护和管理委员会（CADE）负责打击垄断行为，保障消费者权利。2011年12月，巴西总统罗塞夫批准了巴西《反垄断法》若干条文的修正法案。新的《反垄断法》2012年5月正式生效，给予了巴西反垄断监管机构经济保护和管理委员会更大权力。

我国的《反垄断法》于2007年8月30日经第十届全国人大常委会第二十九次会议表决通过，自2008年8月1日起施行。我国反垄断法专家、国务院和全国人大法工委反垄断法起草小组顾问王晓晔说，我国反垄断法的特点首先在于它鲜明地立足于国情，其次就是它在很多方面借鉴了发达国家和地区的先进经验，特别是借鉴了美国法和欧洲法的经验。无疑，我国反垄断法对国家经济生活和所有经济部门都会产生重要影响，对企业的市场活动会产生重要影响，是一部规范国家经济秩序和市场竞争秩序的基本法律制度。

第四节 反垄断法的立法目的与法律地位

单纯的自由放任和全面的国家干预都不能促进市场经济有序运行，市场经济需要国家适度干预是客观现实的要求，国家适度干预需要借助于法律制度。事实上，无论发达国家还是发展中国家，放纵垄断不仅会降低企业生产效率，损害消费者利益，更重要的是会遏制一个国家和民族的竞争精神和创新能力。

一、反垄断法的立法目

对于市场竞争秩序进行有效控制以协调企业竞争自由和限制竞争之间的冲突，一般被认为是反垄断法要达到的目标。实际上，确定合理的反垄断法立法目的是构建反垄断法体系的前提条件。

我国《反垄断法》第1条规定："为了预防和制止垄断行为，保护市场公平竞争，提高经济运行效率，维护消费者利益和社会公共利益，促进社会主义市场经济健康发展，制定本法。"这说明我国制定《反垄断法》时的立法目的，至少包含着三层内容。

①预防和制止垄断行为，保护市场公平竞争，提高经济运行效率。《反垄断法》的主要任务是维护并促进市场竞争，发挥市场竞争机制的积极作用。这也是各国反垄断法立法的最初目的。通过市场竞争来优化资源配置，可以提高经济效益，增强经营的活力和竞争力，是推动经济又好又快发展的重要途径。制定《反垄断法》，是建立健全市场竞争的不可缺少的游戏规则，可以制止经营者通过实施垄断行为，排除或者限制经营对手参与市场竞争，进而谋取垄断利益。这种因垄断而产生的不合理利益的存在与发生，将破坏公平竞争的规则，损害市场机制优胜劣汰作用的发挥和对资源的优化配置，不利于提高经济运行效益。《反垄断法》自然要将预防和制止垄断行为、保护市场机制放在首位。

②维护消费者利益和社会公共利益。维护消费者利益是《反垄断法》的主要目的和功能之一。垄断的目的和结果，都在于限制甚至消除竞争，垄断者实现了垄断利益，而广大消费者却失去了消费选择。在垄断条件下，某些

经营者不需要技术创新，不需要提高产品与服务质量，就能获得可观的垄断利润。从宏观意义上讲垄断相对而言容易损害消费者的权益。在当前市场条件下，维护社会公共利益的行为是符合法律和国家政策的，但以社会公共利益为借口而实施限制或消除竞争的行为，却是现代反垄断法立法目的所蕴含的应有之义。

③促进社会主义市场经济健康发展。改革开放以来，我国已制定了不少促进市场经济发展的法律，《反垄断法》的出台与实施，填补了我国已有的社会主义市场法律体系框架中的一个最重要的空白点。制定《反垄断法》，是对我国过去30年经济转轨与市场化改革成果的制度确认，也是对我国进一步深化经济转轨的制度保障，对促进建立健全统一开放、竞争有序的市场经济体制将发挥基石一般的作用。

由此可见，我国《反垄断法》确立的总体目标是"促进社会主义市场经济健康发展"，通过预防和制止垄断行为、保护市场公平竞争、提高经济运行效率、维护消费者利益和社会公共利益等措施来保障这一总体目的的实现。

二、反垄断法的一般性目的

反垄断法的一般性目的与立法目的并不完全相同，反垄断法的立法目的建立在一般性目的范畴之内。实际上，各个国家可以根据各自不同的政治经济条件和社会发展阶段确定特定的反垄断法目的，而且反垄断法的立法目的还可以通过反垄断法的修改而不断地进行修正。这里所指的反垄断法一般性目的是撇开各国具体法律文件中所表现出来的、总结反垄断及其法律本身的一般价值意义而言的。

一般来说，反垄断法的一般性目的包括经济目的、社会目的和政治目的。[1] 反垄断法的经济目的主要表现在提高经济效益，促进贸易自由化，有利于实现私有化以及完善市场经济的发达程度。反垄断法的社会目的主要是对消费者利益的保护，包括消费者免受市场势力的影响，保护中小企业的机会和利益，保护民主的价值和原则，保护公共利益，确保市场公平和平等、在市场民主的条件下实现经济上和政治上的平等。反垄断法也具有很强的政治目的，如美国《谢尔曼法》的制定是基于这样的前提：即适当限制竞争力的相互作用将产生最好的经济资源配置、最低的价格、最好的质量和最大的物质进步，由此所提供的环境将有助于保持民主的政治与社会制度。同样我国

---

[1] 阮赞林.论反垄断法的目的[J].重庆工学院学报：社会科学版，2007（11）.

《反垄断法》的颁布与实行，通过促进实现或维护经济民主为推动民主进程打下牢固的经济基础，在社会上宣扬了民主、自由和公平价值，这也是我国《反垄断法》应有的政治目的。

三、反垄断法的经济基本法地位

反垄断法的地位，就是反垄断法在人们对社会规范的认知当中的地位和在法律体系中的地位。

反垄断法作为规制排除、限制竞争状态与行为，进而调整竞争关系的经济法，在一些发达的市场经济国家都拥有举足轻重的地位。如在美国，作为现代反垄断法的标志性法律的《谢尔曼法》被誉为"自由经济大宪章"，在德国，《反限制竞争法》被称为社会市场经济制度的"基本法"，是"促进和维护市场经济的最重要的基础之一"，属于"市场经济秩序的总纲"范围。在日本，《禁止垄断法》被公认为在经济法体系中占有基本的或核心的地位，是经济法体系中的原则法和一般法，是日本的经济宪法。综上所述，几个主要市场经济国家尽管在描述反垄断法在其法律体系中地位的用语不尽相同，但在它们表达的实质内容上大同小异，即反垄断法是保障市场经济顺畅、有序、健康运行的"经济宪法"，在各国市场经济法律体系中具有不可替代的举足轻重的地位。

在我国，经济发展过程中的粗放型增长方式有着复杂的原因，其重要原因之一是缺乏公平的市场竞争秩序，市场作为资源配置主要手段的作用没有得到保障和充分体现。企业在不完善的市场环境下其经营行为趋于短视，没有能够真正从不断创新、完善管理和提高效率等方面进行精细化的持续经营。反垄断法通过打击和抑制垄断行为，鼓励市场主体不断创新、完善管理和提高效率，有助于经济增长方式向可持续和集约化的方向发展。反垄断法实施的理想情形是经营者和政府都能自觉遵守反垄断法。在反垄断法的框架下，各种类型的企业只能通过加强创新、完善管理和提高效率等方式进行公平竞争，从而可以真正提升中国企业和产品的国际竞争力。国家发改委在2011年和2012年对中国电信、中国联通网速慢、费用高案件的反垄断调查就起到了良好的示范作用。反垄断法通过对于不公平竞争行为的抑制，从而在经济层面促进民主进程，并促进和谐社会的构建。

第五节 知识产权反垄断的思考

法律中的权利规范重在确权、授权，一般并不具体规定权利主体如何行使和实现权利，这就在制度上为权利主体扩张、滥用权利留下了空间；同时，权利主体对自身利益最大化的追求又极易使权利滥用的可能性不断地转化为现实，在权利行使或实现过程中损害国家整体利益或社会公共利益以及其他社会主体利益的情况也不少见。基于此，法律的权利限制原则得以确认。❶

一直以来，知识产权被误认为是与反垄断相矛盾的制度，垄断大多数是阻碍市场竞争的，然而知识产权制度却给予特定权利人某种形式的"垄断"。事实上有私权属性的知识产权语境下的垄断与公权力调整的市场垄断并不相同。

一、知识产权的"垄断"与反"垄断"用意不同

知识产权具有垄断性（即专有性、排他性），权利人直接支配其知识产权并可以此进行收益，权利人行使权利时他人不得妨害，他人未经许可不得使用。反垄断规则中的"垄断"指的是从宏观上控制市场、限制或阻碍市场竞争的行为或状态，其目的是排斥竞争对手和赚取高额利润。用反垄断方式规制知识产权是否会破坏知识产权的垄断性，是否会损害知识产权权利人的合法权益？

知识产权权利人在法律许可的范围可以行使其权利，在这一范围内对其知识产权有垄断权；但权利人不能滥用其垄断权。知识产权的垄断性也是有限制和边界的，在边界范围内垄断性受法律保护，超出边界范围的垄断性就是权利滥用，是一种不正当的垄断性，要受到法律的制裁。由此可见，知识产权的垄断性与用反垄断方式规制知识产权滥用有不同的目的和适用范围，两者的界限也是明显的，用反垄断方式规制知识产权不但不会破坏知识产权的垄断性，不会损害权利人的正当利益，反而会保护知识产权的正常竞争和公共利益。

①两者所属的领域不同。知识产权垄断性中的"垄断"属于民法领域的概念，主要是指权利人对客体的专有权或支配权，禁止其他主体未经许可使用其知识产权；反垄断规则中的"垄断"属于经济领域中的概念，主要是企业或者其他组织滥用其市场支配地位，限制或阻碍竞争，以获取高额利润。

---

❶ 吕明瑜. 论知识产权垄断法律控制的理论基础 [J]. 河北法学, 2009 (2): 114.

②两者的作用不同。知识产权垄断性的垄断主要是保护权利人对其知识产权的使用，阻止他人侵权，使权利人获得经济回报，鼓励发明和创造，促进技术和文化的发展，是法律所允许和保护的；反垄断规则的垄断是企业打击竞争对手和获取高额利润的手段，其结果会扰乱正常的市场竞争秩序，损害竞争者和公众的利益，是各国法律所禁止和严厉打击的。

③两者的行为实施主体不同。知识产权的权利人可以是自然人和法人以及其他组织，其知识产权都具有垄断性，享有知识产权垄断性利益的主体非常广泛，自然人、法人、国家、其他组织都可，门槛要求低。反垄断规则中的垄断实施主体主要是企业和其他组织，能够实施垄断行为的企业和组织的经济实力和市场影响非常大，门槛要求非常高，自然人、中小企业和一般组织实施垄断的可能性不大。

④两者针对的对象不同。知识产权的垄断性针对的是其他不特定主体，针对的对象非常广泛，除了权利人可自由实施其知识产权外，其他任何自然人、法人和组织都不得阻碍权利人行使其知识产权权利，未经许可也不得使用其知识产权；反垄断规制中的垄断行为直接针对的对象是与实施垄断者有竞争关系的企业或组织，实施垄断的企业或组织凭此打击相关竞争者，使自己能够支配市场，垄断行为间接针对的对象是数大于相关市场的买方（消费者或企业），垄断者通过垄断市场进而从买方那里获得高额利润，这种垄断不仅损害竞争者的公平竞争利益，而且损害买方的公平购买利益。

⑤两者造成的影响不同。尽管知识产权的垄断性针对的是其他不特定主体，针对的对象非常广泛，但其造成的影响一般是有限的、微观的，因为真正阻止他人有偿使用其知识产权的权利人为数不多，即使知识产权权利人利用知识产权垄断性禁止他人使用其知识产权，一般只能给少数人造成损害，损害公共利益的可能性比较小；反垄断规制中的垄断针对的是相关市场的竞争者和买方，一旦实施垄断，就会给竞争者和买方造成巨大影响，极大损害竞争者和买方的利益，扰乱市场经济秩序，甚至有可能损害公共利益，所以这种垄断的影响是巨大的、宏观的。

二、滥用知识产权可能构成垄断

当知识产权滥用影响到竞争秩序时，反垄断法就有必要对其行使进行限制。《反垄断法》第55条规定："经营者依照有关知识产权的法律、行政法规规定行使知识产权的行为，不适用本法；但是，经营者滥用知识产权，排除、限制竞争的行为，适用本法。"2015年4月7日，国家工商行政管理总局公布了中国第一部专门针对知识产权滥用方面的反垄断规则,即《关于禁止滥用知识产权排除、限制竞争行为的规定》,规定自 2015 年 8 月 1 日起施行。尽管我国《反垄断法》原则性和概括性地从正反两方面对知识产权滥用行为的规制作出了规定,但是,知识产权领域的反垄断法规制目前尚处于初级阶段,还需要进一步地摸索与完善。

①知识产权不会阻碍信息、技术的传播。在"独占"的层面上,知识产权的垄断仅指知识产权人不允许他人使用其知识产品,绝不是指知识产权人不允许他人创造同样的知识产品。与物权相比,知识产权本身还受到诸如合理使用等更多的限制规定,显然"对世性"弱了很多。以专利为例,法律制度要求其信息公开,一旦公开,一般无法控制他人的学习、研究,且非营利的科研性实验的使用一般都不会构成侵权。这更好地促进了社会对创新成果的了解,避免重复劳动,推进知识进步。在没有专利制度之前,公开对作者或发明者没有任何的保护和激励,保密是最好的自我保护方法,这样反而更加阻碍技术和社会的进步。

②知识产权本身不具备"市场力"。任何反垄断审查的第一步一定是认定市场,市场支配力的分析在反垄断法中相当重要。然而认为知识产权直接带来了市场支配力的假设是没有依据的。就专利而言,"专利赋予的排他权仅仅在技术领域内,而技术领域很少与经济产品同时扩张,不会转化成经济学家所称的'垄断权'"。而在著作权法上,著作权人获得作品专有权的利益也不是直接的利益,而是一种期待权利,这种期待权利是否能转化成实际利益还有赖于大众需求。基于"思想表达二分法"的理念,很多作品本身并不能阻止替代品的产生,因为它只阻止对原创性作品表达的复制。

③知识产权绝非反垄断法利益平衡的结果。知识产权的垄断性则是私权所赋予的专有性、排他性。它仅仅带来了权利人对无形成果的专有权和支配力,并不必然带来权利人对生产或销售市场的排他性控制。知识产权法与反垄断法之间不存在紧张的"共存"关系,而是通过赋予权利人有限的专有权以刺激创新,从长远看是追求刺激市场竞争的动态效率。

④知识产权绝非反垄断法利益平衡的结果。知识产权的垄断性则是私权所赋予的专有性、排他性。它仅仅带来了权利人对无形成果的专有权和支配力,并不必然带来权利人对生产或销售市场的排他性控制。知识产权法与反垄断法之间不存在紧张的"共存"关系,而是通过赋予权利人有限的专有权以刺激创新,从长远看是追求刺激市场竞争的动态效率。

知识产权领域反垄断是反垄断执法的重要内容,在厘清知识产权本身与知识产权滥用的反垄断规制之间关系的前提下，应通过世界各国反垄断法规制知识产权滥用的比较研究，结合我国国情，以经济分析为导向，制定符合中国发展的行动指南，以达到有效保障知识产权人合法权利、维护市场有效竞争的目的。

三、知识产权制度与反垄断制度有着共同的价值目标

知识产权制度与反垄断制度追求共同的目标——财产权制度与竞争制度的最佳融合。在激励竞争和鼓励创新方面，知识产权制度与反垄断制度有共同的目标。正是基于对竞争、创新的激励和对消费者福利的确保，知识产权制度与反垄断制度的目标最终被整合到促进市场整体的有效竞争、保障社会利益方面。知识产权制度与反垄断制度有共同的目标价值，反垄断制度对知识产权滥用行为的规制与以垄断性确立和保护知识产权在根本上不存在冲突和矛盾，两者只是从不同角度来保护和促进竞争，维护良好的法律秩序。

知识产权制度着眼于对权利人的保护、鼓励创新、促进技术和文化进入公有领域，以此推动整个技术和文化的进步；反垄断制度的主要目的是克服自由竞争的弊端，防止和打击利用市场支配地位实施垄断、排斥竞争和扰乱正常市场秩序等行为。

当然，知识产权市场支配地位的取得和垄断行为的实施要以知识产权的专有性（垄断性）为支撑，但知识产权市场垄断的结果并非知识产权制度所追求的目标，而是知识产权制度（主要是指垄断性）的消极因素或副产品。这种消极因素往往会限制、阻碍竞争和创新，这与知识产权制度的目标价值是背道而驰的。反垄断制度在此时恰恰可以消除这种消极因素，使知识产权制度的目标价值得到了回归。反垄断并非规制知识产权的垄断性，而是规制知识产权的权利滥用。

由此可见，用反垄断方式规制知识产权滥用会捍卫知识产权制度目标价值的实现。但需要注意的是，我国企业在技术方面与发达国家企业还是有一定的差距，作为崛起国家，我国应该尽量利用已失去知识产权保护的技术，同时在必要时通过一定的许可费用取得使用他人知识产权的合法权利——技术引进；但更重要的是在引进基础上加以消化、吸引并不断创新，取得自己的知识产权，从而实现后来居上。

第四章

市场垄断协议规制制度

第一节 垄断协议概述

一、垄断协议的概念与特征

在市场经济条件下，垄断协议广泛存在于经济生活的各个方面，与滥用市场支配地位、经营者集中等垄断行为相比，垄断协议历史最久，对竞争危害最大，存在最隐蔽并难以判断，其表现出发生量大、涉及面广、对市场影响速度快等特点，对有效竞争的破坏具有普遍性和持续性。

（一）垄断协议的含义

垄断协议（Monopoly Agreement），在不同的国家和地区有着不同的称谓，美国的《谢尔曼法》将其称为"共谋""联合"；欧共体则称为"限制竞争协议"；德国的《反对限制竞争法》则称其为"卡特尔"；日本在《禁止私人垄断及确保公正交易法》中将其称为"不正当交易限制"；而我国台湾地区将其称为"联合行为"。

垄断协议的核心是联合与共谋，具体行为包括口头协议、书面协议和协调行为等。所谓垄断协议，即限制竞争协议，是指两个或两个以上的经营者以协议、决议或者其他联合行为实施的排除、限制市场竞争的行为。我国《反垄断法》第13条第2款规定："本法所称垄断协议，是指排除、限制竞争的协议、决定或者其他协同行为。"

其中，"协议"是指经营者之间通过书面或口头形式达到一致意见；"决定"是指企业间的组织或者其他形式的企业联合体以决议的形式，要求其成员企业共同实施某种排除、限制竞争的行为；"协同行为"则是指经营者之间虽没有达成书面或口头的协议、决定，但相互进行沟通，心照不宣地实施了协调的、共同的排除、限制市场竞争的行为。

(二) 主要国家及地区的反垄断立法中对垄断协议规定的三种形式

①反垄断法对垄断协议只作原则性的规定。❶ 如美国《谢尔曼法》第1条规定："任何契约，以托拉斯形式或以其他形式的联合、共谋，用来限制州际或与外国间的贸易与商业，是非法的，任何人签订上述契约或从事上述联合或共谋，是严重犯罪。"而我国台湾地区"公平交易法"中也规定："联合行为，谓事业以契约、协议或其他方式之合意，与有竞争关系之他事业共同决定商品或服务之价格，或限制数量、技术、产品、设备、交易对象、交易地区等，相互约束事业活动之行为而言。"

②反垄断法对垄断协议只作出列举而无抽象概括。❷ 例如，欧盟在《建立欧洲联盟的条约》中列举了五种应予禁止的限制竞争协议，具体包括：直接或间接固定交易价格或其他交易条件；限制或控制生产、市场技术开发或投资；分配市场或供应来源；对于其他交易方的同等交易使用不同的条件使其得不利的竞争地位；使其他方承担在性质或商业习惯上与所签合同没有联系的额外业务作为签订合同的条件。

③反垄断法对垄断协议既作原则性的规定，又作出具体列举。例如德国《反限制竞争法》第1条规定："企业之间达成的协议，企业联合组织作出的决议以及联合一致的行为，如以阻碍、限制或扭曲竞争为目的或使竞争受到阻碍、限制或扭曲，则是禁止的。"我国《反垄断法》原则上禁止垄断协议，同时，又对垄断协议的具体形式进行了列举。

二、垄断协议的特征

由于历史、政治、经济和文化的等各种因素的影响，各国垄断协议的特征不尽相同，但都具有共同的特点。

(一) 主体是由多个独立的经营者构成

①垄断协议发生在两个或多个经营者之间。垄断协议是多个主体实施的共同行为，单个主体不可能实行垄断协议，这就把它与单个经营者滥用市场支配地位限制竞争的行为区分开来了。此外，这里的经营者应作广义的理解，在国外反垄断法实践中，它既包括所有以营利为目的而从事生产经营活动的组织，也包括不以营利为目的而从事生产经营活动的组织；既包括公司、国

---

❶ 张穹. 反垄断法理论研究 [M]. 北京：中国法制出版社, 2007：111.
❷ 张穹. 反垄断法理论研究 [M]. 北京：中国法制出版社, 2007：111-112.

有企业、专业合作社等法人企业,也包括不具有法人资格的个人独资企业、合伙企业以及个体工商户等。❶

②参与垄断协议的经营者具有独立性。垄断协议的主体的独立性表现在：一是法律上具有独立的人格,这是成为垄断协议主体的首要条件；其次,实质上具有独立的决策能力。现实生活中,母公司与子公司之间经常会达成一些限制竞争的协议,但它并不构成垄断协议,各国法律一般对其不进行规制,理由是子公司虽然具有独立的法人人格,但是不具备独立的决定能力。还有在反垄断案件中,尽管母公司并未直接实施违法行为,但子公司的商业模式或价格政策却往往是母公司整体商业战略的一部分。如果仅追究子公司的责任,则难以对母公司形成有效的约束,甚至可能导致母公司通过子公司实施违法行为而又轻易地规避制裁。对于该类问题,欧盟竞争法通过创设"单一主体"（Single Entity）规则予以解决。判例法上,欧盟明确提出单一主体概念的案例可追溯至1970年的Centrafarm v. Sterling案。在该案中,欧盟法院认为,尽管母公司与子公司各自具有独立法人地位,但在分析它们之间的行为时应视为竞争法的"单一主体",即母公司与子公司共同构成竞争法上的一个"企业"（Undertaking）。

（二）主观意思的一致性

主观意思的一致性是指经营者之间存在共谋或者故意。垄断协议是两个或多个经营者之间实行的限制竞争的行为,经营者之间为实行限制竞争或者达到限制竞争的目的必然会进行一定的意思联络。如果经营者之间没有意思联络,而是偶然对市场状况反应的一种契合行为,则不构成垄断协议。经营者之间的意思联络可以是以协议、决议、协同行为等方式。意思联系表示方式可以通过书面协议、口头协议、默示等。行业协会限制竞争行为的决议,并不要求全体成员共同一致,只要是多数成员的意志就可以,因为行业协会的决议对一切成员都具有约束力。

（三）排除、限制竞争的效果

作为经营者之间达成的协议、决议,协同行为造成了限制市场竞争或者可能限制市场竞争的后果,这是垄断协议的必备要件。并不是所有的协议、决议、协同行为都受到禁止,只有具有排除、限制竞争的后果的行为才受到法律的禁止,这里还包括垄断协议目前还没有带来限制竞争的后果,但是继续实施就可能产生限制、排除竞争的后果。因此,判断经营者之间的协议等

---

❶ 种明钊. 竞争法 [M]. 北京：法律出版社,2008：251.

行为是否为反垄断法所禁止,一般都会用经济分析方法来判断其对市场竞争的影响,进而得出结论。从各国的实践经验看,竞争者之间固定价格、限制产量、划分市场的垄断协议一般会对市场竞争产生严重的危害,各国反垄断法一般都对其进行严厉禁止;而对其他的垄断协议如独家交易、选择性销售、中小企业的联合行为等,则需要进行经济分析,而且法律也会规定适用制度对一部分垄断协议进行豁免。

三、垄断协议的表现形式

垄断协议的表现形式有企业间限制竞争的协议、企业团体的决定以及企业间的协同行为,判断经营者之间是否存在垄断协议,需要证明协议、决议、协同一致行为的存在。这些证据可以是包含或者提及一项协议的文件,记录与会者之间达成协议的会议记录,或者知道协议的人提供的证言。一项协议也可以通过推论加以证明,即通过间接证据链进行推论,包括下列事实:竞争者在实施特定的行为之前召开了会议以及电话记录等,例如,一家企业告之另一家企业其打算将价格提高到特定的数额。

(一)企业间限制竞争的协议

在反垄断法上,企业之间达成的限制竞争协议与民法、合同法关于协议的规定不同,其范围要比后者宽泛得多,它还可以指合同之外的合意,反垄断法禁止企业间限制竞争协议的依据是其限制了竞争,无论这些约定的条款是否达到了合同的程度,只要采取了约定的方式并在后果上具有限制竞争性,就属于反垄断法上的限制竞争协议,就应当为法律所禁止。

欧共体委员会在1999年的一项决定中指出:"当当事人遵守一项共同计划,而该计划决定它们彼此之间在市场上的行为方式,或共同不行为时,就可以说其间存在一项协议。它们共同作出决定,或采取共同的计划,这不需要采用书面的形式。不需要任何形式,也不需要具备任何违约责任条款,或其他执行措施。协议的存在,可由当事人的行为明确或隐含地与表现出来。"可见,限制竞争协议的形式并无限定:既可以是书面协议,也可以是口头协议即君子协议;既可以是双方正式签署的规范性文件,也可以双方传递的电报传真和信件。

(二)社会团体的决定

企业团体的决定是指由同行业的企业联合组织或者同职业的人士共同成立的联合组织等企业团体所作出的反映协会成员意愿的决定。决定可以包括由这类组织制定的规则,如章程、纪律等对协会成员具有约束力的规定以及没有约束力的建议。

决定通常是以一个法律主体（如行业协会）的名义发出的，在这个企业团体中执行，因此它是团体成员意思的表示，反映了他们的共同意志。在欧盟竞争法中将其直接规定为"企业团体所作出的决定"，德国《反限制竞争法》将其直接规定为"企业联合组织"作出的决定，日本《禁止私人垄断及确保公平交易法》第8条对行业协会的限制竞争行为做了禁止规定。在各国经济生活的实践中，由行业协会出面组织协会成员实施排除、限制竞争的垄断协议是垄断协议的一个重要形式。我国《反垄断法》第16条规定："行业协会不得组织本行业的经营者从事本章禁止的垄断行为。"

(三) 企业间的协同行为

企业之间的协同行为是垄断协议中极具包容性的一种形式，是指企业在没有合同或协议的情况下，为了共同谋划避免竞争而实行的协同一致的经营行为。它涵盖了企业间限制竞争的协议以及企业团体的决定所未能包括的其他一切具有同谋性质的垄断协议。它具有两个特征：一是企业间存在限制竞争的共谋；二是实践中存在一致的行为，即为实现共谋的目的而实行协同行为代替独立行为。如几家经营同类产品的厂商为避免相互之间竞争并获取高额的利润，经过会议讨论后，在相同时间同幅度实行价格上涨，它们之间并未形成协议或决定，但这却是反垄断法所禁止的协同行为。

四、垄断协议的不同类别

各国在立法上对垄断协议的定义，大多是采取概括或是列举形式，或者是概括与列举并存。如美国《谢尔曼法》第1条就是典型的概括："任何契约、托拉斯或者其他形式的联合、共谋，用来限制州际或与外国之间的贸易或商业，是非法的。任何人签订上契约或从事上述联合或共谋，是严重犯罪。"我国现行的《反垄断法》则是概括与列举并存。现实中，垄断协议的表现形式多种多样，对其可以按照不同的标准来进行分类。

(一) 按照主体间关系的不同，可以分为横向垄断协议与纵向垄断协议

这是一种常见的划分方法。垄断协议既可以发生在处于同一经济层面有着直接竞争关系的经营者之间，也可以发生在不存在直接竞争关系的上下游经营者之间。具有竞争关系的经营者之间达成的横向垄断协议对市场竞争产生的危害较大，国家一般对其给予严格的惩治；而纵向垄断协议，由于是在不具有直接竞关系争的上下游经营者之间，相对而言危害比较小，在其不损害市场竞争的时候，不受到反垄断法的规制。大部分国家在立法中不作区分，只在司法实践中区别对待，如美国、欧盟等；我国《反垄断法》中也没有明确对横向垄断协议与纵向垄断协议下定义，但在条文中将二者分别规定。

（二）按照内容不同，可以分为价格垄断协议与非价格垄断协议

在市场资源配置过程中，价格起着传递信息，决定着供求状况以及决定利益分配的作用，价格竞争是市场经济的主要手段，对价格的限制将直接导致竞争机制难以发挥作用，因此价格垄断协议最常见，其危害性较突出，成为各国反垄断法规制的重点。如国家发改委于2011年2月1日起实施的《反价格垄断规定》和《反价格垄断行政执法程序规定》，进一步界定了合法与违法的界限，明确了市场主体开展价格竞争应遵守的行为准则。非价格垄断协议则具有多种表现形式，既有对地域、客户、数量的限制，也有对技术购买或开发的限制，各种行为对竞争的危害性也比较明显，往往能够间接实现固定价格的目的。

（三）按照主体意思表达形式划分，可以分为协议型联合行为与默契型联合行为

垄断协议的共谋方式多种多样。波斯纳（Richard Allen Posner）认为：在某些情形下，互相竞争的销售者也许不需要进行通常意义上的共谋——也就是不需要进行任何公开的或者可以觉察的联络——就能够在定价方面进行合作。如果经营者可以被证实的书面协议、口头约定或者有关联合组织的决议、决定等方式进行的行为，则可以称为协议型联合行为，如经营者之间的协议、行业协会的决议等。如果经营者没有以明示方式进行的限制竞争行为，则属于默契型联合行为。默契型联合行为是有关企业在未达成正式协议的情况下，主体之间心照不宣的一致行为，有意识地以实际合作来代替竞争，如协同行为就是其典型代表。

（四）按照参与主体，可以分为企业间达成的垄断协议与企业联合组织、行业协会等实施的垄断协议

垄断协议主要存在于同一产业的经营者或不具有竞争关系的上下游企业之间，但在实际经济生活中，如果行业协会、职业协会（律师、会计、医师等协会）或者地区性、非常设的企业团体为了本行业成员的利益，作出的固定价格、划分市场等方面的决议，也会构成对竞争的严重损害，这也是反垄断法上需要禁止的垄断协议。如2016年5月湖北省工商局对湖北省保险行业协会作出行政处罚决定，就是因为湖北省保险行业协会陆续组织27家具有新车保险经营资质的保险公司达成垄断协议，对市场份额进行划分。

第二节 垄断协议的规制原则

垄断协议法律规制是一个复杂的系统工程。它抑制了市场竞争机制功能的发挥，损害了其他经营者、消费者和社会的公共利益，但有些时候，一些垄断协议具有较强的积极作用，而且也不当然违法。垄断协议是否会成为反垄断法规制的对象，主要看该协议是否具有排除、限制竞争的效果。在规制垄断协议的过程中，有两项非常重要的原则被用来做判断、认定垄断协议违法与否的标准：本身违法原则与合理原则。这两项原则最早只在规制限制性贸易协议（垄断协议）中适用，后来被广泛应用于滥用市场支配地位、经营者集中等限制竞争行为的分析判断中。

一、本身违法原则

本身违法原则（Per Se Rule）是反垄断法适用的一个重要原则。它是指对市场上的某些限制竞争行为，不必考虑它们的具体情况和后果，即可直接认定这些竞争行为严重损害了竞争，构成违法而应予以禁止。就垄断协议而言，一旦反垄断主管机构或者法院认定某些种类的垄断协议属于反垄断法所规定的本身违法的垄断范畴，即可直接宣布这些垄断协议为非法，并采取禁止等制裁措施。

1890年，美国《谢尔曼法》第1条对垄断协议作了规定，即"任何人以契约、托拉斯形式或其他形式的联合、共谋，限制州际或外国之间的贸易或商业，是非法的。"从《谢尔曼法》第1条的规定来看，它没有规定法律上的例外情况，因此，可以肯定，《谢尔曼法》第1条在最初采取的是本身违法原则。后来，随着审判实践的丰富和经验的积累，法官们发现将垄断协议一律认定为非法在理论上是不科学的，在实践上是有害的，由此产生了合理原则，从而使《谢尔曼法》第1条获得了科学的诠释，即对某些垄断协议，按本身违法原则处置，而对另一些垄断协议，则要根据具体情况，按合理原则处理。

依照美国、德国、日本等国家反垄断法的立法和司法经验，直接或间接地限制商品或服务的价格的垄断协议一般都是违法的。这是因为价格竞争是市场竞争的主要形式和手段，一旦价格被直接或间接固定，则必然严重窒息市场上的竞争，损害非垄断成员以及广大消费者的利益，妨碍科学技术的发展与进步。在司法实践中，通常认为以下一些垄断协议应适用本身违法原则：横向价格固定垄断协议（即价格卡特尔）、划分销售市场、划分销售对象（即客户）、联合抵制协议以及纵向价格固定垄断协议即限制转售价格协议。对上述直接或间接维持、提高或降低价格即固定价格的垄断协议，没有必要进行具体的分析，只要存在价格固定的事实即可认定其为非法并予以制裁。

二、合理原则

合理原则（Rule of Reason）是指对市场上的某些限制竞争行为并不必然地视为违法，其违法性得依具体情况而定。具体而言，对某些限制竞争行为案件，反垄断主管机构或法院应具体地、仔细地考察和研究相关企业的行为目的、方式和后果，以判断该限制竞争行为的合理与否，如果经调研认为该限制竞争行为属于"不合理"地限制竞争，则该限制竞争行为因构成违法而将被禁止；如果经调研认为该限制竞争行为属于"合理"地限制竞争，则该限制竞争行为属于合法的限制竞争行为，应当得到许可。

合理原则是美国联邦最高法院在1911年的"标准石油公司案"（Standard Oil Case）中确立的一项原则，并最终发展成为在反垄断法领域内应用最广泛的一项基本原则。至此，限制竞争行为不再被视为当然违法，而是要在具体研究案件的各方面情况的基础上，确定该限制竞争行为合理与否，合理限制竞争的，属合法行为；而不合理限制竞争的，属违法行为。

就垄断协议等限制竞争的行为而言，判断其是否具有合理性的标准是多样化的。综合世界主要国家反垄断法的立法及司法经验，一般情况下，如果限制竞争的行为对竞争不产生实质性的不良影响，或者限制竞争行为虽然在一定程度上和范围上限制竞争，但从另一层面上它却可以改善竞争的条件，推动竞争在更高层次上进行，或者限制竞争行为虽在一定程度上限制竞争，但却可以使企业提高经济效益或提高国际竞争力，或者限制竞争行为虽对竞争有较为严重的不良影响，但其实施却有利于整体经济、国家利益和社会公共利益等，符合上述情况之一的限制竞争行为，只要其不是彻底地摧毁市场经济赖以存在的竞争机制，经综合衡量其限制竞争带来的益处大于其限制竞争的弊处的，都可视为合理的限制竞争行为而得到许可；相反，如果其限制竞争的弊处大于益处的，则可认定为不合理限制竞争行为，也就是非法行为，应予禁止。

合理原则要求法院考虑下列问题：受到限制的商业领域所特有的一些情况，限制前后的情况，限制的性质、效果，现实性或可能性，限制的历史，认为存在的恶果，采取特别补救的理由，要达到的目的和结果等有关事实。这不是因为善意或恶意能挽救或扼杀一项受到反对的规则，而是了解动机有助于法院解释事实、预测结果。在各国反垄断法中，合理原则是应用更为广泛的一项原则，从这个角度讲，它可以说是一项主要原则，而本身违法原则只适用于某些例外情况。这些例外情况主要是由各国长期的反垄断法实践所充分证实的对竞争有严重的不良影响、却不可能带来益处，或者其限制竞争的弊处远大于其带来的益处的一些情况。

三、利弊评析

本身违法原则与合理原则各有利弊。实践中，本身违法原则的标准明了且容易操作，只需要判断特定的行为是否发生，只要发生特定的行为，就可以构成违法行为。合理原则却需要通过对行为的目的和后果进行评价，判断其行为是否非法。

（一）本身违法原则的利与弊

垄断协议在经济中的危害性，使用本身违法性原则对维护有效竞争具有重要意义。首先，本身违法原则体现了反垄断法规对垄断协议的严厉规制，对于某些严重危害市场竞争行为的垄断协议，适用此原则可以对经营者起到威慑的作用。其次，为法院、行为人提供了明确的指导。本身违法原则为法院、当事人提供了具体的行为指南，法院可以根据法律的具体规定对行为人的垄断协议直接适用具体的法律规定，而不用花费大量的时间来调查具体行为的合法性；企业在计划和实施商业行为时，有具体的法律标准作为参考，不必担心其行为可能遭受突如其来的反垄断法限制。最后，节约了司法资源。由于垄断协议行为的高度隐蔽性、专业性，其调查比一般的民事诉讼案件更为困难，可能需要非常专业的调查队伍以及耗费大量的时间来进行。如果法院可以根据法律的规定直接适用本身违法原则，这样就可以避免法院在反垄断法诉讼中进行长久耗时耗力的司法调查，从而节省司法资源。

本身违法原则保证了法律的稳定性，易于操作性且效率高，但是它对垄断协议过于一概否定，在现实中它可能会使一些具有合理性的行为受到法律的严厉禁止。例如，由于缺乏对具体行为有害性与合理性的分析和评价，当一些行为具有对竞争的促进作用或者具有对社会公共利益的促进作用时，由于它们也可能限制竞争，因此法律可能一概禁止，从而可能损害效率与正义。

（二）合理原则的利与弊

合理原则体现了反垄断法对垄断协议规制的全面性与灵活性，在一定程度上弥补了本身违法原则的缺陷，可以使反垄断法更好地适应复杂的经济情况，避免本身违法原则对某些具有积极作用的垄断协议进行全盘否定。如中小企业的联合行为，一般不会对竞争产生危害后果，其联合行为主要是为了改善中小企业的技术、提高竞争力，这有利于繁荣市场，适用合理原则就可以使这种行为免受法律的禁止。

合理原则也存在不足之处：①使诉讼变得复杂，增加诉讼成本。具体问题具体分析不仅增加了诉讼的复杂程度，同时繁重的调查取证任务还使当事人、法院、行政机构的诉讼成本急剧上升。②可能导致司法权滥用。合理原则赋予反垄断执法机构、法院更大的自由裁量权，这一方面可以灵活处理垄断协议，另一方面它也增加了这些机构滥用司法权的可能性。③导致法律的不确定性，使行为人的行为没有具体依据。合理行为原则规定的模糊性，一方面可以保证有益社会经济发展的行为免于法律处罚，另一方面它的不可预见性使得企业在面临一些限制竞争协议时没有具体的法律依据，一些限制竞争行为的企业有可能会因此铤而走险。

正是由于本身违法原则与合理原则各有优缺点并互相补充，各国现代反垄断法都注重对这两个原则进行协调，甚至在有些国家，本身违法原则与合理原则之间的区别已经不再明显，其适用范围有时也会出现一些模糊的边缘地带。

第三节　横向垄断协议

所谓横向垄断协议（Horizontal Monopoly Agreements），是指在具有竞争关系的经营者之间达成的垄断协议。例如，在生产或者销售过程中处于同一阶段的生产商之间、零售商之间或者批发商之间达成协议。横向垄断协议包括：实施固定价格、限制产量、划分市场、限制购买或开发、联合抵制其他竞争对手等排除、限制竞争的行为。

一、横向垄断协议的特征

（一）主体是具有竞争关系的经营者

横向垄断协议是多个经营者之间的一种横向联合，其成员是两个或两个以上处于同一产销阶段、互为竞争对手的经营者。这里的经营者既可以是提供同类商品和服务的供应者,也可以是需要购买同种类商品和服务的需求者。

(二) 主体间具有限制竞争的主观合意

在主观方面,横向垄断协议成员具有协调行为和限制竞争的共同意图。正是通过这种合意,他们从竞争变为合作,将商品服务的需要者或者供应者视为共同的敌人。在市场经济条件下,经营者有独立的自主经营决策权,每个经营者都可以根据自身实际和市场状况来决定产量、价格,在竞争中获利。但竞争也意味着风险,为了避免竞争、获取超额利润,经营者相互之间都希望达成一致行为,以此来避免残酷的竞争、获取丰厚的利润。在对限制竞争行为合意的判断中,我们一般会考察合意的方式、合意的内容并证明合意的存在。

(三) 客观上实施了限制竞争的联合行为

这是横向垄断协议的客观要件。两个或者两个以上的经营者以口头、书面和其他方式来订立协议或者实施其他共谋行为,并在实质上排除、限制竞争,具体表现为经营者通过协议、决议、协同行为而达成的固定价格、限制数量、划分市场、联合抵制、限制开发新技术与购买新设备等行为。客观上限制竞争行为包括达成合意的行为与实施合意的行为两个方面。

(四) 对市场竞争秩序造成了损害

横向垄断协议不仅对正当经营者的公平竞争权、消费者的合法权益构成损害,最主要的是侵害了自由、公平、有效的竞争秩序,这也是各国反垄断法对垄断协议实施严厉规制的原因。对市场竞争秩序造成损害是指对市场竞争机制已经产生或者将要产生不合理的影响,而且损害或可能产生的损害需要达到一定程度,否则不应受到反垄断法的规制。

首先,在当事人双方以书面形式订立垄断协议的情况下,并不要求这种行为导致实质上限制竞争的事实,只要根据相关市场情况以及协议的内容推断出该协议将在实质上限制竞争,便构成了违法垄断行为。

其次,横向垄断协议对竞争产生的损害要达到一定的程度,如果不达到一定的程度,就没有必要对其进行规制。例如,两家中小型的电器销售商统一制定价格,它虽然是固定价格行为,但是仅此两家商店的行为并不会限制这个城市中电器行业的竞争秩序,因此它就不会受到法律的禁止。只有那些足以影响市场竞争秩序的行为才属于法律禁止的横向垄断协议。

二、横向垄断协议的表现形式

我国《反垄断法》第13条列举了需要明确禁止的横向垄断协议的具体形

式,即具有竞争关系的经营者达成的限制竞争的协议,具体包括了六种形式:固定或变更商品价格;限制商品的生产数量或销售数量;分割销售市场或者原材料采购市场;限制购买新技术、新设备或者限制开发新技术、新产品;联合抑制交易;国务院反垄断执法机构认定的其他垄断协议。

(一) 固定价格

1. 概念与规定

固定价格(Fixed-Price),是指组合间的各个成员之间达成协议,彼此同意以相同的价格出售产品,以消除各成员之间在产品售价方面竞争的一种做法。企业之间之所以通过协议固定产品的价格,主要是为了消灭彼此之间的竞争,从而达到维护自身利益的目的。因此,从本质上看,固定价格是一种典型的限制性商业做法。所谓限制性商业做法,一般是指企业通过滥用或谋取滥用市场力量的支配地位去限制他人进入市场,或以其他方式不适当地限制竞争,对贸易或商业的发展造成不利的影响;或者通过企业之间的正式或非正式的、书面或非书面的协议或安排造成同样的后果。

在我国,固定价格一般是指"在经济活动中,企业为牟取高额利润而进行的并购、接管(狭义的垄断活动)或勾结进行串通投标、操纵价格、划分市场等不正当的经营活动(狭义的限制性商业惯例)"。而根据各国立法,限制性商业做法包括的种类非常多,如强制价格、联合抵制、产量定额协议等,但由于各国竞争政策的不同,法律管制的具体范围存在一些差别,但均包括固定价格在内。

2. 黄金反垄断案件

上海黄金饰品行业协会成立于1996年12月,协会行业覆盖面达到85%左右,市场销售占有率达90%以上。由上海黄金协会牵头制定的《上海黄金饰品行业黄金、铂金饰品价格自律实施细则》第5条、第7条、第8条规定:上海多家金店在对所售黄金、铂金产品进行定价时,均不允许超过协会所约定"中间价"的正负2%或正负3%。2013年5月与2013年6月,国家发改委与上海市发改委两次约谈上海黄金饰品行业协会和13家上海主要金店负责人。调查主要针对老凤祥等上海金店通过"上海黄金饰品行业协会"平台,垄断上海黄金饰品零售价格。

从调查的结果来看,上海多家金店长期执行上述细则,共同"协商"黄金、铂金饰品零售价。老凤祥、亚一金店的官方网站上所公示的"今日金价"均标注为"上海地区指导价"。店员对消费者解释其公示的"今日金价"时,均表示该价格是上海黄金(饰品行业)协会制定的"指导价"。上海黄金零售行业在定价上长期以来表现为：几家大型金店价格高度趋同；在工费另算的前提下，所公示的黄金价格和真实的黄金价格相差甚远；金条和黄金饰品按照统一价格售卖。该事实表明，上海黄金饰品市场表现出来的价格缺乏自由定价，没有形成有效的竞争价格，结合《上海黄金饰品行业黄金、铂金饰品价格自律实施细则》的规定，可以得出上海黄金饰品价格现状是相关经营者实施该细则的结果。

（二）分割市场

分割市场（Market Segmentation），是指竞争者之间对销售地区、交易对象或者产品、服务进行分割达成协议。分割市场协议往往被经营者作为固定价格的替代方式，通过在一定的地域市场、顾客市场或产品市场内消灭竞争来间接达到控制价格的目的。在某些方面，市场划分行为比固定价格更容易竞争。经营者们通过在特定的区域或者产品市场内消除竞争，留下唯一的经营者，这其实就是间接地固定价格的行为。常见的分割方式是对地理、客户、产品市场进行划分。

【"行业自律"案例】

案例一：2009年3月3日，混凝土委员会组织连云港润丰混凝土有限公司等16家混凝土企业召开会议，协商订立预拌混凝土企业行业自律条款（以下简称"行业自律条款"）及检查处罚规定。混凝土委员会和16家企业约定：对会员企业的生产线、搅拌车、泵送设备进行打分，以此确定各会员企业的市场份额，设备得分多少即为该企业在混凝土委员会所占工程数量的比例；明确市场划分原则，即"市区的砼市场原则上按东西区域、就近安排来划分"；会员企业以设备得分为标准，交纳15万元至30万元的保证金；会员企业销售合同必须到混凝土委员会备案，没有到混凝土委员会备案的企业视为违约，予以处罚；会员企业不配合混凝土委员会检查的，每次给予一定数额的处罚。

案例二：2012年12月至2013年5月，山东天元同泰会计师事务所有限公司临沂分所（以下简称"当事人"）与其他会计师事务所共同达成了《临沂会计师事务所行业自律检查标准》《业务检查监督办法》《关于实行业务收入统筹的决议》《业务收入统筹及分配方案》《关于统筹款收交和分配的有关规定》等协议。其中，协议要求所有会员单位每月将临沂本地实行业务报备的审计、验资等相关业务收入交纳至某专用银行账户，再按照各会员单位以往年度收入占全体收入的市场份额和注册会计师人数等指标，对各会员单位的当年收入进行重新分配。自2013年6月开始,当事人通过银行转账的形式向临沂自律委员会专用银行账户交纳相关业务收入,其交纳情况在每月全体会员单位会议上进行集体通报。收入汇总后,再按照各个会员单位以往年度市场份额和注册会计师人数等固定指标计算出各单位应返还数额,经临沂自律委员会会长、监事、审核组审签后,通过银行转账返还各会员单位。2013年10月,全体会员单位首次收到按固定指标划分后的返还款,各会员单位和临沂自律委员会在交纳和返还相关收入时,双方均开具收据并进行财务记账。2014年6月至7月,会员单位经多次协商,陆续收回了前期交纳的剩余统筹款。山东省工商局认为,当事人对临沂所有会计师事务所相关业务市场收入重新统筹划分,其行为违反了《反垄断法》第13条第(3)项之规定,构成了分割销售市场的行为。

(三) 限制数量

限制数量(Quantitative Restrictions)是指竞争者之间以签订有关商品生产或者销售数量等协议的方式控制商品的价格,避免相互之间竞争的行为。参与限制数量协议的企业通过控制或限制相关市场上产销的供给量,进而间接限制价格。它主要有以下三种类型的协议:一是限制产量,二是限制销售量,三是限制投资、购买原材料与新设备的协议。

【长虹对彩管的垄断案例】

1998年7月,长虹与国内8大彩管厂签订了近乎垄断的供货协议,下半年国产76%的21英寸、63%的25英寸和绝大部分的29英寸及29英寸以上大屏幕的彩管总计300万只已被长虹持有。1998年11月8日,长虹公司宣布自己已垄断了下半年国内彩管市场,其中21英寸占76%,25英寸占63%,29英寸近100%。采购这些彩管动用了上百亿元资金。这次采购行为发生在国家大力打击走私活动的时期(过去每年非法走私的彩管数量很大),因此整个彩管市场在这双重挤压下全面吃紧。长虹的大规模采购行为使其他企业的生产受到干扰,康佳、TCL、海信等企业叫苦不迭。由于长虹对彩管的垄断,其他企业不得不以更高的价格去购买彩管,在生产技术相同的情况下,这些企业的生产成本必然提高。同时原有企业对核心资源的垄断必然限制了新企业的进入,因为它们无法获得彩管的有效供应。然而其后态势的发展令长虹完全始料不及:国内另外几家彩电巨头一纸投诉直接递到了国家各有关部委。政府部门先是表示"不干涉企业行为",而后又开闸放水增加了进口彩管的配额。长虹的彩管垄断计划正式宣告破产。

【停产保价案例】

1999年6月，咸阳彩虹、北京松下、上海永新、福地科持、赛格日立、南京华飞等国内八大彩管企业采取一致行动停产保价，限产持续时间约一个月。这一联合限制竞争行为削弱了彩管市场的竞争，抑制了彩管价格的下降，损害了消费者福利。

（四）联合抵制

联合抵制（Boycott），是指两个以上具有竞争关系的经营者通过协议、决定或者其他协同行为，约定一致不与其他经营者进行交易或业务往来。这是现代商业竞争的手段之一。一般来说，根据合同自由原则，经营者之间在进行交易时有选择交易相对人的权利。但若众多经营者参与抵制，排除、限制市场竞争，却又没有为经济带来效率或为消费者带来福利，只为抵制方获得某种利益，那么联合抵制是实现垄断目的的一种手段，该行为应该被反垄断法所规制。

【艾司唑仑垄断案例】

华中药业股份有限公司（以下简称"华中药业"）、山东信谊制药有限公司（以下简称"山东信谊"）和常州四药制药有限公司（以下简称"常州四药"），均为艾司唑仑原料药和片剂的生产及供应商。艾司唑仑具有镇静、催眠和抗焦虑疗效，是二类精神药品。我国对二类精神药品原料药的准入和生产实行严格管制，全国获得艾司唑仑原料药生产批准的企业仅4家，而实际在产的只有该案中被处罚的3家企业。该案的相关产品市场为艾司唑仑原料药市场和艾司唑仑片剂市场。

国家发改委调查认定：华中药业、山东信谊和常州四药在艾司唑仑原料药市场达成并实施了联合抵制交易的垄断协议，在艾司唑仑片剂市场达成并实施了固定或变更商品价格的垄断协议。上述3家药企于2014年9~10月在河南郑州召开会议，协商艾司唑仑原料药和片剂的有关事宜，并达成了共识：一是每家企业生产的艾司唑仑原料药仅供本公司生产片剂使用，不再外销；二是艾司唑仑片剂集体涨价，其中华中药业在会上作出了艾司唑仑片剂联合涨价至每片0.1元的提议。会后，3家企业实施了上述垄断协议。自2014年10月起，3家企业陆续停止对外正常供货，生产的原料药仅供自用。2014年12月至今，3家企业大幅提高艾司唑仑片的价格，涨价时机高度一致。最终，艾司唑仑片出厂价格涨至约每片0.1元。值得注意的是，郑州会议后，华中药业和山东信谊还通过会面、电话和短信等方式多次就调价信息进行沟通联络。

国家发改委对提取的生产、库存和销售数据进行了经济学分析，认为3家药企通过实施上述垄断协议，提高了艾司唑仑片剂价格，减少了艾司唑仑片剂的总供给量，严重排除、限制了竞争，损害了消费者的利益。

(五) 限制创新与技术进步

1. 概念与规定

限制创新与技术进步是指具有竞争关系的经营者共谋限制购买新技术、新设备或限制开发新技术、新产品。在市场经济中，经营者要想在市场上获利较大的份额，获取更多的利润，其途径是降低产品的价格，而产品价格很大程度上取决于技术与设备。产品创新与新技术开发会提高企业的生产力水平，降低企业的单位产值成本，是企业在激烈的竞争中获胜的"法宝"，同时，消费者也会因为一些企业的产品价格降低而获利。一些企业为了高额利润，会签订限制创新与技术进步的协议，这种行为不仅会限制行业的发展，也会损害消费者的利益。这实际上是限制竞争的行为。

2. 创新与限制：专利池的垄断

专利权在本质上是一种排他的权利，通过赋予专利权人一定的排他权利以获得收益、激励创新，但这种独占的权利维护的是私人的利益，有可能会出现滥用的情况并限制市场的自由竞争。例如，当某种商品、技术的生产、使用需要结合一种以上的专利，那么在此过程中的一个专利就会阻碍其他专利的使用，若要获得所有与该商品、技术相关的专利，生产商就必须获得全部专利权人的许可，否则就有可能构成侵权。专利池中涉及大量专利，各个专利权人在相关市场中通常都是具有竞争关系的经营者，其联合有可能形成经营者之间的合谋，从而限制排除相关市场的竞争。美国司法部和美国公平贸易委员会在2007年联合发布的《反垄断执法和知识产权：推动创新和竞争》报告中认为，比起可以提高效率、降低价格、由互补性专利组成的专利池，全部由替代专利组成的专利池更有可能损害社会福利。专利池可能保护无效的专利，无效的专利被纳入池中，并一并许可给第三方，被许可人为了避免诉讼及维系与专利池的关系，也只能被迫接受。另外，专利池还有可能帮助建立私人的技术标准，专利池中的专利的专利权人能够以其技术建立起一个私人标准，使专利池的市场支配地位进一步增强。美国反垄断执法机构在认定专利池对竞争的影响时，主要考虑两个方面：一是专利池中横向经营者的协同行为，二是专利池对于效率的抑制作用。

第四节 纵向垄断协议

纵向垄断协议（Vertical Monopoly Agreements）是指在市场上的同一产业链中，两个或两个以上处于不同经济阶段的、没有直接竞争关系的企业之间达成的意在排除或限制竞争的协议。纵向垄断协议与横向垄断协议的区别点是：横向垄断协议的行为主体是相互对立的竞争者，而纵向垄断协议的行为主体具有明显的互补性，他们之间并不是竞争关系，而是一种交易关系，更多地表现为上游经营者对下游经营者经营自由的限制。

一、纵向垄断协议的特征

1. 协议主体处于上下游不同市场

纵向垄断协议与横向垄断协议最大的不同体现在主体方面，纵向垄断协议的参与主体是同一产业中处于不同经济阶段的有买卖关系的经营者，由于主体相互之间处于不同的经营层次，因此没有直接的竞争关系。同横向垄断协议一样，纵向垄断协议也是由两个或两个以上的经营者构成，主体具有法律上的独立性及实质上具有独立的决策能力。单个主体以及没有独立决策能力的经营者不能构成纵向垄断协议的主体。例如，生产商和代理商之间的固定价格行为，虽然代理商受制于生产商，但是不能认定其构成纵向垄断协议，因为代理商没有独立的定价权。

2. 主体间的主观故意

纵向垄断协议的主体实施的纵向垄断协议同样具有故意性，但由于纵向垄断协议主体处于不同的经营层次，各自的目的可能有所不同。如生产者可能是出于维护产品的形象的目的，对销售者的销售价格进行最低价格限制；而销售商可能出于在特定地区垄断此种商品的目的，而与生产商达成协议。此外，与横向垄断协议不同，纵向垄断协议的主体在实施纵向限制竞争行为时，达成故意的形式一般都是明示。

3. 实施限制竞争行为

纵向限制竞争行为包括两个要件：首先，当事人为限制竞争签订了协议或进行了密谋，与横向垄断协议有所不同，纵向垄断协议必须有经营者主体之间的协议、密谋；没有主体间的这些行为，纵向协议不可能会发生。其次，当事人实施了限制竞争的具体行为,这是指纵向协议的当事人实施了具体的限制竞争行为。

4. 有危害竞争秩序的危险

纵向垄断协议有产生限制竞争后果的可能。虽然纵向垄断协议的经营者之间没有竞争关系,处于不同的经营层次,但其实施此行为的目的仍是阻碍同一经营层次的竞争,通过这种方式获取不当利益,造成危害市场竞争秩序的后果。例如,生产商可能出于维护其产品形象的目的,与销售商达成固定价格的协议,这不仅损害了消费者的利益,更重要的是对竞争产生了重大危害。

二、纵向垄断协议的竞争政策分析

纵向垄断协议相对于横向垄断协议而言,危害性较小,对市场竞争的影响比较复杂。不同类型的纵向垄断协议之间、同类型的纵向垄断协议在不同的市场条件下产生的竞争后果都不相同,因此,大多数国家的反垄断法对纵向垄断协议的规制不同于横向垄断协议,除了固定价格、限制最低价格适用本身违法原则,其他类型的纵向垄断协议根据具体情况适用合理原则。从各国立法及实践看,纵向垄断协议因其具体形式不同对竞争的影响有很大区别,积极后果与消极后果并存。

1. 纵向垄断协议的积极后果

正如微观经济分析学派所言,纵向垄断协议对于市场交易和经济发展还是具有积极意义的,它可以推动一些实力薄弱的企业进入市场,减少生产商和销售商的成本,还在一定程度上能够实现转售价格的稳定,客观上保护了消费者的利益。

①这种协议更加有利于推动企业进入市场,尤其是在推动企业进入外国市场方面。如果一个国家的商品或者服务要进入另一个国家的市场,生产商一般需要花费比进入国内市场更大的投资。而生产商通过和销售商订立纵向限制竞争协议则可以为企业进入外国市场提供一定的保障,减少进入市场的成本。

②这种协议可以减少生产商和销售商的成本。生产商在一定地域内给个别销售商独家销售产品的权利,使该企业努力推销这种商品,尽量减少商品的运输成本和交易成本,防止其他销售商搭便车的行为,这样对生产商、销售商和消费者各方都是有利的。

③能够实现转售价格的稳定,客观上保护了消费者的利益。纵向限制竞

争协议的一种重要表现形式为供应商对销售商的转售价格进行了限制，这种纵向的价格限制协议有利于防止价格在销售过程中的过分抬高或暴涨，对稳定市场秩序、保护消费者利益都是有利的。此外，纵向垄断协议还有助于提高商品的售前、售后服务和相关服务的质量。

2. 纵向垄断协议的消极后果

与横向垄断协议相比，纵向垄断协议的危害后果相对而言要轻一些，但是它也会对竞争产生消极影响，这些消极后果主要形成价格卡特尔、限制品牌内的竞争、设置市场进入障碍。

①形成价格卡特尔。纵向垄断协议本身可能并不违法，但是销售商或生产商可能借助纵向垄断协议达到横向垄断协议的效果。例如，几个冰箱销售商试图在某一城市的冰箱市场上形成一个价格卡特尔，那就可能与产业链中下游的生产商达成协议；如果仅是这几个冰箱的销售商达成横向固定价格协议，就有可能会出现横向协议中某个销售商违反协议而导致无法固定销售价格，所以这些销售商就会通过与冰箱生产商达成维持固定的转售价格协议来实现这一目的。在上述这种情况下，如果一个销售商违反了转售价格协议，将可能受到失去货源的制裁。另外，如果生产商对产品的销售价格进行限制，如固定价格、限制最低价格，在价格约束的情况下，同一商品的销售商不能开展竞争，实际上就形成了价格卡特尔。

②限制品牌内的竞争。纵向垄断协议一方面可以加强品牌间的竞争，另一方面也会妨碍销售商之间的竞争，导致品牌内竞争的减少。例如，生产商和销售商一旦形成维持转售价格的垄断协议，销售商之间就不能开展价格竞争，对消费者不利；还有，如果生产商对其产品的销售实行地域限制、独家销售，那么在这个地域内，这一品牌就不存在竞争，如果没有其他的可替代商品，销售商就可以维持较高的价格，相当于小范围的垄断，不利于消费者。

③设置市场进入障碍。在独家交易协议中，生产商一般要求销售商遵守其独家购买协议，因而使得其他具有竞争关系的生产商或者潜在竞争者很难找到销售渠道，因而就阻止了其产品进入相关市场，同时还限制了市场竞争，封锁了市场。

三、纵向垄断协议的表现形式

根据纵向垄断协议对竞争的不同影响，反垄断法律理论与实践长期以来将纵向垄断协议分为纵向价格垄断协议与纵向非价格垄断协议两大类。纵向价格垄断协议对竞争的危害较大，其中的纵向固定价格协议与维持最低转售价格协议被视为严重限制市场竞争的行为,很多国家对其直接适用本身违法原则进行规制。而纵向非价格垄断协议对竞争的影响相对而言较小,对其一般适用合理原则。

(一) 纵向价格垄断协议

纵向价格垄断协议是指经营者与交易相对人达成协议,固定或限定交易相对人向第三人转售商品的价格。纵向价格垄断协议的消极作用在于:一是它使价格固定,限制价格的信息传递和调节功能的正常发挥;二是它妨碍了销售方相互间的价格竞争,影响竞争的优胜劣汰功能的发挥;三是它使消费者被迫接受被固定化了的较高价格,损害消费者的利益。正是由于纵向价格垄断协议的这些消极作用,它被视为严重损害竞争的行为。虽然纵向价格垄断协议被划分为好几种不同的类型,本书在此只介绍最常见且最主要的两种:纵向最低价格协议与纵向最高价格协议。

1. 最低价格协议

(1) 分类。

最低价格协议包括固定转售价格和限定最低转售价格。固定转售价格是指生产商与销售商在签订买卖合同时约定销售商必须按照与生产商约定的价格销售产品。不得自由变更价格。限定最低转售价格是指生产商与销售商约定销售商必须按照与生产商签订的协议中的最低价格销售产品,销售商不得低于其约定价格销售商品。上游厂家通过向下游经销商施压,从而建立价格壁垒,看似已成为企业规范销售秩序的家常便饭,在白酒等零售行业更是司空见惯。尤其是近年来,随着经济增速放缓,国内多个行业的市场销售形势趋冷,很多企业便试图在商品销售价格上做文章。

如果一个生产商固定其销售商的转售价或限制其销售商的最低转售价,销售商就必须以约定的价格或不低于约定的价格转售产品或服务,这不仅剥夺或限制了转售人在与第三方交易中的定价自主权;并使同一品牌商品的销售商之间无法开展价格竞争,实际上相当于在销售商之间建立一个价格卡特尔,对市场竞争造成了直接而严重的危害。这样的后果是导致商品的高价,直接损害了消费者的利益。因此,固定价格协议和限制最低转售价格协议被许多国家反垄断法严格禁止。正如美国联邦最高法院在1911年迈尔博士医药公司诉约翰·D. 帕克父子公司一案的判决中就依据《谢尔曼法》第1条认定纵向价格约束是违法行为。法院认为纵向固定价格协议会严重限制销售商之间的竞争,这种做法同销售商联合订立价格卡特尔的后果是一样的,使社会公众享受不到销售商之间的所能带来的好处。

(2) 中国首例纵向垄断案——强生公司限制最低转售价格案。

锐邦公司是强生公司医用缝线、吻合器等医疗器械产品的经销商，与强生公司有着长达15年的经销合作关系，经销合同每年一签。2008年1月，强生公司与锐邦公司签订《2008年经销合同》（以下简称《经销合同》）及附件，约定锐邦公司在强生公司指定的相关区域销售爱惜康缝线部门的产品，在此期间，锐邦公司不得以低于强生公司规定的价格销售产品。上海高院认为限制最低转售价格协议的经济效果，可以从以下四方面分析评价，包括相关市场竞争是否充分、被告市场地位是否强大、被告实施限制最低转售价格的动机、限制最低转售价格的竞争效果等四个重要因素。二审判决被上诉人强生公司应在判决生效之日起10日内赔偿上诉人锐邦公司经济损失人民币53万元。

2. 最高价格协议

最高价格协议是指生产商限制销售商的最高转售价格，即销售商的转售价格必须低于约定的价格。与纵向最低价格协议适用本身违法原则不同，对于纵向最高价格各国一般适用合理原则。在美国，很长一段时间纵向最高价格协议适用于本身违法原则，但是后来与纵向非价格协议一样适用合理原则对待。在1977年某石油公司诉卡恩一案中，美国联邦法院开始在纵向最高价格协议上适用合理原则。欧共体委员会2000年发布的《关于纵向协议集体豁免条例适用指南》第4条（a）也明确指出，禁止纵向价格约束的规定不适用于卖方对买方作最高销售限价的行为，从而明确了纵向最高价格约束不属于本身违法的行为，应当适用合理原则在个案中分析判断其对竞争的影响。

限定最高转售价格是对处于"下游经营者"位置的经销商定价自由的一种限制。如果协议中规定了"最高转售价格"，并且"上游经营者"对于不按照"最高转售价格"销售的经销商通过各种形式进行制裁，迫使经销商按照"最高转售价格"销售，那么实质上，该协议使用了"最高转售价格"的名称规定了"固定转售价格"，应当属于《反垄断法》第14条所明确规定的纵向价格垄断协议。

（二）纵向非价格垄断协议

纵向非价格垄断协议是指所有不涉及价格成分的其他纵向垄断协议。纵向非价格垄断协议与纵向价格协议的不同主要有以下两点：一是内容上，前者体现为非价格限制，后者体现为价格限制；二是在法律态度上，前者通过适用合理原则，后者大多适用本身违法原则。

纵向非价格垄断协议所表现出来的行为实际上也是占有市场支配地位的

经营者滥用市场优势的具体表现。

1. 独家交易协议

独家交易协议又称排他交易协议,是指供应商和经销商通过合同、协议等方式约定供应商同意在特定的地区内向经销商独家销售商品,或者经销商同意只从供应商处购买用于转售的商品,或者供应商和与经销商相互承诺上述约束。支配企业通过与交易方订立排他性交易契约,可达到抵制竞争者甚至将其逐出市场的目的,也会妨碍下一经济阶段的竞争者进入。

(1) 分类。

独家交易协议包括独家销售协议与独家购买协议两种。

独家购买协议是指购买人在协议中向支配企业承诺,除了支配企业或其指定的第三方企业,购买人不得向其他任何供货商购买协议中所规定的商品。

独家销售协议是指支配企业在协议中向购买人承诺,出于转售某种商品的目的,它在特定市场只向购买人提供商品。独家销售协议的典型形式就是独家经营协议,它对竞争有明显的限制作用,但同时,它又有利于降低销售费用,保证产品的质量及售后服务,因此各国对其基本上适用合理原则。

(2) 与独家代理协议的区分。

在市场里还有一种独家代理协议,要注意区分与独家交易协议的区别,独家代理协议是代理人根据委托的意思从事的商业行为,代理人没有独立从事商业行为的决策能力。只有代理人在被委托的经济活动中,具有一定的独立地位,如可以决定销售价格、承担经营过程中的风险,则其实质是独立的交易人,其协议就构成独家交易行为。两种协议不同之处在于:独家经销协议中,独家经销商以自己的名义,为自己的利益,从事购买再转卖,享有排他性的独家经销利益,但其须自负盈亏。而独家代理商则必须以被代理人的名义办理委任事务,对于权限内的委托授权事项不负担任何盈亏。这两种不同性质的协议,在竞争法理论上具有完全不同的地位。

(3) 代理协议案例。

原告某保健品有限公司与被告某销售有限责任公司签订"代理协议",协议中就某销售有限责任公司的禁止竞业义务作了规定。然而某销售有限责任公司无视上述约定,仍然在经营、销售或宣传与某保健品有限公司有竞争力的类似产品,使其蒙受损失,故发生纠纷。诉至法院。法院认为,一是该独家代理协议不构成不正当竞争;二是被告某销售有限责任公司构成违约。判决被告某销售有限责任公司构成违约,承担违约赔偿责任。

该案中,双方缔结的协议名称为"代理协议",从民法上而言,独家代理或独家经销可以被理解为一种附限制竞争条件的民事行为，法律应予承认。但从维护市场竞争机制的角度来看，假如这类协议违反交易相对人的意愿，附加不合理的条件，或者实质性地影响市场竞争，则应运用反不正当竞争法予以制止，否认其效力。对于独家经销协议而言，只有"不合理"地限制了竞争，才为竞争法所规制。而"不合理"标准需要结合各国国情、具体市场状况、条文本身规定等诸多因素予以判断，并没有固定的法律标准。实践中，往往以是否"显失公平"为原则出发，通过比较限制条款给经销商带来的限制和利益是否平衡来权衡左右。

后面章节中还会进一步探讨作为滥用市场优势具体表现的独家交易。

2. 特许经营协议

商业特许经营，是指拥有注册商标、企业标志、专利、专有技术等经营资源的企业，以合同形式将其拥有的经营资源许可其他经营者（被特许人）使用，被特许人按照合同约定在统一的经营模式下开展经营，并向特许人支付特许经营费用的经营活动。典型就有遍布全球的肯德基、麦当劳餐厅等。自1992年起，特许经营在我国有了很大的发展。特许经营可以为特许权人节省发展资金，使特许经营人避开创业风险，获得双赢的局面。

（1）特点。

各种研究特许经营的文献对该术语的界定都略有不同，但是各种定义都指向特许经营的一些共同特征：首先，特许经营是一种合同关系。其次，特许经营是一种特殊的知识产权，因为特许经营的核心内容是"特许权人将属于自己的一整套知识产权及专有权利授权给经营人使用，并收取报酬"。根据欧盟委员会对特许经营权的规定，特许经营的客体主要是一些知识产权的组合，有效保护这些知识产权是特许经营获得成功的关键。最后，特许经营网络具有同一性。这种同一性指特许权人通过特许合同对特许经营人作出的一些限制，例如限制其只能采取特许权人的经营策略销售专营产品，限定特许经营人的经营地点，控制零售价格，要求特许经营人只能销售特许权人的产品或其指定供应商的产品等。因为同一性可以给消费者提供标准化质量的产品和服务，因此被认为是特许经营模式存在的必要条件。

（2）受到反垄断法豁免。

特许经营之所以应该受到反垄断法豁免是由其法律特征所决定的，特许经营是一种基于知识产权而创设的具有用益物权属性的许特权的授予，其特殊性在于特许权人向特许经营人提供的不是现成的产品，而是一套与该产品或服务相关的、特殊的知识产权。由于知识产权客体的非物质性，导致客体易仿冒和权利易侵犯的特点,加上社会法制环境的缺失和道德风险的泛滥,特许人在特许经营中,为了维护自己的知识产权,在客观上就需要与特许经营人在特许经营协议中规定一些限制性条款,对特许经营人以知识产权为核心的有关活动,如专利实施、商标利用、商业秘密保护、原料采购、商誉维护等进行规范和管理。对被特许人在特许经营期满后一段时间内,在约定区域经营相同或类似的商品与服务以及在未经许可的情况下转让加盟店给第三方进行限制。如果没有这种限制,特许权人拥有的具有商业价值的知识产权权益就会受到破坏,甚至丧失合法存在的地位和价值,特许经营也就会失去其应有的生存空间,这对特许权人和特许经营人以及公众利益都是不利的。此外,特许人为了维护特许经营网络的同一性和声誉,通常也会要求特许经营人按照特许权人在指定的地点按照特许权人要求的方式经营商品和服务。

3. 搭售协议

搭售协议是一种附条件交易协议,即一个销售商要求购买其产品或服务的买方同时也购买其另一种产品或服务,并且把买方购买其第二种产品或者服务作为其可以购买第一种产品或服务的条件,这样的协议就是搭售协议。在这种情况下,第一种产品或服务就是搭售品,第二种产品或服务就是被搭售品。

搭售可能对消费者产生不利的影响,但是,当基于产品完整性要求、维护商品的质量和稳定性考虑时,搭售也可能是一种合法合理的行为。法律禁止的搭售行为是一种不合理的安排,具有严重的反竞争后果,即其实施的搭售行为没有合理的理由且会加强企业的市场支配地位、限制市场竞争。在识别一个搭售行为是否反竞争时,应当综合考虑搭售企业的搭售目的、市场地位、相关市场、相对的市场结构、商品的特性等多种因素。搭售的违法性还体现在侵犯消费者权益。下一章在滥用市场支配地位部分还要进一步解释作为滥用市场优势手段的搭售。

4. 选择性交易协议

选择性交易协议通常对协议双方都有一定的约束。作为生产商的协议当事人一般只能向符合一定专业标准的销售商供应商品,这一般包括销售商的专业资格、销售商的营业水平以及营业场所的技术条件或者设备等。作为销售商的协议当事人则不得向协议销售网络之外的批发商或者零售商转售协议商品。实际上,双方都有选择交易对方的可能性,但同时又都受到了协议的约束。

特许连锁经营是近年来发展十分迅速的企业经营形式,从本质上讲,特许连锁是企业之间的交易制度和交易模式,目前,发达国家采用比较多的是"选择性销售制度"。所谓选择性销售制度是指供应商(主要是生产厂家)按照一定的标准对销售商(包括代理商、批发商和零售商等)进行选择,未被选上的销售商不许销售自己产品的一种交易制度。生产厂家(供应商)采用选择性销售方式的目的是为了避免多家销售商相互竞争而导致自己价格的下降、维护厂家和销售商的一定利益、便于对市场进行管理和控制。该制度在汽车、家电、照相机、化妆品、报纸等许多领域广泛存在,尤其是高档的、品牌知名度高的厂家普遍采用选择性销售制度。生产厂家对销售商进行选择的实质是对销售商采取了限制、排斥和歧视的政策,妨碍了市场自由交易的原则,该制度对价格的保护性和封闭性也与现代市场开放化的要求不相一致。因此,选择性销售制度有一定的垄断性和不正当嫌疑,近年来,欧、美、日等市场在化妆品、家电等行业围绕选择性销售制度产生的法律诉讼不断增加,反映了该制度存在不少的争议。虽然,选择性销售制度存在不少法律问题,但是在发达国家并没有禁止该制度的存在和发展。实际上,许多国家和地区是将选择性销售制度作为垄断禁止的例外事项加以特殊处理的,这就为该制度提供了生存空间。

目前,欧盟承认的可以采用选择性销售制度的商品大致分为两个范围:一是高技术产品、需要一定的店铺设施、特别的销售队伍和提供售后服务的商品,包括汽车、家电产品、计算机、照相机、高级钟表等;二是品牌形象十分重要的产品,如香水、高级化妆品、高级陶瓷用品、贵金属等。除此之外,商品寿命很短、需要特殊流通方式的商品,如报纸等也可以采用选择性销售制度。不能采用选择性销售制度的主要是香烟、大众钟表等批量生产的廉价商品。虽然选择性销售制度许可条件与商品特性有直接关系,但是具体是否能够获得选择性销售制度的许可条件与商品特性有直接关系。从实际结果看,一种商品是否可以采用选择性销售制度不仅仅取决于商品特性,而且还取决于其他各种理由和厂家在销售上的必要性。日本对厂家限制销售方法的做法也作出了规定:如果厂家以确保商品的安全性、保证品质、维护商标信用等合理的理由对零售商的销售方法进行限制,可以获得法律的认可。将同等条件追加给其他零售商的做法也不违背反垄断法。生产厂家如果能够说明采用特定的销售方法是必要的、合理的,那么厂家限制销售方的做法是被认可的。在这里,作出判断的依据是商品特性,商品本身是判断的直接对象。

第五章

滥用市场支配地位的规制制度

第一节 市场支配地位概述

一、市场支配地位的含义

市场支配地位（Market Dominant Position）又称控制市场地位或市场控制地位，是德国《反对限制竞争法》和《欧洲经济共同体条约》使用的概念，其他国家和地区的反垄断法则没有使用这一术语。相应地，美国的反托拉斯法使用了"垄断力"（Monopoly Power），日本的反垄断法使用了"垄断状态"一词，我国台湾地区的"公平竞争法"使用了"独占"，匈牙利的反垄断法使用的则是"占有经济优势"。尽管各国和地区的反垄断法使用的称谓不同，但所指的经济现象是大致相同的，即某个企业或者某些企业在特定的市场上具有一定的市场力量，通过运用这种力量"支配"或"控制"市场，不受有效竞争的制约，对市场运行产生严重的影响。

对于市场支配地位的定义，有学者认为，它是指"企业或企业联合组织的一种状态，具有该状态的企业或企业联合组织，在相关的产品市场、地域市场和时间市场上，拥有决定产品产量、价格和销售等方面的控制能力"。还有学者认为，市场支配地位通常是指"企业或者企业集团能够左右市场竞争或者不受市场竞争约束的市场地位"。这是从对竞争的影响的角度作出的定义。欧共体法院在1983年Mechelin一案中认为，市场支配地位是指"一个企业所享有的经济能力地位，这种能力地位能够使该企业无需其竞争者、顾客和最终消费者的反映，而采取显著程度的独立行动，来妨碍相关市场内有效竞争的维持"。美国最高人民法院在1956年的杜邦公司案中，将垄断力定义为"企业控制价格的力量或者排除竞争的力量"。

我国的《反垄断法》借鉴德国的做法，也使用了"市场支配地位"这一术语，并在第 17 条第 2 款对其作出如下定义："是指经营者在相关市场内具有能够控制商品价格、数量或者其他交易条件，或者能够阻碍、影响其他经营者进入相关市场能力的市场地位。"该定义将构成市场支配地位的两个条件作为选择性条件：一是企业在市场中的地位，即能够控制商品价格、数量或者其他交易条件；二是对竞争的影响，即能够阻碍、影响其他经营者进入相关市场。显然，两个条件是从不同角度界定市场支配地位的内涵的，然而它们之间不是补充关系而是并列关系，这就意味着，实践中只要企业具备其中条件之一，即占有市场支配地位。事实上，这两个条件所界定的概念外延并不完全一致，符合"企业在市场中的地位"条件的情况主要是独占、准独占和突出的市场地位的状态；符合"对竞争的影响"的条件的情况则不仅包括独占、准独占和突出的市场地位的企业，也包括相对优势企业。因为相对优势企业也会对其他企业进入市场形成一定的阻碍、影响。由此，在实践中可能出现对两个条件判断不一致的情况，影响到法律执行的一致性和权威性。

综上，本书认为，市场支配地位，是指企业因为其在市场上的某种优势（市场份额、技术优势、资源优势）而使企业在市场上独立于竞争之外，不受其他企业的影响，并且还可以控制市场产品的价格和产量，那么这样的企业就具有了市场支配地位。

二、市场支配地位的表现形式

由于市场支配地位本身具有不同的表现形式，因此许多国家（地区）的反垄断法在界定市场支配地位时，分别就市场支配地位的不同情形作出了规定。根据德国的《反对限制竞争法》和我国台湾地区的"公平交易法"的规定，将市场支配地位分为独占与准独占、突出的市场地位和寡头分占三种情形，这是依据市场集中程度的不同进行划分的。市场支配地位的类型，能为认定一个企业或几个企业作为一个整体是否拥有市场支配地位提供依据，也就是说，如果出现上述类型，就可以认定这个企业或这些企业作为一个整体拥有市场支配地位。

（一）独占（Monopoly）与准独占（Quasi-monopoly）

独占，是指企业在相关市场上没有竞争者，这在经济学上称为"完全垄断市场结构"。形成这种结构有很多原因，可以是源于自然性质、法律的规定或者经济发展的结果，但一般可分为两类：自然垄断和人为垄断。自然垄断涉及规模经济、天然资源和经济效益等方面的因素；人为垄断则包括了法律保障、政府授意和企业恶性竞争等原因。在独占状态下，企业取得了完全垄断地位，没有面临任何现实的或潜在的竞争威胁，可以自行决定商品的价格、数量等交易条件来操纵市场，因此，认定其具有市场支配地位应不存在任何异议。

准独占，是指企业在相关市场上没有实质性的竞争者，具有准垄断的地位。一般来讲，在准垄断状态下，企业在相关市场上有竞争者，但是基于其与竞争者之间在市场份额、综合实力、核心技术等各方面的"天壤之别"，使得竞争者根本无法与该企业进行实质上的竞争。因此，企业可以在相当程度上自主决定市场策略和经营行为，而不必考虑其竞争者的存在。因此，同独占一样，准独占也是一种市场支配地位的形态。

(二) 突出的市场地位

突出的市场地位，又称压倒性的地位，是相对于相关市场上的其他竞争者而言的，是一个相对的概念。具体来讲，是指企业在相关市场上不仅有竞争者，而且已经形成一定程度的实质性竞争，但是与其竞争者相比，它具有十分突出的优势地位，使得实质性的竞争限制在小范围、低层次和低强度下进行。

必须指出的是，认定企业具有突出的市场地位时，不仅要考察其市场份额，还要考察其自身的财力、进入采购或销售市场的渠道、与其他企业的联合、其他企业进入市场所面临的法律上或事实上的限制、住所设在境内外的企业的事实上或潜在的竞争、将其供应或需求转向其他商品和服务的能力以及市场交易对象转向其他企业的可能性。企业占有突出的市场地位，使其在实际上可以不考虑其竞争者、销售者以及供应者而有较大的自由决策权和对其他企业具有决定性的影响，因此认定其具有市场支配地位。

(三) 寡占（Oligopoly Monopoly）

寡占，也称为寡头垄断。是指在相关市场上存在两个或两个以上企业，这些企业作为一个整体共同控制着市场上商品或服务的价格、数量等情形，这些企业之间因明示或默示达成一致的行为，从而不存在实质性的竞争，经济学上称之为"寡头垄断"。构成寡占的要件有二：一是两个或两个以上的企业之间不存在实质上的竞争，这是就特定企业之间的内部关系而言的；二是这些企业必须符合一定的条件，即拥有独占、准独占或突出的市场地位，这是就特定企业相对于其他企业的外部关系而言的。据此，有学者认为，寡占分为两种情况："一是各寡头合起来即为市场独占或准独占者，在相关市场中，没有其他竞争者或没有实质上的竞争；二是各寡头合起来即具有绝对优势，在相关市场中具有绝对的自由决策权和对其他竞争者的绝对影响。"所以，如果相关市场上的数个企业之间因明示或默示达成了一致的行为，从而使其他企业无法与之进行有效竞争，那么它们作为一个整体，就如同独占与准独占、突出的市场地位一样，具有了市场支配地位。

三、市场支配地位的法律性质

市场支配地位是一种经济现象，是企业在市场竞争中通过自我积累扩张不断兼并收购逐步取得的。企业取得市场支配地位并非必然违法。依据法律分析，企业经营过程中取得市场支配地位本身并不违法。美国《谢尔曼法》禁止的行为是企业单方面企图垄断或者试图垄断，前者是指使用非法手段获取垄断势力，后者指使用非法手段维持垄断势力。这说明，企业取得市场支配地位后，只要不是企图垄断或使用非法手段获取垄断势力就不会触犯法律。欧盟也作出了类似的规定，即企业具有市场支配地位本身并不违法，只有滥用这种市场支配地位才是违法的。以上说明，企业取得市场支配是一种合法的状态，因此也就说明了市场支配地位的法律属性。市场经济的规则就是通过竞争从而实现优胜劣汰的规则，所以企业在市场中无时无刻不感到竞争的压力。为了能在竞争中生存和发展，企业必须不断地改善产品质量，降低价格，改进售后服务，让消费者受益，这就是有效竞争带来的结果。然而与此同时，面对竞争的压力，企业也想限制竞争、抵制竞争或排除竞争。企业一旦在竞争中获得了市场支配地位，它也就可以利用自己的支配地位来影响市场竞争，例如，限制其他企业进入市场等。一旦企业利用自身取得的市场支配地位实施此种限制竞争行为，它也就因滥用市场支配地位而违法了。

第二节 市场支配地位的界定

市场支配地位的认定，是对企业滥用市场支配地位行为进行规制的一个基础性工作。判断一个经营者是否在竞争过程中采取了限制竞争的行为，应该通过一种客观的、非常透明的经济学上的标准来和衡量。西方经济学和法学从不同的角度对其进行了深入研究，提出了多种分析计算方法。根据反垄断法原理，界定企业是否取得市场支配地位主要从以下三个方面进行考虑，即相关市场、市场集中度和市场进入壁垒。

第五章　滥用市场支配地位的规制制度

一、相关市场的界定

（一）相关市场的概念

相关市场[1]（Relevant Market）的概念最早出现于美国反托拉斯案件判决书中，也被称为"特定市场""关联市场"等。其含义是指作为竞争主体的企业进行从事经营活动、开展市场竞争的市场范围。我国台湾地区"公平交易法"把相关市场称为"特定市场"，指"事业就一定商品或服务，从事竞争之区域或范围"。[2] 显然，作为市场功能的角度而言，市场是在某一特定的区域销售产品的，那么相关市场是在某一特定区域销售相关产品的。然而，判断竞争关系时，仅仅有产品和地域的概念还不够科学和严密，还要有时间的概念，很难想象在前后时间差异巨大的情况下会形成依靠反垄断法维持的竞争关系。在产品市场和商品市场都确定的情况下，时间就是一个重要的因素。欧洲法院在已判决的反垄断案中认为相关市场包括三个因素：相关产品市场、相关地域市场和相关时间市场。[3] 所以说相关市场是一个因人而异、因地而异、因时而异的概念。

相关市场的确定对于市场支配地位的认定具有关键意义。实际上，需要考察的企业即市场竞争者就是市场支配力的分子，相关市场范畴就是分母，相关市场就是判断有关市场竞争者经济力量大小的依据和背景。被考察的企业的规模是确定的，如果所确定的相关市场越狭小，那么被考察的企业的市场支配力就越大，就越有可能被认定占据市场支配地位；相反，如果界定的相关市场越大，说明被考察的竞争企业控制该市场的力量相对就越小，就越没有独占或支配市场的能力。"从某种程度上讲，如果市场确定得相对狭小，产品的每一个供应者都可能成为垄断者。"[4] 因此确定相关市场的过程，实际就是确定哪些产品和哪些企业之间形成相互竞争关系以及在什么范围内和多大程度上进行竞争，并因此确定判定竞争者市场支配地位的依据的过程。实际上，在美国和欧盟的反垄断法关于滥用市场支配地位的案件中，左右案例判决结论的常常是相关市场的界定。如1956年美国政府指控杜邦公司垄断玻璃纸生产案中，因为玻璃纸为杜邦公司独家生产和销售，市场占有率为

---

[1] 相关市场在反垄断法中是一个关键概念，市场支配地位的判定必须依赖相关市场的界定。此外，对控制经营者集中相关市场的界定是对市场集中度和经营者的市场份额进行界定的前提，直接关系到最终的判定结果。

[2] 尚明主. 主要国家（地区）反垄断法律汇编 [M]. 北京：法律出版社，2004：914.

[3] 阮方民. 欧盟竞争法 [M]. 北京：中国政法大学出版社，1998：114.

[4] [英] 约翰·亚格纽. 竞争法 [M]. 徐海，等，译. 南京：南京大学出版社，1992：56.

100%。如果把玻璃纸界定为独立市场，则杜邦公司在这个产品市场上构成独家垄断是毫无疑问的，政府正是这样认定的。但是法院则将玻璃纸看作包装材料的一种，把包装材料界定为该案的相关市场，相关市场被扩大了，杜邦公司在包装材料这个市场上仅占有18%，不构成垄断。从这个案例可以看出在反垄断法中对市场支配力的认定在很大程度上取决于对相关市场、特别是产品市场的界定。[1]

（二）界定相关市场的步骤

因此在界定相关市场时，必须考虑到商品的各种相关因素，通常考虑的是交易对象、交易地区、交易时间、交易阶段、交易对方等因素。正是基于这种考虑，在反垄断法上一般把相关市场归纳为产品市场、地理市场和时间因素三个概念。

1. 产品市场（Product Market）

产品市场是确定相关市场最主要的方面，是界定相关市场的第一步。所谓产品市场是指与某竞争产品具有替代关系的全部产品所形成的市场，也就是市场上可以与之形成有效竞争的商品和服务的范围，所有可以与之形成有效竞争的商品和服务构成该商品或服务的产品市场。[2] 在竞争法中对产品市场的判断主要是分析和认定产品的相互竞争关系。对竞争关系的分析则主要是通过对产品的替代性关系进行分析完成的，两个产品彼此之间替代程度越高，竞争关系就越强。在界定相关市场时，目前一些国家或地区反垄断执法机构通过需求弹性分析和供给弹性分析的方法来界定产品市场的相关市场。[3]

2. 地理市场（Geographic Market）

地理市场也称地域市场或空间市场，是指与被告的产品或服务进行有效竞争的地理区域或者空间范围。它是决定相关市场范围的另一个重要因素，也是界定相关市场过程中，在确定了产品市场之后的第二个重要步骤，有时候地域市场的重要性会超过产品市场。《欧共体竞争法中界定相关市场的通告》第8条指出，相关地理市场是指相关企业供给产品或者购买产品或者服务的地域，且它们在这个地域内的竞争条件基本上是一致的。地理市场可以

---

[1] 尚明. 对企业滥用市场支配地位的反垄断法规则［M］. 北京：法律出版社，2007：37.
[2] 高菲. 论美国反托拉斯法及其域外适用［M］. 广州：中山大学出版社，1993：86.
[3] 需求弹性分析解决的是产品之间的替代程度问题，有关产品市场是仅限于垄断产品本身还是包括可替代产品，美国法院认为，倘若替代产品像被垄断的产品一样也包括在同一市场中，那么两种——垄断产品和可替代产品之间必须实际处于竞争状态。如果说需求弹性分析是从买方的角度分析市场，观察买方对产品价格变化的反应，那么供应弹性分析则是从卖方的角度分析市场，观察某产品的生产者和潜在生产者对该产品价格变化的反应。

是一个较小的城市范围，也可以是更大的省或州范围、国家范围、跨国市场甚至是世界市场。地域市场是从地域成本上对产品市场范畴的限制。在诸多考察因素中，有两个因素对界定地理市场的范围至关重要：一是产品的运费与其价值的关系，如水泥、石头建材等笨重且价值较低的产品的销售区域要比黄金、石油等重量较轻且价值较高的产品的销售区域小得多；二是产品的易腐性，易腐烂、难保存的产品其地理市场的范围也相对较小。

3. 时间因素

在理论界，关于"时间市场"的争论还没有得出结论。但是，时间因素作为一种判断相关市场的重要因素，对其进行研究和界定具有重要的意义。时间市场是指相同或者近似产品在同一区域内相互竞争的时间范围。各国对时间市场在相关市场确定中的地位有不同的观点，欧洲法院、德国法院的判例表明其将时间市场作为与产品市场、地域市场并列的因素。❶ 美国立法和司法判例没有将时间市场纳入相关市场界定过程中。多数观点认为，时间市场应是确定相关市场的重要因素，也是重要步骤之一。在某些情况下，时间对于产品的销售具有决定性意义。如质量相同的西瓜在相同的地方，冬季与夏季的销售价格大不相同。某些产品因季节性、时尚性或为迅速发展的技术因素所左右，市场情况往往会随时间的变化而发生变化。因此，在确定相关市场时需要考虑时间因素。实际上，任何竞争者对任何产品在一定区域和时间内的市场地位是特定的，任何市场的存在在时间和空间上都是相对的。产品市场是从相关市场的主体进行考察的，地域市场对相关市场是从空间的角度考察的，时间市场则是从时间角度对相关市场的考察，三者共同构成完整的相关市场。随着当今世界科学技术的迅速发展，速度和效率备受推崇，许多产品的技术含量越来越高，更新换代的速度越来越快，也许企业的某种产品在某一时间确实具有支配地位，但这种市场支配地位很可能是暂时的或稍纵即逝的。因此，在市场节奏和科技发展都越来越快的今天，判断企业是否具有市场支配地位，特别是认定高科技企业是否拥有市场支配地位时，时间市场是至关重要的。

二、市场集中度的分析——市场占有率

市场集中度（Market Concentration Rate），是指市场上的少数企业的生产量、销售量、资产总额等方面对某一行业的支配程度，它一般是用这几家企业的某一指标（大多数情况下用销售指标）占该行业总量的百分比来表示。

---

❶ 阮方民. 欧盟竞争法 [M]. 北京：中国政法大学出版社，1998：114.

市场集中度是对整个行业的市场结构集中程度的测量指标，它用来衡量企业的数目和相对规模的差异，是市场势力的重要量化指标。市场集中度是决定市场结构最基本、最重要的因素，集中体现了市场的竞争和垄断程度，经常使用的集中度计量指标有：行业集中率（Concentration Ratio，以下简称"CRn指数"）、赫尔芬达尔—赫希曼指数（Herfindahl-HirschmanIndex，HHI）、洛仑兹曲线、基尼系数等，其中CRn与HHI两个指标被经常运用在反垄断经济分析之中。

（一）行业集中率（CRn）与赫希曼指数（HHI指数）

CRn指数是最常用的测算方法，指该行业的相关市场内前N家最大的企业所占市场份额（产值、产量、销售额、销售量、职工人数、资产总额等）的总和。例如，CR4是指四个最大的企业占有该相关市场份额，CR4越大，说明这一行业的集中度越高，市场竞争越趋向于垄断；反之，集中度越低，市场竞争越趋向于竞争。但是，行业集中率的缺点是它没有指出这个行业相关市场中正在运营和竞争的企业的总数。例如，具有同样高达75%的CR4在两个行业份额却可能是不相同的，因为一个行业可能仅有几个企业而另一个行业则可能有许多企业。其计算公式：

$$CR_n = \sum_{i=1}^{n} S_i$$

其中：S_i是第i个企业所占的市场份额，n是这个行业中规模最大的前几家企业数。

HHI指数是指一个行业中各市场竞争主体所占行业总收入或总资产百分比的平方和，用来计量市场份额的变化，即市场中厂商规模的离散度。指数是计算某一市场上50家最大企业（如果少于50家企业就是所有企业）每家企业市场占有份额（取百分之的分子）的平方之和。显然，HHI越大，表示市场集中程度越高，垄断程度越高。该指数不仅能反映市场内大企业的市场份额，而且能反映大企业之外的市场结构，因此，能更准确地反映大企业对市场的影响程度。计算方法如下：

$$HHI = \sum_{i=1}^{N} (X_i/X)^2 = \sum_{i=1}^{N} s_i^2$$

其中：X是市场的总规模

X_i——i企业的规模

$S_i = X_i/X$——第i个企业的市场占有率

N是该产业内的企业数

（二）市场占有率

如果一个或几个企业在相关市场上长期具有很高的市场占有率，这个事实本身就可以作为其具有市场支配地位的证据。判断企业市场控制力、支配力的最好证据是市场占有率。所谓市场占有率分析（market share analysis）是根据各方面的资料，计算出本企业某种产品的市场销售量占该市场同种商品总销售量的份额，以了解市场需求及本企业所处的市场地位。在相关市场明确后，企业市场占有率是企业经济实力和市场竞争力的客观反映。一般情况下，大的市场占有率会使企业获得大的市场力量。市场占有率越大，企业进行交易的独立性，影响和制约其他经营者的能力就越强，获取或滥用市场支配地位的可能性就越大。因此，反垄断法将企业的市场占有率作为评定、推定、认定企业是否取得市场支配地位的重要标准甚至是直接推定的标准。[1]

在整体上支配地位认定的考量因素基本上在各个法域都具有一定程度的同一性。在美国反托拉斯法和欧共体竞争法是通过经验的提炼，在德国、日本和韩国则是在法律中的直接规定。美国和欧共体的认定基本上均包括市场界定、进入壁垒和供给替代弹性的内容。此外，美国关注的还有市场集中度，而欧共体则还关注竞争者的市场地位和购买商的市场力量的因素。德国、日本和韩国等国家的认定基本上均包括市场占有率、进入壁垒和供给替代的内容。德国法中还包括更加细化的规定。而日本法主要针对的是价格方面超出标准的考虑。我国《反垄断法》第19条规定："有下列情形之一的，可以推定经营者具有市场支配地位：（一）一个经营者在相关市场的市场份额达到二分之一的；（二）两个经营者在相关市场的市场份额合计达到三分之二的；（三）三个经营者在相关市场的市场份额合计达到四分之三的。有前款第二项、第三项规定的情形，其中有的经营者市场份额不足十分之一的，不应当推定该经营者具有市场支配地位。被推定具有市场支配地位的经营者，有证据证明不具有市场支配地位的，不应当认定其具有市场支配地位。"由于市场占有率在很大程度上决定了支配力量的存在，因此，在反垄断案件的处理过程中，确定企业市场占有率的准确比例是非常关键的。市场占有率的计算公式是：企业某种商品的市场占有率=（本企业某种商品销售量/该种商品市场销售总量）×100%。

市场占有率具体达到多少可以认定具有市场支配地位，不同国家的反垄断法和实践不尽相同。大多数的观点认为：企业市场占有率超过70%的，其

---

[1] 尚明．对企业滥用市场支配地位的反垄断法规制［M］．北京：法律出版社，2007：119．

市场支配地位是明显的；企业市场占有率不足 30% 的，一般不具有市场支配地位；企业市场占有率在 30%~70% 的，必须考虑其他能够进一步说明企业竞争地位的因素。我国《反垄断法》第 18 条规定："认定经营者具有市场支配地位，应当依据下列因素：（一）该经营者在相关市场的市场份额，以及相关市场的竞争状况；（二）该经营者控制销售市场或者原材料采购市场的能力；（三）该经营者的财力和技术条件；（四）其他经营者对该经营者在交易上的依赖程度；（五）其他经营者进入相关市场的难易程度；（六）与认定该经营者市场支配地位有关的其他因素。"应该说这个规定是比较全面的。

三、对市场进入壁垒的分析

进入壁垒（Barriers to Entry）是影响市场结构的重要因素，是指产业内既存企业对潜在进入企业和刚刚进入这个产业的新企业所具有的某种优势的程度。换言之，是指潜在进入企业和新企业若与既存企业竞争可能遇到的种种不利因素。进入壁垒具有保护产业内已有企业的作用，也是潜在进入者成为现实进入者时必须首先克服的困难。芝加哥大学经济学家施蒂格勒指出，进入壁垒可以理解为打算进入某一产业的企业而非已有企业所必须承担的一种额外的生产成本。进入壁垒的高低，既反映了市场内已有企业优势的大小，也反映了新进入企业所遇障碍的大小。可以说，进入壁垒的高低是影响该行业市场垄断和竞争关系的一个重要因素，同时也是对市场结构的直接反映。

然而，要真正确定企业是否形成了很强的市场力量，它会不会使用这种力量来扭曲市场竞争，还要做进一步分析。所谓扭曲市场竞争就是限制竞争行为、反竞争行为，这一点直接与已界定的相关市场是否允许新的企业能够自由地参与或退出市场有关，也就是说与新的企业进入相关市场需要哪些条件有关。因此，在一个合理的时间范围内有多少预期的经营者有能力进入？它需要多少时间才能进入这个产业？进入需要多少成本？与在位的经营者相比，新的经营者是否处于不利的地位？新的经营者是否拥有一样的技术、一样的产品和一样的信息？退出需要成本吗？

经济学家们对进入壁垒的理解有所不同。率先提出"进入壁垒"的贝恩（Joe S. Bain）开创了从市场进入条件的角度审视市场竞争机制的先河。贝恩认为，潜在竞争的有效性取决于市场的结构因素，如规模经济、绝对成本优势等，进入壁垒的存在有其结构基础。❶ 施蒂格勒（George J. Stigler）则认为，

---

❶ Bain. Barriers to New Competition [M]. Cambridge Mass, Harvard University Press, 1956.

市场结构不能表明进入壁垒的高低,而是对在位企业之间效率差异的反映,绝大多数进入壁垒都是由政府对市场的限制引起的。❶ 弗格森(James M. Ferguson)的研究建立在贝恩的基础上,将进入壁垒定义为使进入无利可图但又允许在位企业超过边际成本定价并持续获得垄断收益的因素。❷ 与贝恩相比,弗格森的定义还增加了一个要求,即在位厂商持续得到垄断利润。也就是说,在位厂商要持续获得超过一般水平的利润,单纯定价超出边际成本的条件是不充分的。原因在于,在位厂商的边际成本很可能低于其平均成本。这时,即便像贝恩所说的那样在位厂商的价格超过边际成本,也并不能保证其得到垄断收益,只有在价格超过平均成本时才能得到超额利润。

进入壁垒在决定市场集中度的因素中起着重要作用,它决定了潜在竞争的程度。一般认为,一个可信的进入威胁将引致在位经营者更加激烈地竞争。就滥用市场支配地位而言,所需要进行的分析是已经取得市场支配地位的企业是否利用了其市场力量来设置市场进入壁垒,其目的在于妨碍或阻止其他企业进入市场参与竞争,如果存在这种行为就构成了市场支配地位的滥用。

综上所述,界定一个企业是否具有市场支配地位,需要我们同时对相关产品、相关地理市场进行界定,并对相关市场上的企业参与竞争的市场结构进行分析。除此之外,还要考虑进入壁垒等因素,以最终较为科学地界定市场上的企业是否具有市场支配地位。

第三节 市场支配地位的滥用

一、市场支配地位滥用的界定

企业即经营者取得市场支配地位,有的是通过国家授权取得,有的是因行业的特殊性质而取得,而大多数是在市场竞争中取得即竞争的结果。从各国的反垄断立法来看,一般只是根据其关注的重点列举出滥用市场支配地位行为的若干典型表现,鲜见对"滥用"进行定义,司法判例中也缺少明确的

---

❶ 施蒂格勒.产业组织和政府管制[M].潘振民,译.上海:上海三联书店,1996.

❷ JM Ferguson. Advertising and Compitition: Theory, Measurement and Fact [M]. Ballinger, Cambridge, Mass, 1974.

概括性表述。❶

滥用，顾名思义，直接理解为不适当地进行使用。对于滥用市场支配地位，经济合作与发展组织给出的解释是：支配地位企业为维持或者增强其市场地位而实施的反竞争的商业行为。在繁杂多样的商业行为中，哪些行为属于滥用，会因个案及国家的不同而进行不同的界定。例如，欧洲法院在1979年审判霍夫曼公司诉欧共体委员会一案时，曾经解释道："滥用优势地位的概念是与具有优势地位的企业的行为相联系的概念，有关企业由于存在这样的地位，不仅影响了市场结构，而且通过采取与商业交易中产品和服务的正常竞争所不同的手段，具有妨害现存市场上竞争程度的维持或者竞争发展的作用。❷"从经济合作与发展组织与欧洲法院的解释中可以了解到，在认定市场支配地位滥用行为时，应当把握以下几点：一是滥用行为是由经营者实施的，并且是具有市场支配地位的经营者实施的；二是滥用的行为产生了反竞争的后果，具有违法性；三是滥用的表现形式是多样的，包括垄断定价、掠夺性定价、价格歧视、拒绝交易、搭售行为等。在联合国贸易和发展会议《竞争法范本》中，将滥用市场支配地位的行为分为滥用的行为与视为滥用的行为。滥用行为包括：企业操作市场、限制他人进入及限制市场内的竞争；而视为滥用的行为包括：掠夺性定价、歧视性定价、限制转售价格、限制商标权利、非必要的行为等。

二、市场支配地位滥用的构成要件

1. 实施滥用行为的主体是特定的

滥用行为是具有市场支配地位的企业实施的，滥用的行为主体是具有支配地位的企业，这个主体是特定的，不管是绝对支配地位或是相对支配地位。而其他不具有滥用资格的企业即使采取了同样的滥用行为，一方面该行为达不到具有市场支配地位的企业滥用的效果——限制竞争，另一方面该行为有可能受反不正当竞争法追究从而不受反垄断法规制。

2. 市场支配地位的企业实施了滥用行为

滥用行为在立法和司法上有两种不同的模式——概括式和列举式。美国《谢尔曼法》第2条就是概括式立法模式的代表，它只作出了一些原则性的禁止规定，没有列举予以禁止的具体行为，这种方式的优点是赋予法官较大的造法功能和自由裁量权，反垄断政策可以不断地与现实中的商业行为实现同

---

❶ 王先林. 竞争法学 [M]. 北京：中国人民大学出版社，2009：270.
❷ 阮方民. 欧盟竞争法 [M]. 北京：中国政法大学出版社，1998：195.

步协调，其缺点在于在司法实践中缺乏统一的标准，法律的确定性较差。而《欧共体条约》第 82 条则采取的是列举的模式，对滥用行为进行具体的规定。德国、英国、匈牙利等国的反垄断法均具体列出了滥用行为。这种列举模式提高了法律的确定性和可预期性，加强了法律对市场的引导性。

3. 市场支配地位行为的违法性

违法性是指违反了关于竞争秩序方面的法律，这是反垄断法所要规制的市场支配地位的显著特点。

如果市场支配地位具有垄断或企业垄断的意图，或谋求取得或维持市场支配地位，由于其违法性，就应受到限制或制裁。但当市场支配地位是来源于技术创新等合法方式时，就不应当受到法律的干预。从企业行为者的主观因素讲，追求支配力有利于规模经济的发展和规模效益的提高，如果这种支配地位的取得来自于企业经营活动的发展壮大和创新价值的体现，或来自于知识产权合法授予等，则是正常的；但如果支配的地位本身是来自于行政性垄断，但企业仍试图垄断市场限制竞争，获取超额利润来损害消费者权益，则被认为违反了反垄断法的规则。

4. 市场支配地位的滥用行为削弱或限制了市场竞争，损害了市场竞争秩序

就维护市场公平竞争秩序而言，占据市场支配地位的企业的行为，其损害结果就是限制了竞争。企业实施滥用市场支配地位的行为指向的对象，就是其他竞争者或消费者，这是一种目的性很强的指向。

欧盟法院一系列判例和理论都认为企业行为适用《欧共体条约》第 81 条予以规制的一个重要条件是：企业之间的行为对贸易的影响和对竞争的扭曲达到了"显著程度"；进而推论滥用市场优势达到了"显著程度"，就适用于第 82 条予以规制。《欧共体条约》第 81 条与第 82 条都以影响或损害成员国之间的贸易来对此类行为进行界定。另外，滥用行为损害的对象除了公平竞争秩序以外，还损害了消费者的权益。例如，2004 年美国微软公司（软件业界巨头）因为滥用其个人计算机操作系统市场上的优势地位，被欧盟委员会处以 4.97 亿欧元的罚款；此后，微软公司又因为拒不纠正其垄断做法而被欧盟委员会于 2006 年 7 月和 2008 年 2 月分别处以 2.8 亿欧元和 8.99 亿欧元的罚款。在处罚理由上，欧盟委员会认为微软的捆绑销售等滥用行为对竞争的扭曲和对消费者的影响已达到"显著程度"，应接受反垄断处罚。

三、滥用市场支配地位与垄断协议的关系

就市场结构而言，在竞争较为充分的阶段，垄断协议往往是企业实施垄

断障碍比较小、成本比较低的初级行为方式，此时企业之间互相依赖，一个企业不能独立于其他企业而限制市场竞争或操纵市场价格，因此，如果要获得高额垄断利润，就只有采取互相联合的形式，共同采取行动。当到了另一种市场结构的出现——寡头垄断、准独占甚至独占，使得某一个企业具有了市场支配地位时，该企业就可以独立于其他企业控制市场价格与供应而获得高额垄断利润，因此，就会出现一种终极形态或更高级形态的垄断——滥用市场支配地位。

这两种形态的实质都是形成了对市场的价格与供应进行操纵与控制的能力，唯一的区别是垄断协议是通过协议或默契配合等形式进行的，参与企业各自仍然是市场独立的主体，各自独立承担法律义务，所以这种联合不稳定，政府政策、市场环境、企业自身等内外因素的变化都可能导致这种联合解体。而滥用市场支配地位的行为则不同，它一般是具有支配地位的企业不依赖于其他任何企业甚至不顾及政府的监督而单独采取的行动。由于是一家企业的滥用行为，所以它可以采取更多的形式和手段来达到对市场竞争进行控制与操纵的目的，它也更为复杂、更加隐蔽，更难以监管。达成垄断协议的企业之间如果实施企业并购行为，那么并购后的企业很快就会具有市场支配地位，垄断协议很快就会演变成滥用市场支配地位的形态。

四、滥用市场支配地位的具体行为

（一）垄断价格

垄断价格（Monopoly Price）就是垄断组织在销售商品或购买生产资料时，凭借其垄断地位所规定的、旨在保证最大限度利润的市场价格。垄断价格有垄断高价（售价）和垄断低价（购价）之分。垄断组织在销售商品或购买生产资料时，凭借其垄断地位规定的旨在保证最大限度利润的市场价格。垄断价格分垄断高价和垄断低价两种形式。

垄断高价也称为超高定价（Excessive Pricing），是指由一个在特殊市场中占据支配地位的经济实体销售商品时，所规定的大大超过商品价值和生产价格的垄断价格。垄断低价则是指由一个在特殊市场中所占支配地位的经济实体向非垄断企业或小生产者购买原材料时所规定的低于商品价值或生产价格的垄断价格，其目的在于攫取超额利润或是靠损害卖方利益来补偿自己的不正当成本。由此可以看出，具有市场支配地位的企业垄断价格表现呈现两种现象：一种是作为供应方，高价销售其商品；另一种是作为销售方，以低价购进商品。

在垄断价格的认定中，最大的难题是如何确定一个正常的和有效竞争市场条件下应有的价格水平。在这方面，国外大多是采用比较市场的方法，即从产品的角度、空间的角度或者时间的角度找出一个可比的市场。具体操作中进行价格比较经常考虑以下因素：一是以成本加上合理利润为基础确定正常价格；二是考虑产品因素，即把争议中的产品或者服务与其他具有可比性的产品或者服务进行价格比较；三是考虑空间因素，欧盟和德国也使用跨空间比较的方法将一个占市场支配地位企业的产品的价格与外国市场上同类产品的价格加以比较从而进行间接的认定；四是考虑时间因素，即对于从产品上或者空间上不存在可比性的产品或服务，可以把这个垄断企业或者占市场支配地位的企业在过去某个时刻的产品或者服务价格作为一个参照点，来评价这个企业以后的涨价行为。[1]

（二）掠夺性定价

掠夺性定价（Predatory Pricing）也称掠夺性定价歧视，一般是指拥有市场支配地位的企业将商品低于成本的价格销售，待竞争对手被排挤出市场或吓退欲进入市场的潜在者之后，再将商品价格提高的一种行为。掠夺性定价是一种不公平的低价行为，实施该行为的企业占有一定的市场支配地位，他们具有资产雄厚、生产规模大、分散经营能力强等竞争优势，所以有能力承担暂时故意压低价格的利益损失，而一般的中小企业势单力薄，无力承担这种牺牲。认定掠夺性定价需要考虑以下四个方面的因素：

1. 实施该行为的经营者必须具有市场支配地位

若是一个市场上，同时有两家或多家旗鼓相当的企业存在，是很难成功实施掠夺性定价行为的；只有在一家企业占据市场优势的情形下，才可能凭借规模经济条件和雄厚的经济实力，将价格削减至对手平均成本之下，将对手驱逐出市场或者遏制对手进入。即使遭受短期损失，一旦对手离开市场，在位经营者就会提高价格以补偿掠夺期损失。实际上，被排挤的恐怕不仅是当下的竞争对手，还包括潜在的竞争对手。

2. 所定的价格是低于成本的

经济学理论认为，一个产品的价格如果低于其边际成本，该价格就是掠夺性定价。在这种情况下，企业肯定是亏本销售的。在企业占市场支配地位的条件下，亏本销售可以证明企业排挤竞争对手的意图。然而，无论在何种情况下，产品的价格都必须能够补偿可变成本，由此得出的结论是：如果产

---

[1] 尚明. 对企业滥用市场支配地位的反垄断法规制 [M]. 北京：法律出版社，2007：177-179.

品的价格低于其可变成本,这个价格可能就是掠夺性定价。

我国《反不正当竞争法》第11条第1款规定:经营者不得以排挤竞争对手为目的,以低于成本的价格销售商品。我国《反垄断法》规定第17条第1款第(2)项规定:禁止具有市场支配地位的经营者"没有正当理由,以低于成本的价格销售商品"。联合国贸易和发展委员会制定的《示范竞争法》将掠夺性定价归于滥用市场地位行为的一种,用低于成本的低价消除竞争者的掠夺行为是滥用市场地位的表现,应予禁止。经济合作与发展组织和世界银行对掠夺性定价的界定则是:支配企业以非常低的价格销售商品,以将竞争对手排挤出市场、阻止新的进入者进入以及成功地垄断该市场的行为。

3. 这种定价损害了市场的有效竞争

在美国反托拉斯法漫长的历史中,法院已经多次处理过掠夺性定价的相关问题。掠夺性定价案例的"现代"史始于 Matsushita 案,不过迄今为止援引最多的判例则是 Brooke Group 案。从1993年 Brooke Group Ltd. V. Brown Williamson Tobacco Co 一案中,我们可以看出对定价的判断如何可以作为是否会损害市场有效竞争的依据。在该案中,原告 Liggett 是一个烟草制造商,从1980年开始推广一种叫作"黑白"的无品牌香烟。刚上市时,黑白烟的价格比品牌烟低30%左右。随着无品牌香烟的市场越来越大,其他烟草公司也加入了无品牌香烟市场。被告 Brown & Williamson(以下简称 B&W)也开发了自己的黑白香烟,并销售给 Liggett 的分销商和它自己的客户,并屡次将价格降至 Liggett 的价格水平之下,在整个烟草市场 B&W 占据11%~12%的市场份额。Liggett 起诉 B&W 掠夺性定价,但都被地区法院和上诉法院驳回,美国联邦最高法院维持原判。从美国联邦最高法院的意见中,多处可见其对成功的掠夺性定价的怀疑,重要的是,法院提出了判定是否构成掠夺性定价的二重标准。

首先,美国联邦最高法院认为原告必须证明其指控的价格低于"经适当测算的竞争对手的成本"。美国联邦最高法院认为,高于成本的定价不违法,因为这通常仅反映掠夺者更低廉的成本结构,并且"这种行为实质上表明了存在竞争,或者超出了司法审判机关的实际能力;因为司法审判机关无法既控制掠夺性定价行为,又确保不会妨碍合法降价行为——可能会妨碍合法降价行为的风险是法院不可承受的。"法院表示,即便掠夺者的动机就是为了损害被掠夺者的利益,情况也是如此,"即便降价的最终结果是产生或重新确立高于竞争水平的价格,但通过阻止降价并迫使公司维持高于竞争水平的价格,从而剥夺消费者在此期间享受低价利益的行为也不能称为有效的反垄断政策。"美国联邦最高法院判定掠夺性定价的第二个标准是，原告必须证明掠夺者合理地预见或有极大的可能收回其低于成本定价所遭受的损失。如果不能收回损失，掠夺性定价行为只会使市场总体价格更低，增加的是消费者的福利。法院进一步指出，原告必须证明被告有可能收回足够的损失来补偿掠夺性定价行为的支出。

其次，美国联邦最高法院发现，除了将竞争对手挤出市场外，在寡头垄断的情况下，掠夺者还可以通过"教育"竞争对手使他们把价格提高到高于竞争水平的方式来收回损失。法院承认在这个意义上，通过寡头定价收回损失在理论上是可能的。

最后，美国联邦最高法院转向该案事实，承认该案有足够的证据表明B&W确有反竞争意图，并且其无品牌香烟的价格低于成本价长达18个月之久。但更重要的是，法院认为并没有足够的证据表明布-威公司像Liggett声称的那样，能合理地预见到它能通过延缓无品牌香烟市场的增长来收回其低于成本定价的损失："依据这些证据我们无法获得'能够持续收回成本'的推论，因为没有证据表明B&W——不论其当初开发黑白型香烟的意图是什么——可能取得将无品牌香烟价格提到超竞争水平的能力……只有在非市场因素导致价格上升时，才能说市场竞争受到损害。"

之后，法院更具体地考查了收回成本的可能方式，但是发现没有足够证据证明以高于竞争水平定价的事实或可能性。这让美国联邦最高法院得出结论：B&W没有收回成本的合理可能，因而不会对市场竞争造成损害。

在该案的判决中确立的掠夺性定价标准中隐含了这样一个前提：即掠夺者必须是拥有足够的市场力量把价格抬高到垄断价格、并能保持该价格水平足够长的时间的优势企业。作为一种用以维持垄断而非最初获得垄断的方式，掠夺性定价只对已经享有某种垄断地位的优势企业才有意义。

4. 在排除竞争对手后会提高价格

滥用市场优势的经营者通过掠夺性定价将竞争对手排挤出市场后，就可以马上提高价格，或者将价格提高到掠夺定前的水平。一般存在的形式总是同样的：拥有市场支配地位的大企业能够更持久地以低于成本的价格销售，与拥有较少财务资源的小企业展开拉力赛。小企业最终将先耗尽其财力而不得不退出市场，然后大企业将提高价格以收回之前的损失。

（三）搭售和附加不合理的交易条件

在前面第四章中，曾提及搭售。搭售和附加不合理交易条件的行为，是指经营者利用其经济优势，违背交易相对人的意愿，在提供商品或服务时，搭售其他商品或附加其他不合理交易条件的行为。我国《反垄断法》第17条第1款第（5）项规定：禁止具有市场支配地位的经营者在交易时，没有正当理由搭售商品或者附加其他不合理的交易条件。我国《反不正当竞争法》第12条规定："经营者销售商品，不得违背购买者的意愿搭售商品或者附加其他不合理的条件。"

2014年7月11日，国家发改委公布了正在调查的高通公司涉嫌垄断行为，这是继2005年以来欧盟、日本、韩国之后，第一次由发展中国家对高通公司发起反垄断调查。高通同意向中国发改委支付60.88亿元（约合9.75亿美元）罚款，了结为期14个月的反垄断调查。这一罚款数额，创造了中国反垄断调查的历史之最。高通以手机整机售价作为计算专利许可费的基础，涉嫌构成反垄断法禁止的"以不公平的高价销售商品"。手机由芯片组、内存卡、显示器、电池等大量硬、软件构成，高通持有的2G、3G、4G标准必要专利全部体现于基带芯片组。曾有调查称手机芯片组占手机总成本的5%~20%。以整机售价为计费基础，无视高通标准必要专利不能覆盖手机全部硬、软件的事实，以及智能手机满足个性化高附加值需求的趋势，显失公平。更有甚者，手机厂商的营销费用、人工费、利润也要交"高通税"。高通将标准必要专利与非标准必要专利捆绑许可，涉嫌构成反垄断法禁止的"没有正当理由搭售商品"或"附加其他不合理的交易条件"。采取一揽子许可，既不明示过期专利，也不区分标准必要专利与非标准必要专利，这种模糊的许可方式使捆绑许可成为事实。一方面，捆绑许可是高通主张其专利覆盖整机的前提，使高通将其在标准必要专利市场的优势传导至非标准必要专利市场，通过事实剥夺被许可人的选择权，加强了专利组合的整体定价权，导致被许可人为非必要专利支付不必要的许可费。另一方面，捆绑许可实质排除、限制非必要专利市场的竞争，因为理性的被许可人不会为获取替代技术而二次付费。

作为一种强卖行为，搭售和附加不合理条件的交易违背了平等对待每一个交易者的经营理念，限制了交易相对人自由选购商品和服务的活动，使竞争对手相对减少交易机会，可能会对竞争带来不利的影响，还可能增加市场进入障碍。事实上，搭售是为了通过杠杆效应（Leverage Theory）将市场支配地位延伸与扩大到另一个产品市场，或者通过搭售扭曲或妨碍另一产品市场的交易自由与竞争而获利。然而，"法与经济学"之父戴维德和他的学生们也论证了垄断企业进行捆绑销售并不能获得第二次垄断利润，只能在一个市场上实施垄断势力的观点，这个思想被称为芝加哥学派（Chicago School Argument)。为了进一步解释搭售的动机,芝加哥学派又提出了单一垄断利润理论(Single-monopoly-rent Theory),即垄断企业的垄断势力向其他市场的延伸并不能增加其收益,反而有可能减少利润。正如波斯纳(1979)所言,如果被搭售品的价格高于竞争市场上的价格,消费者将减少被搭售品的购买,因而减少搭售品的购买,这样一来反而对垄断企业不利。所以,垄断企业并不能通过搭售来获取额外的超额利润,杠杆效应并非企业搭售的动因。企业一定是在其他某些经济因素的驱使下,才会进行搭售,而这些因素可能包含规模经济、品质保证等有利于效率的方面。

(四) 拒绝交易

拒绝交易(Refusal-to-deal)是指销售商拒绝向购买者,尤其是零售商或者批发商销售商品的行为。市场经济中的市场主体根据交易自愿原则拥有选择交易对象的权利和决定交易内容的权利,这是市场主体经营自主权的重要表现;同时这也意味着市场主体在选择交易对象的过程中有拒绝交易的权利。在竞争法领域,拒绝交易通常被认为是滥用市场支配地位的一种行为,受到反垄断法的限制。反垄断法并不一般性地给企业强加与其他市场主体合作的义务。在市场经济条件下,合同自由是基本的法律原则,保证自由竞争得以实现。但如果市场主体滥用合同自由原则,而对自由竞争造成损害的程度超过了合同自由本身受到限制的损害程度时,法律应认可对合同自由的限制与制裁措施。竞争法通常适用"合理原则"来考察拒绝交易行为是否受其规制,即只有拒绝交易所造成的损害超出其对市场的有利影响时,竞争法才课以责任,恢复竞争机制的有效性。反之则为合法。认定拒绝交易的滥用行为时,通常要考虑企业的市场力量、拒绝交易的理由以及由此造成的对竞争的损害。

我国《反垄断法》第17条第1款第(3)项规定:禁止具有市场支配地位的经营者"没有正当理由,拒绝与交易相对人进行交易"。盈鼎公司是云南省内唯一一家生物柴油企业,经过多年研发,企业成功将地沟油变为可供使用的生物柴油,并通过环评合格,产品质量达到国家标准,符合纳入销售体系的法定条件。盈鼎公司代理律师、云南冰鉴律师事务所律师陈维镖说,盈鼎公司从2008年开始投产,但一直未获准进入被告中石化的燃料销售体系,造成了企业的停产和亏损。中石化一直拒绝销售生物柴油产品,政府的红头文件也成为一纸空文。2014年年初,盈鼎公司将中石化告到昆明市中级人民法院,要求判令被告按照国家法律规定,将原告生产的生物柴油纳入其燃料销售体系,并赔偿原告经济损失300万元。昆明市中级人民法院审理后认为:"中石化云南分公司在云南成品石油销售市场所占的份额达到1/2,按照反垄断法规定，可以推定其在云南成品油市场具有支配地位。"中石化作为石油销售企业，在云南省政府和云南省能源局的多次要求下，一直拒绝将原告生产的合格生物柴油纳入其燃料销售体系，违反了《可再生能源法》中的相关规定。被告对原告发出的交易请求长期不做正式回复，不给原告交易谈判的机会，属于《反垄断法》规定的"没有正当理由，拒绝与交易相对人进行交易"的行为。由于原告提交的证据不能证明其经济损失，故法院未给予支持。

一般认为，拒绝交易行为必须同时符合下列构成要件：①企业具有市场支配地位。②实施了拒绝交易行为，即购买者不能从该企业获得相关商品或服务。③拒绝交易行为排除、限制了相关市场竞争。④拒绝交易无正当理由。如果被拒绝的企业能够避开该交易且仍然是竞争对手，该拒绝交易就不具有反竞争性。

（五）独家交易

在前面第四章中曾提及独家交易。独家交易是指拥有市场支配地位的企业限定其经销商只能销售其一家的商品，而不允许经销商经营其他同类竞争者的商品。独家交易表现形式多样，最常见的是经营独家商品和独家供货。独家交易实质上是针对优势生产商的同业竞争对手，一旦达成独家交易协议，生产商的同业竞争者就少了一条销售渠道，在竞争中处于不利境地。如果经营商在销售市场也具有市场优势，那么限制竞争情形就更为严重。这就是反垄断法对独家交易加以限制的理由。

我国《反垄断法》第17条第1款第（4）项规定：禁止具有市场支配地位的经营者"没有正当理由，限定交易人只能与其进行交易或者只能与其指定的经营者进行交易"。独家交易的影响具有两面性，既有可能危害竞争、也有可能提高效率。对于独家交易协议需要根据其具体的情况进行合理性分析。

①与具有市场支配地位的经营者达成的独家交易协议。由于具有市场支配地位的经营者控制了相关市场，一旦该经营者与某一家销售商（供应商）达成了独家交易协议，其他销售商（供应商）将无法得到相关的产品或无法向其他渠道进行销售，以此无法形成相关产品的有效竞争，无论是属于具有市场支配地位的经营者滥用市场支配地位的行为，还是该经营者与销售商经过合意所达成的协议，均是在结果上限制了相关市场的竞争，因此该类协议是被禁止的。而且，由于是与具有市场支配地位的经营者达成的协议，亦可视为经营者滥用了市场支配地位，经营者也无法证明该协议是有正当理由的，因此，经营者的行为将被视为违反了反垄断法。

②与非具有市场支配地位的经营者达成的独家交易协议。独家交易协议

限制了其他销售商（供应商）得到相关产品或通过其他渠道进行销售，其排除竞争的情形是明显的，但反垄断法保护的是相关市场中有效竞争的秩序，如果前述独家交易协议排除的是某一品牌内部间的竞争，而相关区域内还有其他替代产品可以获得，由此品牌间的竞争没有受到实质性的影响，或者说从相关市场的宏观角度来审视、评估该独家交易协议并未给相关市场的竞争产生实质性影响的，该独家交易协议不属于反垄断法规制的行为。反之，即使该独家交易有利于防止品牌内搭便车行为，有利于销售商将更多的费用投入到价格之外的服务，进而有利于消费者，但由于替代产品获得不易，相比前者最终对消费者所获得的利益而言，限制竞争的效果已经实质上影响了相关市场的竞争时，该独家交易协议应该受到反垄断法的规制。

（六）差别待遇

差别待遇（discrimination），也称歧视性行为，是指具有市场支配地位的企业无正当理由对条件相同的交易对象提供不同的价格或其他交易条件，从而使某些交易对象处于不利的竞争地位。例如，常见的价格差别待遇，又称价格歧视，是一种最典型的市场交易策略。合理适度的差异化价格策略不仅能有效规避市场供求波动带来的经营风险，还能显著提升市场资源的配置效率。反之，一旦价格差别待遇被经营者滥用，就可能产生排挤竞争对手、限制市场竞争的负面效果，并导致资源配置的无效率。2001年11月9日在中国上市的Windows XP简体中文家庭版的零售价升级版为人民币798元；标准版为1 498元（折合81美元）；专业版的建议零售价升级版为1 629元；标准版为1 998元（折合241美元）。而Windows XP在美国的售价分别是家庭标准版99美元，专业标准版69美元。一套Windows XP操作系统和Office XP在中国的价格是6 000元（折合723美元），这个价格足够买一台Pentium装配的桌上电脑了。根据我国《反垄断法》第17条第1款第（6）项规定：禁止具有市场支配地位的经营者"没有正当理由，对条件相同的交易相对人在交易价格等交易条件下实行差别待遇"。

反垄断法语境下的滥用价格差别待遇行为意在强调经营者在没有正当理由时，对两个以上交易相对人给予不同交易价格，从而导致公平交易机会丧失或不公平交易结果发生的行为。但在实践中，经营者在正常竞争活动中也有可能实施一些具有价格差别待遇外观的定价行为。由于反垄断法规制滥用市场支配地位行为主要采用合理原则，因此经营者实施的具有价格差别待遇外观的定价行为并不应视为当然违法，其合法性可由经营者自行主张。价格差别待遇客观合理性具体表现为：①实施价格差别待遇行为的合理性，即受惠买方获得的较低交易价格源自经营者对竞争对手价格竞争的匹配和应对。②实施价格差别待遇行为对市场竞争影响的合理性，即有差异的交易价格对市场竞争并未造成严重损害或虽有损害但远小于该行为对市场竞争产生的积极影响。当经营者受到竞争对手的价格竞争时，即竞争对手将价格降至经营者售价以下时，如果此时一味强调滥用价格差别待遇对市场竞争的损害，坚持原有的产品售价，则有可能导致经营者的经营活动受挫，导致对商品价格预期较低的买方转而选择竞争对手的报价。为了挽留客户，维持自身市场份额，经营者可以选择降低售价，匹配竞争对手的价格以获得交易机会。此时，买方即可以较低价格与经营者达成交易。虽然从价格外观上看，该价格低于之前的商品售价，但该价格的确具有客观上的合理性，并未降低经济效益，且较低的交易价格能够增加消费者的福利。

（七）联合性滥用与瓶颈垄断

1. 联合性滥用市场支配地位行为

联合性滥用市场支配地位行为指的是若干企业联合起来，形成共同占有市场支配地位的关系，然后以共同的行为滥用这种地位、限制竞争。但是滥用共同市场支配地位的行为并不要求全体成员共同作出，一个成员的单方行为也可能构成滥用共同市场支配地位，只要该滥用行为利用了全体成员的共同市场支配地位。

关于滥用市场支配地位的法律规范或法律原则都适用于滥用共同市场支配地位。但是共同支配地位与单独占有支配地位还是存在差异的，滥用共同支配地位之所以限制竞争在于其协同效应，不同于单独滥用市场力量的单方效应。虽然设计滥用共同支配地位的初衷是解决那些没有达到适用垄断协议的证明标准的行为，将其作为兜底条款适用，但是无论是以经济联系还是以市场结构作为认定标准，对滥用共同市场支配地位的认定同样需要证明意思联络的存在。在认定滥用共同市场支配地位过程中，每个环节存在错综复杂的联系以及难度，但整体思路正如 Compagnie MaritimeBelge 案中欧洲法院的分析，即首先判断当事人之间是否存在共同地位，其次认定他们是否拥有支配地位，最后判断是否滥用了这一地位。在对共同市场支配地位以及滥用行为的具体分析中还需要进一步研究。

2. 瓶颈垄断滥用市场支配地位行为

瓶颈垄断又称控制关键设施，是指具有市场支配地位的经营者凭借其所掌握的具有瓶颈性质的基础设施和供应网络、销售网络遏制其他同业竞争者的经营活动的行为。对瓶颈垄断进行立法的典型是德国。德国 1998 年修订的

《反限制竞争法》在滥用优势地位行为的第 19 条基础上增加了第 4 项规定：一个具有市场支配地位的企业作为特定商品或服务的供应者或需求者，如有以下行为即构成滥用——"拒绝另一个企业以给予适当报酬的方式进入自己的网络或其他基础设施的，除非该另一个企业出于法律上或事实上的事由，非使用他人网络或其他基础设施则无法在上游或下游市场上作为支配市场企业的竞争者从事活动；但支配市场的企业能证明这种共同使用因经营或其他事由是不可能的或不能合理期待的，不适用本款规定"。❶

五、滥用市场支配地位与知识产权保护

所谓知识产权滥用，是指知识产权所有人或者其他相关利害人主体不正当使用法律赋予的相关权利进行限制或者扰乱竞争，损害其他经营者或社会公共利益的行为。知识产权是法律赋予知识产权人在一定期限和范围内的独占权，本质上是一种垄断性权利。法律之所以要赋予权利人这种垄断性权利，是为了鼓励其发明创造并使其在发明创造方面的投资得到补偿，但是，任何权利都有被滥用的危险，垄断性权利更是如此。在实践当中，一些知识产权权利人为了谋取自身的最大利益，不但把知识产权的作用发挥到极致，而且滥用知识产权，打击竞争对手，抢占市场份额，进行不正当竞争，以致对正常的国际贸易活动造成障碍，构成了知识产权壁垒。知识产权申请、许可和救济中都有被滥用的危险。知识产权申请中的权利滥用主要包括以下几种类型：①通过各种途径把不在法律保护范围内的智力成果申请为知识产权；②恶意抢注他人的潜在的知识产权。知识产权许可中的权利滥用主要包括：①搭售行为；②价格歧视；③掠夺性定价等。知识产权救济中的滥用主要包括：①知识产权诉权的滥用；②展会中的知识产权滥用；③滥发警告函等。

2009 年 12 月，上海市高级人民法院审结了一起针对网络文学的反垄断诉讼案件，该案成为自 2008 年 8 月 1 日我国《反垄断法》实施以来的少数几例反垄断司法判例，对其后的反垄断司法审判具有标杆意义和重要参考价值。一审原告北京书生电子技术有限公司（以下简称"书生公司"）运营的 www.du8.com（读吧网），一审被告上海盛大网络发展有限公司（以下简称"盛大网络"）与上海玄霆娱乐信息科技有限公司（以下简称"玄霆公司"）共同经营 www.qidian.com（起点中文网），均是以网络文学为主要内容的网站。笔名为"我吃西红柿"作者的作品《星辰变》在起点中文网上发表后深

---

❶ 时建中. 反垄断法——法典释评与学理探源 [M]. 北京：中国人民大学出版社，2008.

受广大网友的喜爱,一经推出点击轻松破亿。在该作品创作终结后,书生公司于2008年5月开始委托寇彬和李亚鹏,以笔名"不吃西红柿"创作作品《星辰变后传》,并在书生公司经营的读吧网上陆续发表。因两部作品笔名相似,且《后传》沿用《星辰变》中的人物、情节、环境等要素,造成读者一时难以分辨。在舆论压力下,寇杉和李亚鹏应起点网要求停止为读吧网创作《星辰变》后传,并在起点中文网上向作者"我吃西红柿"等发表致歉信。为此,书生公司提起诉讼,认为盛大网络以及玄霆公司滥用市场支配地位限定交易,要求确认共同经营起点中文网的盛大网络和玄霆公司构成滥用市场(中国网络文学市场)支配地位的行为。同时,书生公司还提出要求两被告立即删除两位作者的致歉声明、赔礼道歉、赔偿损失。上海市第一中级人民法院审理后认为,两被告的行为均具有正当性,不构成垄断和不正当竞争,驳回了原告的诉讼请求。原告不服,提出上诉。上海高院审理后维持原判。

  该案主要涉及两个争议焦点,一是被告是否具备了市场支配地位;二是被告是否存在滥用市场支配地位的行为。①为证明被告具有市场支配地位,原告提交了来自于被告和相关媒体的网页公证,这些网页中有部分关于被告行业地位的评价。但是,二审法院在判决中认定,该案中原告提交用于证明被告具有市场支配地位的证据,均来自于被告的网站和第三方网站,尽管有"80%以上""95%以上"等关于市场份额的数据表述,但这些数据如何计算得出、具体数字是多少、是否真实均不得而知。因此,一审原告对被告市场地位的评价并没有建立在被告影响市场力度的度量基础上,原告对于被告的市场支配地位的评价缺乏测度依据。故法院没有采信原告的主张。②原告认为两被告没有正当理由,限定交易相对人只能与其进行交易或者只能与其指定的经营者进行交易的行为。而法院审理后认为:首先,原告的证据不能证明被告有胁迫作者的行为。其次,该案纠纷系因《星辰变后传》引发,从原告在读吧网上所作的声明以及《星辰变后传》两位作者在起点中文网上所作的致歉声明可以得知,《星辰变后传》的创作背景为"我吃西红柿"在起点中文网上发表后深受广大网友喜爱,在该作品创作终结后,原告委托寇彬、李亚鹏创作了《星辰变后转》。该两位作者采用与《星辰变》作者相似的笔名,并在创作中沿用《星辰变》小说的人物、情节、环境等要素,这种创作方式会使读者误以为《星辰变》与《星辰变后传》之间存在关联,其目的在于借助《星辰变》在网络上所积聚的人气,吸引那些喜爱《星辰变》的读者去关注《星辰变后传》,上述行为确有不当之处,故即便两被告确有要求两位作者停止继续创作或要求其他网站停止转载《星辰变后转》的行为,其行为亦在情理之中，而我国《反垄断法》第 17 条第 1 款第（4）项认定构成滥用市场支配地位限定交易的前提条件是审查其行为是否有正当理由。因此，姑且不论两被告的行为是否构成限定交易的行为，从其行为的正当性判断，两被告未构成滥用市场支配地位的行为。

　　一个成熟的市场讲求竞争、创新、效率，一旦让个别知识产权权利人占据这一支配地位，出于对利益的考量，权利人便极易作出垄断行为限制竞争。实际上，任何事物只要超过了必要的限度，合法的权利也可能走向反向。特别是排他性权利的占有和使用，往往使权利持有人产生了防范和故步自封的想法，也可能会产生反垄断法所规制的垄断行为。拥有知识产权这种独占权往往会使企业在某一特定市场上形成垄断地位或者支配地位，至少是加强了这种地位。如果有关企业的这种垄断地位或者支配地位被用来实施反竞争的行为，通过不正当的拒绝许可他人使用知识产权以消除或减少自己在特定市场上的竞争压力，或在许可他人利用其知识产权的过程中附加了某种明显限制正常竞争的条件以获取垄断利益等，那么这种对合法垄断权的不正当行使行为就违背了自由公平竞争的原则，同样会构成对反垄断法的挑战。

第六章

经营者集中控制制度

第一节 经营者集中的反垄断法界定

一、经营者集中的概述

我国《反垄断法》于 2008 年开始实施，商务部随之组建反垄断局并依法开展经营者集中反垄断审查工作，但我国《反垄断法》没有明文规定"经营者集中"的含义，而只是以非穷尽列举的方式规定了经营者集中的具体情形。《反垄断法》的配套法规、规章和指南文件中也未对"经营者集中"的含义作出规定。讨论"经营者集中"的内涵进而确定哪些行为构成经营者集中，首先需要从创设经营者集中反垄断控制制度的初衷去考查。反垄断法创设经营者集中控制制度不同于为市场主体提供行为规范、为司法机关提供裁判规则的民商事法律制度，反垄断法对经营者集中进行控制的主要目的是：建立事先预防机制（即事先申报和审查，这种情形占多数）或事后查处机制（即事后申报和审查，这种情形占少数），防止经营者通过集中过度消灭竞争者、提高市场集中度、增强市场控制力，进而限制排除市场竞争，最终扭曲市场竞争机制使其不能正常发挥作用，损害消费者利益，降低社会福利。原本相互独立的市场竞争力量，相互之间一旦产生某种控制或关联关系或者这种控制或关联关系得以强化，就有可能改变现有市场竞争结构，强化该经营者对相关市场的控制能力，从而可能对相关市场竞争产生负面影响。

根据具体的交易方式和内容，这种联系的产生或者强化由强到弱可以分为不同情形，一是通过合并、购买资产等方式，混同财产、拥有共同意思机构；二是通过购买股权或者其他强弱不同的控制关联关系，使不同的意思机构之间的控制关联程度得以产生或增强；三是即便不能实施控制或施加影响，但在客观上存在股份等权益的持有关系等。这些情形使原本独立的市场力量之间形成或强化共同意志、进行意志控制或影响，以及产生或强化权益持有关系，进而使其市场行为同一化或协调化。

"经营者集中"的实质在于独立市场力量之间发生或者强化控制关联关系，至于经营者集中的动机在所不问，例如，扩大生产规模、降低生产成本、提高效率、取得或强化市场支配地位、控制上下游企业等；至于何种市场力量之间的集中也在所不问，例如，同行业集中、上下游整合、无关行业间的收购等；至于经营者集中的具体方式也不重要，例如，通过合并、购买股权等。我国《反垄断法》上的经营者集中包括但不限于合并、收购等方式。出于商业安排的考虑，经营者集中的具体方式和手段可以多种多样，不仅包括资产购买、股权购买，还可能表现为重要人员的任命、合同控制等。这些具体的集中形式可以单独使用，也可以多种方式共同使用，随着社会经济的发展，还可能涌现新的经营者集中方式。由于各国经济发展阶段、交易传统以及法律体系等因素的差异，经营者集中的形式也可能不同。上述动机、方式等因素在反垄断审查过程中会不同程度地发挥作用，但这些因素本身并非反垄断审查关注的焦点。"经营者集中"含义的核心是独立市场竞争力量的结合，反垄断法关注的是独立市场竞争力量的结合对市场竞争的影响。基于上述考虑，凡是相互独立的经营者之间产生或强化控制或关联关系的市场行为都可以归纳到经营者集中控制制度的范畴中来。

民商法上也有类似合并的概念。民商法上的合并是独立的民事主体之间的一桩民商事交易，法律关注的是并购交易本身，属于合同法和公司法的内容。民商法上的合并可能导致民事主体及其相应权利义务的变化，即参与合并的当事公司作为民事主体的产生、变更、消灭以及权利、义务的承继等问题。在实践中，反垄断法上的合并和民商法上的合并可能指向同一行为，都表现为独立公司、企业之间的合并，在法律形式上并无二致。两者的区别在于反垄断法上的合并必须发生在相互独立的经营者之间；民商法上的合并必须发生在独立民事主体之间。反垄断法上的相互独立与民商法上的独立民事主体不同：民商法上的独立民事主体是以独立财产、独立人格和独立责任为特征的经济组织，强调目标公司与投资者之间的独立；反垄断法上的独立经营者是因所有权和利益归属不同，而表现为不具有控制及关联关系的不同市场竞争者，强调的是此经营者与其他经营者之间相互独立，这些经营者之间不存在控制或者其他关联关系，在市场上独立决策、独立运营、相互竞争，拥有不同甚至相互冲突的利益。

二、我国反垄断法对经营者集中的界定

经营者集中的界定，根据我国《反垄断法》，主要分为以下三种情形。

①经营者合并。它主要是指法人或者其他组织之间的合并,具体包括两种情形:一种是经营者吸收其他经营者,被吸收的经营者主体资格消灭,即吸收合并。例如,美国波音飞机制造公司兼并美国麦道飞机制造公司;另一种是两个以上的经营者合并后成为一个新的经营者,合并各方主体资格都不再存在,如1995年日本三菱银行与东京银行合并,成立东京三菱银行,成为当时最大的银行。

②经营者以取得股权或者资产的方式取得对其他经营者的控制权。经营者通过取得其他经营者的股份或资产进而直接或者间接地控制其他经营者,这是借助了股东的地位取得对其他经营者的控制权的行为。所谓"取得对其他经营者的控制权"包括:取得其他经营者50%以上的有表决权的股份或者资产,成为其他经营者的第一大具有表决权的股份或者资产持有者,可以实际支配其他经营者的多数表决权,能够决定其他经营者董事会半数以上成员的选任,以及国务院反垄断执法机构认定的其他情形。

③经营者通过合同等方式取得对其他经营者的控制权或者能够对其他经营者施加决定性影响。经营结合是通过订立经营合同的方式实现对其他经营者的控制权,彼此之间形成了人力、业务、技术等的相互配合,通过经营权的制约形成了事实上的集中形态。一家企业可以通过委托经营、联营等合同方式与一家或几家企业之间形成控制与被控制关系或者施加决定性影响,也可以通过合同方式直接或者间接控制其他经营者的业务或人事等,或者在业务或人事方面施加决定性影响。

第二节 经营者集中的分类及意义

一、经营者集中的分类

关于经营者集中的具体表现,我国《反垄断法》没有具体规定。对于经营者集中的分类,立法以及理论没有太大的分歧:根据参与集中的经营者在经济中的相互关系及原所在市场领域,一般将其分为横向集中(横向合并)、纵向集中(合并)与混合集中(混合合并)。

1. 横向集中

横向集中也称水平集中,是指处于相同市场层次上的或者具有竞争关系的企业之间的集中。即因生产或销售同类产品，或者提供同类服务而处于相互直接竞争的经营者的集中。横向集中主要有以下两个特征：一是参与集中的经营者处于同一市场层次，即生产相同或相似的产品或提供相同或相似的服务；二是参与集中的经营者相互具有直接竞争关系。

这种集中会直接减少相关市场内现实竞争者的数量，对经营者的市场占有率和市场支配力产生实质性的影响，直接危及市场竞争，因而成为各国反垄断法规制的重点。

2. 纵向集中

纵向集中，也称为垂直集中，是指处于不同生产或销售环节的经营者之间的集中，即产品或服务交易的上、下游经营者之间的集中。纵向集中具有以下两个特征：一是参与集中的经营者不处于相同的市场层次，所以不具有竞争关系；二是参与集中的经营者之间具有买卖关系或者具有交易关系等纵向协作关系。

这种集中的实质是将市场交易内化为企业内部关系，即以企业管理代替市场交易，相对于横向集中危害并不突出，只有当纵向集中形成当事经营者对相应市场进入的障碍时，才可能成为反垄断法关注的对象。

3. 混合集中

混合集中是指参与集中的经营者分别处于不同的产业部门、不同的相关市场，或者其生产经营之间没有直接的关联。混合集中可以分为三种形态：一是产品扩张型混合集中，指产品生产技术或工艺相似企业间的集中，其目的是利用自身技术优势、扩大产品门类，提高企业的经营环境适应能力；二是市场扩张型混合集中，是指具有相同产品销售市场的企业间的集中，其目的是利用自有（或目标企业）的市场优势，扩大市场销售额；三是纯粹混合集中，是指产品和市场都无关联的企业间的集中。

混合集中适应现代企业多元化经营的需要，有利于实现经营者内部资源的合理流动，降低经营风险，实现规模经济效应。与横向集中相比，混合集中对市场结构影响较小，一般不会显著改变市场结构，对市场竞争影响也不大，只有当其产生明显的反竞争效果时反垄断规制部门才予以干涉，各国反垄断法对其控制亦较为宽松。

二、经营者集中分类的意义

市场竞争是个客观的弹性范畴，在既定环境下，它和参与市场运行的经济性主体多寡有着直接的密切关系。在不存在限制市场竞争协议的情况下，当参与市场运行的经济性主体增加时，市场竞争程度通常随之加剧；当参与市场运行的经济性主体减少时，市场竞争程度往往随之相应地弱化。无论是新设合并还是吸收合并，客观上都导致了市场参与主体的减少，市场竞争因此也相应地受到不同程度的削弱。虽然通过取得股权或者资产的方式取得对其他经营者的控制权，或者通过合同等方式取得对其他经营者的控制权，或者能够对其他经营者施加决定性影响本身并没有像传统意义上的企业合并那样直接导致市场竞争主体的减少，但是它们同样客观上导致市场竞争受到类似限制。所以从严格意义上来讲，任何经营者集中都会造成市场竞争受到限制，只是不同经营者之间的集中对市场竞争形成的限制效果不同而已，有的甚至可能排除了市场竞争。由于规模经济、交易成本、价值低估以及代理理论等的长足发展，使得经营者集中（企业并购）理论的发展非常迅速，成为目前西方经济学最活跃的领域之一。获得诺贝尔经济学奖的史蒂格尔教授在研究中发现，世界大约500家企业全都是通过资产联营、兼并、收购、参股、控股等手段发展起来的，也就是说，集中（并购）已成为企业超常规发展的重要途径。无论是上市公司、投资者，还是中介机构和政府监管部门，都密切注意并购行为得发展，公司通过产权交易获取股份，从而取得对其他公司的重大经营以及财务决策的控制权，或施加一定的影响力，以增强经济实力，实现财务管理目标。

经营者集中主要表现为横向合并与非横向合并，这种划分的意义在于对市场竞争的影响不同，从而引起反垄断法的规制态度也有差异：横向合并对对竞争的损害更为直接和明显，其模式容易判断也容易遭受反垄断审查；非横向合并容易形成效率抗辩，其在现实中的模式也具有多样性，一般不会对竞争产生直接影响，但在特定情况下也会对竞争造成妨碍，不容易判断，需要具体情况具体分析。

保密是经营者集中申报中一个非常重要的问题，它关系到参与集中的经营者的重大商业利益，在某些情况下还可能会国家机密和国家利益。因此，《经营者集中申报办法》和《经营者集中审查办法》均对保密义务专门作出规定，要求有关各方对其获悉的秘密信息承担保密义务。

三、我国经营者集中的特征

1. 横向经营者集中多，纵向和混合经营者集中少

我国经营者集中的主要形式是横向集中，因为我国企业存在相对分散和规模较小的状况，资源利用率比较低，而横向集中能很快产生规模效益，在

一定程度上降低成本，增强经营者的竞争力。另外，横向集中所需成本一般要低于纵向和混合经营者集中，风险较小，由于经营者对自身所处行业和生产经营阶段比较熟悉，相对而言横向集中就比较容易操作。

2. 政府主导型集中多，市场主导型集中少

在市场经济发达的欧美国家，经营者集中以市场导向为主，政府主要制定有关的法律、法规对企业的并购行为进行规制，防止出现有损公平竞争的垄断性集中行为。而由于我国的市场经济体系尚在发展完善阶段，所以目前我国经营者集中特别是国有企业的并购重组是以政府主导为主，政府以企业所有者身份，运用其行政权力引导和组织经营者进行集中活动。

3. 强弱型经营者集中多，强强联合型经营者集中少

国际上的经营者集中是以实现优势互补、提高市场占有率和核心竞争力为目标的强强联合占主流，而纵观我国的经营者集中案例，则是强弱型多于强强型，呈现出"大鱼吃小鱼，小鱼吃死鱼"的现象，这与我国经济转型期的经济现状、市场化进程、产权改革等现实情况密切相关。在我国，限于企业的实力和产权市场的发育不足，经营者集中往往以大吞小、以强并弱。

4. 国内经营者集中多，跨国经营者集中少

随着全球经济的高速发展，各国企业都希望通过世界市场利用其他国家和地区的资源来获取利益，但是我国目前的经营者集中行为主要发生在国内，跨国经营者集中很少。目前，参与跨国集中的我国企业主要集中在能源和制造业等几个行业中，且多为国有大型企业，这些企业一般都资金雄厚、与政府关系密切，在跨国集中上具有优势。其他的一些民营企业由于规模和经济实力有限，还没有能力参与跨国集中，相信随着我国经济实力的快速增长以及国内市场竞争的加剧，我国的民营企业也将开始从全球化战略出发，积极推进跨国集中。

我国《反垄断法》《经营者集中申报办法》和《国务院关于经营者集中申报标准的规定》等法律、法规、规章等没有关于横向合并和非横向合并的区分，也就没有相应的有区别的规制制度。

第三节　经营者集中控制实体标准与申报制度

亚当·斯密认为："一种事业若对社会有益，就应当任其自由，广其竞

争,竞争愈自由,愈普遍,那事业亦愈有利于社会"。市场经济的显著特征之一就是市场的竞争性,没有竞争,就不存在市场经济。经营者集中的加剧,国家对市场经济的干预程度大小,会对市场竞争秩序造成巨大的影响。而经营者集中申报标准对于平衡这两方面的利益较量,起到了重大的杠杆作用。与市场支配地位一样,经营者集中本身并不当然违法,其既有提高整体经济效益、增加公共利益的积极作用,也有产生垄断、妨碍市场竞争的消极影响,只有实质性损害竞争的经营者集中才会遭到反垄断法的禁止。因此,确立一个适当的实体标准,对经营者集中进行合理控制,发挥其积极功能,抑制其消极影响,不仅是实现经营者集中目标的需要,也是反垄断法目标的具体体现。可以说,实体标准构成了整个经营者集中制度的核心。经营者集中审查包括实体和程序两方面内容,而实体内容中最重要的就是经营者集中审查的实体标准。实体标准是经营者集中控制制度的核心,也是反垄断法的重要内容之一。

一、经营者集中控制的实体标准划分

经营者集中控制的实体标准可以分为一般标准和具体分析因素。

一般标准是比较原则的标准,是从总体和宏观上衡量经营者集中的标准,主要包括市场支配地位标准和实质减少竞争标准。市场支配地位标准是指经营者集中如果产生或者加强了经营者的市场支配地位,并且该市场支配地位可能产生严重限制、排除市场竞争时,该集中就应当被禁止。实质减少竞争标准是指经营者集中如果产生或者可能产生实质减少竞争的效果时,该集中就应当被禁止,该集中与是否产生或加强市场支配地位没有必然联系。

具体分析因素是为具体适用一般标准提供具体的分析基础,主要包括相关市场的界定、参与集中的经营者的市场份额及市场控制力、市场集中度、市场进入壁垒、效率以及破产等。

对于相关市场的界定是对经营者集中进行规制的第一步,也是非常重要的一步。相关市场的界定是对市场集中度的市场份额进行界定的前提,直接关系到最终的结果。因此从某种程度上来说,如果市场规定得相当狭窄的话,产品的每一个供应者都会成为垄断者。

二、我国反垄断法规定的实体标准

(一)一般标准

我国《反垄断法》第28条第1款规定:经营者集中具有或者可能具有排除、限制竞争效果的,国务院反垄断执法机构应当作出禁止经营者集中的决定。由此可见，我国《反垄断法》采用的一般标准类似于实质减少竞争标准；但相对于实质减少竞争标准，我国《反垄断法》的标准过于宽泛。因为大部分经营者集中都会产生一定的排除竞争的效果，只要把这种效果控制在一定的范围内，就不会对竞争秩序产生实质影响，反而会有利于提高经济效益。制定如此宽泛的标准可能会将不需要规制的经营者集中纳入反垄断法规制的范围，一方面增加了企业的负担，不利于经济发展；另一方面会增加反垄断执法机构的不必要工作量，造成行政资源的浪费。

（二）具体分析因素

根据我国《反垄断法》第27条规定，我国采用的具体分析因素包括以下六个方面：①参与集中的经营者在相关市场的市场份额及其对市场的控制力；②相关市场的市场集中度；③经营者集中对市场进入、技术进步的影响；④经营者集中对消费者和其他有关经营者的影响；⑤经营者集中对国民经济发展的影响；⑥国务院反垄断执法机构认为应当考虑的影响市场竞争的其他因素。

我国《反垄断法》在第28条的对经营者集中作出禁止和豁免决定的规定，以及在第29条对不予禁止的经营者集中附加限制性条件的规定，都是对第27条进行的补充。经营者集中具有或者可能具有排除、限制竞争效果的，国务院反垄断执法机构应当作出禁止经营者集中的决定。但是，经营者能够证明该集中对竞争产生的有利影响明显大于不利影响，或者符合社会公共利益的，国务院反垄断执法机构可以作出对经营者集中不予禁止的决定。对不予禁止的经营者集中，国务院反垄断执法机构可以决定附加减少集中对竞争产生不利影响的限制性条件。

我国《反垄断法》在第31条经营者集中的反垄断审查中，与国家安全审查进行了衔接性的规定：对外资并购境内企业或者以其他方式参与经营者集中，涉及国家安全的，除依照该法规定进行经营者集中审查外，还应当按照国家有关规定进行国家安全审查。

三、我国的申报制度

1. 反垄断法的申报标准规定

我国《反垄断法》第21条规定：经营者集中达到国务院规定的申报标准的，应事先进行申报，未申报的不得实施集中。有些企业并购活动事实上是企业集团内部交易，对市场竞争不会产生重要影响，因此《反垄断法》第22条规定：经营者集中有下列情形之一的，可以不向国务院反垄断执法机构申报：①参与集中的一个经营者拥有其他每个经营者百分之五十以上有表决权的股份或者资产的；②参与集中的每个经营者百分之五十以上有表决权的股份或者资产被同一个未参与集中的经营者拥有的。

2. 国务院关于经营者集中申报标准的规定

从定量角度看，集中必须达到一定规模，集中参与方的营业额必须达到法定标准。《国务院关于经营者集中申报标准的规定》第 3 条规定："经营者集中达到下列标准之一的，经营者应当事先向国务院商务主管部门申报，未申报的不得实施集中：（一）参与集中的所有经营者上一会计年度在全球范围内的营业额合计超过 100 亿元人民币，并且其中至少两个经营者上一会计年度在中国境内的营业额均超过 4 亿元人民币；（二）参与集中的所有经营者上一会计年度在中国境内的营业额合计超过 20 亿元人民币，并且其中至少两个经营者上一会计年度在中国境内的营业额均超过 4 亿元人民币。营业额的计算，应当考虑银行、保险、证券、期货等特殊行业、领域的实际情况，具体办法由国务院商务主管部门会同国务院有关部门制定。"

3. 商务部审查

《反垄断法》第 27 条规定："审查经营者集中，应当考虑下列因素：（一）参与集中的经营者在相关市场的市场份额及其对市场的控制力；（二）相关市场的市场集中度；（三）经营者集中对市场进入、技术进步的影响；（四）经营者集中对消费者和其他有关经营者的影响；（五）经营者集中对国民经济发展的影响；（六）国务院反垄断执法机构认为应当考虑的影响市场竞争的其他因素。"其中第（六）项中的其他因素仅限于影响竞争的因素，不包括非竞争考量的其他因素。对于是否为外资对民族品牌的吞并以及民族主义情绪等其他因素并不在审查内容之列。

例如，在可口可乐收购汇源案中，商务部确认两者集中中将产生如下不利影响：①集中完成后，可口可乐公司有能力将其在碳酸软饮料市场上的支配地位传导到果汁饮料市场，对现有果汁饮料企业产生排除、限制竞争效果，进而损害饮料消费者的合法权益。②品牌是影响饮料市场有效竞争的关键因素，集中完成后，可口可乐公司通过控制"美汁源"和"汇源"两个知名果汁品牌，对果汁市场控制力将明显增强，加之其在碳酸饮料市场已有的支配地位以及相应的传导效应，集中将使潜在竞争对手进入果汁饮料市场的障碍明显提高。③集中挤压了国内中小型果汁企业生存空间，抑制了国内企业在果汁饮料市场参与竞争和自主创新的能力，给中国果汁饮料市场有效竞争格局造成了不良影响，不利于中国果汁行业的持续健康发展。由此，证明经营者集中具有或者可能具有排除、限制竞争效果。

第七章

行政性垄断规制制度

第一节 行政性垄断概述

行政性垄断（Adminislrative Monopoly）并非我国特有的经济现象，为我国所独有。它可以追溯到中世纪西欧城市的行会组织，当时的行会组织不仅是商业或行业团体，还具有行政组织的管理职能，由行会所颁布的章程或条例，具有法律效力，这些行会组织往往利用其手中的行政特权来限定某些企业在特定区域内的生产或销售，限制其他企业进入该地区参与竞争，这可算作最早的行政性垄断了，但是早期的行政性垄断往往被重商主义所倡导的特殊民族国家政治统一和经济发展的"国家垄断"所掩盖了，故并不显山露水、引人注目。

一、行政性垄断的含义

现代的行政性垄断，是指行政部门设立的垄断，即由某个行政部门通过行政文件（如条例、规章或意见等）的形式授予经营主体——企业或兼有营利性活动的行政机构的垄断性权力，使其对进入壁垒的设置和对价格的管制获得特殊的便利和优势，形成不同程度的垄断势力与地位的状况。例如，石油行业就是典型的行政性垄断。经济学大师斯蒂格勒说过："垄断只有一种，就是行政垄断。"本质上，行政性垄断也是一种经济垄断——经济上的、经济领域的、以经济为内容和目的的垄断；而不是以行政权力垄断为目的。只是这种经济上的垄断是行使权力的结果，而不是或主要不是企业所能直接做到的。行政垄断的实质，是行政权力超出其权限范围而运用于市场关系中，从而实现行为主体利益的最大化。它是一种追求利益的行为，因此，行政垄断本质同样是经济垄断，行政权的介入是垄断形成的来源。在既定的相关市场上，行政权力的来源是唯一的，因而行政垄断主体具有支配性的地位。在限制竞争的效果上，行政垄断与经济垄断的表现也没有区别，即同样使得在既定的相关市场上，形成一种垄断状态。

二、行政性垄断的成因

事实上，不同的垄断成因会有不同的市场绩效。有的垄断是因为市场特点，竞争后的结果往往是由一两家企业经营比较合适，例如，电信运营、航空运输、电力配送等。有的则是因为政府管制、限制进入，而形成垄断。例如，烟草专营、医疗服务等。具体而言，行政性垄断的形成有历史的原因，也有现实的原因，归纳起来主要有三方面。

（一）行政性利益集团的产生

美国经济学家奥尔森（Mancur Lloyd Olson）对所谓"分利集团"或"特殊利益集团"作了严肃的探究。[1] 他认为利益集团是客观存在的，并不是所有利益集团的作用都是消极的，一种是"广泛性利益集团"，在追逐个人或集团利益的同时，也促进了社会总收入的增长；另一种是"特殊性（亦称狭隘性、分利性）利益集团"，它们孜孜以求的不是竞争而是瓜分，不关心增加社会生产率只希望坐收渔利，本质上是一种寄生性质的"分利集团"。"特殊性利益集团"阻碍了资源的流动与合理配置，阻碍了技术进步，却提高了利用法律、政治与官僚主义从事讨价还价等活动的报酬，可以说是提高了社会交易成本，降低了社会经济效益。有人形象地称它们不是要从社会经济成长中"分蛋糕"，而是在从事有破坏性后果的"抢瓷器"。奥尔森对这种利益集团的分析非常适合中国的行政性垄断，这是因为实施行政性垄断的主体所谋取的利益是一种集团利益，而且行政性垄断的结果不仅没有增加社会总体收入，反而还减少了社会总收入。

（二）利益分配制度不合理

利益分配制度不合理是行政性垄断产生的外在条件，任何扭曲的社会现象都是和经济利益相关联的。就中国经济更值得讨论的主要对象——行政性垄断——而言，尽管市场在形式上具有多个供给者，但是某些核心交易条件，如价格或定量配给份额，则掌握在某个规制者手中。在这种情况下，市场控制权实际上与供给者的数量无关。举例而言，在传统的垄断福利效应分析中，垄断者面临向下倾斜的需求曲线，能够利用自己的市场地位制定垄断性高价，从而造成两种效应：一是由于产量减少（即从图 1 的 Q_0 减少到 Q_1）而使社

---

[1] 曼库尔·奥尔森. 国家兴衰探源 [M]. 北京：商务印书馆，1999：51.

会总福利减少，即图中三角形 E_0E_1F 围成的面积；二是由于高价格（即价格从 P_0 提高到 P_1）使消费者剩余向垄断生产者转移，即图中长方形 P_0P_1EF 围成的面积（见图1）。二者之和即为垄断的社会成本。然而在中国，行政性部门垄断利润的来源不仅是由于垄断高价，更在于资源要素低价。国家把资源使用权授予国有垄断企业，只象征性地收取很少的资源占用费和资源使用税，使得大量资源租金变成了垄断企业的利润。图2的模型对此可以详细说明。从图2可以看出，在要素价格管制的垄断情形中，垄断者获取超额利润的途径不是一个，而是两个，因而其所造成的社会福利损失和财富转移也更大。由于资源要素价格低估，造成垄断部门的生产成本低估，供给曲线外移，垄断的社会成本在 $P_0P_1E_1E_0$ 之外，还要加上 $P_0P_2E_2E_0$ 围成的面积，其中，三角形 E_0E_2H 围成的面积是要素低价造成的浪费和效率损失，长方形 $P_0P_2HE_0$ 围成的面积则是由资源要素租金变成的垄断利润，它是社会福利直接向垄断者的净转移。行政性垄断的福利效应要比一般的经济性垄断更复杂，尤其是其中要素价格与产品价格的双重扭曲，在降低市场运行效率的同时，也影响着社会财富的分配。它所造就的既得利益集团和社会不满情绪构成了社会与经济发展的重要隐患。

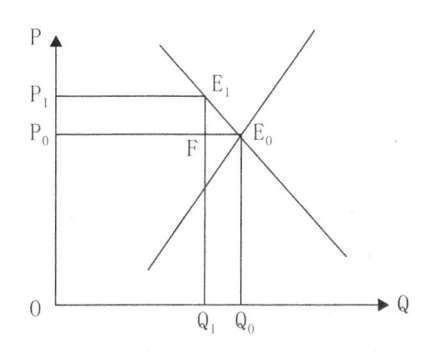

图1 传统经济性垄断的福利效应　　图2 行政性垄断的福利效应

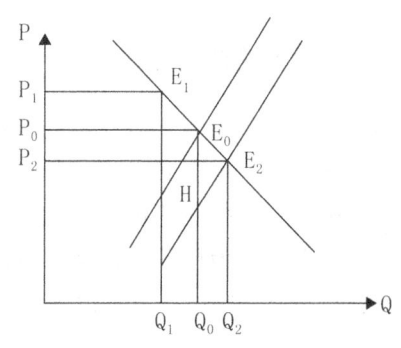

（三）制度约束欠缺

制度上的约束欠缺，这是行政性垄断的外因。1998年国务院机构改革之后，虽然许多原有的计划经济管理部门被改组或撤销，但是垄断国有企业与主管部门之间仍然通过人事和业务关系有着紧密的联系，并且因此能够影响相关的行政决策。特别是国务院国有资产监督管理委员会（以下简称"国资委"）成立以来，国有垄断企业集中的趋势更加明显，并逐步由历史遗留问题和企业意志转变为国家意志。除了计划经济的体制惯性，中国经济中的垄断在很大程度上源于政府控制国民经济的需要。例如，2006年国务院办公厅转发的国资委《关于推进国有资本调整和国有企业重组的指导意见》提出，要"推进国有资本向重要行业和关键领域集中，增强国有经济控制力，发挥主导作用"；当时的国资委主任李荣融更明确表示，国有经济将在电力、石油、电信等七大行业保持绝对控制力，并提出到2010年在军工、电网电力、石油石化、电信、煤炭、民航、航运等七大行业培育30家至50家具有国际竞争力的大企业集团。作为上述策略的结果，中国经济呈现出了较为明显的二元化市场结构特征，即高度垄断的国有经济部门和竞争相对充分的民营经济部门。中国的行政性垄断主要集中在烟草、电力、石油开采和加工、交通运输、邮电通信、广播电视、金融保险和教育等八大行业；而在谱系的另一端，制造业等行业则由规模不一的大量民营企业所主导。但是，这两个板块绝非相互独立的。由于国有垄断部门控制着资源性与基础设施类行业，它们对整体经济的运行有着重要的影响，而其影响也远不是全部正面的。例如，高昂的汽油与电信价格一直是中国消费者抱怨的对象。除了损害消费者利益，国有垄断企业的资源配置效率及其在收入分配中的角色也都受到了广泛质疑。更为重要的是，行政垄断力量在中国经济的微观和宏观决策过程中的强大影响力，使其成了在考察中国经济改革与发展的未来走向时不可忽视的因素。

三、行政性垄断的特点

国外和西方发达国家对反垄断的规制，实际上主要限于经济性垄断。我国的《反垄断法》除了包括国外所规制的三种垄断行为之外，还包括行政性垄断。当然行政性垄断的称谓可能有一点争议，在我国与反垄断相关的法律中，它实际上被称为行政机构滥用行政权力排除限制竞争行为。相比其他垄断行为，行政性垄断行为具有以下几个方面特征。

(一) 行政性垄断的行为主体是享有行政公权力的政府及其所属部门

所谓行政主体是指能以自己的名义行使国家行政职权，作出影响公民、法人和其他组织的权利义务的行政行为，并能以其本身对外承担行政法律责任，在行政诉讼中通常能作为被告应诉的行政机关和法律、法规授权的组织。按照有关法律的规定，在我国经法律、法规授权的企业、事业单位、行政性公司、社会团体等具有管理公共事务职能的组织都可以成为行政主体。即行政主体包括国家行政机关和其他经法律授权、委托行使行政管理权的社会组织。笔者认为，为有效规制行政性垄断行为，应把行政性垄断主体的法律外延等同于行政法学上的行政主体。之所以要扩充范围，是因为强大的行政权力为这些行政机关所掌握。国家机关所拥有的各种专项职能由行政机关实施,而这相对于经济性垄断的垄断主体来说,具有压倒性的优势。经济性垄断大多数源自滥用经济上的优势地位,行政性垄断滥用的不只是一种经济上的压倒性优势,而是一种所谓的"超经济力量"的源自于行政权力上的优势。尽管我们从垄断的内容来看行政性的垄断也具有经济目的和内容,但是否实施垄断性行为、实施什么样的垄断性行为,这些都是由行政机关决定的。行政性垄断区域或垄断性行业的经营者只不过是行政机关为实现垄断而借以实施的工具而已。

(二) 行政性垄断的实施方式是滥用行政权力,具有违法性

通过前面对行政性垄断概念的界定,结合我国的实践,我们可以发现行政性垄断多数表现为行政主体对手中权力恣意使用、排挤合理竞争、违背公平的行为。而这些行为都有悖于行政机关本职权限以及市场经济自身特点,是一种违法行为。市场是靠竞争来调控的,当市场失灵时,政府进行介入,维持市场秩序。行政性垄断行为一般是由行政主体以行政许可、行政指导、行政合同及行政计划等形式实现。而这些典型的行政性垄断行为往往不是在市场失灵情况下进行,而是为了维护部门利益或地区利益。行政主体往往会在缺乏法律依据或同法律相抵触的情形下行政,干预经济活动。这势必会造成权力的滥用。这不但不能医治"市场失灵",还会导致"政府失灵";不仅破坏了公平竞争,还会失信于民。行政权介入到经济领域,过度追求地区或部门利益的最大化,这种恶性干预是明显的超越职权、滥用职权的行为。故此,行政性垄断行为具有违法性。

(三) 行政力量赋予行政性垄断形成的特殊性

行政力量赋予的垄断权,使得各种垄断行为披上了貌似合法的外衣,行政性垄断往往是各种形式的垄断中最具破坏力和造成损失最大的一种。从本质上来说,行政性垄断是企业利用行政力量将利益由民众向企业转移的过程,是一种不利于民众的利益再分配形式。在行政性垄断中,企业已经不再是原来意义上的自由竞争了,而是一种非正常意义上的竞争,它在本质上并非经过通常的市场竞争渠道,而是依赖于外部力量,也就是行政权力。由行政性垄断的涵义就会发现,其仍源于行政权,而行政权具有天然的强制性,也正是基于这种特性使得行政性垄断已经不再是简单意义上的经济行为,而是以强大的后盾超越了其固有的界限,即超经济性。这种优势并非在市场竞争中形成的,而是滥用了国家赋予的公权力,具有不可挑战的独占性。从计划经济到市场经济,政府对经济干预的程度在逐渐减轻,但是许多行政机关仍然

没有接受市场主导经济的规律，政企不分现象仍然存在。尽管很多行政机关的下属经济实体从表面来看和行政机关脱离了隶属关系，实质上他们之间仍然存在十分微妙的联系，并在事实上通过行政权间接谋取利益。这种独占性利益的取得源于行政权的强制力，所以行政性垄断的形成具有特殊性，是凭借行政权力的强制性。

四、行政性垄断的主要表现

行政性垄断已经严重阻碍市场经济的发展和完善，具体表现在以下几个方面。

①在能源、电信、交通、金融等领域的垄断恶化了市场环境，影响了中小企业的发展。而以民营企业为主体的中小企业贡献了60%以上的国内生产总值，50%以上的税收，并创造了80%的城镇就业。中小企业是缓解就业压力、解决民生问题的重要渠道，行政性垄断对民生问题的解决造成了不利影响。

②行政性垄断对国民收入分配格局产生了负面影响，导致不同部门之间、不同社会群体之间收入差距过大。在过去几年中，不同部门之间的收入差距呈扩大趋势，其中尤以垄断性部门与竞争性部门之间的收入差距的扩大趋势尤为明显。电力、电信、石油、金融、保险、水电气供应、烟草等垄断行业职工的平均工资和工资外收入与竞争性行业的收入差距是7倍左右。垄断企业凭借其垄断地位获得的超额利润并没有转化为国民财富，使全体人民获益，而是很大一部分留在企业转化为垄断利润和职工收入或福利。国民收入分配过度向企业倾斜，还为企业盲目扩大投资提供了资金来源，成为导致社会投资与消费关系失衡的一个重要因素。

③与行政性垄断相伴相生的行政权力过多介入微观经济活动，由此衍生了经济转型时期的秩序混乱和腐败现象。近年来，腐败问题主要集中在土地批租、国企改制、金融市场等领域，而这些领域正是行政权力掌控的重要方面。一些腐败分子利用土地批租权，廉价征用农民土地，转手以垄断价格出让给开发商和用地单位，从中牟取私利；利用国企改制审批权，与国有企业负责人、出资人合谋，隐匿、私分、转移、贱卖国有资产；利用金融监管权，通过金融信息与行政权力的垄断，从被监管者和社会投资人手中牟取暴利。一些掌握着行政权力或稀缺资源的单位和个人，利用手中的公共权力谋取私利，寻求行政定价与市场价格之间的巨额"租金"，一夜暴富，扰乱了社会经济秩序，造成了极其恶劣的影响。除此之外，行政力量对土地、能源、资本等要素市场的垄断为政府过度干预市场提供了便利条件，在短期政绩绩效的

驱使下，政府为驱动市场主体进行投资，给予大量廉价的土地、资源等要素，而政府投资决策体系的不健全往往造成很大浪费。

五、行政性垄断造成的危害

行政性垄断无论是以何种形式出现，其共同点都是通过各种方式将行政权介入到各个经济领域，限制、阻碍其他行业部门、区域经营者等进入市场开展竞争，保护排他性利益，制造"条块分割"，从而影响市场竞争机制的正常运行。"以行政管理之名，行垄断利益之实"。其所带来的危害性不言而喻，具体体现在以下几方面。

首先，市场经济构建统一、竞争、开放、有序的完整体系，必须以市场机制作为资源配置的基本手段。相反，行政性垄断却人为控制资源、设置市场壁垒，势必破坏了市场经济的内部机制。用政府命令对资源分配行使了原本属于市场机理作用的部分，这无疑不利于市场进步。

其次，行政性垄断侵害了正当市场主体以及广大消费者的正当权益。行政性垄断通过多种不法手段直接限制了其他市场主体的合理竞争权，侵犯了被限制企业的自主经营权，侵夺了其潜在的进入市场参与竞争的机遇。这在无形中限制了消费者选择产品即获得服务的范围，也降低了服务标准，像多米诺骨牌似地影响了消费者的信心和信任。可是如果因噎废食，直接撤销市场障碍，又会对市场准入无形地放宽条件，往往通过政府权力获得的独占地位，又会过犹不及地变成了竞争中的弱者。

最后，行政性垄断不利于暂时受保护企业的长期收益。企业作为独立市场主体多数不愿自己的经营自主权被行政性垄断干预和限制（除了少数主动寻求庇护的企业外）。但没有竞争之后，企业会怠于创新，渐渐落后于行业平均水平。创新是现代企业的灵魂，没有积极性和创造性，企业逐渐丧失了对市场的判断力，必然会导致劳动生产率逐步降低，最终失去市场竞争能力，在优胜劣汰的游戏规则中被淘汰。行政性垄断所庇护的企业虽然获得了短暂的利益主导优势，但是从长远来看，其本应有的创新竞争潜质反而被埋没。

第二节 我国对行政性垄断的规制

行政力量赋予的垄断权，使得各种垄断行为披上了貌似合法的外衣。但行政性垄断往往是各种形式垄断中最具破坏力和造成损失最大的一种。从本质上来说，行政性垄断是企业利用行政力量将利益由民众向企业转移的过程，是一种不利于民众的利益再分配形式。以我国宽带垄断为例，我国宽带上网平均速率位列全球70多位，不及30多个经济合作组织国家平均水平的1/10。但是，平均1兆/秒的接入费用，却是发达国家平均水平的3~4倍。金融业也是通过设立进入壁垒的方式，人为扩大利差，设立名目繁多的收费项目，获得惊人的垄断利润，严重损害了广大民众的利益。究其实质，行政性垄断是行政权和资本合谋与民争利，行政性垄断带来的利润和行业福利，其实是对全民福利的隐形剥夺，其导致的巨额社会福利损失源于行政权过度干预和介入造成的价格壁垒和市场扭曲。

一、行政性垄断法律规制的可行性和必要性

（一）行政性垄断法律规制的可行性

传统反垄断法律制度起源于市场经济比较发达的社会，对行政性垄断并无针对性，因而无法从其他国家得到借鉴。[1] 我国对行政性垄断进行法律规制的根据，可从《反垄断法》和《反不正当竞争法》等部门法中找到一些相关的法律渊源。行政性垄断不同于经济领域内的垄断行为，行政性垄断归根结底还是出于行政权力的滥用，行政法便是规制行政权的法律。因此，将行政性垄断纳入行政法的框架下，并由各部门法共同配合，通过行政法中制度性和规范性的技术处理实现对行政性垄断的法律规制，将更具有可行性，其理论探讨和实践方向也更具有现实意义。

（二）行政性垄断法律规制的必要性

任何制度的设立都在某种程度上限制了部分人的自由，所以制度的设立必须有其必要性，行政性垄断的法律规制亦是如此。行政性垄断具有违法性、危害性，因此有对其进行规制的必要。德国著名法学家鲁道夫·冯·耶林（Rudolph von Jhedng）曾经对执法者违法的危害进行过这样的论断："世上不法之事，莫过于执法之人自己破坏法律，此乃天底下晟悖公理之事。"对行政性垄断亦然，如果国家机关通过自己强大的公权力，强制性地干扰公民的私权利，限制其竞争的自主性，这些都与法治精神相违背，对经济的发展也是极其不利的。我国一直以来都是追求共同富裕，不断缩小贫富差距。但行政

---

[1] 许光耀. 反垄断法上的行政垄断分析 [J/OL]. (2014-12-08) [2016-12-30] 人民网—理论频道.

性垄断导致的后果恰恰相反：加剧了贫富差距，造成了社会极大的不公平，滋生了腐败，影响了社会的稳定发展。可以毫不夸张地说，行政性垄断特别容易导致贫富差距不断扩大、社会不公平日益严重。行政性垄断限制了其他市场主体甚至整个行业的发展，极大地降低了经济效益，势必会影响就业，导致失业人数增多。同时垄断行业凭借其市场垄断地位，提供质次价高的服务，进一步造成不公现象的扩大。

二、在《反垄断法》总则中作了原则性规定

早在20年前，我国反垄断法研究刚刚起步之际，人们就认识到，中国存在一种传统反垄断法上所没有的垄断行为类型，即行政垄断，主要表现为"地区分割""行业垄断"以及"行政强制交易"三种形式，并认为与经济性的垄断行为相比，行政垄断对我国市场经济的发展构成更严重的障碍，因而应当成为反垄断法的首要目标，甚至许多人认为，中国反垄断法的唯一任务就是反对行政垄断。

《反垄断法》实施以来的经验表明，中国市场上各种经济性的垄断行为同样严重，因而也是必须反对的；同时，《反垄断法》对行政垄断也高度重视，专设了第五章"滥用行政权力排除、限制竞争"予以规范，共有六个条文（第32~37条），相比之下，关于垄断协议的第二章仅有四个条文，关于支配地位滥用行为的第三章仅有三个条文。《反垄断法》第五章的六个条文分别针对地区封锁与行政强制交易，而没有将行业垄断包括在内。所谓行业垄断，主要是指水、石油、天然气、电力、交通、电信等领域由少数国有企业垄断经营，不对民营资本开放，基本不存在有效的竞争。需要开放这些诸多领域的市场，充分引入竞争，这涉及体制问题，但体制问题的解决主要不是依靠反垄断法，而是需要进一步的改革，而且深受政治因素、反腐败进程等的影响，因而解决这些问题的起点不是反垄断法，而是顶层设计。因此《反垄断法》本身没有将"行业垄断"纳入自己的调整范围。

三、在《反垄断法》分则中列举了具体的表现形式

（一）具体行政垄断行为

《反垄断法》所调整的具体行政垄断行为，主要体现为第32条所规定的"限定交易行为"："行政机关和法律、法规授权的具有管理公共事务职能的组织不得滥用行政权力，限定或者变相限定单位或者个人经营、购买、使用其指定的经营者提供的商品。"从其字面含义来看，这一行为类型的构成要素主

要有以下方面：

①行为人是行政机关和法律、法规授权的具有管理公共事务职能的组织（以下统称"行政机关"）。行政机关行使公权力，负责管理公共事务，而不是市场主体，不能追求个体经济利益。

②行政机关对其行政权力进行了滥用，介入市场主体之间的交易并从中寻租。行政机关自身并不从事生产，不能提供产品，需要借助于同某个经营者的合作共谋，方能为自身谋得非法利益。

③行政机关滥用权力，强迫行政相对人与自己指定的第三人进行交易。该第三人由此获得利润后，将其中一部分回报行政机关，从而实现共谋者的双赢，而行政相对人与竞争秩序则受到损害。强迫可以采用各种各样的方式，可以表现为直接指定该第三人作为交易相对人，也可以表现为"变相的限定"，如暗示或刻意规定指向该第三人的标准等。如何在个案中进行准确认定，则需要更多的执法实践来提供进一步的分析素材。

行政权力的行使超出其界线，用来追求私人的经济利益，依据行政法即可予以禁止，原本并不需要反垄断法来过问，而且行政法上关注的是行为的性质，采用的主要是法律分析即构成要件的分析，其操作相对简单，而反垄断法的分析方法则复杂得多，在进行要件分析从而对行为的性质进行认定后，还需要权衡该行为对市场竞争所产生的积极影响与消极影响，最终以社会总产出是否减少作为认定行为合法与非法的标准。

但单纯依据行政法有可能遗漏一个主体，即行政机关为行政相对人所指定的交易对象，也就是上述"该第三人"。实际上，在"限定交易行为"中，同时并存两个关系：①行政机关与作为行政相对人的经营者之间的关系，此为行政关系，例如，行政许可关系，但行政机关滥用其许可权，拒绝授予许可，这一层关系可以依据行政法来解决，相对人可以提起行政诉讼。②行政相对人与第三人之间的交易关系。这一关系虽然是迫于行政机关的压力而发生的，但交易本身不是行政关系，行政机关也不是交易的当事人，行政诉讼解除不了这笔交易，也无法使行政相对人获得补偿。上述第二个关系需要由反垄断法来解决。这笔交易之所以发生，是由于行政机关的滥用行为使得行政相对人别无选择，这使得该第三人成为一个支配企业，因而这笔交易构成反垄断法上的支配地位滥用行为。从字面上看，这并不符合反垄断法传统的支配地位认定标准，我国《反垄断法》第17条第2款规定："本法所称市场支配地位，是指经营者在相关市场内具有能够控制商品价格、数量或者其他交易条件，或者能够阻碍、影响其他经营者进入相关市场能力的市场地位。"但二者的本质是相同的：所谓"控制商品价格、数量或者其他交易条件",归根结底是指该经营者可以采用提高价格的方式来实现利润最大化,即在其提高价格时不会发生大量的消费者需求转向,其基本条件是其他经营者提供不了足够多的产品来满足消费者的转向需求,因而"消费者别无选择"。在传统市场上,支配地位本质上是由行为人的生产能力带来的,反映的是行为人与全体竞争者之间的力量对比关系;而在限定交易情形下,支配地位是行政权的滥用行为造成的,由于行政权力的来源具有唯一性,不需要进行太多的经济分析。

我国《反垄断法》将限定交易行为纳入其适用范围,这一设计原本可以同时处理上述两种关系,因而更加高效,何况在行政机关的行为是否构成"滥用"的问题上,也需要考察行政相对人与第三人交易的状况,如果交易的发生是由于行政机关的强迫,则是认定行政权力滥用的决定性证据。不过可能是出于谨慎的考虑,我国《反垄断法》并没有赋予反垄断执法机构对行政垄断行为的执法权。《反垄断法》第51条第1款规定:"行政机关和法律、法规授权的具有管理公共事务职能的组织滥用行政权力,实施排除、限制竞争行为的,由上级机关责令改正;对直接负责的主管人员和其他直接责任人员依法给予处分。反垄断执法机构可以向有关上级机关提出依法处理的建议。"反垄断执法机构不能认定行政机关的行为违法,而只能向有关上级机关提出建议,后者才有权认定行为的违法性。这会导致以下弊端:第一,这将案件中的行政关系与交易关系割裂开来,上级机关在考察行政行为是否构成滥用时,不容易达成完整的了解;第二,执法机构只能处罚第三人,但必须等待上级机关作出"责令改正"的决定后才能进行,因为其"支配地位滥用行为"是否成立,高度依赖行政机关的行为是否构成行政权的滥用。这样一来,上述高效的设计并没有真正发挥其效率,这是将来对《反垄断法》进行修订时需要予以校正的。

(二) 抽象行政垄断行为

《反垄断法》第33~35条所针对的主要是抽象行政垄断行为。第33条规定:"行政机关和法律、法规授权的具有管理公共事务职能的组织不得滥用行政权力,实施下列行为,妨碍商品在地区之间的自由流通:(一)对外地商品设定歧视性收费项目、实行歧视性收费标准,或者规定歧视性价格;(二)对外地商品规定与本地同类商品不同的技术要求、检验标准,或者对外地商品采取重复检验、重复认证等歧视性技术措施,限制外地商品进入本地市场;(三)采取专门针对外地商品的行政许可,限制外地商品进入本地市场;(四)设置关卡或者采取其他手段,阻碍外地商品进入或者本地商品运出;(五)妨碍商品在地区之间自由流通的其他行为。"第34条规定:"行政机关和法律、法规授权的具有管理公共事务职能的组织不得滥用行政权力,以设定歧视性资质要求、评审标准或者不依法发布信息等方式,排斥或者限制外地经营者参加本地的招标投标活动。"第35条规定:"行政机关和法律、法规授权的具有管理公共事务职能的组织不得滥用行政权力,采取与本地经营者不平等待遇等方式,排斥或者限制外地经营者在本地投资或者设立分支机构。"

这三个条文所针对的行为在本质上是相同的,即在内外地经营者之间制造歧视性的待遇,提高外地企业的成本以及进入壁垒,从而使外地经营者无法进入本地市场,或在本地市场上居于不利的竞争地位,这会在相当程度上把统一的全国市场分割为一个个的亚市场,损害中国市场的统一。因此,这被称为"地方保护"或"地区封锁"。三个条文间的差异仅在于所针对的经营活动的类型不同,其中第33条针对的是商品的流通,包括外地商品的流入以及本地原材料的流出,第34条针对的是招投标活动,第35条针对的是投资以及设立分支机构等准入问题。这些差异并不造成性质上的区别,因而如果合并为一个条文反而能够使得逻辑更加清晰。

这些行为一般是地方政府或行政机关以命令、指示、文件等方式作出的,具有普遍约束力,属于抽象行政垄断行为,与第37条所针对的情形存在重合。我国《反垄断法》第37条规定:"行政机关不得滥用行政权力,制定含有排除、限制竞争内容的规定。""制定规定"是抽象行政行为,但其涵盖范围更广,因而可以将第33~35条视为第37条的重点举例。可以比较一下《反垄断法》第17条第1款第(6)项对于"经济性的歧视行为"的规定,该条禁止支配企业"没有正当理由,对条件相同的交易相对人在交易价格等交易条件上实行差别待遇"——包括各种交易条件上的差别待遇,同时突出了主要是价格方面的差别待遇。这种方法既可以涵盖全面,又突出重点,单纯依靠第33~35条的列举方式反而可能有遗漏。

第三节 行政性垄断行为的抗辩与现行法律责任

所有垄断行为的最终目的都是以提高价格的方式来增加利润,这通常通过对竞争施加限制来实现;价格提高的同时导致产出减少,因而人们通常以"减少社会总产出"作为认定行为违法性的最终标准。对于所有"有可能减少社会总产出"的竞争限制，均认定为垄断行为，需要依据反垄断法进行考察；但另一方面，有许多限制又是实现某种效率所必需的，而效率则有增加社会总产出的趋向，因而行为的合法性应当取决于竞争限制的积极效果与消极效果的权衡。

一、对行政垄断行为的分析

将行政垄断行为纳入反垄断法的管辖范围，那么至少在理论上，对行政垄断行为的分析，考察该行为是否有产生积极效果的可能性，并对积极效果与消极效果进行权衡，也要有个相应的认定步骤。

例如，垄断协议的反垄断法分析一般分为两个步骤：①《反垄断法》第13条禁止横向垄断协议："禁止具有竞争关系的经营者达成下列垄断协议：……"第14条禁止纵向垄断协议："禁止经营者与交易相对人达成下列垄断协议：……"但这两处禁止只具有管辖权的意义，即表明这两类协议属于《反垄断法》的管辖范围，而不是实体法意义上的禁止，在《反垄断法》上，"垄断"一词的含义是中性的，并不必然意味着非法性；②第15条规定："经营者能够证明所达成的协议属于下列情形之一的，不适用本法第13条、第14条的规定：……属于前款第一项至第五项情形，不适用本法第13条、第14条规定的，经营者还应当证明所达成的协议不会严重限制相关市场的竞争，并且能够使消费者分享由此产生的利益。"符合该条所规定的豁免条件者并不受到禁止，而豁免的根本原因，在于该协议能够产生效率，并且协议中所含的限制是实现该效率所必不可缺的，如果对其予以禁止，反倒是损害效率的。

对于支配地位的滥用行为也是如此。《反垄断法》第17条规定："禁止具有市场支配地位的经营者从事下列滥用市场支配地位的行为：（一）以不公平的高价销售商品或者以不公平的低价购买商品；（二）没有正当理由，以低于成本的价格销售商品；（三）没有正当理由，拒绝与交易相对人进行交易；（四）没有正当理由，限定交易相对人只能与其进行交易或者只能与其指定的经营者进行交易；（五）没有正当理由搭售商品，或者在交易时附加其他不合理的交易条件；（六）没有正当理由，对条件相同的交易相对人在交易价格等交易条件上实行差别待遇；（七）国务院反垄断执法机构认定的其他滥用市场支配地位的行为。本法所称市场支配地位，是指经营者在相关市场内具有能够控制商品价格、数量或者其他交易条件，或者能够阻碍、影响其他经营者进入相关市场能力的市场地位。"这些行为类型具有严重的限制性或剥削性，均有导致社会总产出减少的负面趋向，而"正当理由"则构成积极效果，行为的合法性同样是取决于正负效果的权衡。

因此，对于支配企业从事的排除、限制竞争行为，其基本分析步骤有二：第一，该行为是否可能导致社会总产出减少；第二，该行为是否有正当理由。一般说来，这种行为的"正当理由"主要有三类：①对竞争进行排除、限制是由客观因素所要求的，例如，出于安全、健康的考虑等，这称为"客观必要性抗辩"。②由于竞争者首先从事排斥行为，自己不得不采用对抗措施，以使自己的损失最小化，这称为"应对竞争抗辩"。③效率抗辩，其内容与上述适用于垄断协议的豁免制度相同。

就具体行政垄断行为而言，则可以主要根据行为的性质认定其违法，而不必考察其实际效果：就其中的行政关系而言，行政机关运用行政权力追求私人目标违反了行政法的规定，不管其行为是否对竞争产生负面影响，均应予以禁止；而第三人的市场支配地位来自于行政权力的滥用，而不是合法取得的，虽然反垄断法一般对支配地位的存在本身并不予以反对，但禁止以非法手段获得支配地位。即便从效果来考察，上述三种抗辩也均不能成立：无论是追求安全还是为了效率，行政机关只宜规定明确的标准，由行政相对人从市场上自主寻找交易对象，而不能为其限定交易对象；行政机关不是市场主体，因而也不存在应对竞争的情形。

关于抽象行政垄断行为，理论研究应该回答：《反垄断法》第 33～35 条的理解与适用，与针对经济性垄断行为的第 17 条第 1 款第（6）项是否应当遵循同样的原理。对比一下条文的措辞可以发现，关于行政垄断的条文仍是在采用传统的法学思维方法，没有进行经济学分析的心理准备，例如第 17 条第 1 款第（6）项禁止支配企业"没有正当理由，对条件相同的交易相对人在交易价格等交易条件上实行差别待遇"，采用的是"差别待遇"这种客观的表达，而当事人如果能够为其"差别待遇"提供正当理由，则是合法的。而第 33 条则规定："行政机关和法律、法规授权的具有管理公共事务职能的组织不得滥用行政权力，实施下列行为，妨碍商品在地区之间的自由流通：（一）对外地商品设定歧视性收费项目、实行歧视性收费标准，或者规定歧视性价格；（二）对外地商品规定与本地同类商品不同的技术要求、检验标准，或者对外地商品采取重复检验、重复认证等歧视性技术措施，限制外地商品进入本地市场；……"其中诸如"歧视性""重复检验"等措辞表明，该条认为这些行为都是负面的，因而是应当禁止的，很类似于在适用本身违法规则。但在"歧视性"等问题的认定上，恐怕还需要全面考察抽象行政行为的目的、效果与其他具体情况，这其中应当容纳一定的效率和客观必要性考察，从而与传统反垄断法上关于差别待遇的分析方法相一致,并真正将这几个条文融入反垄断法理论体系。这种融合需要建立在大量的案例分析基础上,需要对行政垄断的实际运作方式作大量的实证考察,因而也是这一领域的反垄断法研究重点的努力方向。

二、行政性垄断的现行法律责任

法律责任是法律发挥作用的最直观的体现,也是法律作用于社会关系的基本手段。反垄断法对于行政垄断行为的规制的全部内容,最终要落脚到法律责任上来,通过科学、合理、有效的法律责任的规定和落实,真正实现对行政垄断行为的规制。实践中,与反垄断法上述规定相冲突的行政性垄断行为不仅普遍存在,还极为突出和严重。典型者如,电信企业滥用其垄断地位向用户收取垄断高价,在互联网收费上,据2011年年底的统计,中国内地实际网费是韩国的29倍、中国香港的469倍;在通话费用上则表现为高资费、加收不合理附加资费如漫游费、跨网资费等。又如,同样属于高度行政性垄断的银行,利用其垄断地位,随意制定"霸王条款",服务僵硬机械,习惯于将注意义务不当地施加于顾客,并依据其内部规章在短短几年来收费项目"暴涨"到多达三千多项。❶ 上述行为,显然违反现行反垄断法,本应依法受到查处。

《反垄断法》第51条规定:"行政机关和法律、法规授权的具有管理公共事务职能的组织滥用行政权力,实施排除、限制竞争行为的,由上级机关责令改正;对直接负责的主管人员和其他直接责任人员依法给予处分。反垄断执法机构可以向有关上级机关提出依法处理的建议。法律、行政法规对行政机关和法律、法规授权的具有管理公共事务职能的组织滥用行政权力实施排除、限制竞争行为的处理另有规定的,依照其规定。"

2017年8月,深圳市斯维尔科技诉广东省教育厅的行政垄断案二审落锤,这起历经3年多时间的案件是《反垄断法》颁布实施以来首个行政垄断诉讼获胜的例子。

第四节 规制行政性垄断制度的缺失

根据前文所述,我国在关于行政垄断法律责任的规定上存在如下的问题。

---

❶ 杨俊锋. 反垄断法也适用于行政垄断[N]. 南方周末,2014-10-31.

一、执法机关以及权限设计不合理

1. 上级机关不能成为合格的责任追究主体

上级机关不可能主动行使责任追究的权力。在我国，上下级行政机关之间有着千丝万缕的联系，更有甚者行政主体的行政垄断行为本身可能就是在上级机关的授意、支持或者默许下作出的，这就更不能指望上级机关秉公处置了；而查行政垄断执法具有很强的专业性，要求普通行政主体配备专业审核人员，将付出很大的成本，现实中难以实现。

2. 反垄断执法机构的建议权形同虚设

由于反垄断执法机构可以利用自己的专长，弥补行政机关在专业知识和竞争领域的理念的缺失，如果反垄断执法机构与行政机构在反垄断执法中，形成良好的、开放的合作机制，反垄断执法机构的建议权对于现有的行政垄断法律责任的追究制度是一个极大的弥补与完善。[1] 但是，根据反垄断法的制度安排，我国主管反行政垄断执法的是工商行政管理部门。首先，工商总局下辖的专门机构反垄断与反不正当竞争执法局层级偏低，很难对行政垄断主体进行权威性的规制；其次，由于《反垄断法》第51条仅规定了反垄断执法机构只能向有关上级机关提出依法处理的建议，而没有被赋予在行政垄断案件中足以超越其他行政机关的准司法权力，导致这种建议权绵软无力，根本不会产生任何震慑效果。

二、责任主体范围存在歧义

1. 行政垄断实施主体范围不够明晰

《反垄断法》第8条所指的实施行政垄断行为的主体是"行政机关和法律、法规授权的具有管理公共事务职能的组织"。一是行政机关是否包括中央政府即国务院，国务院作出的行政法规可否被认定为行政垄断，是否可以豁免；二是何为"法律、法规授权的具有管理公共事务职能的组织"，是否包含国有垄断行业，如电力、邮政、石油等，因为一些国有垄断企业既具有独占地位和市场支配力，同时又享有政府授予的相关行业管理权力。

2. 获益经营者能否成为责任主体存在一定的争议

《反不正当竞争法》第23条规定了被指定经营者的法律责任，但相应内容在《反垄断法》中并没有体现。这带来了认识上的不一致，能否追究因行

---

[1] 时建中. 反垄断法典释评与学理探源 [M]. 北京：中国人民大学出版社，2008：83.

政垄断直接获益者的相应法律责任,在执法中也有不同的做法,这也是行政垄断法律责任制度中一个需要解决的问题。

三、责任形式不全面

1. 抽象性行政垄断行为不完全具有可诉性

我国反垄断法明确规定:行政机关不得滥用行政权力,制定含有排除、限制竞争内容的规定。但对于此类行为提起行政诉讼存在法律上的障碍。自2015年5月1日生效的、新修订的《行政诉讼法》在受案范围的规定上有了较大的进步,将可诉对象的"具体行政行为"改为"行政行为",并明确列明:行政机关滥用行政权力排除、限制竞争的可以提起行政诉讼。但在规定人民法院可以对规范性文件进行审查时,明确排除了"规章"。而行政垄断的产生,往往以行业规章、地方规章、命令或者决定等规范性文件的形式出现,以规章为表现形式的行政垄断行为,仍然不能予以审查,难以通过行政诉讼程序予以撤销,使该行为得不到有效制止,受害人得不到应有的救济。[1]

2. 受害人没有损失赔偿的途径

《反垄断法》第50条规定:经营者实施垄断行为,给他人造成损失的,依法承担民事责任。这是《反垄断法》中因垄断行为承担民事赔偿责任的唯一规定。为此,最高人民法院在2012年下发了《关于审理因垄断行为引发的民事纠纷案件应用法律若干问题的规定》,详细规定了民事案件的司法适用。但该规定的适用前提是经济性垄断,并不包含行政性垄断。《反垄断法》并没有规定行政性垄断的受害人损失赔偿的途径。

3. 行政处分缺乏威慑力

纵观目前所有的相关法律文件,对于行政性垄断的责任表述也只是各种内部监督性质的"行政处分"。首先,行政处分是一种内部行政行为,具体处罚的方式根据情节严重程度,完全由上级行政机关掌握;其次,行政处分经过处分期限后最终对被处分人可能无法造成任何不利影响,所谓的个人"行政处分"也就成了彻头彻尾的形同虚设,很难对行政垄断起到有效的遏制作用。

4. 刑事责任缺失

对于任何一种违法行为,应当设置多重法律责任,既实现法律责任的科学性,又实现依据情节区别对待的司法原则。对于屡禁不止、危害极大的行政性垄断行为的规制,刑事责任是较为有效的手段之一,应当予以设置。而

---

[1] 文学国,孟雁北. 反垄断法执行制度研究 [M]. 北京:中国社会科学出版社,2011:253-254.

目前对于行政性垄断的所有规定，均没有承担刑事责任的内容。

第五节 完善行政性垄断法律责任的制度建议

从我国现有国情来看，使用法律对行政性垄断行为进行规制才是最有效的方法。毋庸置疑，体制改革是一种釜底抽薪的举措，完全可以达到根除行政性垄断的目的。如果体制改革到位了，不仅行政性垄断问题，包括中国绝大多数的社会问题都会迎刃而解。但问题的关键在于，体制改革并非一蹴而就之事，它必然是被动的、渐进式的制度变迁。这种缓慢的制度变迁方式决定了中国的体制改革是一件需要耐心等待的事情，而行政性垄断所具有的巨大社会危害性，以及当前中国所处的国际经济环境不允许作这种等待。❶

因此，在传统的计划体制下形成的行政性垄断，在短时期内不可能再用行政手段去消除，而只能依靠法律手段，这不但取决于法律手段的直接、严厉特点，还取决于中国国情的特殊性，它是根治行政垄断的必然选择。

一、完善行政垄断执法机构方面的建议

1. 建立统一的、权威性强的反垄断执法机构

根据我国《反垄断法》的相关规定，我国采取"反垄断执法委员会"和"反垄断执法机构"的双层框架的执法模式，行政执法权力分散。通过几年来的反垄断执法实践，对垄断行为的规制已显现出职权不清、执法不力的问题。而行政性垄断的行为主体是非商业企业的政府，这种执法机构的安排更加难以满足反行政性垄断执法的实际需要。从一定意义上讲，赋予其建议权都难于实现，更何况对于行政性垄断行为的制止权和处罚权。可见机构的设置是问题的关键。建议建立独立性、权威性、专业性较强的统一的反垄断执法机构，这是解决包括行政性垄断在内的垄断行为执法困境的根本的长远举措。反垄断执法机构的一元化、与政府没有依附关系是国际反垄断法执法机构的发展趋势。世界银行在2002年对50个发达国家的调研报告中显示：现在63%的国家有独立的反垄断执法机构，即该机构不属于任何政府部门。❷

2. 赋予反垄断执法机构对于行政性垄断的执法权

国外反垄断执法机构虽然各自拥有的权力不尽相同，但都有一定意义上

---

❶ 刘用通. 论行政垄断的法律规制 [D]. 厦门大学, 2007: 11.
❷ 王晓晔. 关于我国反垄断执法机构的几个问题 [J]. 东岳论丛, 2007 (1): 29.

的准立法权、准司法权和完整的行政执法权力。笔者建议对于行政性垄断行为，反垄断执法机构的职权应当与其他垄断行为的执法权一致，享有包括调查检查权、审核批准权、处理决定权、行政处罚权等执法权力。❶

二、完善责任承担主体方面的建议

1. 科学界定行政垄断责任主体范围

我国现行《反垄断法》第五章对行政垄断的主体有较为明确的定义，即行政机关和法律、法规授权的具有管理公共事务职能的组织。而对于行政垄断主体的进一步界定存在很多不同的理解和解释。笔者认为行政垄断的本质是行政权力的滥用，界定行政垄断法律责任的主体不应仅仅就行政主体的资格进行简单划分，而是应该以行政权力的界定为标准，即在行政垄断行为中实际掌握并滥用相关行政权力的相关行政机构、公共组织都是行政垄断法律责任的主体。根据《反垄断法》的相关规定，承担行政垄断法律责任的主体可以分为以下两类：一是行政机构，即各级政府及各级政府所属部门。中央政府及所属部门作出的限制竞争的行为同样也可能滥用行政权力，对正常的市场竞争秩序进行不适当的限制和阻碍，所以它也应当是行政垄断法律责任的主体。例如，著名的2008年中国反垄断第一案中，作为正部级国务院直属机构的国家质检总局强制企业加入电子监管网，涉嫌行政垄断，被4家防伪企业诉至北京市第一中级人民法院就是例证。当然，行政垄断应当有所豁免，例如，美国有反托拉斯法的"州行为论"，欧盟有"国家援助的豁免"等，但都是从"州行为"的原因或者"国家援助"的理由角度上来决定要否豁免的，而不是主体本身当然的豁免。二是根据法律、法规授权的具有管理公共事务职能的组织，一般是指行使行政管理权的事业单位。我国目前经济转型还未彻底完成，在少数领域还存在政企不分的行政性公司，它们实际上在某些地区、某些行业依然具备行政管理的职能，存在滥用行政权力的可能，但是这类主体本质上已经成了一般意义上的市场主体，笔者认为应当将其作为经济性垄断的主体进行处理。❷

2. 关于直接获益的经营者可否成为行政垄断责任主体的问题

在行政垄断法律关系中还有一类经营者主体，它们客观上被行政垄断所保护，从行政垄断中直接获得了经济利益（例如，指定交易中被指定的经营者）。对于此类主体要不要成为行政垄断的法律责任承担主体有不同的看法。

---

❶ 曹康泰.中华人民共和国反垄断法解读［M］.北京：中国法制出版社，2007：206-207.
❷ 唐丰峰.论行政垄断的法律责任及相关制度［D］.上海：华东政法大学，2012：10，14.

笔者认为，获益经营者不应该成为行政垄断的责任主体。行政垄断责任追究的对象应当是行政垄断的实施者，而不是因此的获益者。一方面，获益者具有不确定性，有的具有被动性，仅仅是"搭便车"而已；另一方面，获益经营者成为行政垄断的责任主体，也与行为主体与责任主体的同一性的基本法律原则相违背。而根据《反不正当竞争法》，不能得出要求获益经营者承担行政垄断法律责任的结论。《反不正当竞争法》第23条中规定："被指定的经营者借此销售质次价高商品或者滥收费用的，监督检查部门应当没收违法所得，可以根据情节处以违法所得1倍以上3倍以下的罚款。"该法虽然直接规定了行政垄断中"被指定经营者"的责任，但只限于经营者具有销售质次价高商品或者滥收费用的过错的情况，这个时候承担的并不是行政垄断的法律责任，而是违反正当竞争法则、实施不正当竞争行为的法律责任。

三、完善责任承担方式方面的建议

1. 增加对行政垄断行为的国家赔偿责任

赋予反垄断执法机构对于所有的行政垄断行为的审查监督权和撤销权。我国新修订的《行政诉讼法》，扩大了行政诉讼的受案范围，对于行政垄断行为可以提起行政诉讼，但是从人民法院对于抽象行政行为审查的规定看，只能审查除规章之外的规范性文件。这说明：《行政诉讼法》对包括行政垄断在内的抽象行政行为的可诉性的改革是不彻底的，因为大量的行政垄断是通过规章实现的。笔者认为，在目前现有的反垄断法执法框架内，应该更加注重对所有的行政垄断行为的审查、监督，反垄断执法机构应当有针对性地审查限制竞争的规章以及规范性文件。对有限制竞争后果的，予以审查并否决；对于已经生效的，依法予以撤销。赋予反垄断执法机构对全部行政垄断行为的审查监督权和撤销权是完善行政垄断责任方式的前提。

赋予受害人获取国家赔偿的权利是完善行政垄断责任方式的关键内容。既然行政垄断抽象行为具有可诉性，受害人就可以提起国家赔偿的诉讼。但对于行政垄断承担国家赔偿责任的赔偿范围一般应当限于财产损失，而且限定在直接的财产损失范围之内。我国行政机关的收入来源有其特殊性，源于国家财政划拨，国家财政收入的主要来源是纳税人缴纳的税收。如果在行政垄断的赔偿中，行政机构为受损害主体赔付损失范围过大，加之受害主体的不确定性，间接损失的扩张性，这笔赔偿费用最终还是由全体纳税人买单，使得某些行政机构滥用权力造成损失反而要让全体纳税人分担其损失，这明显不公平和不合理。因此行政垄断的国家赔偿应当慎用，且仅限于赔偿直接损失。

2. 完善行政垄断的行政责任体系

对于行政垄断实施主体的相关责任人，目前仅有"行政处分"一种内部行政责任的方式是远远不够的，应当在现有的基础上加以细分和明确。公务员行政处分的主要方式有警告、记过、记大过、降级、撤职、开除共六种。对于行政垄断的个人责任而言，承担责任的方式要多样化，如罢免行政领导职务，对违法所得没收、追缴或者退赔、赔偿损失等，从政治前途、经济利益等方面全面抑制行政机关工作人员对实施行政垄断的追求。尤其是对于行政垄断相关责任人进行一定的经济处罚会在一定程度上遏制行政垄断。

在垄断行为的法律责任体系中，罚款一直被认为是最为有效的行政处罚手段，使用频率极高。对于行政垄断行为是否适用罚款，一直有不同的看法。笔者认为，行政罚款不适用于行政垄断，除了罚款作为一种行政处罚，是针对公民或者其他组织违反行政管理法规，由行政机关依法给予的一种责任方式，行政机关被罚款没有法律依据的原因之外，主要在于行政机关的财产来自纳税人，罚款后责任转嫁于纳税人身上，明显不公平、不合理。同时，行政罚款收回国有，从财产归属、财产来源上看，有人形象地将对行政机关罚款比喻成"无非是将左口袋的钱放入右口袋之中"，没有任何意义。在我国现行的财税体制、行政管理体制下，对行政机关罚款也没有实际可操作性。

3. 增设刑事法律责任

有学者认为我国的反垄断法应当遵循"慎刑原则"，采用非刑事化的立法模式。但是，垄断特别是行政垄断行为严重侵害自由竞争秩序，刑事责任作为最为严厉的责任方式对于该种违法行为自然不能缺位。因此，对垄断、行政性垄断进行刑事制裁是有必要的。有学者建议，应当在我国刑事法律中设定专门的罪名对行政垄断进行控制，并将其定名为"行政性限制竞争罪"。[1] 此建议在修订刑事法律法规中可予以参考。

行政垄断与科学立法、严格执法、公正司法、全民守法的法治理念相去甚远，更与法治政府的要求背道而驰。对于该种行为应当从严执法，加大处罚力度，建立科学完善的法律责任体系。当然，对其根治还需要多种手段并用，更需要政治、经济体制改革的全面深入。

行政性垄断也不必然减少社会福利，也可能增加社会福利，例如，新加坡通过提高行政效率，把大量资源用于提供社会产品，这里面就存在大量的行政性垄断。关键是，行政权力是否受到足够约束，垄断是否合法。

---

[1] 沈悦志. 反行政性垄断探析 [J]. 宁夏社会科学，1998 (3)：36.

第八章

反垄断法适用除外制度

第一节 反垄断法适用除外制度的概述

一、反垄断法适用除外制度的概念

反垄断法适用除外制度作为反垄断法的一项基本制度在各国反垄断立法中均得以确立。所谓反垄断法适用除外，亦称适用豁免（exemption），是指在某些领域对某些事项不适用反垄断法。具体而言是指在某些特定行为或领域中法律允许一定的垄断状态及垄断行为存在，即对某些虽属限制竞争的特定协调或联合或单独行为，反垄断法不予追究的一项法律制度。

反垄断法适用除外制度是随着各国社会经济发展的实际情况，根据实践要求，而不断调整和变动的，并且从总体上看，随着人们对竞争的认识加深，在自然垄断和合法垄断的领域也尽量引入竞争机制，反垄断法适用除外制度从世界范围看有不断缩小的趋势。

二、反垄断法适用除外制度的理论基础

（一）反垄断法适用除外制度的经济学基础

从市场经济体制及价值规律的角度考虑，人们曾普遍认为垄断都是有害的，并一味地追求完全竞争模式而完全排斥垄断。但随着经济实践的发展和人们认识水平的提高，竞争和垄断的两面性逐渐凸显出来，即竞争虽有显而易见的积极作用，但在某些领域也会存在消极作用；而垄断同样也不仅有消极的一面，还有积极的一面。有学者指出："反垄断法反对的并非一般意义上的大企业，而是任何独占市场的企图，它所努力消除的并非简单的企业优势，而是借助该种优势对于竞争机制的扭曲与蹂躏；它限制的并非企业通过先进

的技术、优秀的经营策略等正当商业行为获得的市场支配地位及高额利润，而是其出于减灭竞争压力、长期轻松获取垄断利润的目的，以非正当的方式对于该地位的维持与滥用；它所保护的并非弱小企业的弱小，而是保证它们获得平等的发展机会。"❶

由此可知，反垄断与促进规模经济是不矛盾的。依照国家的产业政策和其他经济政策，在某些领域需要避免过度竞争，因为，在这些领域里进行自由竞争无益于公共利益，对社会经济发展和国计民生均不利，而进行适度的垄断则是符合公共利益的。经典的西方经济学理论，将市场结构划分为四种具体形态：完全竞争、完全垄断、垄断竞争、寡头垄断。完全竞争和完全垄断的市场结构均有其理论上的合理性但缺乏现实性，现实的市场结构是处于二者之间的垄断竞争和寡头垄断，在产品差别化条件下，寡头垄断实质上也是垄断竞争。这一点是经过产业组织学派充分论证了的。因此，经济学家们常说"垄断竞争是特别重要的"。

垄断竞争是在旧经济中常见的一个特征，同时这一特征在新经济（又称知识经济）时代表现得更为明显。"新经济"指三个相互区别又相互联系的行业，第一个是计算机软件的制造业；第二个是由以 INTEL 网为基础的企业（包括 INTEL 网接入提供者、INTEL 网服务提供者和 INTEL 网内容提供者）构成，第三个则是以提供用来支持上述两个行业的通讯服务和设备的行业。这些行业主要生产智慧财产，即计算机代码，而非实体性的物品（通讯设备是例外）。智慧财产的特征是固定成本相对应于边际成本而言很大，但是一旦创造出来，生产额外拷贝的成本很低。❷ 新经济的这一特征决定了创新的成果只有通过获取市场垄断力量，才能产生营利，如果缺乏市场垄断力量，市场主体将收不回投资。为了竞争，市场主体只能将创新产品的价格压低至边际成本，从而无法弥补其高额成本，长此以往，新经济的动力创新将不复存在，在此意义可以说：新经济发展依靠创新，创新需要垄断，新经济时代垄断的普遍存在是不可回避的事实。❸ 新经济时代技术的更新可谓一日千里，而垄断的取得更多是依靠知识、技术、信息、创新意识等"知本"。这种垄断地位事实上是很难保持的，正如克鲁格曼（P. Krugman）所言："当你在通用汽车公司干，你知道你的竞争对手是谁，他们在干什么。但是，如果你从事电子或

---

❶ 王日易. 论反垄断法的一般理论及基本制度 [J]. 中国法学，1997（2）.
❷ 理查德·A. 波斯纳新经济中的反托斯 [M]. 王传辉，译. //漆多俊. 经济法论丛（第6卷）. 北京：方正出版社，2002.
❸ 曼昆. 经济学原理 [M]. 北京：北京大学出版社，1999：234.

诸如此类的行业，那么可能打败你的对手的名字你连听也没有听说过，这样你就不可避免地一直承受着竞争的压力。"可见，新经济时代垄断是绝对的，竞争是相对的。

反垄断法适用除外制度正是法律对垄断的双面性作出的回应，是维护有效竞争、追求反垄断与促进社会经济发展有机统一的必然选择，即反垄断法及其他专门性法律在对有害的非法垄断给予打击禁止的同时，利用适用除外制度对有益的合法垄断予以保护和促进。特别是发展中国家，在国际贸易竞争中，与发达国家相比，处于弱者的地位，如果能够善于利用反垄断法的某些制度将会有助于增加其国际竞争力。

（二）反垄断法适用除外制度的法学基础

反垄断法适用除外制度体现了反垄断法对多元价值的追求与协调，反垄断法适用除外制度与反垄断法终极价值目标的一致性是其存在的法学基础。

社会本位是反垄断法及其适用除外制度的根本价值取向。所谓社会本位就是"在对经济关系的调整中立足于社会整体，在任何情况下都以大多数人的意志和利益为重"，以社会利益和社会责任为最高准则。反垄断法的终极价值目标是通过对竞争秩序的维护，优化配置资源，实现社会的整体效益，这也是经济法的根本价值。而适用除外制度的根本目标也同样是社会整体利益，它的灵活性可以补充反垄断法在维护国家整体经济利益和社会公共利益方面的不足。其次，效率与公平的协调是反垄断法适用除外制度的任务。对公平和效率的协调是法律的重要使命之一。反垄断法适用除外制度允许有利国民经济的垄断，可以提高社会整体效率、促进经济发展；同时遏止妨碍社会整体效益的垄断行为，保障市场主体的公平竞争，以激发并维持持久的效率，因而，反垄断法适用除外制度注重的公平是实质公平和社会公平，注重的效率是社会整体效率。最后，反垄断法适用除外制度是立法技术的选择。由于竞争和反竞争的形式复杂多样，其利弊难以一概而论，因而在各国的反垄断法中，没有一个立法者能够用非常明确的概念和规定将需要禁止的垄断囊括在内，同时又能将应准予存在的垄断排除在外，只能通过适用除外制度将不必反对的垄断予以明确，这是立法技术选择的必然结果。

（三）反垄断法适用除外制度的政策基础

竞争法的制定、修改和执行，必定与竞争政策密切相关联，而竞争政策又必须与产业政策、社会政策和其他政策目标相协调。反垄断法适用除外制度是对一国当前诸种利害关系进行的协调和选择，是为了维护国家整体经济利益和社会公共利益。

一方面,由于垄断有利国际竞争力的提高,而经济全球化的发展促使各国政府放松对企业联合与合并的控制,甚至通过各种手段促进促进了企业做大做强,这种经济全球化的压力是各国放松管制,在反垄断法体系内开辟适用除外"区域"的重要现实因素。另一方面,反垄断法适用除外制度也是国家政治经济政策的选择。政治方面:为了确保国家的安全和稳定,需要对特定领域实行不同程度的垄断,如对军工、能源、公用事业等领域的某些组织和行为予以适用除外。经济方面:反垄断法受到了各个时期经济形势、竞争政策、产业政策、贸易政策甚至经济学说的较大影响,从而便表现出较强的不确定性。反垄断法的适用除外制度集中体现了这一点。

三、反垄断法适用除外制度的价值目标

(一) 社会公益价值

反垄断法适用除外制度在于合法垄断在经济学上的合理性,其价值目标首推社会公益价值。在经济学看来,尽管垄断是作为竞争的消极作用方面而存在的,但垄断作为竞争的对立面,在某种程度上,竞争的消极方面正是垄断发挥积极作用的领域。依照国家的产业政策和其他经济政策,在某些领域需要避免过度的竞争。因为,在这些领域进行自由竞争无益于公共利益,对社会经济发展和国计民生均不利,而进行适当的反垄断则是符合公共利益的。例如,在某些经济领域中,过分的竞争会造成巨大的社会资源浪费,牺牲了应有的规模经济效益,或者影响到一国的国际竞争力等。在经济法中,反垄断法以"维护效益、弘扬竞争"为根本宗旨。但涉及某些关系国计民生且成本极高的产业中,如邮电、通讯、自来水、铁路等公用事业以及银行、保险等社会影响大的产业允许存在垄断状态,这纯粹是出于"社会公益"的价值的考虑。上述领域排斥了"过度竞争",提倡和保护"规模经济",让"自由竞争"和"(个体) 效益价值"暂时退居次要地位。反垄断法正是侧重于从社会整体角度来协调和处理个体与社会的关系,这必将有利于国民经济稳定和有序地运行。我国台湾地区 1999 年"公平交易法"第 14 条明确将"有益于整体经济和公共利益"的"联合行动"排除在反垄断之外。德国 1998 年《反对限制竞争法》第 8 条"部长特许"的根本理由就是"出于整体经济和公共利益的重大事由必须对竞争进行限制"。由此可见,社会公益价值是蕴涵在当代反垄断立法中的。

(二) 公平与效益价值

这里的公平指的是实质公平和社会总体公平。社会总体公平是从社会整

体来看待公平,而不是从个体的角度衡量,个体公平的总和并不必然产生总体公平。因此,有时为了实现总体公平,必须对个体公平做一些限制甚至禁止。这里的效率,指的是经济效益,且主要指的是社会总体经济效益。为了总体效率,法律当然重视个体、团体效率;但总体效率并不总是与个体、团体效率相一致,因此,为了总体效率,有时需要限制和牺牲某些个体和团体效率。随着经济全球化的迅速发展。反垄断法中的"效益"的内涵与外延也在不断丰富与扩展,不仅从市场主体的微观经济效益扩展到社会整体利益(尤其是广大消费者利益),而且将"生态效益""国际竞争力"纳入其中。例如,法国1987年《公平交易法》第41条"竞争危害与利益评估"中就明文规定:"竞争审议委员会评估结合计划,是否对经济进步带来充分贡献,而能弥补对竞争所造成的损害。该委员会对涉案企业面对国际竞争的竞争力,应予考虑。"

在效率与公平这两者的关系上,效率优先、兼顾公平是现代法律制度的基本理念之一。在市场经济条件下,效率与公平之间存在既对立又统一的关系。一方面,以效率为标准配置社会资源,提高效率,增加社会财富总量。在此基础上才有可能实现高层次的公平,即共同富裕。另一方面,如果把效率绝对化、不考虑公平,就可能导致收入悬殊、两极分化乃至社会不稳定,以至于从根本上损害效率。这种源于经济利益的价值张力必然表现为政治价值上的张力,并表现为政策选择的两难。这就需要以法律的形式缓和二者之间的张力,增强其互补性,实现效率与公平这两种价值取向的理性平衡。对于发展经济中国家而言,反垄断法设立适用除外制度,必须把提高效率、发展经济放在优先位置予以考虑。正确处理好反垄断与发展规模经济的关系、反垄断与保护幼稚产业的关系,同时,还必须兼顾公平,让市场主体在平等的条件下公平竞争,以激发并保持持久的效率。

(三) 伦理道德价值

从社会规范的意义上来讲,法律与道德伦理是人类社会两类基本的社会规范;从法的价值层面上来说,伦理道德是衡量法的"良""恶"的价值标准。道德与法的关系可以从上述两个方面作全面的把握,这两个方面又是相互关联的。从第一个方面来讲,在中国古代思想家的学说中,儒家主张法律必须建立在道德的基础上。正如孔子在《论语·子路篇》中所言:"礼乐不兴，则刑罚不中；刑罚不中，则民无所措手足。"❶ 儒家还进一步把制约法律的道德视为人类的普遍道德，并归纳为"仁、义、礼、智、信"。❷ E. 博登海默认为："尽管我们可以假定所有或大多数社会都以某种形式将法律规则与道德准则区别开来，但并不总是能够严格而准确地划出上述两类社会规范之间的界限的"。❸ "法律的制定者们经常会受到社会道德中传统的观念或新观念的影响……这种道德中的大多数基本原则不仅已几乎不可避免地被纳入了法律体系之中，而且在那些已成为法律一部分的道德原则与那些处于法律范围之外的道德原则之间有一条不易确定的分界线。"❹ 他进而认为美国"在不公平竞争法中，近年来由法院和立法机构所进行的一些变革，必须归因于道德感的加强与精炼，同时伴随着进行这些变革的还有一种信念，即商业社会必须依靠比道德谴责更为有效的保护手段，才能抵制某些应受指责的毫无道德的商业行为。"基于此，可以得出这样的结论，在"变革"中"加强与精炼"了"道德感"的反垄断法，正是反映了法与道德的另一个方面的关系，即这时道德便成为衡量法律的价值体系之一；这些"具有实质性的法律规范制度，其目的是保证和加强对道德规则的遵守，而这些道德（伦理）规则（的价值）乃是一个社会的健全所必不可少的"。正是基于这种法律理性考量，当今世界许多国家都在其反垄断法中规定某些特殊组织和自由职业者，例如，律师、医生、会计师等应有自己的道德规则和职业操守，放弃盲目的价格竞争。因为这种竞争例外有利于维护社会伦理道德价值。

四、反垄断法适用除外制度的审查原则

反垄断法适用除外制度的审查原则，是指反垄断法适用除外制度之前对竞争行为进行审查时应当遵循的原则和规则。反垄断法适用除外制度的审查原则是其价值取向的集中体现和反映，主要包括有效市场原则、社会公共利益原则、合理原则以及对消费者的特殊保护原则等。

（一）有效市场原则

这是反垄断法适用除外制度审查的一项基本原则。反垄断法维护的市场竞争应当是最有效的竞争而不是无序的竞争或者无竞争。美国经济学家 J. M.

---

❶ 礼就是指各种礼节规范，乐则包括音乐和舞蹈。乐是中国古代文明的重要组成部分。中华"礼乐文化"奠定了中国成为"礼乐之邦"，也即"礼仪之邦"。

❷ 文明，彭秀英. 论社会主义法与道德的统一性 [J]. 湘潭大学学报：哲学社会科学版，1996 (2)：91.

❸ 蒋锦洪. 把握公平正义在联系法律与道德中的纽结作用 [J]. 齐鲁学刊，2008 (5)：69.

❹ 仲崇盛，宋戈. 论"依法治国"中法律与道德的关系 [J]. 理论与现代化，2001 (1)：68.

克拉克（J. M. Clark）在1940年发表的《论有效竞争的概念》一文中提出了有效竞争（Workable Competition）的竞争模式理论，他认为有效竞争是一种能够充分发挥市场效力的竞争模式。判断其是否有效的标准是这种竞争不仅能够带来经济上的效益还能根据市场现实予以实现。有效竞争模式给反垄断法提供了一个选择和考量的新模式，而且经济进步成了重要的考量目标。它从现实的角度分析了一些对竞争有效性认识的误区，并批判了限制竞争只有负面影响的观点和占有垄断地位就会丧失科技创新的动力和潜力等观点。有效竞争理论提出了一种比较和选择分析模式，它没有把竞争自由作为唯一的目标，改变了传统上只按照"完全竞争模式"被动寻求改造现实市场结构的方案。

这个原则用于在适用除外制度进行审查时，判断和衡量哪种选择更合理、更有效率。有效的市场竞争不仅能够产生经济上的效率，还能产生社会效率；不仅能够反映竞争公平，还能够反映社会公平。只有这种竞争才是最有效的竞争，而有效的竞争也有垄断的产生，有效的市场也会有垄断的存在。只要没有损害市场效率的就是合理存在。

（二）社会公共利益原则

这是一项重要原则，是社会中各种合法利益的综合和统一。反垄断法适用除外制度是建立在垄断存在合理性的基础上的，这种合理性不仅指垄断在经济上能够取得效益，更重要的是垄断能够取得社会效益。所谓社会效益是指垄断的结果具有的社会有效性和有益性，即能够满足社会公共利益。在某些领域里，过度的竞争无益于公共利益，而适当的限制竞争是有意义的。反垄断法适用除外制度的审查原则就是要以社会公共利益作为价值目标进行权衡。例如，对某些与国计民生密切相关的行业（公共事业、银行业、保险业、农业等）允许垄断的存在，就是出于社会公共利益的考虑。

（三）合理原则

这是直接把社会公平的价值取向融入审查中的一个原则，甚至直接采用了社会公平价值进行评判。合理原则在美国确立后被世界各国反垄断法所采用，对各国反垄断法的发展具有十分重要的作用。由于用"合理原则"来判断并非易事，在司法实践中美国司法界逐渐形成了一套衡量合理与否定的标准，并在分析所有协议时对以下情况视为例外：使用本身合法原则的协议；由于政治行为或国家行为而豁免；不产生限制贸易的协议。

反垄断法的一个重要特征在于它的发展与经济学理论密切相关，原因在于，在认定被指控行为是否实质性的限制竞争时，必须结合系统的经济理论分析，而非简单的通过法条的语言描述就可以分析清楚。具体而言，对某些限制竞争行为案件，反垄断主管机构或法院应具体地、仔细地考察和研究相关企业的行为目的、方式和后果，以判断该限制竞争行为的合理与否。如果经调研认为该限制竞争行为属于"不合理"地限制竞争，则该限制竞争行为构成违法而将被禁止；如果经调研认为该限制竞争行为属于"合理"地限制竞争，则该限制竞争行为属于合法的限制竞争行为，应当得到许可。合理原则更加注重价值判定，在认定是否存在垄断行为时，并不是简单的法条对照，而是通过合理性审查，只要能够证明该限制竞争行为所带来的正面利益多于负面损害时，就可以认定该垄断行为是合理的。

（四）对消费者的特殊保护原则

在整个市场经济中，垄断行为直接损害的是市场竞争秩序，但最终受到损害的则是消费者利益。如果垄断行为反而使消费者在购买、使用商品或者接受服务时所享有的利益更大化，或者更快享有了技术进步带来的便利，即垄断能够促使市场主体不断提高劳动生产率、创造出质优价低的商品或服务进而获取市场份额，消费者还可以从中获益的，那么该垄断是合理的。

第二节 反垄断法适用除外制度的适用

一、反垄断法适用除外制度的满足条件

反垄断法适用除外制度的对象必须满足以下要件：一是根据反垄断法的一般性规定属于限制或禁止的行为；二是该种行为的宏观经济利益大于其限制竞争所造成的损害；三是法律规定其不适用反垄断法限制和禁止性规定，或者依照法律规定的程序认可其适用反垄断法除外的规定；四是行为因适用除外而取得合法性。这是判断一个行为是否属于反垄断法适用除外制度适用对象的一般标准。

如果一个垄断行为表明有更大的价值（宏观经济利益）取代了原来的价值（竞争产生的利益）时，就不能不对该种行为的适法性另行评价。

二、反垄断法适用除外制度的对象

（一）自然垄断行业

自然垄断行业通常是指，面对一定规模的市场需求，与两家或更多的企

业相比，某单个企业能够以更低的成本供应市场。现实中的自然垄断行业以公用事业为主，如供水、供电、煤气供应等，辅之以其他一些特殊产业。这些自然垄断行业的初始投资往往十分巨大，如果任由市场竞争机制发挥作用，政府不加以适当规制，可能会产生不利于社会福利改进及资源最优配置的结果。

自然垄断行业有以下四个方面的特征：①垄断性。自然垄断行业一般都是规模经济较明显的行业，即规模愈大，生产成本就愈低。例如，煤气公司要输送煤气，就必须铺设管道，而铺设管道的成本是非常高的，但一旦铺设完毕，向管道泵注入更多的煤气则不需要更多的资金注入，以至于边际成本趋向于零。同时，自然垄断行业有大量的"沉淀成本"，即资金一旦投入就难以在短时期内收回，也难改为其他用途。如果多个企业之间进行竞争，势必导致重复建设，造成资源的大量浪费。因此，一般要求由一家企业进行垄断性经营。②公益性。自然垄断行业主要是为社会公众提供公共服务的行业，它所提供的私人边际效用（MPB）小于其社会边际效用（MSB）。如电力产业所提供的效用，就不仅仅为电力消费者所享有，而且还对整个社会的生活和生产、整个社会的正常运转具有至关重要的作用。③不可选择性。由于自然垄断行业的经营者一般都是唯一的，因此对消费者来说，这些服务具有不可选择性。要么接受经营者确定的交易条件，要么就不与其发生交易关系。④部分业务具有可竞争性。并非自然垄断行业的所有业务都具有自然垄断性，有些业务是可竞争的。如电力业包括电力设备供应、电力生产（发电）、高压输电、低压配电和电力供应等多种业务领域，这些业务中只有高压输电和低压配电属于自然垄断业务；而电力设备供应、电力生产和供应则属于竞争性业务。

随着经济的发展，许多典型的自然垄断行业纷纷开始引入竞争。自然垄断行业的企业竞争共存现象对传统的自然垄断理论提出了挑战。

（二）银行业与保险业

对银行业与保险业的反垄断法适用除外的重要法律依据是社会整体利益。银行业和保险业不仅是国家的经济支柱，而且也是公众生存和发展的必要保障。特别是保险业通过对经济损失的平均分配来满足人们转嫁风险的要求，从而实现重要的经济补偿功能。[1]

然而，在金融市场存在市场失灵和信息不完全等缺陷，过度的竞争势必

---

[1] 亚当·斯密. 国民财富的性质和原因的研究（下卷）[M]. 北京：商务印书馆，1997：318.

造成金融市场的低效率，金融机构的频繁倒闭会造成整个社会的恐慌。同时，银行业和保险业都是高负债性和高风险行业，在世界经济发展史上，银行的倒闭都带来了巨大的影响。而且由于信任缺失引起的银行挤兑风波会在全世界的银行业务金融业产生"多米诺骨牌"连锁反应。相反，银行业务、保险业的正常发展会给整个社会带来福利。因此，维持二者的有限的竞争，对二者的垄断进行容忍是必要的。当然，这种适用除外仍然以形式上有限制竞争的后果但实质上是有利于竞争，或者有利于整体经济和社会利益为前提。

(三) 农业

这里的农业是广义上的农业，包括狭义上的农业、林业、畜牧业、渔业。农业在一国国民经济中处于基础地位，关系着人们最基本的生活需要和国家的经济安全，农业的健康平稳发展是保证一国整体经济持续健康发展的前提和基础。农业作为一个特殊行业，除了要投入劳力、资本等生产要素以外，还在很大程度上依赖于自然条件，农业生产受到自然条件的强烈影响，因此，农业往往是一个非常脆弱的行业。此外，农业生产的生产者很难转产，很容易因为信息不对称而使产品滞销，供需失衡难以克服。而农产业又缺乏替代性，供需失衡很容易造成价格的严重波动和社会经济的波动。当供给严重短缺时产品价格上涨，给社会经济造成压力，影响居民的生产质量。反过来，当供给严重大于需求时产品价格下跌，又会使农业生产者遭受严重损害，造成所谓的"谷贱伤农"。由于农业所具有的这种重要性和特殊性，各国政府对农业都采取鼓励和保护的政策。在竞争法实施中，各国都对农业网开一面，允许农业生产之间开展多种形式的合作，从而避免激烈竞争给农业生产者的利益以及农业发展所带来的负面影响。因此，农业是反垄断法适用除外制度适用的重要领域。

(四) 知识产权领域

知识产权的适用除外主要有两种情形。

一是知识产权的本身适用除外，也就是合法垄断。知识产权具有独占性不仅是其本身特点决定，也是法律赋予的一种权利。英国1623年的《专利法》是世界上最早的专利法，该法又被称为《垄断法》，因为这是赋予技术垄断的法律。美国有判例对专利权垄断的合理性进行了解释："单个的生产者可能是一组活跃的竞争者中的幸存者，他仅是借助了其过人的技艺，预见能力和勤奋。在这样的情形中可以很有力的争辩：尽管结果可能是公众不得不面对垄断所带来的恶，但是法律却不能谴责作为结果的这些非常的力量，因为形成这样结果的竞争过程正是法律所要实现的主要目标……成功的竞争者，由于在此之前一直被鼓励竞争，因此一定不能因赢得竞争而被攻击。""一项专利，依照法律，属于财产。没有任何法律将专利描述为一种垄断……以专利表示的财产权，像其他财产权一样，可以违反反托拉斯法的方式被使用，但这种情况并不会在确立这种财产权的法律和反托拉斯法之间造成冲突……将专利说成是一种专利垄断权或将专利描述为反垄断一般规则的例外是一种故意制造混乱的做法。"❶ 当然，这种说法属于为了说明问题而带有夸张性的说法，实际上人们还是经常提到专利垄断权，而专利权属于反垄断法适用除外的重要领域也是通说。

可见，允许知识产权合法垄断是基于以下几种因素的考虑：①知识产权的独占性是其本质特点而无法改变。同一项知识产品，不允许有两个或者两个以上的同一属性的知识产品并存。②知识产权是一种创新机制。知识产权旨在促进产品的制造者不断创新，不断满足市场和消费者的需要。③知识产权也是一种激励制度。知识产权通过授予私人权利，使所有权人得到了很多的益处，这种益处为其独有，对于个人也是很大的激励，而这种激励的集合就发生了整体的社会效应。因此，在知识产权正当使用的情况下，其权利行使不受反垄断法规制，只有在权利滥用的情况下，才受反垄断法规制。世界上很多国家有类似规定，如日本《禁止私人垄断及确保公正交易法》第23条规定：该法不适用于正当行使专利法所规定的权利的行为。

二是基于知识产权对公共利益等因素的考虑而给予的适用除外。这主要是基于：①知识产权权利的行使是否超出了合理使用的界限。②知识产权的行使所造成的对竞争的限制是否超出了必要的限度，也就是知识产权权利的行使带来的经济和社会效益是否大于限制竞争所造成的损害。③知识产权的行使是否有利于公共利益。④知识产权的行使是否有利于综合国力的提高。

（五）对外贸易领域

为了保护本国利益，增强本国出口实力，各国都对对外贸易中以出口卡特尔为主的限制竞争行为持豁然态度，将其纳入反垄断法适用除外的范围。例如，许多国家允许本国的出口经营者就出口商品的品种、数量、价格、出口地区等事项进行协调并达成卡特尔。从一般意义上讲，出口卡特尔限制了出口经营者之间的竞争，破坏了竞争的自由和公平，也损害了进口国的利益和国际贸易秩序。但是这种出口卡特尔却可能给出口国带来好处，出口卡特尔协调了出口国各企业的立场，可以有效增强该国企业的国际竞争力，有利

---

❶ 郭德忠. 专利许可的反垄断规制 [M]. 北京：知识产权出版社，2007：22.

于增进出口国在国际贸易中的利益。❶ 对外贸易的适用除外是世界各国反垄断法的习惯做法,但由于各种利益冲突,也发生了变化。

随着世界经济和贸易的发展,对外贸易反垄断法适用除外出现弱化的趋势。

(六) 特殊的垄断协议

由于技术条件、产业结构、国家安全、民主自由及其他各种原因,反垄断法对农业、信贷、保险、知识产权、体育等某些公用公益事业领域只部分适用。这些大多关系国计民生的重要行业,存在首期投资大、回收周期长等特点,完全引入竞争机制可能导致社会资源浪费并损害消费者权益和社会公共利益,因而受反垄断法的豁免。但其实施的明显损害用户、消费者或其他经营者权益的行为仍受反垄断法的规制。

1. 不景气的垄断协议

宏观经济形势是影响企业发展的重要因素。如果宏观经济不景气或者发生经济危机,企业将面临需求萎缩、价格竞争激烈等恶劣的市场环境,使其利润减少、亏损甚至倒闭。而通过垄断协议来克服经济危机或经济不景气一直是卡特尔赞成派的一个重要理由。设立不景气卡垄断协议适用除外制度来源于这样的认识:本来在市场经济的周期性经济危机中可以淘汰非效率的市场主体,使社会的总需求与总供给回复平衡。但是,当危机特别严重时,就会在特定的产业导致不仅是非效率的企业破产,也会导致优秀企业的破产,使该产业整体陷入毁灭的困境。为了避免这种现象的发生,政府有必要在确定一定的法律要件的前提下,允许生产者以限制生产、销售量为目的的垄断协议行为存在。

2. 合理化垄断协议

经营者通过垄断协议限制对新技术、新设备的购买,或者限制对新技术、新产品的开发,是减少竞争、破坏竞争机制的行为,同样属于典型的垄断协议。但这是使经济过程合理化的协议决议,该协议和决议适用于从根本上提高参与企业在技术方面、企业经济方面或组织方面的工作效率或经济效益,并因此能改善对需求的满足为限。参加结盟的企业在技术、营销及企业结构等方面合作,以便充分合理地利用各企业的优势资源,从而提高效率和产量,以满足消费者的需求。开发新技术、新产品,有利于降低成本,提高生产效率,是一种有效的竞争手段,也有利于保护消费者的利益。

---

❶ 游钰.卡特尔规制制度研究 [M].北京:法律出版社,2006:191.

3. 标准化垄断协议

标准化垄断协议是指经营者为降低成本、改良品质或提高效率，统一商品规格或型号的共同行为。统一商品规格或型号有助于企业从事大规模生产和标准化生产，有助于提高原料、质量管理的效率，也将促进企业在产品质量、价格等方面的竞争。使用统一标准合同条件，但不涉及价格或价格构成的合同和决议。标准化垄断协议可以得到豁免，因为它们虽然限制了同类产品在不重要方面的竞争，但由此却强化了在产品主要方面如价格和质量方面的竞争，从而被视为具有推动竞争的作用。鉴于生产自动化和产品标准化的发展趋势，标准化垄断协议在人们经济生活中有着重要的意义。

4. 专业化垄断协议

经营者为促进生产经营合理化而进行专业化分工协作的行为。专业化垄断协议兼有节约成本和规模效益的好处，有助于提高原料管理效率及质量管理效率。

5. 中小企业垄断协议

反垄断法保护中小企业利益。在同大企业竞争的过程中，为弥补中小企业在实力上的不足，反垄断法为中小企业提供特殊合作便利。如果未从实质上妨碍竞争，中小企业为提高竞争力而采取的各种合作形式都是允许的。

6. 进出口垄断协议

进出口垄断协议是为保护本国利益而订立的有关进出口方面的协议。单纯的和不影响国内市场的出口垄断协议属于合理的垄断。对国内市场有影响的出口垄断协议，若该影响对提高企业的国际竞争力是必要的，出口垄断协议也可以得到批准。

7. 农业领域垄断协议

农业是弱质产业，这是因为农业的农产品生产周期长、对环境影响大、回报见效慢。同工业相比，农业中大企业数目要比工业大企业多得多，几万个、几十万个大农场分散在全国各地。它们不可能同工业中的大企业那样达成协议，形成少数几个垄断组织去控制整个农业部门生产。各国政府对农业都采取鼓励和保护的政策，农业领域中的垄断协议成为竞争法豁免的类型。在欧共体中，不仅不限制农业生产者之间的垄断协议，还对其采取特殊的扶持政策。

8. 体育领域垄断协议

根据经济学市场类型划分的一般理论，职业体育市场属于垄断市场，职业体育联盟是一种典型的垄断性组织。职业体育反垄断豁免问题是一个涉及体育、经济与法律的复杂问题，具有独特的理论基础。虽然在我国反垄断法中对于职业体育反垄断问题并没有直接明确的规定，但作为市场经济的基石，反垄断法具有普适性。当前，我们有必要思考职业体育的反垄断及其法律豁免问题，研究如何在竞争法的框架内既保持职业体育自身发展所需要的特殊竞争机制，又能平衡相关各方的利益，为人们提供精彩的体育赛事，在市场经济的法治框架下又好又快地发展。

9. 公共利益垄断协议

社会公共利益的范围非常广泛，除了法律所列举的节约能源、保护环境、救灾救助，还可以包括产业安全、技术进步、公共健康、增强本国经济的国际竞争力。公共利益垄断协议是因天灾、战祸以及国家从整体经济和公共利益出发而必须限制竞争的协议。保护公共利益是反垄断法的一个重要目的。公共利益垄断协议是出于整体经济发展和其他社会公共利益方面的重大需要，必须采取合作协议的措施不得已而限制竞争的，只要实质上没有危害竞争，并且协议所带来的利益超过对竞争的限制所造成的损害，这个协议就可以得到豁免。如20世纪70年代，以波音为首的美国飞机制造公司几乎占领了全球市场的90%。欧洲任何一国的飞机制造企业根本就不是其同一级别的竞争对手，无法与之抗衡。跨国整合、缔结战略联盟成为当时欧洲航空制造企业唯一的出路，于是英、法、德、西班牙四国于20世界70年代用各自的国有航空制造企业跨国组建"空中客车"，由英国生产机翼、德国生产机身、法国生产座舱和电子系统、西班牙生产尾翼，四国政府每年也给空中客车以大量的补贴。这一联盟吸纳了欧洲一流的飞机制造技术和优秀人才。到20世纪90年代初期，空中客车的市场份额已经从14%上升到20%~30%。

三、我国反垄断法适用除外立法现状

(一) 立法概况

《反垄断法》对适用除外做了较为系统的规定，包括第7条对国有垄断行业及专卖行业的规定，第15条对垄断协议的豁免规定，第55条对知识产权的豁免规定以及第56条对农业经济活动的豁免规定。有学者认为第28条后半部分属于对经营者的集中适用除外，[1] 其实不然，《反垄断法》第28条规定："经营者集中具有或者可能具有排除、限制竞争效果的，国务院反垄断执法机构应当作出禁止经营者集中的决定。但是，经营者能够证明该集中对竞

---

[1] 谢国旺. 国际反垄断法适用除外制度探究 [D]. 北京：中国政法大学，2009.

争产生的有利影响明显大于不利影响，或者符合社会公共利益的，国务院反垄断执法机构可以作出对经营者集中不予禁止的决定。"由此可以认为，第28条后半部分属于反垄断执法机构在审查经营者集中时作出判断的实质性标准的规定，它明确赋予了经营者一定的抗辩理由，但这仍属于经营者集中申报、审查程序的一部分，而不是反垄断法适用除外的规定。正如有学者指出："所谓的豁免制度，主要指竞争协议和滥用支配地位行为的豁免，合并制度中专门有申报和核准的规定，此外再无其他豁免情况。"[1]

（二）适用除外的范围

1. 国有经济占主体地位的关系国民经济命脉和国家安全的行业以及依法享有专营专卖的行业

《反垄断法》第7条第1款规定："国有经济占控制地位的关系国民经济命脉和国家安全的行业以及依法实行专营专卖的行业，国家对其经营者的合法经营活动予以保护，并对经营者的经营行为及其商品和服务的价格依法实施监管和调控，维护消费者利益，促进技术进步。"从字面上看，该条似乎没有提到对国有经济占主体地位的关系国民经济命脉和国家安全的行业以及依法享有专营专卖的行业适用除外，但"国家对该经营者的合法经营活动予以保护"，就是对这些行业的垄断状态的豁免。当然，这和我国《反垄断法》对"独占"的控制采取行为主义是一致的。能够独占资源是市场经营者独特竞争优势的重要来源。行为主义是对独占可能的或者确定的社会和经济后果的一种观点，是和解构主义相对的。解构主义认为，独占具有持久的和固有的损害，容易导致低产量和高价格，最终必然导致资源的无效配置。采用这种观点的独占政策将防止的对象定位在市场结构上，强调结构—行为—绩效模式，采取防止出现独占地位或者对业已产生独占地位予以拆除的竞争政策。相对的，行为主义认为，从整体上说，独占结构并不总是对消费者和经济具有损害作用，只有在企业达到非常大的市场规模时，才能实现规模经济，而且，独占可以通过效率、发明和对需求的反映而获得。也就是说，独占可能是竞争机制的最终结果，在此过程中最成功的参与者吃掉了效率较低的竞争对手。但是独占力量也可能不是通过自由竞争，而是通过不公平竞争方法获得的，这些方法是使有效率的企业丧失竞争市场份额的能力的方法。无论以何种方式取得，在取得独占力量后，该独占力量可能会以一种不公平的或者剥削性的方式行使，从而使整个社会丧失最有效的选择。在这种情况下，被规制的

---

[1] 孔祥俊. 反垄断法原则 [M]. 北京：中国法制出版社，2001：658.

是独占力量的取得或者行使，而不是实际的市场结构。

　　作为社会主义国家，国有经济和国有（控股）企业在我国经济中占据着十分重要的作用，例如，铁路、航空、能源、电信、烟草和食盐等特许行业都是关系国民生计和经济命脉的行业，因此，这些企业受到国家的重点保护。虽然这些行业处于垄断地位，但国家保护其正常发展，以保持这些行业在我国的经济控制地位。《反垄断法》第18条的规定是为我国的主要产业政策服务的。有学者指出，电力、邮政、铁路运输、自来水、煤气等行业，其垄断地位的形成和维持，都离不开政府干预。因为在这些行业，从社会利益的角度看，就宜有一家厂商来经营，阻止其他企业进入市场。如若经由调整，市场最后也必定只会留下一家企业，与其要经历痛苦的市场调整，形成社会资源的浪费，还不如开始时，在政策上即由政府公权力介入，只允许一家企业进入，对社会反而更有利。所以，政府出于产业发展需要所实施的行业准入管制是该行业形成产业垄断的重要原因，如果没有政府准入管制，即使某一行业具有规模经济，单一行业也很难形成或维持垄断地位。从这个意义上说，作为反垄断法适用除外的自然垄断行业范围的选择，既与行业自身经济特性有关，也与政府根据产业政策需要进行管制有关。[1] 当然，我国《反垄断法》第7条的规定并不限于自然垄断行业，还包含政策性垄断行业。

　　党的十五届四中全会通过的《中共中央关于国有企业的改革与发展若干重大问题的决定》，指出我国产业的发展方向是：积极探索公有制多种实现形式，增强国有经济在国民经济中的控制力，促进多种所有制经济公平竞争和共同发展。这是我国国民经济发展的一个重大转折点，体现了我党对我国公有制经济发展的产业理念。"国有经济在国民经济的主导地位体现在其控制力上"是对国有经济作用的最高度和最准确的概括。[2]

　　当然，这些行业的适用除外并不是完全绝对的适用除外，而是有限度的和附条件的。《反垄断法》第7条第2款规定："前款规定行业的经营者应当依法经营，诚实守信，严格自律，接受社会公众的监督，不得利用其控制地位或者专营专卖地位损害消费者利益。"第7条仅是对这些行业垄断状态的豁免，如果它们利用其垄断地位实施了《反垄断法》所禁止的滥用市场支配地位的行为，仍然要受到《反垄断法》的规制。

---

[1] 刘桂清. 反垄断法如何兼容产业政策——适用除外与适用豁免制度的政策协调机制分析 [J]. 学术论坛, 2010 (3).

[2] 吴振国.《中华人民共和国反垄断新法》解读 [M]. 北京: 人民法院出版社, 2007: 119.

2. 垄断协议

《反垄断法》第15条第1款规定："经营者能够证明所达成的协议属于下列情形之一的，不适用本法第13条、第14条的规定：（一）为改进技术、研究开发新产品的；（二）为提高产品质量、降低成本、增进效率，统一产品规格、标准或者实行专业化分工的；（三）为提高中小经营者经营效率，增强中小经营者竞争力的；（四）为实现节约能源、保护环境、救灾救助等社会公共利益的；（五）因经济不景气，为缓解销售量严重下降或者生产明显过剩的；（六）为保障对外贸易和对外经济合作中的正当利益的；（七）法律和国务院规定的其他情形。"第2款规定："属于前款第一项至第五项情形，不适用本法第13条、第14条规定的，经营者还应当证明所达成的协议不会严重限制相关市场的竞争，并且能够使消费者分享由此产生的利益。"

可见，我国《反垄断法》对垄断协议适用除外的立法方式采取了标准加类型的立法体例，不仅列举了可以适用除外的类型，还规定了适用除外必须达到的标准。其中，列举的垄断协议类型包括前文提到的不景气卡特尔、标准化卡特尔、专业化卡特尔、中小企业卡特尔，此外，还有为改进技术、研究开发新产品而达成的垄断协议；为实现节约能源、保护环境、救灾救助等社会公共利益而达成的垄断协议以及不限于出口卡特尔的为保障对外贸易和对外经济合作中的正当利益而达成的垄断协议，同时还设置了一项兜底条款，将其他有可能得到豁免的垄断协议概括在内。关于标准，前五种类型的垄断协议不仅要满足形式上的要求，即这些垄断协议必须是第一种至第五种类型的垄断协议，而且还必须满足实质条件，即该垄断协议不会严重限制相关市场的竞争，并且能够使消费者分享由于限制竞争带来的利益。但基于对在对外贸易和对外经济合作中的垄断协议对于增强我国的国际竞争力的作用的考虑，第六项所列举的垄断协议并没有被要求对不会严重限制相关市场的竞争以及消费者能够从中受益进行举证。

3. 知识产权

《反垄断法》第55条规定："经营者依照有关知识产权的法律、行政法规规定行使知识产权的行为，不适用本法；但是，经营者滥用知识产权，排除、限制竞争的行为，适用本法。"该条是基于知识产权本身的特殊性将知识产权合法垄断纳入反垄断法适用除外的范围，即，如果知识产权的权利人依照法律和行政法规的规定，正当行使知识产权，则不适用反垄断法。但这种适用除外不是绝对的，对于权利人滥用知识产权，排除、限制竞争的行为，仍然适用反垄断法进行规制。这也是与国际立法惯例相一致的。除了《反垄断法》

以外，我国《对外贸易法》在"与对外贸易有关的知识产权保护"一章特别规定了控制知识产权滥用的内容；《合同法》第329条规定："非法垄断技术、妨碍技术进步或者侵害他人技术成果的技术合同无效。"这些法律和《反垄断法》一起构成对知识产权滥用进行规制的法律体系。

4. 农业活动

《反垄断法》第56条规定："农业生产者及农村经济组织在农产品生产、加工、销售、运输、储存等经营活动中实施的联合或者协同行为，不适用本法。"该条对农业生产者及农村经济组织的农业经济活动规定了适用除外。农业的基础地位以及农业的自然属性决定了各国对农业实行反垄断法适用除外。我国《反垄断法》实行反垄断法适用除外主要是考虑到以下几个因素：①我国是一个农业大国，农业在我国经济中处于重要的基础产业地位。农业关系着国计民生，且我国的农业始终薄弱，扶持"三农"一直是我国的产业政策。②我国农业现代化程度不高，以小农家庭联产承包经营为基础，市场化程度和生产效率都很低，在世界经济竞争中处于落后的位置，农业经济的竞争力需要加强。对农业产品及其合作组织的适用除外就是为了提高农业生产力，促进市场的有效运行，增加市场效应，并且达到降低成本、满足社会整体需要的目的。③在我国的农业经济中如果实行自由竞争将对整个农业经济的发展有害，相反，允许某些限制竞争的行为将对整个农业经济有利。农业经济本身市场化程度很低，整体利润较少，如果允许其过度竞争势必损害农业生产者的利益，造成市场萎缩。当然，我国实行农业反垄断法适用除外也考虑了农业本身的自然依赖性和农产品的极低的替代性。

第三节 我国反垄断法域外适用的规定及其完善

一、我国反垄断法域外适用的现行规定

我国关于反垄断法域外适用的法律规定主要集中在《对外贸易法》《反垄断法》《关于外国投资者并购境内企业的规定》《国务院关于经营者集中申报标准的规定》等法律、法规中。

1994年5月12日第八届全国人民代表大会常务委员会第七次会议通过的《对外贸易法》，曾对维护对外贸易秩序、促进对外贸易发挥了重要的作用。

我国加入世贸组织后，为了履行入世有关承诺，充分运用世贸组织规则，于2004年4月6日第十届全国人民代表大会常务委员会第八次会议通过了修订后的《对外贸易法》。该法第7条规定："任何国家或者地区在贸易方面对中华人民共和国采取歧视性的禁止、限制或者其他类似措施的，中华人民共和国可以根据实际情况对该国家或者该地区采取相应的措施。"

2006年8月，商务部、国务院国有资产监督管理委员会、国家税务总局、国家工商行政管理总局、中国证券监督管理委员会、国家外汇管理局共同颁布了《关于外国投资者并购境内企业的规定》，其第53条规定："境外并购有下列情形之一的，并购方应在对外公布并购方案之前或者报所在国主管机构的同时，向商务部和国家工商行政管理总局报送并购方案。商务部和国家工商行政管理总局应审查是否存在造成境内市场过度集中、妨害境内正当竞争、损害境内消费者利益的情形，并做出是否同意的决定：（一）境外并购一方当事人在我国境内拥有资产30亿元人民币以上；（二）境外并购一方当事人当年在中国市场上的营业额15亿元人民币以上；（三）境外并购一方当事人及与其有关联关系的企业在中国市场占有率已经达到20%；（四）由于境外并购，境外并购一方当事人及与其有关联关系的企业在中国的市场占有率达到25%；（五）由于境外并购，境外并购一方当事人直接或间接参股境内相关行业的外商投资企业将超过15家。"

我国《反垄断法》第2条规定："中华人民共和国境内经济活动中的垄断行为，适用本法；中华人民共和国境外的垄断行为，对境内市场竞争产生排除、限制影响的，适用本法。"这表明我国将依据"效果理论"和"后果地原则"来处理反垄断法的域外适用问题。2008年8月3日，《国务院关于经营者集中申报标准的规定》颁布，这是《反垄断法》实施以来的第一个配套规定。根据该规定，经营者集中是指下列情形：经营者合并；经营者通过取得股权或者资产的方式取得对其他经营者的控制权；经营者通过合同等方式取得对其他经营者的控制权或者能够对其他经营者施加决定性影响。其分两项规定了需要申报的经营者集中的标准：第一，参与集中的所有经营者上一会计年度在全球范围内的营业额合计超过100亿元人民币，并且其中至少两个经营者上一会计年度在我国境内的营业额均超过4亿元人民币；第二，参与集中的所有经营者上一会计年度在我国境内的营业额合计超过20亿元人民币，并且其中至少两个经营者上一会计年度在我国境内的营业额合计均超过4亿元。经营者集中达到上述两项标准中一项的，即应当事先向国务院反垄断执法机构商务部申报，应申报而未申报的，不得实施集中。

综上所述,《对外贸易法》《反垄断法》《关于外国投资者并购境内企业的规定》《国务院关于经营者集中申报标准的规定》等法律、法规构成了我国反垄断法域外适用制度的基本框架。

二、我国反垄断法域外适用制度存在的问题

对于我国而言,反垄断法域外适用制度才刚刚起步,实践经验较少,西方国家的经验又不能完全照搬过来,所以必须明确我国反垄断法的域外适用存在哪些问题,进而不断探索符合我国国情的域外适用制度。这些问题首先表现在立法的模糊性上。

我国《反垄断法》第2条规定了我国反垄断法的域外适用制度。这种原则性规定的模糊性使得其在司法实践中很难操作。按照《反垄断法》第2条的规定,即使有关垄断或限制竞争行为在境外发生,只要其影响我国国内市场,就要受到我国反垄断法的规制。这样很可能会侵犯他国主权,而遭到他国的外交抗议或立法抵制,这样不仅没有解决问题,反而会加深国家间的矛盾与摩擦,甚至可能会演变成国家间的报复与敌对。同样模糊的立法用语使得反垄断执法机构没有一个相对确定的标准,如"限制""影响"到底达到何种程度才应受到反垄断法的规制。如若不规定一个统一确定的标准,而像美国那样将那些对国内有影响的境外垄断或限制竞争行为都进行规制,必然引发其他国家的抵制与对抗。

首先,我国立法上反垄断法域外适用的这些模糊用语,给反垄断执法带来极度不稳定性和不确定性,不利于保护国家利益,也不利于同其他国家开展反垄断执法合作。对于这种情形,需要在行政规章或司法解释中进一步地完善,例如,将"直接的、实质性的和合理可预见的影响"作为反垄断法域外适用的限制。

其次,反垄断执法机构设置也不合理,我国反垄断执法工作主要由商务部、国家发改委和国家工商总局负责,即所谓的"三驾马车"模式。在反垄断执法域外适用冲突问题上,多头执法将使这种情况更加复杂和难以解决。

再次,我国反垄断法没有规定惩罚性赔偿条款。我国《反垄断法》第50条规定:"经营者实施垄断行为,给他人造成损失的,依法承担民事责任。"我国的民事责任制度是补偿性的,力求恢复到损失产生之前的状态,但是这样的规定,对比美国三倍的损害赔偿来说显得力度不够。这种补偿性的赔偿不仅不能保护本国相关利益人的权益,也不能有效地打击国际卡特尔等跨国垄断行为,使实施垄断或限制竞争的国外主体逃避我国《反垄断法》的规制,

从而更加肆无忌惮地实施其跨国兼并或垄断行为。解决这一难题的最好办法就是设置多倍惩罚性赔偿的立法条款，以威慑国际垄断或限制竞争行为。

最后，我国《反垄断法》的域外适用同其他国家一样，也会遇到管辖权的冲突和域外执行的冲突。解决问题才是关键，一味地同其他国家针锋相对，不仅无法解决域外冲突，而且还会带来更大程度上的国家间的摩擦。对于我国来说，反垄断的执法刚刚开始，需要在执法实践中不断摸索新的道路，要做到既能保护我国的切身利益，又最大程度降低对他国利益的损害，在反垄断的国际合作中展现我国的和谐理念。这是一个漫长的摸索过程，我国的反垄断执法应向这个方向不断努力。

三、我国反垄断法域外适用制度的完善

（一）我国反垄断法域外适用应遵循的管辖原则

对域外适用原则的规定，理论界和实务界都有不同的观念。有的学者认为应紧随美国的立法趋势采取效果原则，有的学者认为不应该采取效果原则。美国反垄断法的历史表明，采取效果原则会不可避免地引起国家间的管辖权和法律冲突。我国《反垄断法》的域外适用应借鉴欧美国家的一些经验教训，在反垄断领域，我们应该针对不同情况适用不同的原则。[1] ①外国企业在国外签订的协议，但在国内履行或利用其分支机构在国内履行，并对我国的市场造成了实质性的限制竞争的影响，应该适用履行地原则。②对于分别处于境内外的跨国公司的母子公司，如果受母公司控制的子公司在国内实施了限制竞争的违法行为，可对该母公司考虑适用单一经济实体原则。③对于不属于以上两种情况的外国公司在境外实施的行为，对国内的竞争构成了实质性的影响时，可综合各种因素采纳平衡分析方法，适用对等原则。为了与规定域外效力的外国反垄断法实现对等，对于外国法院限制我国企业境外活动的司法行为，我国法院可限制该国企业的同等行为，以保护我国的国家主权和经济利益。

对于第三种情形的效果原则，在司法实践中应该慎之又慎，基于此，我国在反垄断法的相关配套法律、法规中也可考虑将外国企业在我国境外从事的垄断行为对境内市场竞争产生"直接的、实质性的且可以合理预见的"限制或者不利影响作为域外适用的基本要件。[2] 其中，"直接的"要求在我国市

---

[1] 钟娜.反垄断法的域外适用问题研究［J］.全国商情（经济理论研究），2009（6）.
[2] 王先林.论我国反垄断立法中的域外适用制度［J］.法学杂志，2006（1）.

场上所发生的影响与行为之间有直接的因果关系;"实质性的"要求对我国市场或我国的竞争或竞争者所产生的影响达到了相当的即"非不重要的"程度;"可以合理预见的"则要求以客观的一般人的标准来决定是否可以合理预见,而不是以具体的行为人在主观上是否有意图在我国发生效果或主观上有无预见在我国发生效果为准。同时,在具体执行中要求反垄断执法机构和法院权衡、分析多种相关因素。这样既有利于维护本国的国家利益,又最大限度地降低了对其他国家利益的损害。

(二) 我国反垄断法域外适用的法定要件[*]

在实践中,除了应遵循我国《反垄断法》域外适用的具体管辖原则,同时还必须符合下述反垄断法域外适用的法定要件,才能保证我国反垄断法域外适用具有合理的理论基础,从而降低其他国家对我国反垄断法域外适用的抵制。

1. 违法行为

违法行为即外国主体的行为违反了我国《反垄断法》。违法行为不仅是反垄断法适用与国内限制竞争行为的基本要件,同样应当成为外国主体行为受到我国《反垄断法》管辖的前提。因此这给我国《反垄断法》的立法工作提出了较高的要求,即如果外国主体实施的某些损害我国利益的限制竞争行为并未被我国《反垄断法》所禁止,则我国反垄断法域外适用也无从谈起。

2. 损害事实

损害事实指特定事实对我国全国或局部地区的正常市场秩序造成的足以限制自由竞争的客观损害后果。反垄断法域外适用不同于国内适用,考虑到域外适用可能产生的经济、政治等各方面影响,规定损害事实为域外适用的要件之一是合理的,也就是说即使外国主体实施了我国《反垄断法》禁止的行为,但并未造成损害事实,则我国《反垄断法》仍不能取得域外适用效力。

3. 违法行为和损害事实之间的直接因果关系

反垄断法域外适用的前提要件除违法行为和损害事实外,还要求二者之间具有直接因果关系,即损害事实的发生是由该违法行为直接引起的,即没有作为第一要件的违法行为,作为第二要件的损害事实便不会发生。同时,此处存在的涉外因素可能使因果关系的认定较一般情况更加复杂,本书认为:在反垄断法域外适用的提出审查申请阶段可以借鉴美国法院审理类似案件时所使用的"盖然因果关系说",即"受害人证明违法行为与损害事实之间存在

---

[*] 尹晓婷. 反垄断法域外适用制度分析及我国立法考量 [J]. 南方经济, 2005 (4).

相当程度因果关系的可能性即达到了其证明责任的要求，然后再由被告对此进行反证。如果被告不能证明不存在因果关系，就认定存在因果关系；反之，如果被告能够证明不存在因果关系，就认定不存在因果关系"。这样有利于常常处于不利地位的受害者，包括国内行业、企业、消费者等。

4. 过错

反垄断法域外适用同样需要过错这一要件，本书认为反垄断法域外适用应采用过错推定原则。❶ 按照过错推定原则，原告无须证明被告有过错，被告得证明自己无过错才能免责；如果被告不能证明自己无过错，法律上即推定其有过错进而承担责任，而原告不必就被告的过错负举证责任。我国《反垄断法》的配套法律法规应规定：经营者应对其实施的垄断或限制竞争行为对国内的市场竞争秩序造成的损害承担赔偿责任，但能够证明自己没有过错的除外。

这四个反垄断法域外适用的法定构成要件并非简单地照搬民法中侵权责任构成要件，由于涉及涉外因素，具体的运用更加复杂，如何对其衡量需要更加详细的司法解释或行政法规的进一步规定。

(三) 我国反垄断法的"阻却性条款"

对于他国反垄断法在我国境内的效力，我国也应采取抵制性的立法条款，这不仅是被动应付外国反垄断法的域外适用，也是适应反垄断法域外适用的大趋势。在司法实践中我国也应设置"阻却性条款"来禁止或限制外国机关在我国境内调查取证及对其裁决的承认与执行，以抵制外国反垄断法域外效力，从而达到保护本国利益的目的。具体而言，一方面规定禁止外国机关未经我国主管机关的允许在我国境内调查取证，禁止任何单位或个人向未经我国主管机关允许而在我国调查取证的外国机关提供证据、资料或给予帮助；另一方面禁止本国主管机关和法院承认或执行外国机关作出的有损国家主权、安全和利益的反垄断裁决，从而有效地维护我国的合法权益。当然，这一措施带有明显的抵制性，难免会遭到其他国家的反抵制和对抗，所以对于反垄断法的域外效力应以对等原则作为适用前提，谨慎而用之，以避免或减少这方面的矛盾和冲突。

(四) 我国反垄断法域外适用的国际合作机制

"反垄断法从来就不仅仅是国内的，它时常被各国用来作为外贸领域斗争

---

❶ 肖彦山. 反垄断法域外适用制度的比较研究 [J]. 石家庄经济学院学报, 2003 (1).

的工具，因而反垄断法自始至终就具有国际性的一面。"❶ 要使反垄断法域外适用得以顺利实施，仅仅靠国内法律、法规是不够的，依靠单边主义的解决方式也是不可行的，因为域外适用的大量工作涉及国际合作。本书认为，双边协调模式、区域协调模式和多边协调模式都有其存在的合理价值，在不发生互相排斥与冲突的情况下，应同时探索、尝试并推进前述多种协调模式的并行发展。其中，双边协调模式、区域协调模式的成功运行，对于多边协商的进展不无益处。而在多边协调内部，应将不相融合的模式予以分层处理，促进多种模式协调发展。这样齐头并进的探索模式能够有效地寻求符合我国国情的域外适用制度。所以在国际合作上，我国应积极参与双边、区域和多边协调机制，以有效地缓解与消除反垄断法域外适用的冲突及其不利影响。

　　国际统一竞争规则的探索与建立是反垄断法发展的必然趋势，然而从目前情况来看，多边协调的合作机制进展不大，最切实可行的就是不断开展反垄断域外适用的双边合作和区域合作。我国政府已于1996年和1999年分别与俄罗斯和哈萨克斯坦签订了《在反不正当竞争和反垄断领域开展合作的协定》。2004年5月，我国与欧盟也正式建立了中欧竞争政策对话机制。此外，我国还参加了WTO贸易与竞争政策关系工作组的工作，就WTO框架下贸易与竞争政策的国际合作发表了意见。❷ 这些努力还需要不断地扩大和深化，以加强我国反垄断法域外适用效力的强度和效率，切实保护我国的国家主权和经济利益。

---

❶ 聂孝红. 经济全球化与反垄断法的域外适用原则 [J]. 法学杂志, 2007 (1).
❷ 陈灿祁. 论我国反垄断法的域外适用 [J]. 湘潭师范学院学报：社会科学版, 2009 (1).

第九章

不正当竞争与反不正当竞争法

第一节 不正当竞争的内涵

一、关于不正当竞争行为的定义

当今市场竞争中，不正当竞争行为表现日益变化，多类呈现。在国外，学者及相关著述也对其作了不少定义性的描述。例如，《克莱克法律辞典》认为不正当竞争是指"在贸易和商业中不诚实或欺诈的竞争"；而《巴黎公约》对"不正当竞争"的经典定义是："凡在工商业活动中违反诚实经营的竞争行为即构成不正当竞争。"我国《反不正当竞争法》对不正当竞争的界定是："本法所称的不正当竞争，是指经营者违反本法规定，损害其他经营者的合法权益，扰乱社会经济秩序的行为。"[1]

虽然不同国家和地区对不正当竞争有不同的定义，但都有一个共同的特点，即所使用的核心词汇的语义均具有相当的模糊性或者说灵活性，无论是"不诚实"，还是"违反诚实信用原则"，都是极为灵活的用语，从而可以最大限度地将所有的不正当竞争行为包括进来，并随着社会经济生活的不断变化而调整法律的适用范围。因此，本书认为，所谓不正当竞争，就是指经营者以及其他有关市场参与者采取违反公平、诚实信用等公认的商业道德的手段去争取交易机会，损害消费者和其他经营者的合法权益，扰乱社会经济秩序的行为。

二、不正当竞争行为的特征和构成要件

（一）不正当竞争行为的特征

根据我国《反不正当竞争法》与学者们的观点，可以认为不正当竞争行

---

[1] 见1993年施行的《反不正当竞争法》第2条第2款。

为具有以下特征：

1. 不正当竞争行为的主体是经营者

根据我国现行《反不正当竞争法》，经营者是指从事商品经营或者营利性服务（以下所称商品包括服务）的法人、其他经济组织和个人。《反不正当竞争法（修订草案）》将"经营者"概念修订为"从事或者参与商品生产、经营或者提供服务的自然人、法人和其他组织"，扩大了调整范围，与《反垄断法》的有关规定基本一致。

2. 不正当竞争行为是违法行为

不正当竞争行为的违法性，主要表现在违反了反不正当竞争法的规定，既包括违反了关于禁止各种不正当竞争行为的具体规定，也包括违反了该法的原则规定。经营者的某些行为虽然表面上难以确认为该法明确规定的不正当竞争行为，但是只要违反了自愿、平等、公平、诚实信用原则或违反了公认的商业道德，损害了其他经营者的合法权益，扰乱了社会经济秩序，也应认定为不正当竞争行为。

3. 不正当竞争行为侵害的客体是其他经营者的合法权益和正常的社会经济秩序

不正当竞争行为的破坏性主要体现在：危害公平竞争的市场秩序；阻碍技术进步和社会生产力的发展；损害其他经营者的正常经营和合法权益，使守法经营者蒙受物质上和精神上的双重损害。有些不正当竞争行为，如虚假广告和欺骗性有奖销售，还可能损害广大消费者的合法权益；另外，不正当竞争行为还有可能给我国的对外开放政策带来消极影响，严重损害国家利益。

(二) 不正当竞争行为的构成要件

从中外司法实践来看，不正当竞争行为往往被视为一种典型的或者特殊的民事侵权行为，故其构成要件与侵权行为的一般构成要件类似：一是必须有经营者的违法行为；二是经营者在主观上有过错；三是该行为有损害结果或有损害结果的可能性；四是行为与损害之间有着因果关系。

根据《反不正当竞争法（修订草案）》，市场主体即使不具有市场支配地位，其不公平交易行为也有可能构成反不正当竞争法规制的内容，前提是其"在交易中具有相对优势地位"。根据该修订草案，经营者不得利用相对优势地位，实施下列不公平交易行为：没有正当理由，限定交易相对方的交易对象；没有正当理由，限定交易相对方购买其指定的商品；没有正当理由，限定交易相对方与其他经营者的交易条件；滥收费用或者不合理地要求交易相对方提供其他经济利益；附加其他不合理的交易条件。什么是相对优势？

修订草案明确：相对优势地位是指在具体交易过程中，交易一方在资金、技术、市场准入、销售渠道、原材料采购等方面处于优势地位，交易相对方对该经营者具有依赖性，难以转向其他经营者。

三、不正当竞争行为的分类

不正当竞争行为的客体是指不正当竞争行为所侵犯的反不正当竞争法所保护的社会关系和法律关系，即反不正当竞争法所保护的社会经济秩序、商业贸易原则和商业道德。不正当竞争行为作为一种市场竞争行为，是在市场经济活动中有着某种竞争关系的主体之间发生的，某个行为若完全不具有任何意义上的竞争要素，它可能构成别的违法行为，但一般不能构成不正当竞争行为。由此可以将不正当竞争行为归纳为三个基本类型：一是行为人与他人之间存在直接竞争关系，不正当竞争行为是一种不道德地排斥竞争对手的商业行为；二是经营者虽未排挤竞争对手，但通过不正当竞争手段获取竞争优势的行为，主要是搭没有竞争关系的经营者的便车以获取竞争优势的行为；三是以不正当手段破坏他人竞争优势的行为。其中第一种情形属于典型的竞争关系，但后面两种也确实对市场公平竞争造成了破坏。为体现这一点，一些国家和地区往往将不正当竞争行为称为不公平交易行为，以淡化竞争要素。这已在国际上形成了一种趋势。

四、不正当竞争行为侵犯的客体

具体来说，不正当竞争行为侵犯的客体主要是以下三方面：一是经营者的利益。它既包括与经营者发生直接竞争关系的竞争者的利益，也包括与经营者发生供需关系或者潜在竞争关系的其他市场参与者的显在的和潜在的利益。二是消费者的利益。反不正当竞争法对引人误解的表示、混同、搭售等行为的禁止，是保护消费者利益的直接体现。消费者利益目前已经是世界上大多数国家反法的保护利益之一。三是公众利益。竞争法所保护的公共利益是指市场经济制度的建立、维护以及市场竞争机制的维护所构成的利益。

现代反不正当竞争法或者反不公平交易法作为促进国民经济安定与繁荣的一种手段，对公共利益的维护应当说是其终极目标。鉴于反法保护利益的多元化特点，因此在判断一种竞争行为是否构成违背诚实信用原则或公序良俗时，应当是在揭示认为值得保护的利益后，再对处于冲突状况下的这些利益加以权衡解决。

第二节 反不正当竞争立法与修改

《反不正当竞争法》在实施25年之后,将迎来首次大修改。2016年11月召开的国务院常务会议通过了《反不正当竞争法(修订草案)》,加大了信用惩戒和处罚力度,并提请全国人大常委会审议。[1] 本次修订是一次大修,在原有的框架内该法内容将会发生重大变化。

一、反不正当竞争法概述

反不正当竞争法有广义、狭义之分。广义的反不正当竞争法是指在制止不正当竞争行为过程中发生的经济关系的法律规范的总称,是以反不正当竞争法为核心,辅之以其他有关法律、法规、规章的一个法律体系的总和。狭义的反不正当竞争法就是该法本身。

关于反不正当竞争法的调整对象,一般认为包括两类:一是市场竞争过程中出现的经营者之间的不正当竞争关系;二是有关国家机关在制止该不正当竞争行为过程中发生的社会关系与竞争管理关系。

关于反不正当竞争法的原则,根据现行立法,在市场交易中,经营者应当遵循以下市场竞争规则:一是自愿、平等、公平原则;二是诚实信用原则;三是尊重并遵守公认的商业道德的原则。

作为竞争法的有机组成部分,反不正当竞争法与反垄断法有相当多的共性,因而不少国家和地区采取了合并的做法;也有一些国家和地区则基于两法存在的差异,则采取了分别立法的模式。从性质上看,反不正当竞争法相较于反垄断法来说更多是体现了私法性质,以致不少人将其归为民事侵权法的范畴。从这个意义上可以说,反不正当竞争法是侵权行为法在竞争领域的延伸和专门化。但是,现代反不正当竞争法并非单纯的私法,而是越来越多地渗入了公法的因素,因此兼具公法和私法的性质,与反垄断法一样都属于经济法的范畴。[2]

---

[1] 《反不正当竞争法》施行23年迎来首次修订 [EB/OL]. (2016-11-25) [2017-01-30] http://news.163.com/16/1125/10/C6N7Q0ED000187V8.html.

[2] 漆多俊. 经济法学 [M]. 北京:高等教育出版社,2007:156.

二、我国反不正当竞争法立法历史

1987年国务院首次提出要制定全国性的制止不正当竞争法，经过多次修改，1991年年底，根据全国人大常委会的立法计划，由原国家工商行政管理局成立专门的起草小组，经过努力在原有工作的基础上起草了《反不正当竞争法（征求意见稿）》，1993年6月国务院常务会议通过了《反不正当竞争法（草案）》，经过第八届全国人民代表大会常务委员会审议，于1993年9月2日正式通过，并于1993年12月1日起实施。

根据现行的《反不正当竞争法》，工商行政部门以外的其他部门，如质检、物价、卫生、建设、文化等部门，也可以对不正当竞争行为行使监督权。但这一规定为此后出台的其他法律、法规留下了缺口。例如，此后制定实施的《保险法》《招标投标法》《商业银行法》以及《电信条例》等法律、法规、规章中都规定了不同的监管部门，造成了《反不正当竞争法》与其他相关法律、法规等在执法主体上的冲突。2001年，河北省兴隆县工商局（以下简称"兴隆工商局"）根据举报，对该县电信局强制用户购买和接受其提供的相关商品和服务的行为进行了调查。经过调查取证后，兴隆工商局准备依据《反不正当竞争法》对电信局进行处罚。但是，兴隆工商局的执法人员在查阅相关法规时发现，工商部门已无权再依据《反不正当竞争法》对电信局进行查处了。2000年9月25日，国务院公布施行了《电信条例》。该条例规定，在电信业务经营活动中进行不正当竞争的，由国务院信息产业主管部门或省、自治区、直辖市电信管理机构依据职权责令改正。这意味着，电信行业不正当竞争行为由电信主管部门负责查处。无奈之下，兴隆工商局不得不中止了这次执法行动。

自1993年颁布至今，《反不正当竞争法》从未进行过修改。与1993年相比，我国经济市场化程度大幅提高，经济总量、市场规模、市场竞争程度和竞争状况都发生了极为广泛而深刻的变化。现行法的滞后性逐渐显现出来，诸如法律内容狭窄陈旧、法律空白点多、条款缺失、行政执法分散、执法标准不统一、法律责任制度不完善、处罚力度过弱等。工商总局自2003年开始该法的修订工作，2010年初步完成了《反不正当竞争法》修订稿，此后一直在修改完善。

三、《反不正当竞争法（修订草案）》意见

2014年，国家工商总局组织高校专家、从事法律实务的律师和部分地方

工商局组成 8 个课题组，对现行反不正当竞争法修订中的重要问题进行了深入研究，多次召开修订工作研讨会和座谈会。2015 年，国家工商总局又多次召开修订工作研讨会和座谈会，听取专家学者、地方工商局和市场监管部门等各方意见，书面征求了国家发展改革委、商务部等 38 个国务院部委意见。在深入调研和广泛征求意见的基础上，最终形成了目前的《反不正当竞争法（修订草案）》。

考虑到现行的反不正当竞争法与反垄断法、商标法和广告法等法律有法条交叉重复现象，且多个部门都有管辖权，不正当竞争行为的认定标准和处罚尺度并不统一。《反不正当竞争法（修订草案）》对此明确，工商行政管理部门对不正当竞争行为具有一般管辖权，相关部门也可依照法律、行政法规的规定进行监督检查。在与其他相关法律的衔接上，如在与商标法的衔接方面，送审稿针对将他人注册商标、未注册的驰名商标作为企业名称中的字号使用，误导公众并造成市场混淆的不正当竞争行为进行了规制；采用"概念加列举"的方式明确商业贿赂概念及典型的商业贿赂行为，以利于正确区别商业贿赂和经营者之间的利益折让，鼓励和促进公平竞争；补充完善了商业秘密案件的举证责任规定等。

在与反垄断法相衔接方面，删除了公用企业限制竞争行为、搭售行为、低于成本价销售行为、行政性垄断行为等规定。值得注意的是，经常被拿来作为评判是否构成反不正当竞争行为的现行《反不正当竞争法》第 11 条"经营者不得以排挤竞争对手为目的，以低于成本的价格销售商品"，在送审稿中被删去，取而代之的是一条"兜底"条款，即"经营者不得实施其他损害他人合法权益，扰乱市场秩序的不正当竞争行为"，此条规定的其他不正当竞争行为，由国务院工商行政管理部门认定。据悉，该"兜底"条款的设定是考虑到反不正当竞争法保护市场竞争的基础性作用，以及对将来可能出现的新型不正当竞争行为进行规范。纵观国际上大多数国家的反不正当竞争法，都有能够概括全部不正当竞争行为一般特征的专门条款。

考虑到经济发展情况以及借鉴新出台或者新修订法律中有关法律责任的规定，送审稿加重了对违法行为的处罚力度。例如，对广受消费者诟病的"傍名牌"现象，送审稿规定：经营者利用商业标识实施市场混淆行为的，最高或罚款 100 万元。而在现行法律中，此类行为最高处罚金额仅为违法所得的 3 倍。

《反不正当竞争法（修订草案）》充分利用全国企业信用信息公示系统和企业经营异常名录制度，与最新改革举措接轨。例如，送审稿第 18 条第 3

款规定了对"将他人注册商标、未注册的驰名商标作为企业名称中的字号使用,误导公众,导致市场混淆的",责令当事人在1个月内进行企业名称变更登记。该条规定利用最新改革举措,加大了对违法企业的信用规制。

四、对当前新领域违法行为予以规制

一是新增了不得利用相对优势地位实施不公平交易行为的规定。我国《反垄断法》对滥用市场支配地位的行为进行了规范,此次送审稿删除了与《反垄断法》重复的部分,新增了对现实中普遍存在的利用相对优势地位实施不公平交易行为的规范,弥补了相关法律空白。

二是新增了规制网络不正当竞争行为的规定,将互联网领域的干扰、限制、影响其他经营者的行为纳入了规制范围。在司法领域,法院审理互联网领域不正当竞争案件,一般运用原则性规定。《反不正当竞争法(修订草案)》将此行为从立法层面正式列为不正当竞争行为。

三是新增了"为不正当竞争行为提供便利条件"行为的处罚条款。现行《反不正当竞争法》着重于对实施不正当竞争行为的经营者本身进行规范和处罚,《反不正当竞争法(修订草案)》则增加了对"为不正当竞争行为提供便利条件"行为的处罚条款,不仅处罚"主犯",而且处罚"协同犯"。

四是增设了由国务院工商行政管理部门认定法律规范以外的不正当竞争行为的兜底条款。考虑到经济形态和技术手段等不断发展变化的情况,《反不正当竞争法(修订草案)》增设了由国务院工商行政管理部门认定法律规范以外的不正当竞争行为的兜底条款,有利于增强法律的适应性和生命力。

五是关于商业秘密的定义,《反不正当竞争法(修订草案)》删除了现行法中"能为权利人带来经济利益、具有实用性"的限定,"能为权利人带来经济利益"不再是认定侵犯商业秘密行为的必要条件;此外,《反不正当竞争法(修订草案)》还规定了权利人能够证明他人使用的信息与其商业秘密实质相同,以及他人有获取其商业秘密条件的,他人应当对其使用的信息具有合法来源承担举证责任,实行举证责任倒置,加大了对商业秘密的保护力度。

六是增加了经营者明示有奖促销信息的义务,提高了有奖促销最高奖限额,但对实施违法有奖销售行为的罚则里,并未明确规定"没收违法商品"是否包含奖品在内。《反不正当竞争法(修订草案)》增加了经营者明示奖项种类、兑奖条件、奖金金额等有奖促销信息的义务,加大了对消费者权益的保护;根据经济发展水平把有奖促销最高奖限额提高到2万元。

七是充分利用全国企业信用信息公示系统和企业经营异常名录制度,与最新改革举措接轨。《反不正当竞争法（修订草案）》第 18 条第 3 款规定了对"将他人注册商标、未注册的驰名商标作为企业名称中的字号使用，误导公众，导致市场混淆的"，责令当事人 1 个月内进行企业名称变更登记。该条规定利用最新改革举措，加大了对违法企业的信用规制。

五、《反不正当竞争法（修订草案）》解读

随着市场形势的发展，现行反不正当竞争法已经无法适应我国市场的发展，在《反不正当竞争法（修订草案）》中，哪些条款被调整或删除，又新增了哪些条款呢？

（一）贿赂"第三方"的曲线途径明确违法

现行《反不正当竞争法》及《关于禁止商业贿赂行为的暂行规定》仅将商业贿赂的认定范围指向"对方单位或个人"，而《反不正当竞争法（修订草案）》则不仅包括"交易对方"，即传统意义上的受贿主体，也纳入了"可能影响交易的第三方"，例如，交易对方的上级或亲属，母公司或关联公司的管理人员，对交易活动有相关决策权的公务人员等。

在实践中，一些利诱影响交易第三方的行为已由国家工商行政管理总局和最高人民法院先后以答复等形式，明确定性为商业贿赂，此次更是以立法形式予以确定。例如，医院通过给付"介绍费""处方费"等诱使其他医院的医生介绍病人到本院做 CT 检查的行为；商场为吸引旅行社和导游人员组织旅行团到商场购物，以"人头费""停车费"等名义给付旅行社和导游一定财物的行为；啤酒公司以给付现金等方式向酒店服务员回收啤酒瓶盖，诱使服务员向顾客推销其产品的行为；保险公司向学校支付保险"代办手续费"并诱使学校向学生推销保险的行为等。值得注意的是，上述行为只要具有这种"可能影响交易"的因素存在即可，经济利益实现与否在所不论。这就在一定程度上扩大了认定和打击商业贿赂的范围，赋予了执法机构更大的自由裁量权。

（二）"员工行为"不再是抗辩理由

在执法实践中，很多被处罚对象往往会以相关行为系员工个人行为为由进行抗辩，试图据此规避公司的商业贿赂责任。《反不正当竞争法（修订草案）》采用了类似于民事责任追究中过错推定原则的逻辑，规定员工利用商业贿赂为经营者争取交易机会或竞争优势的，应当认定为经营者的行为；若有证据证明员工违背其利益收受贿赂的，经营者则无需为员工的受贿行为承担责任。而如何通过"证据证明"员工行为违背其利益，则对公司的内部合

规制度建设和要求，提出了更多的挑战。

（三）"承诺给付"也是商业贿赂

现行法律、法规明确：实际给予、收受商业贿赂的，要承担法律责任，但对承诺、提议给予商业贿赂的行为未作出规定。《反不正当竞争法（修订草案）》则将商业贿赂的行为方式统一概括为"给付或承诺给付经济利益"，借鉴了美国《海外反腐败法案》的类似认定原则，将"承诺给付经济利益的"行为也认定为商业贿赂，扩大了商业贿赂行为的范围。

《反不正当竞争法（修订草案）》的规定使得一些备受争议但却没有明确法律适用的商业模式也被纳入商业贿赂的规制范围。例如，在食药行业相当普遍的"赠设备+卖耗材/原材料"的商业模式，根据《反不正当竞争法（修订草案）》，医械企业向医院赠送医疗设备换取医院采购其医疗耗材，食品企业向零售商赠送食品加工设备换取零售商独家购买食品原材料的行为，在很大程度上将被认定为是通过给付经济利益谋取交易机会的商业贿赂行为。

（四）"未如实记载"即存在风险

在实践中，很多公司的合同制备（尤其是格式商业条款和业务合同）非常完善，但实际履约行为却与合同并不完全相符；会计做账和账目处理中也存在财务记账科目与实际经营行为不能完全匹配的情形。合同条款或会计凭证与事实的不一致，有可能是工作疏漏所致，但也不排除故意而为。例如，医药产品的购货方将其获得的商业折扣明示并入账，但并未用于冲减购货成本，而是将其计入"其他应收款""其他收入"等科目并用于其他开支目的。这一行为存在借商业折扣之名而行收受回扣之实的嫌疑，执法实践中已经广泛被工商部门认定为商业贿赂，此次在《反不正当竞争法（修订草案）》中予以明确。

根据《反不正当竞争法（修订草案）》，无论折扣、佣金还是回扣，只要是经营者之间未在合同及会计凭证中如实记载而给付经济利益的，都有可能被认定为商业贿赂行为。这一规定旨在区分商业贿赂和经营者之间正常的利益折让，也意在打击利用合同条款约定或会计科目处理方式掩饰商业贿赂之实的违法行为，客观上加大了经营者的违规风险。

（五）按比例罚款：过罚相当

根据现行法，商业贿赂行为的行政责任主要包括罚款和没收非法所得两种方式。《反不正当竞争法（修订草案）》取消了没收非法所得的处罚方式，同时将现行法规定的"1万元以上20万元以下的罚款"的处罚额度修改为

"违法经营额10%以上30%以下的罚款",按照违法经营额的比例而不是确定的数额幅度来确定罚款额度,体现了行政执法中过罚相当的原则。

《反不正当竞争法(修订草案)》取消没收违法所得的处罚方式,主要是因为在执法实践中,商业贿赂的违法所得数额有时难以准确计算,且不易取证,存在有违法所得但无法计算的情形。将计算基数修订为"违法经营额",很大程度上可以便利执法,减少争议。这也和近一两年《食品安全法》和《医疗器械管理条例》等法律、法规的修订中将"违法所得"调整为"货值金额"的立法趋势相一致。

第十章

市场混淆行为规制制度

第一节 市场混淆行为概述

一、市场混淆概念

在市场竞争中,市场交易中的有些竞争者为了谋求自身的利益而以假冒、仿冒的手段来侵害合法经营者的利益,通过搭别人的"便车"来销售自己的商品,造成了市场混淆,这种市场混淆行为具有巨大的社会危害性,各国的反不正当竞争法均将市场混淆行为作为不正当竞争行为予以禁止。

按照传统的法学理论,混淆是指具有替代性或有竞争关系的产品品牌、名称、包装、装潢相同或近似,并发生把仿冒品当成知名商品而误认、误购的后果,没有这种后果的,不能认定为混淆。❶ 但反不正当竞争法的执法和司法实践应对"误认"和"混淆"作广义的理解而不能作狭义的理解。例如,误认不仅应包括"购买者"将甲产品、营业或服务误认为乙产品、营业或服务,而且还应包括"购买者"认为甲商品、营业或服务与乙商品、营业或服务之间有某种加盟、关联或赞助的关系或者"购买者"对仿冒的商品、营业或服务与知名商品、营业或服务之间的关系产生联想,认为两者属于系列产品,属于投资或合作关系,或两者的质量相近或相同。❷ 而国际竞争立法也倾向对"误认"或"混淆"从广义的角度来理解,如《反不正当竞争示范法》及其注释第2条第2.04款就是从广义的角度对"误认"和"混淆"进行界定的。❸

---

❶ 江林. 是是非非话混淆 [J]. 工商行政管理, 1998 (22).
❷ 孔祥俊. 反不正当竞争法新论 [M]. 北京:人民法院出版社, 2001:371—374.
❸ 《反不正当竞争示范法》及其注释是世界知识产权组织国际局根据1994~1995年两年计划编撰的,供各国立法参考。该款规定为:"混淆的概念不应局限于对商业性来源或产地的混淆,还应包括可表明业务联系的任何事物,比如在同一商标或类似商标的两个使用者之间的混淆(有关附属关系的混淆)。而且混淆还应包括,在一些情况下,尽管并不认为商品或服务是同一出处,但也许因其相似性而认为有关商品或服务的商标的使用已经过另一企业同意(保证人混淆)。"

2016年《反不正当竞争法（修订草案）》将市场混淆定义为：指使相关公众对商品生产者、经营者或者商品生产者、经营者存在特定联系产生误认。

二、市场混淆的行为类别

根据《反不正当竞争法（修订草案）》的定义，利用商业标识实施市场混淆的行为有四种情形：一是擅自使用他人知名的商业标识，或者使用与他人知名商业标识近似的商业标识的；二是突出使用自己的商业标识，与他人知名的商业标识相同或者近似的；三是将他人注册商标、未注册的驰名商标作为企业名称中的字号使用的；四是将与知名企业和企业集团名称中的字号或其简称，作为商标中的文字标识或者域名主体部分等使用的。

三、商业标识

根据《反不正当竞争法（修订草案）》，商业标识的定义是指区分商品生产者或经营者的标志，包括但不限于知名商品特有的名称、包装、装潢、商品形状、商标、企业和企业集团的名称及其简称、字号、域名主体部分、网站名称、网页、姓名、笔名、艺名、频道节目栏目的名称、标识等。

经营者经过长期使用、宣传等艰辛的劳动，使其商业标识具有一定知名度和影响力，并积累了良好的商业信誉，从而使其具有了区别商品或服务来源的显著性特征。我们对商业标识进行法律保护的内在机理就是保护经营者付出的劳动。在司法裁判中，这种后天积累的显著性是与商标的知名度、企业的商誉等概念联系在一起的。法院文书在阐述为何对此类商业标识予以保护时，一般会认定某某商业标识经过一定时期的销售、售后服务以及品牌的推广、宣传等使用活动，而使其在相关公众中具有较高知名度，从而建立起一定的商业信誉。如在涉及"汤沟"酒商标的最高人民法院公报案例中，法院认为："汤沟"本属一地名，"但自原灌南县汤沟镇酒厂1987年核准注册第276470号'TG'加繁体文字'汤沟'组合图形商标以来，该商标被原灌南县汤沟镇酒厂、江苏汤沟酒业有限公司、汤沟两相和公司长期使用，先后获得多项荣誉，在白酒市场上获得较高的知名度。作为地名的'汤沟'已经与原告汤沟牌酒商品形成紧密联系，'汤沟'二字在白酒市场上已经具有了与其他相关商品相区别的显著特征，其在白酒类市场上的知名度已明显高于其作为地名的知名度。"❶ 这种认定模式已经成为裁判文书中的常规模式。这是否意

---

❶ 参见："汤沟"：独家享用地名的标尺怎么把握（2011-02-15）[2017-01-30] 经济参考报—每经网.

味着，我们保护商标等商业标识是因为其长期积累形成了一定的知名度或者商业信誉呢？实务中，确有观点提出了知名度原则，认为保护商业标识是保护其长期积累形成的知名度和商业信誉，这是商业标识受保护的法益所在。

第二节 对知名商品的侵权行为

在市场交易中，商标作为能够区分商品或者服务不同来源的手段得到了最大程度的重视。然而，除了商标外，在长期的市场竞争中还产生了许多其他能够有效区分商品或者服务来源的商业标志，这些商业标志有时由于经营者的推广和广告活动，获得了不下于商标的区别性功能，有时甚至变得极为有名，其市场作用比起商标有过之而无不及。基于保护消费者和用户利益以及良好的市场秩序的维持目的，现代反不正当竞争法也对这些商业标志提供保护。

《反不正当竞争法（修订草案）》第5条第1款中规定："经营者不得利用商业标识实施下列市场混淆行为：（一）擅自使用他人知名的商业标识，或者使用与他人知名商业标识近似的商业标识导致市场混淆的；（二）突出使用自己的商业标识，与他人知名的商业标识相同或者近似，误导公众，导致市场混淆的。"就该条款来看，涉及三大问题：知名、特有、混淆（相同或近似）。

一、知名商品的判定

我国《反不正当竞争法》本身没有对知名商品进行定义。1995年7月6日由原国家工商行政管理局令第33号公布的《关于禁止仿冒知名商品特有的名称、包装、装潢的不正当竞争行为的若干规定》第3条第1款规定："本规定所称知名商品，是指在市场上具有一定知名度，为相关公众所知悉的商品"。而2007年《最高人民法院关于审理不正当竞争民事案件应用法律若干问题的解释》第1条规定：在中国境内具有一定的市场知名度，为相关公众所知悉的商品，应当认定为《反不正当竞争法》第5条第（2）项规定的"知名商品"。比较起来，最高人民法院仅仅是增加了"在中国境内"的限定字样，事实上原国家工商行政管理局的定义中也是隐含了这一点，可以说二者没有任何区别。

如何才能构成"知名"？2007年的《最高人民法院关于审理不正当竞争民事案件应用法律若干问题的解释》第1条改变了这一规则：人民法院认定知名商品，应当考虑该商品的销售时间、销售区域、销售额和销售对象，进行任何宣传的持续时间、程度和地域范围，作为知名商品受保护的情况等因素，进行综合判断。原告应当对其商品的市场知名度负举证责任。应该说最高人民法院的做法更为合理。

二、"特有"的判定

我国《反不正当竞争法》同样未对何为知名商品特有的名称、包装、装潢中的"特有"作出定义。《关于禁止仿冒知名商品特有的名称、包装、装潢的不正当竞争行为的若干规定》第3条第2~4款规定："本规定所称特有，是指商品名称、包装、装潢非为相关商品所通用，并具有显著的区别性特征。本规定所称知名商品特有的名称，是指知名商品独有的与通用名称有显著区别的商品名称。但该名称已经作为商标注册的除外。本规定所称包装，是指为识别商品以及方便携带、储运而使用在商品上的辅助物和容器。本规定所称装潢，是指为识别与美化商品而在商品或者其包装上附加的文字、图案、色彩及其排列组合。"

2007年《最高人民法院关于审理不正当竞争民事案件应用法律若干问题的解释》第3条指出："由经营者营业场所的装饰、营业用具的式样、营业人员的服饰等构成的具有独特风格的整体营业形象，可以认定为反不正当竞争法第5条第（2）项规定的'装潢'。"第5条规定："商品的名称、包装、装潢属于商标法第10条第1款规定的不得作为商标使用的标志，当事人请求依照反不正当竞争法第5条第（2）项规定予以保护的，人民法院不予支持。"

至于如何认定"特有"，《最高人民法院关于审理不正当竞争民事案件应用法律若干问题的解释》在第2条做了详细的规定："具有区别商品来源的显著特征的商品的名称、包装、装潢，应当认定为反不正当竞争法第5条第（2）项规定的'特有的名称、包装、装潢'。有下列情形之一的，人民法院不认定为知名商品特有的名称、包装、装潢：（一）商品的通用名称、图形、型号；（二）仅仅直接表示商品的质量、主要原料、功能、用途、重量、数量及其他特点的商品名称；（三）仅由商品自身的性质产生的形状，为获得技术效果而需有的商品形状以及使商品具有实质性价值的形状；（四）其他缺乏显著特征的商品名称、包装、装潢。前款第（一）、（二）、（四）项规定的情形经过使用取得显著特征的，可以认定为特有的名称、包装、装潢。知名商品特有的名称、包装、装潢中含有本商品的通用名称、图形、型号，或者直接表示商品的质量、主要原料、功能、用途、重量、数量以及其他特点，或者含有地名，他人因客观叙述商品而正当使用的，不构成不正当竞争行为。"

另外，根据《关于禁止仿冒知名商品特有的名称、包装、装潢的不正当竞争行为的若干规定》，如果两个以上的企业均使用了某个知名商品的特有名称、包装、装潢，则依照使用在先的原则，保护在先权利人的利益。

无论是"特有"的定义，还是对"特有"的判定标准均着眼于具有区别来源功能的显著性特征这一点。例如，知名商品往往在某方面具有独创性，如其名称，对质量、原料、功能、用途等特点有一定的叙述性，具有不可注册的特点，但又不同于通用名称，具有区别功能；有些商标、商品名称等从文义来看无显著性特点，但在所有人投放市场并大力推广后，消费者便将其与某一商品紧密联系起来，具有了现实的市场意义。因此，如何判断某商品使用的名称、包装、装潢是自己特有的还是通用的，就成为实践中需要解决的一大问题。商品通用名称与商品特有名称的根本区别就在于该名称是否为相关公众所通用，也就是说，是由某一经营者独家使用，还是被同行业经营者、广大消费者普遍用作某一种类商品的称谓。

三、混淆（相同或近似）的判定

关于争议商品的名称、包装、装潢之间是否相同或者相似、是否构成市场混淆的具体判断标准，《反不正当竞争法》也未涉及。

《关于禁止仿冒知名商品特有的名称、包装、装潢的不正当竞争行为的若干规定》第5条提出：对使用与知名商品近似的名称、包装、装潢，可以根据主要部分和整体印象相近，一般购买者施以普通注意力会发生误认等综合分析认定。一般购买者已经发生误认或者混淆的，可以认定为近似。

而《最高人民法院关于审理不正当竞争民事案件应用法律若干问题的解释》第4条的规定更详细一些："足以使相关公众对商品的来源产生误认，包括误认为与知名商品的经营者具有许可使用、关联企业关系等特定联系的，应当认定为反不正当竞争法第5条第（2）项规定的'造成和他人的知名商品相混淆，使购买者误认为是该知名商品'。在相同商品上使用相同或者视觉上基本无差别的商品名称、包装、装潢，应当视为足以造成和他人知名商品相混淆。认定与知名商品特有名称、包装、装潢相同或者近似，可以参照商标相同或者近似的判断原则和方法。"

当然，仅仅是近似，还不足以证明不正当竞争行为的存在，还需要有市场混淆的后果或者表现。需要指出的是，足以造成相关公众混淆，并不意味着原告必须提供实际混淆的证据，原告只需证明存在混淆的可能性即可。在判断混淆的可能性时，我们可以借鉴美国《反不正当竞争法重述（三）》中的表述，其在总结各个法院实践经验的基础上将需要考量的基本要素进行了统一，并分为三个单独的部分，包括六个市场要素以及故意和实际混淆的证据，具体为：冲突标志的相似程度，营销方法和销售渠道的相似性，预期购买者的购买习惯和注意力程度，在先使用者的标志的显著性程度，当商品或服务不存在竞争关系时预期购买者期望在先使用者扩展到在后使用者领域的可能性，当商品或服务在不同地域销售时在先使用者的标志在在后使用者地域内的知名度，在后使用者的故意，实际混淆的证据。

第三节　擅自使用他人商标的市场混淆行为

一、概述

在商业活动中为了将自己提供的商品或者服务与那些市场反应热烈的经营者的商品或者服务相混淆，往往就发生了擅自使用他人企业名称的不正当竞争行为。例如，浙江伟星公司的"伟星"商标具有较高知名度，而江西伟星公司将与浙江伟星公司"伟星"商标相同的"伟星"文字登记为企业字号，销售与浙江伟星公司相同或类似的产品，客观上引起了消费者对商标注册人与企业名称所有人产生误认或者误解，认为双方存在某种特定联系或关联，进而对两者提供的商品产生混淆，因此江西伟星公司对浙江伟星公司构成不正当竞争。但浙江伟星公司系基于"伟星"注册商标具有较高的市场知名度和声誉为事实基础主张其权利，而非以浙江伟星公司企业名称中的字号为权利基础主张保护，因此江西伟星公司仅需在涉案商品上停止使用含有"伟星"字样的企业名称。根据最高人民法院作出的（2014）民申字第2106号民事裁定，法院裁定驳回了浙江伟星公司的再审申请，认定江西伟星公司在其产品及外包装上使用企业名称全称的行为未侵犯浙江伟星公司的"伟星"注册商标专用权，但对浙江伟星公司构成不正当竞争，因此仅需停止对浙江伟星公司的不正当竞争行为，即在涉案商品上停止使用含有"伟星"字样的

企业名称，同时赔偿浙江伟星公司经济损失及合理支出3万余元。❶

《反不正当竞争法（修订草案）》第5条第1款规定："经营者不得利用商业标识实施下列市场混淆行为：……（三）将他人注册商标、未注册的驰名商标作为企业名称中的字号使用，误导公众，导致市场混淆……"就该条款来看，涉及三大问题：注册商标、未注册的驰名商标、企业名称。

二、注册商标的认定

1. 什么是注册商标

商标注册是商标使用人取得商标专用权的前提和条件，只有经核准注册的商标，才受法律保护。商标注册原则是我国确定商标专用权的基本准则，注册商标是识别某商品、服务或与其相关具体个人或企业的显著标志。图形©常用来表示某个商标经过注册，并受法律保护。

我国商标法对商标权的取得所确立的体制是，商标采取自愿注册的原则。实践中有些人申请注册商标，也有些人对自己使用的商标不予注册。从而依照法律规定就产生了两种情况，一是进行注册的为注册商标，二是不作注册的为未注册商标，这两种商标都是合法存在的，对于未注册商标不能因其未注册而不允许其使用。

2. 关于注册商标的法律规定

根据我国商标法：两个以上的自然人、法人或者其他组织可以共同向商标局申请注册同一商标，共同享有和行使该商标专用权。法律、行政法规规定必须使用注册商标的商品，必须申请商标注册，未经核准注册的，不得在市场销售。申请注册和使用商标，应当遵循诚实信用原则。任何能够将自然人、法人或者其他组织的商品与他人的商品区别开的标志，包括文字、图形、字母、数字、三维标志、颜色组合和声音等，以及上述要素的组合，均可以作为商标申请注册。申请注册的商标，应当有显著特征，便于识别，并不得与他人在先取得的合法权利相冲突。

三、未注册的驰名商标界定

1. 什么是驰名商标

所谓驰名商标是指在市场上享有较高声誉并为相关公众所熟知的商标。一种商品或者服务的商标在市场上享有较高的知名度，就意味着该商品或者

---

❶ 邹征优，陈水娣. 伟星商标与伟星字号商标之争[N/OL].（2014-09-25）[2016-12-30]法治中国网—中国工商报.

服务受到众多消费者青睐,它能给该商标的注册人、使用人带来巨大的经济利益。因此,涉及驰名商标的侵权纠纷不断增多,保护驰名商标已成为国际、国内共同关注的重要领域。

2. 关于驰名商标的法律规定

根据我国商标法,就相同或者类似商品申请注册的商标是复制、摹仿或者翻译他人未在中国注册的驰名商标,容易导致混淆的,不予注册并禁止使用。未在我国注册的驰名商标,只保护其在相同或者类似商品或服务上注册和使用的权利。

四、企业名称

企业名称属于法人人身权,不能转让,随法人存在而存在,随法人消亡而消亡。法人在以民事主体参与民事活动如签订合同、抵押贷款时需要使用企业名称。企业名称必须经过核准登记才能取得。

①《最高人民法院关于审理不正当竞争民事案件应用法律若干问题的解释》第6条规定:企业登记主管机关依法登记注册的企业名称以及在中国境内进行商业使用的外国(地区)企业名称,应当认定为《反不正当竞争法》规定的"企业名称"。具有一定的市场知名度、为相关公众所知悉的企业名称中的字号,可以认定为《反不正当竞争法》规定的"企业名称"。

②2012年《企业名称登记管理规定》第6条规定:"企业只准使用一个名称,在登记主管机关辖区内不得与已登记注册的同行业企业名称相同或者近似。确有特殊需要的,经省级以上登记主管机关核准,企业可以在规定的范围内使用一个从属名称。"第7条规定:"企业名称应当由以下部分依次组成:字号(或者商号,下同)、行业或者经营特点、组织形式。企业名称应当冠以企业所在地省(包括自治区、直辖市,下同)或者市(包括州,下同)或者县(包括市辖区,下同)行政区划名称。经国家工商行政管理局核准,下列企业的企业名称可以不冠以企业所在地行政区划名称:(一)本规定第十三条所列企业;(二)历史悠久、字号驰名的企业;(三)外商投资企业。"第10条规定:"企业可以选择字号。字号应当由两个以上的字组成。企业有正当理由可以使用本地或者异地地名作字号,但不得使用县以上行政区划名称作字号。私营企业可以使用投资人姓名作字号。"

③2014年《企业名称登记管理实施办法(修订征求意见稿)》规定:企业自成立之日起享有名称权。企业法人名称中不得含有其他法人的名称,国家工商行政管理总局另有规定的除外。企业名称中不得含有另一个企业名称。

企业名称应当由行政区划、字号、行业、组织形式依次组成。已经登记注册的企业名称，在使用中对公众造成欺骗或者误解的，或者损害他人合法权益的，应当认定为不适宜的企业名称予以纠正。

五、严格禁止"搭便车"行为

商标作为区分商品来源的标志，一直是商家用以吸引消费者和积累商誉的利器。但现实中，也有商家为了"搭便车"，将明星、电影角色名称等注册为商标。根据2017年3月1日起实施的《最高人民法院关于审理商标授权确权行政案件若干问题的规定》，这些行为将被严格限制。依据《商标法》第10条第1款第（8）项，"有害于社会主义道德风尚或者有其他不良影响的"标志不得作为商标使用。《最高人民法院关于审理商标授权确权行政案件若干问题的规定》进一步明确：商标标志或者其构成要素可能对我国社会公共利益和公共秩序产生消极、负面影响的，人民法院可以认定其属于《商标法》第10条第1款第（8）项规定的"其他不良影响"。将政治、经济、文化、宗教、民族等领域公众人物姓名等申请注册为商标，属于前述所指的"其他不良影响"。《最高人民法院关于审理商标授权确权行政案件若干问题的规定》实施的意义在于：进一步规范我国的商标法，防止误导公众，致使驰名商标注册人的利益可能受到损害。

第四节 擅自使用他人企业名称与域名的混淆行为

一、概述

《反不正当竞争法（修订草案）》第5条规定："经营者不得利用商业标识实施下列市场混淆行为：……将与知名企业和企业集团名称中的字号或其简称，作为商标中的文字标识或者域名主体部分等使用，误导公众，导致市场混淆的。……"该条涉及两大问题：企业名称简称、域名。

二、企业名称简称

公众认可的企业简称，如同商标、字号一样都受法律保护，享有专用权。能够区别其他商事主体、公众认可的企业简称亦如商标、字号一样，体现了企业特定的形象和商誉,代表企业产品或服务质量,能够给企业带来经济利益;社会公众能够凭借企业简称、商标、商号,迅速找到特定的产品或服务。公众认可的企业简称和商标、字号一样,需要企业长期投资不断提升产品或服务质量、加强宣传、培育市场,才能赢得公众的信赖认可。擅自使用公众认可的企业简称,将给企业造成损失而给擅用者带来不当利益,法律应当禁止擅用而保护公众认可的企业简称的专用权。

认定知名企业的名称、简称享有专用权,需要具备以下条件:

①得到公众认可并在公众中建立起与企业稳定联系的简称系特指该企业。简称源于语言交流的方便。简称的形成与两个过程有关:一是企业使用简称代替其正式名称;二是社会公众对于简称与正式名称所指代对象之间的关系认同。这两个过程相互交织。由于简称省去了正式名称中某些具有限定作用的要素,可能不适当地扩大了正式名称所指代的对象范围。因此,一个企业的简称是否能够特指该企业,取决于该简称是否为相关公众认可,并在相关公众中建立起与该企业的稳定联系。

②擅自使用足以引起混淆的公众认可的企业特定简称构成不正当竞争。对于具有一定市场知名度、为相关公众所熟知并已实际具有商号作用的企业或者企业名称的简称,可以视为企业名称。如果经过使用和公众认同,企业的特定简称已经为特定地域内的相关公众所认可,具有相应的市场知名度,与该企业建立起了稳定联系,已产生识别经营主体的商业标识意义,他人在后擅自使用该知名企业简称,足以使特定地域内的相关公众对在后使用者和在先企业之间发生市场主体上的混淆,进而将在后使用者提供的商品或服务误认为在先企业提供的商品或服务,造成市场混淆,在后使用者就会不恰当地利用在先企业的商誉,侵害在先企业的合法权益。

三、域名的主体

1. 什么是域名

域名是由一串用点分隔的名字组成的 Internet 上某一台计算机或计算机组的名称,用于在数据传输时标识计算机的电子方位(有时也指地理位置,地理上的域名,指代有行政自主权的一个地方区域)。域名遵循先申请先注册原则,管理认证机构对申请企业提出的域名是否违反了第三方的权利不进行任何实质性审查。在中华网库,每一个域名的注册都是独一无二、不可重复的。因此在网络上域名是一种相对有限的资源,它的价值将随着注册企业的增多而逐步为人们所重视。

2. 如何认定域名侵权

《最高人民法院关于审理涉及计算机网络域名民事纠纷案件适用法律若干问题的解释》第4条详细规定了认定注册、使用域名等行为构成侵权或者不正当竞争的四个要件："（一）原告请求保护的民事权益合法有效；（二）被告域名或其主要部分构成对原告驰名商标的复制、模仿、翻译或音译；或者与原告的注册商标、域名等相同或近似，足以造成相关公众的误认；（三）被告对该域名或其主要部分不享有权益，也无注册、使用该域名的正当理由；（四）被告对该域名的注册、使用具有恶意。"这里需要特别说明的是其中第二个要件。近年来，司法认定驰名商标出现异化现象，甚至出现当事人利用域名"设局"认定驰名商标的案件。为严格规范驰名商标的司法认定，最高人民法院于2009年出台了《关于审理涉及驰名商标保护的民事纠纷案件应用法律若干问题的解释》。根据该解释第3条，在原告以被告注册、使用的域名与其注册商标相同或者近似为由提起的侵权诉讼中，因认定驰名商标不是原告获得救济的必要前提，故人民法院对于所涉商标是否驰名不予审查。此外，对于判断原、被告标识之间相似性的问题，传统商标、商号等领域的相似性判断规则在域名纠纷领域中同样适用。

【franke 域名案】

同在广东佛山的两家厨房用具公司因为域名"franke.com.cn"打起了官司：被告弗兰卡公司诉称，其是世界上最大的不锈钢水槽制造商瑞士弗兰卡控股集团公司设立的一家独资企业，主营厨房用品和设施。1997年和1998年，瑞士弗兰卡公司的一家独资子公司注册了"弗兰卡"（FRANKE）商标，并取得该商标的使用权。2000年7月，弗兰卡准备申请注册"franke.com.cn"域名时，发现该域名已被被告注册。被告佛山装饰材料公司辩称：其于2000年开始推广"飞兰鹤"体育用品，并向国家工商行政管理总局商标局申请了飞兰鹤商标，"FRANKE"是"飞兰鹤"品牌的英文音译，故注册了"franke"域名。被告注册该域名时并不知晓"FRANKE"与"弗兰卡"之间的关系，原告未曾在中国注册过"FRANKE"商标，故自己注册该域名没有恶意，未侵犯其商标权。❶

法院认为，"弗兰卡"与"FRANKE"是原告的商号，构成其企业名称中最具特征的部分，是区别不同市场主体的标志。因此，原告弗兰卡公司对其

---

❶ 全国首例企业商号域名侵权案审结 [EB/OL]. (2011-03-07) [2016-12-30] 找法网.

商号享有民事权益。由于瑞士弗兰卡公司多年经营"FRANKE"品牌的厨具产品,该品牌已在一定程度上为相关消费者所知晓,也由于原告弗兰卡公司秉承"FRANKE"品牌的品质,通过自身的广告宣传及具体经营行为,使得"弗兰卡"作为该企业的字号与"FRANKE"品牌成为一体,逐渐被中国相关消费者所认知。被告将与原告企业名称中的字号相同的"FRANKE"注册为自己的域名,并使用该域名介绍宣传其所代理的厨具品牌产品,有可能使相关消费者混淆被告佛山装饰公司与原告弗兰卡公司,并可能对关注"FRANKE"品牌的消费者产生误导,进而对原告弗兰卡公司的相应经济利益造成损害。损害了原告在先的权益,构成不正当竞争。

此案是《最高人民法院关于审理涉及计算机网络域名民事纠纷案件适用法律若干问题的解释》施行后,法院判决的第一件涉及网络域名侵权的案件,也是全国首例涉及企业商号权益保护的网络域名侵权案件。

第十一章

商业贿赂行为规制制度

商业贿赂首先是"贿赂",然后才是发生在商业领域的贿赂,因此我们必须先搞清楚贿赂的实质是什么。刑法学通说认为,贿赂是通过收买公共职权以获取利益的行为。这种行为之所以有危害,是基于公共职权的不可收买性。在贿赂犯罪中,收受贿赂一方必须具有某种职权,一般来说都利用了这种职权来为行贿方获得利益提供帮助。可见,贿赂的实质是对职权的收买,而这种职权对实现行贿的目的利益具有影响力。商业职权被收买的后果就是商事主体倾向于与收买方达成交易,这对未收买职权的第三方相关交易主体难言公平,损害了市场主体对自由竞争的预期,有违诚信经营的商业伦理。相应的,商业贿赂不合理地增加了整个社会的交易成本,因此现代社会一般立法予以禁止。商业贿赂还是一种非正当的商业交易。正当合理的商业交易应当是交易双方以自己所有的利益进行相互交换。现代市场经济之所以不能容忍商业贿赂,在于受贿方拿出来交换的并非自身所有的利益,而是他人利益。受贿方出卖的利益首先是受贿方所代表的市场主体选择交易对象的权益以及可能的更大收益,衍生损害的是第三方市场主体公平竞争参与交易的机会权益。通过出卖或牺牲他人的利益使自己获利的行为显然不具有正当性,在道德上应当予以谴责,现代国家一般也立法予以禁止。交换利益的非正当性乃是商业贿赂区别于正当合理的商业交易的基本属性。

第一节 商业贿赂行为的概述

一般情况下,在市场经济中,买卖双方出于公平地位,你情我愿进行买卖,否则就一拍两散,不会有一方曲意迎合另一方的行为,自然也就没有了商业贿赂,所以商业贿赂发生的根源在于交易双方市场地位悬殊。在我国,这种悬殊的地位源于两个方面:①整体市场准入开放制度建设不足,导致部分产业领域存在行政背景下的竞争缺失。②对于一些竞争充分的产业，经过商业竞争磨合，一些产业内具备垄断地位的强势企业开始显现，这类企业虽然具备不同的发展特征，但是其共同之处在于具备一定的行业垄断地位。

近年来，商业贿赂几乎已经成了一些行业中普遍存在的现象，在工程建设、土地出让、产权交易、医药购销、政府采购、资源开发和经销等领域更是如此。在全球经济一体化状态下，市场经济发展的规律已然证实，只要处于垄断地位的企业不受规制，市场正常交易和发展就必受其影响。这也正是商业贿赂行为成为全球经济发展难题的根本原因。

一、商业贿赂概述

（一）概念

美国《布莱克法律词典》对商业贿赂的定义是："贿赂的一种形式，指竞争者通过秘密收买交易对方的雇员或代理人的方式，获取优于其竞争对手的竞争优势。"在2016年《反不正当竞争法（修订草案）》中，商业贿赂是指经营者向交易对方或者可能影响交易的第三方，给付或者承诺给付经济利益，诱使其为经营者谋取交易机会或者竞争优势。给付或者承诺给付经济利益的，是商业行贿。

在发达国家，商业贿赂是禁止的行为。例如，美国制定了《反涉外腐败法》，不允许用商业贿赂；像北欧等廉洁的国家和地区，都有相关的法律严禁商业贿赂，例如，在芬兰是绝不允许公司在国外通过贿赂的办法取得交易的。2005年5月20日美国司法部门决定对美国德普公司处以高达479万美元的巨额罚款，原因是根据调查，从1991年到2002年的11年间德普公司在中国天津的子公司向中国的医疗机构及医生进行了总额为162.3万美元的现金贿赂，以换取这些医疗机构购买德普公司的产品，德普公司从中赚取了200万美元，根据美国司法部的判定，德普公司违反了美国海外反腐败法有关禁止美国公司向外国有关人员行贿的规定。这个事件是德普公司母公司举报了下属中国子公司行贿。为什么举报子公司呢，这是因为德普公司母公司担心被别人举报以后，会面临更加严厉的处罚，所以直接举报了自己的子公司。

（二）类别

根据中央治理商业贿赂领导小组2007年5月印发的《关于在治理商业贿赂专项工作中正确把握政策界限的意见》，商业贿赂犯罪涉及刑法规定的以下八种罪名：一是非国家工作人员受贿罪（《刑法》第163条）；二是对非国家工作人员行贿罪（《刑法》第164条）；三是受贿罪（《刑法》第385条）；四是单位受贿罪（《刑法》第387条）；五是行贿罪（《刑法》第389条）；六是对单位行贿罪（《刑法》第391条）；七是介绍贿赂罪（《刑法》第392条）；八是单位行贿罪（《刑法》第393条）。❶

二、商业贿赂的特征

根据前述定义以及现实生活中发生的各种商业贿赂行为，本书认为商业贿赂行为有以下特征。

1. 行为的隐蔽性

由于商业贿赂已经被我国《反不正当竞争法》《刑法》等法律规定为违法犯罪行为，因此，现实生活中发生的此类行为往往具有很强的隐蔽性，披着合法的外衣以求达到不合法的目的。

2006年1月24日，临沂市工商局在治理商业贿赂专项检查中，发现某医院2004年8月31日的记账凭证上有一笔借记"固定资产393 400元"、贷记"固定基金393 400元"的记录，摘要为"接受捐赠设备入库"。经查，此笔款项中，一笔是医院购买数字胃肠机时，交易对方赠送的价值38万元的日立高频相机；另一笔是医院购买电子图书系统软件时，厂家赠送的一台价值6 000元的清华同方计算机；其余的为医药厂赠送的药品。❷ 该案的捐赠实际上违反了《关于禁止商业贿赂行为的暂行规定》第8条："经营者在商品交易中不得向对方单位或者其个人附赠现金或者物品。"附赠是从合同，作为一种交易条件而存在。这里的附赠只限于经营者之间的附赠，不包括经营者对消费者的附赠行为。如我们在消费白酒时，经常从酒盒中拆出人民币、打火机、扑克牌等，这都是经营者对消费者的附赠，不属于反不正当竞争法调整的范围。该案容易迷惑人的是，医院把受赠的物品按照会计制度如实地记载在财务账上，容易让人把该案的附赠与回扣联系起来，甚至把其等同于回扣。该案的物品又不是医院在账外暗中收受的，因此，医院收受赠予的行为也极容易蒙混过关，逃避处罚。该案的物品不是返回给医院的货款的一部分，而是在货款之外额外给付的财物，属于回扣以外的商业贿赂。因此，该案医院不管在交易中收受的物品入不入账、入什么账、入的账合法与否都不影响商业贿赂的构成。

---

❶ 此处刑法条款对应的皆是2009年修订前的《刑法》条文。
❷ 案例来源：徐晓. 对三起典型商业贿赂案的评析[EB/OL]. (2012-02-16) [2016-12-30]国家工商行政管理总局研究中心工作网站.

2. 结果的危害性

商业贿赂行为具有巨大的社会危害性，它不但直接扰乱了市场竞争秩序，损害了竞争者、对方单位的利益，客观上也抬高了所交易的商品或者服务的成本，并最终转嫁到消费者头上。当然该行为的最大危害在于败坏了商业风气，并波及社会的方方面面，使良好的社会风气无法建立，整个社会陷入信任危机。正因为如此，许多国家才特别重视这个问题，不惜用最严厉的刑罚手段作为主要的调整方式。在我国，大量国有经济体的存在以及政府对经济领域的深度介入，导致行政权力和其他国家权力也成为商业贿赂的重要对象，有许多商业贿赂与国家机关及其工作人员滥用职权、以权谋私有很大关系，结果使得国家机关信誉受损。

3. 贿赂主体的广泛性和贿赂对象的特定性

商业贿赂的主体既包括各类公司、企业及其从业人员，个体工商户以及其他经营者和社会团体、行业自律组织、社会中介组织及其工作人员；也包括国家机关、事业单位、人民团体及其工作人员等。商业贿赂的对象则是那些能够影响到某一笔市场交易的人员或者单位。

4. 数额上不同于一般性商业惯例

在正常的商业交往中也存在不少馈赠活动，但是一般数额均很小，不会对市场交易产生不当影响。但是商业贿赂中经营者的支付一般会大到令能够影响交易的有关单位或者个人愿意不正当地施加其影响力来促成该笔交易，因此其数额一般远远超过正常的商业惯例所能允许的限度。

5. 贿赂形式多样性

所谓贿赂形式多样性，是指酒色财气，五花八门，无所不包。《反不正当竞争法》和《关于禁止商业贿赂行为的暂行规定》中均指出贿赂形式为"财物或者其他手段"，后者更是进一步做了列举：财物是指现金和实物，包括经营者为销售或者购买商品，假借促销费、宣传费、赞助费、科研费、劳务费、咨询费佣金等名义，或者以报销各种费用等方式，给付对方单位或个人的财物。所称其他手段，是指提供国内外各种名义的旅游、考察等给付财物以外的其他利益的手段。就此而言，社会上所谓的"性贿赂"、资助关键人士子女海外留学、安排旅游度假等，均可归入其他手段之列。

关于商业贿赂行为的分类，可以有多种，例如，根据方向的不同，可以分为商业行贿行为和商业受贿行为；根据行贿手段的不同，可以分为用财物实施的商业贿赂和用财物以外的其他手段实施的商业贿赂；根据情节的轻重，可以分为不正当交易行为、一般违法行为和犯罪行为。不正当交易行为是商业贿赂中情节轻微、数额较小，违反商业道德和市场规则，依照党政机关、行政主管（监管）部门以及行业自律组织的有关规定，应当予以处理的行为；一般违法行为是商业贿赂中情节较轻、数额不大，违反反不正当竞争法和其他法律法规，尚未构成犯罪，应当给予行政处罚的行为；犯罪行为是商业贿赂中数额较大，或者具有其他严重情节，依照刑法应当受到刑罚处罚的行为。[1] 根据发生领域的不同，可以分为商品流通业、建筑业、银行业、服务业等领域发生的商业贿赂；根据是否有涉外因素，可以分为无涉外因素的商业贿赂行为和有涉外因素的商业贿赂行为，其中后者往往牵涉其他国家和地区的执法以及反商业贿赂的国际合作。

三、商业贿赂的主要表现

商业贿赂行为最早出现在乡镇企业、私营企业和个体经营者中，现在则已遍及各种交易环境。不仅在商品流通领域，在银行信贷、商业保险、土地开发、工程建设等领域中也大量存在，甚至连以公平竞争为第一要义的足球场上，也出现了商业贿赂的阴影。商业贿赂名目繁多，其表现形式有：一是给付或收受现金的贿赂行为；二是给付或收受各种各样的费用（促销费、赞助费、广告宣传费、劳务费等）、红包、礼金等贿赂行为；三是给付或收受有价证券（包括债券、股票等）；四是给付或收受实物（包括各种高档生活用品、奢侈消费品、工艺品、收藏品等，以及房屋、车辆等大宗商品）；五是以其他形态给付或收受（如减免债务、提供担保、免费娱乐、旅游、考察等财产性利益以及就学、荣誉、特殊待遇等非财产性利益）；六是给予或收受回扣；七是给予或收受佣金不如实入账，假借佣金之名进行商业贿赂；八是以上没有列举的其他形式。

第二节 对商业贿赂行为的认定

商业贿赂对于自由竞争经济秩序的破坏作用日渐突出。2005年5月，德普案经由媒体曝光后引起了人们对商业贿赂的广泛关注。2006年1月举行的中纪委第六次全会上，反商业贿赂首次作为反腐败的重要内容被提出，并被

---

[1] 参见中央治理商业贿赂领导小组发布的《关于在治理商业贿赂专项工作中正确把握政策界限的意见》。

明确为 2006 年的工作重点。我国通过刑事立法加大对商业贿赂犯罪的调整和惩处力度，扩大了商业贿赂犯罪主体。

一、《刑法》中专门针对商业贿赂的规定

《关于办理商业贿赂刑事案件适用法律若干问题的意见》中指出，商业贿赂涉及经济社会生活的许多方面，往往与国家机关及其工作人员滥用职权、以权谋私有很大关系。商业贿赂的主体既包括各类公司、企业及其从业人员，个体工商户以及其他经营者和社会团体、行业自律组织、社会中介组织及其从业人员；也包括国家机关、事业单位、人民团体及其工作人员等。

2015 年 11 月 1 日施行的刑法修正案将受贿罪的犯罪主体扩大为公司、企业或者其他单位的工作人员，将公司、企业以外的单位中非国家工作人员利用职务便利进行"权钱交易"、危害社会利益的行为纳入了《刑法》调整的范围。

二、主体的确定

根据刑法修正案，在我国，贿赂犯罪的主体既包括国家机关、国有公司、企业、事业单位、人民团体、国家工作人员，也包括国家工作人员的近亲属或者与该国家工作人员关系密切的人，离职的国家工作人员或者其近亲属以及其他与其关系密切的人。民商事活动主体的多元化使得贿赂主体也必然呈多元化趋势，实践中，由《刑法》规定的贿赂犯罪主体所实施的贿赂行为，其社会危害性大且有猖獗之势，严重破坏了公平竞争和正常的市场交易秩序。

（一）行贿主体

商业贿赂犯罪的行贿主体是在商业活动中为了获取商业利益、商业机会、商业地位而实施行贿行为的一切自然人或者单位，即"经营者"。关于"经营者"的概念，《反不正当竞争法（修订草案）》第 2 条中规定："本法所称的经营者，是指从事或者参与商品生产、经营或者提供服务（以下所称商品包括服务）的自然人、法人和其他组织。"结合该条款及刑法规定可见，进行经营活动的单位或个人都可以成为商业贿赂犯罪的行贿主体。

（二）受贿主体

商业贿赂犯罪中的受贿主体是在商业活动中索取或收受贿赂的单位或个人，通常都拥有一定的决策权力，一般区分为单位、国家工作人员、非国家工作人员。受贿主体性质不同带来的差别是认定罪名的不同，在经济领域中只要这些单位或者个人索取、收受贿赂，阻碍公平竞争的市场经济秩序，无论属于哪种性质的主体，都有可能构成商业贿赂犯罪。

三、商业贿赂主观方面

（一）商业行贿的主观方面

商业行贿的主观方面除了直接故意以外，还要求为了"谋取不正当利益"。也就是说，行贿者在经营中排斥公平竞争，最大限度地争取交易机会，以获得更多的非法利益为终极目标。1999年，最高人民法院、最高人民检察院《关于在办理受贿犯罪大要案的同时要严肃查处严重行贿犯罪分子的通知》中明确规定，"谋取不正当利益"包括两种情形：一是谋取违反法律、法规、国家政策和国务院各部门规章规定的利益，即"非法利益"；二是要求国家工作人员或者有关单位提供违反法律、法规、国家政策和国务院各部门规章规定的帮助或方便条件，即"非法手段利益"。2012年，最高人民法院、最高人民检察院《关于办理行贿刑事案件具体应用法律若干问题的解释》更是将"违背公平、公正原则，在经济、组织人事管理等活动中，谋取竞争优势"作为第三种情形纳入"谋取不正当利益"的范畴，剑指商业贿赂。

在行为目的方面，商业行贿者是为了排挤竞争对手、销售或购买商品，以赚取商业利润。如果不是为了商业目的，而是为了获取商业目的以外的其他目的，如为了升学、提干、晋级、出国等原因而收买有关人员，这种行为只是一般的贿赂行为，而不是商业贿赂。

（二）商业受贿的主观方面

商业受贿的主观方面只能由直接故意构成，受贿者明知自己索取、收受贿赂的行为会侵犯职务行为的不可收买性，却仍然追求这种结果的发生。也就是说，受贿者必须认识到自己索取、收受的财物是对其职务行为的不正当酬谢，与其职务行为存在对价关系。在这种清醒认识下，索贿者只要仍然具有索取他人贿赂的意图，就符合该要件特征；而收受贿赂者不仅要有收受他人贿赂的故意，还应具有利用职务上的便利为他人谋取利益的故意，只有这两个方面同时具备才能成立。

四、介绍贿赂行为

介绍贿赂犯罪行为，是指为了商业行贿犯罪行为和商业受贿犯罪行为的实现，在商业行贿主体和商业受贿主体之间进行沟通、撮合，情节严重的行为。行为表现或者是为商业受贿主体寻找索贿对象，转达其索贿意愿，或者表现为受商业行贿主体的委托，帮助其物色行贿对象，疏通行贿渠道，引荐受贿主体以帮助传递信息和贿赂等。

五、商业贿赂客观方面

商业贿赂客观方面，是商业贿赂犯罪行为对刑法所保护的社会关系造成侵害的客观外在事实特征。根据商业贿赂犯罪所涉及的罪名，将其主要分为以下几类。

(一) 商业行贿行为

商业行贿是在商业活动中，基于商业目的，有关人员或者单位为谋取不正当商业利益，给予他人或单位以财物的行为。①商业行贿必须是发生在商业活动中，行贿者基于获取不正当商业利益的目的，通过给予有关单位或者个人财物，排斥正当竞争，以获得违法性利益、违法性帮助或者竞争优势等。②给予的贿赂是财物。这里的财物，是指能够衡量、换算的财产性利益。具体包括：实物，如烟酒、金银首饰、住房、汽车等；货币，包括人民币、外币；有价证券，如股票、债券等；其他财产性利益，如设定债权、免除债务、无息或者低息贷款、装修住房或赠送一定数目的企业股份等。值得说明的是，诸如性贿赂、晋升职务、解决户口等非财产性利益在目前刑法规定中暂未纳入商业贿赂犯罪的范畴。③行为手段一般是直接给予财物，而在对国家机关、国有公司、企业、事业单位、人民团体及国家工作人员进行商业贿赂时，也可以表现为在经济往来中，违反国家规定，给予各种名义的回扣、手续费。

(二) 商业受贿行为

商业受贿是在商业活动中，基于商业目的，有关人员违背职务的廉洁性或者单位违背廉洁制度，利用职务便利或者影响力非法索取、收受财物，为他人谋取利益的行为。

(1) 受贿者利用职务便利或影响力。

职务便利是受贿者本人职务范围内的权力，即自己主管、分管、承办公司、企业某项具体事务的权力；而影响力是受贿者利用了本人职权或者地位产生的影响和一定的工作联系，去影响、指挥其他人员利用其职务上的权限。值得注意的是，这里"受贿者"并不包括"单位"，因为根据刑法规定，单位作为受贿主体时，无须以"利用职务上的便利"为构成要件。

(2) 受贿者实施了索取、收受他人财物的行为。

根据行为方式的不同，商业受贿行为可以分为索取型受贿和收受型受贿：受贿者利用职务上的便利，乘请托人求其谋取利益之机，采取刁难、拖延、不利要挟等手段，以公开或暗示的方法主动向请托人要求给予财物的行为是索取型受贿；而受贿者利用职务上的便利，在请托人为谋取利益主动送给财物时，自愿接受的行为则为收受型受贿。

（3）收受型受贿者需具有为他人谋取利益的行为。

2003年公布实施的《全国法院审理经济犯罪案件工作座谈会纪要》认为："为他人谋取利益包括承诺、实施和实现三个阶段的行为。"也就是说，为他人谋取利益具体包括四种情况：①许诺、意图为他人谋取利益，尚未实际进行；②正为他人谋取利益，尚未获得成功；③已为他人谋取了部分利益，还未完全实现；④为他人谋取的利益，全部满足了要求。

（4）商业受贿行为的其他表现。

商业受贿行为还表现为受贿者在经济往来中，违反国家规定，收受各种名义的回扣、手续费归个人所有的情况。

六、商业贿赂犯罪客体

商业贿赂犯罪侵犯的客体，一是公平竞争的市场交易秩序，市场经济是以公平竞争为主导的商品经济，各市场主体所追求的利益由于需要通过市场竞争，往往表现得很不确定，为了获得更多的利益，有可能冲破自身的成立宗旨和有关法律的限制，通过商业贿赂达到获取利益的目的，这必然会破坏公司、企业经营活动中的公正竞争的交易秩序。二是侵犯同行业竞争者的合法权益，同业竞争者的合法权益需要公平的竞争秩序来维护，而在商业贿赂凸显的社会经济中，运用科技降低成本、提高质量不再是不法经营者恪守的商业理念，执着于以贿赂手段代替正常营销手段，必然会构成不正当竞争，损害同业竞争者的合法权益。三是损害消费者合法权益。商业贿赂行为在损害公共利益的同时，将最终的危害结果转向了广大消费者。当众多商家都将目光聚焦商业贿赂而不顾产品质量和品质时，消费者成为最大的受害者，高价劣质的产品充斥市场，从根本上剥夺了消费者的选择权，同时也给消费者带来了财产与生命的巨大威胁。四是侵犯有关单位和人员的廉洁性。任何一个在公司、企业或其他单位中执行一定职务的自然人，都存在因职务所带来的一定的身份、地位与便利条件，当然公司在赋予其公司职员一定地位与便利条件的同时，也必然要求他们忠于职守、廉洁自律，也就是说其负有不得利用自己的职务便利索取或收受贿赂的义务。正常市场交易秩序也要求有关单位保证自身的廉洁，否则将使单位的正常经济交易管理制度遭到破坏。

第三节 在公共服务中的商业贿赂行为

《反不正当竞争法（修订草案）》第 7 条规定："经营者不得实施下列商业贿赂行为：（一）在公共服务中或者依靠公共服务谋取本单位、部门或个人经济利益；……员工利用商业贿赂为经营者争取交易机会或竞争优势的，应当认定为经营者的行为。有证据证明员工违背经营者利益收受贿赂的，不视为经营者的行为。"就该条款来看，涉及三大问题：公共服务、不正当利益、谋取本单位与个人经济利益。

一、公共服务领域的商业贿赂

（一）公共服务的定义

公共服务（public service），由政府或公共组织或经过公共授权的组织提供的具有共同消费性质的公共物品和服务。在此，公共服务同样具有了公共物品的特性：一是非排他性。一旦这种公共服务存在，人人可以享用，如便利的交通，使所有乘客都能得到方便快捷的服务。二是非竞争性。就是一个人的消费和收益，不会影响其他人的消费和收益。但在现实生活中，纯粹的公共服务相对较少，大量存在的是"准公共服务"。这就要求政府在生产和供给上采取更加灵活的方式和手段。

（二）公共服务商业贿赂的特点

商业贿赂虽然是商业领域的腐败现象，但它其中不小的一部分已经延伸到公共服务领域中来，形成对社会公平和公共服务体制的严重损害。由于存在对服务项目和各种硬件产品的大量不间断采购，教育、医疗卫生、科研和文化艺术等公共服务部门和商业的关系极其密切。这些公共服务领域的采购行为在一些方面具有更优于商业对商业间交易的特点，包括采购的长期性和持续性、大量性、资金支付和信誉的保障性，特别是对价格变动的不敏感性等，使得公共服务机构成为各商业企业竞相争夺的供应对象。在这种情况下，商业企业对公共服务机构和人员的贿赂非常容易发生，严重影响到公共服务机构和公职人员队伍的廉洁性，是反腐败工作的一个特殊领域。

公共服务领域商业贿赂由于与公共权力的运用紧密相关，所以带来的社会后果更严重、危害更大，治理难度也相应加大。公共服务领域商业贿赂不仅和商业对商业式的交易过程中的贿赂行为一样破坏市场秩序和公平交易规则，败坏社会风气，导致劣币驱逐良币的反向激励后果，而且其危害更进一层，这就是它能够直接和持续性地腐蚀社会公平。公共服务部门一般都不同种类和不同层级地涉及公共权力的运用，包括公共事务管理权力、公共财权的运用等。公共权力的本性是公共性和公正性，它的结果就应该是维护和促进社会公平。例如，2011年浙江省永康市查处的一起教育系统特大腐败窝（串）案，全市教育系统共有33人受到党政纪处分，在任校长就有27人，受贿情节包括调动工作受贿和工程项目受贿等。在教育对配套服务不断增加的情况下，食品配送商、教学设备和学习资料供应商、建筑承包商等商家竞相采用各种手段向教育部门领导和主管人员行贿，争夺市场机会，形成教育公共服务领域的商业贿赂案件。

与一般商业贿赂相比，公共服务领域商业贿赂具有以下几个鲜明特点。

一是范围广。这是因为当今世界各个国家的公共服务领域都是众多生产和服务企业的大客户。如美国最先进的军火也都是由私人商业企业生产和提供的。即使如中国这样过去一直习惯于公共机构自己生产和自成服务体系的国家，现在也越来越多地开放公共服务的空间，从商业企业采购所需要的产品和服务。随着政府公共服务职能的加强和管理体制更多地朝着服务决策与服务提供分开的方式发展，专门面向公共服务领域的商业机会大量增长。原来大量由政府自身专门提供的公共服务项目或政府自己组织生产的公共服务产品，现在也面向商业企业采购。除了教育、医疗卫生、科研和文化艺术等普通公共服务之外，城市建设与管理、公共安全、社会福利、政府机关内部服务甚至部分的军用器材物质等大量的可以商业替代的项目也都逐渐向商业企业开放，趋势越来越明显。所以，在这些领域发生商业贿赂的机会也在大量增加。在以药养医的体制下，医生利用开处方的职务便利，以各种名义非法收受医药产品销售方财物，为医药产品销售方谋取利益，以及教师利用教学活动的职务便利，以各种名义非法收受物品销售方财物，为物品销售方谋取利益的，都属于这种类型的商业贿赂。虽然他们是以非国家工作人员受贿罪定罪处罚的，但属于公共服务领域的商业贿赂范围。

二是花样多，增加了界定和查办的难度。由于公职人员的受贿是社会皆知、皆恨的犯罪，公职人员为保自己的终身职业也特别谨慎。所以，赤裸裸贿赂钱物的方式开始相对减少，公共服务领域的商业贿赂往往采取多种间接方式进行。相比于默认式的商业对商业间的回扣等形式的贿赂，只有多种曲折或者变相的形式才能使受贿者产生安全感，增加自我安慰的侥幸性，减轻其心理上的犯罪感。

三是隐蔽性强。行贿者深知向公职人员行贿面临着法律上更大更多的危险性，所以往往采用更加隐匿的途径，既让受贿者得到利益以达成自己的目的，又最大限度保护自己免于查处，手段包括洗白、向亲属转移或者采取以证券、房产等形式行贿，向留学国外的公职人员子女支付学费，替公职人员家属支付住院治疗费等费用，提供加油卡、购物卡和各种会所消费卡等。这说明，公共服务领域商业贿赂形式正变得越来越复杂，隐蔽性越来越强，从而大大增加了查处难度。

四是集体受贿。有的地方是小范围内领导班子集体受贿，相互订立攻守同盟，对上对下和对外保密。有的地方则是整个单位从上到下整体性受贿，利益人人均沾，以此封住所有人的口，并形成法不责众的局面，客观上对执纪执法造成要挟。

(三) 公共服务领域商业贿赂的治理

公共服务领域商业贿赂的治理必须针对其特点，从制度设计、技术手段和加大问责与反腐败力度上采取措施，让公共服务领域商业贿赂特别是受贿行为更少机会、更大风险。治理思路主要包括三个方面。

①充分利用电子商务渠道，扩大政府网上采购的范围，在确定采买物品和服务质量要求的情况下，尽可能通过网上竞价等方式压缩行贿的价格空间，将政府部门采购经手人和供应商之间的预谋关系打乱，使之不确定化，甚至切断其直接联系的渠道，将出价者的报价作为采购决策的主要依据，并建立公共服务项目质量审计制度，杜绝以次充好和假冒伪劣产品混入公共服务项目。

②大力推进公共服务采购全领域账目公开，建立细节公开制度，将每一笔公共服务采购的项目、质量要求、数量、竞标企业及其报价、产品或服务标准、承诺情况、中标信息、产品或服务使用情况、售后服务情况等全面公开，由公共服务受众、供应商和政府公共服务部门人员特别是监督部门随时查阅，起到严格的监督作用。

③加大对公共服务领域商业贿赂犯罪的打击力度，并按照修订后的监察法将问责制范围运用至所有公共服务部门。严肃党纪政纪和国法，保持对公共服务领域商业贿赂行为的高压打击态势，并对政府采购中在价格和产品质量上犯有严重决策错误者进行问责，以从法律、纪律和问责三个角度形成对公共服务采购行为的叠加式反腐保廉作用力，最大限度遏制该领域商业贿赂泛滥的现象。

二、不正当利益

1999年3月14日公布实施的《最高人民法院、最高人民检察院关于在办理受贿犯罪大要案的同时要严肃查处严重行贿犯罪分子的通知》第2条规定："谋取不正当利益"是指谋取违反法律、法规、国家政策和国务院各部门规章规定的利益，以及要求国家工作人员或者有关单位提供违反法律、法规、国家政策和国务院各部门规章规定的帮助或者方便条件。1999年9月16日公布实施的《关于人民检察院直接受理立案侦查案件立案标准的规定（试行）》第4条第（5）项规定："本规定中有关贿赂罪案中的'谋取不正当利益'，是指谋取违反法律、法规、国家政策和国务院各部门规章规定的利益，以及谋取违反法律、法规、国家政策和国务院各部门规章规定的帮助或者方便条件。"

所谓不正当利益，是指根据法律、法规和有关政策不应当得到的利益。利益的正当与否取决于其性质本身，而不决定于取得利益的手段。如果是请托人依法应当或者可能得到，但限于一定的条件而无法得到，或者暂时未能得到的利益，不属于不正当利益。即使采用送钱送物的手段得到了，也不应当视为不正当利益。[1] 谋取任何性质、任何形式的不正当利益都属于谋取"不正当利益"。例如，行贿人虽然符合晋级、晋升的条件，但为了使自己优于他人晋级、晋升而给予有关国家工作人员以财物的，应认定为行贿罪。[2]

不正当利益是相对于正当利益而言的，它应该包括根据法律、行政法规的规定不应得到的利益，以及违反政策、道德所得到的利益。例如，为了减税、免税而向税务人员行贿；为了生产、销售假冒伪劣产品而向工商行政管理机关工作人员、产品质量监督部门工作人员行贿；为了发行股票、公司债券、企业债券而向国家有关证券管理部门工作人员行贿；等等。

三、谋取本单位与个人经济利益

越来越多的国家都已经颁布或正在完善相关反腐败、反商业贿赂的法律。其中，影响最为广泛的当属美国政府在1977年颁布的《反海外腐败法》。作为世界各国中首部针对出于商业目的贿赂外国政府行为的全面禁令，这部法案对于美国跨国公司在海外的经营手法有着非常严格的管制，例如，它规定商业送礼的价值不得超过50美元等。由于该法强调动机意图，它不要求腐败

---

[1] 高铭暄，马克昌. 刑法学 [M]. 北京：中国法制出版社，2007：765.
[2] 张明楷. 刑法学 [M]. 3版. 北京：法律出版社，2007：888.

行为已经实现，只要提出或许诺腐败支付，就已经视为违法。除了罚款额惊人外，还有可能面临高达 20 年的监禁。但同时，美国法律也规定，主动自首者通常可以获得刑罚减免。美国司法部数据显示，2003~2007 年，西门子医疗集团支付了约 1 440 万美元的贿赂款，向美国 5 家医院行贿，从而获得 2.95 亿美元的医疗设备订单。2012 年 8 月 7 日，美国证券交易委员会披露，全球最大制药企业辉瑞制药在包括中国在内的 8 个国家，向当地官员以及医生和医护人员等国有单位公职人员行贿。

与国内部分医药企业赤裸裸的现金贿赂行为相比，以葛兰素史克（GSK）中国为代表的跨国企业所采取的行贿方式更加隐蔽。他们通常采取出国开会、赞助学术活动等利益输送方式推广药品。作为全球知名的跨国药企，GSK 公司旗下以新康泰克、芬必得、百多邦等为代表的知名药品家喻户晓。GSK 中国与许多外企一样，每年有大大小小许多会议，这些会议通常分为员工内部会议和外部会议两种。根据公司规定，会务费超过 2 万元的会议必须通过招标的方式分给旅行社来做。这一方面是为了保证办会质量，同时也可以避免公司内部员工因动用大量资金可能滋生的腐败。然而，公司对会议的规模并无明确限制。根据 GSK 中国共享财务服务中心总监反映，尽管公司内部的报销制度非常严格，但公司财务部门往往只能上网查验发票真伪，对于被审核部门所上报的参会人员名单却无从查证。换句话说，一个实际上只有 200 人参加的内部会议，上报到财务报销部门变成了 500 人参会，只要发票合乎规范，就很容易蒙混过关。多报销出来的款项，就成了被"洗白"的行贿款，一部分流入使用部门的高管腰包，一部分则用于行贿。2010 年，已经在与 GSK 中国合作的过程中初尝"会务甜头"的翁某某经朋友介绍，认识了企业运营总经理梁某。在一段时间的"磨合"后，两人在利用会议套现方面一拍即合，开始了"密切合作"。"翁某某最常用的手法就是采用虚报人数的方式虚开发票。"长沙市公安局办案民警介绍，5 年间，临江旅行社与 GSK 中国约发生 1.19 亿元的业务往来，虚开金额近 2 000 万元。"虚开部分最多的是在梁某这里，他报销的会议费里有大约 20% 是实际意义上的行贿'黑金'和自己收受的贿赂。"这些钱，一部分进了梁某自己的腰包，另一部分则作为"行贿备用金"，向下逐级流入到大区销售、小区销售乃至最基层医药代表的手中，成为公司向相关部门、单位行贿的重要行贿备用金。因为有利可图，临江旅行社为了承接 GSK 中国更多的此类会议，也可谓使尽浑身解数。在这种黑色利益链中，个别旅行社甚至采用"性贿赂"手段拉拢企业高管，以达到维持

长期合作的目的。❶

这样一家拥有强大研发实力和雄厚资本的跨国药企也会染指商业贿赂。事实证明,跨国巨头之所以敢弃百年声誉不顾而行贿,关键在于巨大的商业利益诱惑。外资药企通过行贿,取得了较为强势的市场地位。这可能封杀国内中小药企的生存空间,压制后者参与市场竞争的机会。长此以往,市场价值规律将无法正常发挥作用,市场交易秩序必然受损,商业贿赂之风亟待得到遏制。

2016年食药监总局在《关于全面加强食品药品监管系统法治建设的实施意见》中指出,落实食品药品监管执法经费保障,积极争取地方政府支持,使食品药品监管执法工作经费纳入政府年度预算,坚决杜绝行政执法与单位、个人经济利益挂钩的现象。

第四节 未如实记载的商业贿赂行为

《反不正当竞争法(修订草案)》第7条中规定:"经营者不得实施下列商业贿赂行为:……(二)经营者之间未在合同及会计凭证中如实记载而给付经济利益。"该条涉及三大问题:经济往来、如实记载、回扣。

一、"在经济往来中"的理解

"在经济往来中"指行为人本单位与外单位或者个人进行民商事合同的签订,政府采购、招标投标契约的履行,或者其他形式的商业交易活动。经济往来是一个动态的商业过程,代表着一个较为宽泛的概念指向,不但有横向的商贸交流,更有准纵向乃至完全纵向的表现形式。横向经济往来是指发生在平等市场主体之间的商业经营活动,主要包括业务招标、广告宣传、物资采购、资源配置、产权交易等。准纵向经济往来是指发生在国家与普通市场主体之间的政府采购、行政合同,主要表现为城市和农村的基础性设施建设、法定商品或服务的交易、行政垄断性行业运营等。完全纵向的经济往来指国家机关与各类经济主体之间的管理与被管理活动。国家经济管理活动充分表明了经营者与政府部门及国家工作人员之间以职务行为为核心。完全纵向的

---

❶ 反贿赂风暴撼动医药利益链跨国药企或陷降价潮[N/OL].(2016-08-26)[2016-12-30]北京商报—东方财富网.

经济往来准确反映了商业贿赂的发生环节——"在经济往来中"的核心特点。由于我国政府部门宏观调控的规模和力度依然起着相当重要的作用，实质性地影响着商业竞争的过程与结果。政府在事实上成了经济往来和商业活动的间接参与者，对市场准入、发展、调节进行富有成效的安全监控，机械地将国家经济管理活动排除在经济往来范畴之外明显与我们现阶段的社会发展现实状况脱节。

二、如实记载

是否在合同及会计凭证中如实记载，就可以定性经营者的行为是否为商业贿赂。根据规定，经营者必须在合同及会计凭证中如实记载经济利益给付情况，否则将被认定为商业贿赂行为。如进行账外设账。❶ 其在交易行为中的财物是否"明示"和"如实入账"并非决定因素。一些经营者常常堂而皇之地将此作为挡箭牌来应对工商机关的调查。他们甚至将"明示"的财物写进了交易前的协议或合同书中，来为自己事实上的商业贿赂行为辩解。真正起决定因素的应该是经营者在交易过程中所涉及的财物的根本出发点，并看其最终目的是不是为了销售或者购买商品，看其最终结果是不是损害了其他经营者的正当竞争。

例如，甲企业2014年根据年末销售结算，应给乙企业10万元的销售返利，在2013年2月乙企业向甲企业继续采购商品，价款是13万元。事实上，甲企业只向乙企业收取3万元货款，把2012年应给乙企业10万元的销售返利，抵减10万元销售货款。同时，甲企业在给乙企业开具的发票上分别注明销售额13万元和折扣额3万元。乙企业账上以3万元作为13万元货物的采购成本。从上述举例中可以看出，如实记账的商业返利不是商业贿赂，不如实记账的商业返利是商业贿赂。两者的本质区别是：商业返利是在购销合同中有明确规定，而且提供方和接受方都把返利如实记账，而商业贿赂无论在购销合同中是否有明确规定，提供方和接受方都没有把返利如实记账。

三、"回扣"的界定

司法实践中出现了形式各异的"回扣"，但商业贿赂犯罪中的回扣仅指商业交易过程中，经营者于账外暗中在合同约定的价格之外退还给相对方或其负责人的款项。

---

❶ 账外设账是指单位未按照财务会计制度规定，在正规的公开的财务会计账簿之外私设的账套，从而达到偷税漏税、资金体外循环等目的的违法行为。

首先，商业贿赂犯罪中的回扣是价外回扣，不包括价内回扣。价内回扣是交易双方以公平合理的市场价格达成购销合意，经营者为维系交易关系，主动设置"扣率"，从己方利润中提取一部分回馈对方或其直接负责人员的款项，属于让利行为。价内回扣冲减当期经营利润，计入销项依法抵扣应纳税额。而价外回扣是经营者为获得不正当的竞争优势或交易条件，在价格行为之外非法设置的"返点"，是谋取相对方职务行为的犯罪成本，属于贿赂行为。价外回扣的出账和入账全都是暗度陈仓，不是合同明示的金额和结算方式。独立经手价外回扣的，往往进入个人腰包；多人熟悉内幕的，通常流入"小金库"后进行分赃。价外回扣具有隐秘性，纯粹是打通交易环节的"润滑剂"，破坏了公平竞争的市场秩序，是商业贿赂犯罪的打击对象。

其次，商业贿赂犯罪中的回扣区别于经营过程中的折扣。《关于禁止商业贿赂行为的暂行规定》将折扣界定为商品购销中的让利，意指经营者在销售商品时，以明示并如实入账的方式给予对方的价格优惠，包括支付价款时对价款总额按一定比例即时予以扣除和支付价款总额后再按一定比例予以退还两种形式。从本质上考察，折扣是经营者所采取的一种价格营销策略，即通过让利达到促销。而商业贿赂犯罪中的回扣是以不正当竞争目的为导向的非法价格行为，即违背诚实信用，罔顾公平竞争的市场秩序，通过私通暗洽促成长时间的排他性回馈和垄断性利益。从形式上分析，折扣普遍发生在符合商业惯例的经营活动中，而属于商业贿赂的回扣不存在合同权利义务关系的流转、商业惯例的依据、价格法律法规的合法性基础，只是逐渐内化成型的商业活动"潜规则"的外部表现。

四、借"折扣"之名进行贿赂

折扣也被称作价格折扣、让利，它是销售方在市场交易中，以明示的方式减扣或退让还给买方一部分款项，促成交易的一种促销手段。它只发生在交易双方当事人之间，不能支付给当事人一方的经办人或代理人。折扣不属于商业贿赂，但随着市场经济的发展，国家也需要加强对折扣的管理，对折扣的比例需加以限制，防止有些企业推行削价倾销、限制竞争的价格政策。在国外，折扣属于商业惯例，并有相应的法律规范进行调整。如德国的《折扣法》（1830年）中就允许在正常交易中给予顾客不超过交易总额3%的折扣，超过该比例的，则属于违法。我国《反不正当竞争法》规定，正当的折扣必须以明示的方式给付，并如实记入给付方和收益方的账目，否则，即为不正当竞争行为。这一规定划清了商业贿赂与折扣的界限，在商业贿赂中排除了折扣,又对给予和接受折扣的行为进行了规范。在现实生活中,有人对折扣的法定含义认识不清,把非法的商业贿赂当成折扣;有人折扣、回扣不分,把合法的折扣当成回扣;也有人故意把二者混淆,借折扣之名行回扣之实,这需要在实践中予以甄别。

第五节 给付有影响第三方经济利益的商业贿赂行为

《反不正当竞争法(修订草案)》第 7 条中规定:"经营者不得实施下列商业贿赂行为:……(三)给付或者承诺给付对交易有影响的第三方以经济利益,损害其他经营者或消费者合法权益。"该条款涉及三大问题:给付(承诺给付)、附赠、佣金。

一、以"承诺"为核心对"为他人谋取利益"要件进行界定

"经济往来"中事先是否有约定不好认定,商业贿赂犯罪的双方通常"心照不宣"。实践中出现的典型情况是:建筑工程投资方的部门经理甲发包程序简洁、款项结算及时到位,承包方乙对合作关系满意,送去现金 20 万元,甲默默接受。实务部门对此如何处理存在争议:表面上没有证据证明甲与乙对谋取利益有过事先约定。如果独立考察甲照章办事的行为,显然不能认定为"为他人谋取利益"。但从接受现金的事实却能推断甲明知"不义之财"与职务行为存在必然联系。

根据《全国法院审理经济犯罪案件工作座谈会纪要》第 3 条"关于受贿罪":国家工作人员收受他人财物时,根据他人提出的具体请托事项,承诺为他人谋取利益的,就具备了为他人谋取利益的要件;明知他人有具体请托事项而收受其财物的,视为承诺为他人谋取利益。行为人实施为他人谋取利益的行为或者已经为请托人谋取到了商业利益的,可以通过证据予以确认。所以,有必要以"承诺"为核心设置判断规则,针对为他人谋取利益的具体情况进行司法认定。

第一,不仅明示承诺构成"为他人谋取利益",暗示承诺亦然。有的受贿人收受财物后没有任何明示承诺,坚守"言多必失"原则。但当他人主动提供财物并提出谋取利益的具体要求,行为人收受财物的同时并没有明确拒绝

行贿人的谋利要求，此时，"沉默—受财"的系列行为可以证明存在暗示承诺，符合"为他人谋取利益"要件。

第二，真实承诺可以构成为他人谋利要件，而虚假承诺则应当区别对待。行为人没有为他人谋取利益的主观意图，假意承诺为他人谋利并收取财物的，可以构成经济受贿犯罪。但其成立前提必须是行为人拥有为他人谋取经济利益的现实条件。完全没有条件为他人谋取利益、虚张声势、隐瞒真相，以提供交易机会为诱饵获取他人财物的，可以诈骗罪或者招摇撞骗罪处理。

第三，必须明确区分主动索贿型的"心照不宣"与被动收受型的"心照不宣"。索贿无须满足"为他人谋取利益"的构成要件。商业贿赂双方之间虽然没有明确的意思表示或者承诺，但若受贿人采取比较含蓄的方式拐弯抹角地向交易方索要贿赂，对方也心知肚明，就属于"心照不宣"的暗示手段，同样构成主动索取贿赂。

二、附赠

附赠是指经营者在交易中，附带地向交易对方无偿提供现金和物品的行为。我国《反不正当竞争法》未禁止附赠，在国务院提交给全国人大常委会的《反不正当竞争法（修订草案）》及其说明中，附赠被视为"按照商业惯例采取优惠措施推销产品"的符合商业惯例的促销行为。但是，不正当的附赠行为与商业贿赂并无本质区别。为了制止各种名目的不正当附赠，《关于禁止商业贿赂行为的暂行规定》第8条明确规定："经营者在商品交易中不得向对方单位或者个人附赠现金或者物品，但按照商业惯例赠送小额广告礼品的除外。违反前款规定的，视为商业贿赂行为。"因此，经营者在商品交易中向对方单位或者个人附赠现金或者物品、数额超过正常数额的，为商业贿赂。值得注意的是，《关于禁止商业贿赂行为的暂行规定》并未禁止经营者对消费者的附赠。国外禁止附赠的法律不仅禁止经营者间的附赠，也禁止经营者对消费者附赠。

三、借"佣金"之名进行贿赂

（一）佣金的概述

佣金（Commission）是指在商业活动中的一种劳务报酬。何为佣金呢？佣金是经营者给付商业活动中为他提供中介服务的中间人的劳务报酬。它可由买方给付，也可由卖方给付，还可由买卖双方给付。例如说，在二手房交易中，购房者就是一个具有独立的经济地位的人。购房者通过房屋中介公司帮助购买二手房,购房者在买房成功后给自己在整个购房过程中提供服务的中介公司按预先约定的条约支付一定的劳务报酬。

《反不正当竞争法释义》(国家工商行政管理局条法司编)对"佣金"的释义为:佣金是商业活动中的一种劳务报酬,是具有独立地位的中间商、掮客、经纪人、代理商等在商业活动中为他人提供服务,介绍、撮合交易或代买、代卖商品所得到的报酬。《关于禁止商业贿赂行为的暂行规定》第7条第2款规定:"本规定所称佣金,是指经营者在市场交易中给予为其提供服务的具有合法经营资格中间人的劳务报酬。"

(二) 佣金与商业贿赂的区别

《关于禁止商业贿赂行为的暂行规定》第7条规定:经营者销售或者购买商品,可以以明示方式给中间人佣金。经营者给中间人佣金的,必须如实入账;中间人接受佣金的,必须如实入账。根据《合同法》第426条规定,居间人促成合同成立的,委托人应当按照约定支付报酬。对居间人的报酬没有约定或者约定不明确,依照《合同法》第61条的规定仍不能确定的,根据居间人的劳务合理确定。财政部、国家税务总局《关于企业手续费及佣金支出税前扣除政策的通知》对"手续费及佣金支出"作出了数额限定,即一般企业按与具有合法经营资格中介服务机构或个人(不含交易双方及其雇员、代理人和代表人等)所签订服务协议或合同确认的收入金额的5%计算限额扣除。

在法律上明确合法的服务获得佣金后,这就划清了佣金与商业贿赂的界限。但是必须要明确,中间人需有合法的经营资格,不具有合法经营资格的,不能接受佣金。这一特征是划分佣金和商业贿赂的重要依据。例如,"医托"取得的"佣金"不能算作佣金,该行为只能属于商业贿赂。此外,给予和接受佣金都必须如实入账,不如实入账的,可能属于商业贿赂行为,也可能是违反财经纪律的行为,具体问题具体对待。在现实生活中,假借佣金之名进行商业贿赂的现象并不少见,因此在司法实践中应注意加以甄别。

四、"为谋取不正当利益"要件在行贿罪第1款与第2款之间的配置具有差异性

司法实践长期以来对"为谋取不正当利益"是否为经济行贿的构成要件存在争议。《刑法》第389条第1款规定的一般行贿罪必须以"为谋取不正当利益"为要件,紧跟着第2款规定:"在经济往来中,违反国家规定,给予国家工作人员以财物,数额较大的,或者违反国家规定,给予国家工作人员以各种名义的回扣，手续费的，以行贿论处。"理论上一般将此种情况的行贿称为"经济行贿"，以区别于一般行贿。由于这两款没有在罪状中规定以"为谋取不正当利益"为条件，因而理论上对经济行贿罪是否以"为谋取不正当利益"为必要要件存在分歧。

首先，《刑法》第389条第2款具备行贿犯罪的特殊构成要件体系，并不以第389条第1款的相关构成要件为基础。我国刑法对某些犯罪构成作出了特殊规定，突破了典型情况下该犯罪的基础构成要件体系。特殊犯罪构成往往在刑法条文中表现为"以某某罪论处"——通常该行为本身并不完全符合用来比照论处的犯罪的构成要件，但刑事立法等同处理。《刑法》第155条规定了准走私，虽在构成要件上与走私犯罪有较大不同，亦应以走私罪论处。《刑法》第389条第2款"以行贿论处"就属于特殊犯罪构成，没有必要强求以"为谋取不正当利益"为前提。

其次，从刑法条文的逻辑关系角度分析，《刑法》第389条第2款具备独立存在的价值。立法机关之所以在《刑法》第389条第1款的基础上设立第2款，明确列出在经济往来中，违反国家规定，给予国家工作人员以各种名义回扣、手续费等情形，显然是认为该款不需以"为谋取不正当利益"为要件。如果第2款也需要以"为谋取不正当利益"为前提，第1款就完全涵盖了第2款，完全失去了刑法条款之间的补充说明功能。

最后，从刑事立法的本意来看，经济行贿无须具备不正当利益要件。一般行贿发生在一切社会关系领域内，立法机关基于合理地限制打击面的刑事政策考虑，认为有必要对刑事法网进行严格规范，故设定"为谋取不正当利益"要件，使其具备明显的限缩印记。而经济行贿发生在经济往来环节中，商品劳务交易的特性决定了市场竞争只存在经济利益最大化的效率评价问题，不存在为谋取不正当利益的道德判断问题。

第六节 商业贿赂的定性处理

商业贿赂的案件案情复杂，定性处理容易存在争议，主要表现在以下方面。

一、交易第三方构成商业贿赂行为是否要考虑对交易的影响程度

例如，商场的推销员、饭店的酒水推销员、房产公司的促销人员对购买

者的购买意愿仅仅起到微弱影响，甚至只是推荐、介绍产品的作用，其行为只是引起消费者的关注，消费者依然具有主动权、独立的判断能力和最终选择权。与此相反，如医生、教师、领导等，利用职务之便影响交易的一方或双方，能对交易双方交易的达成起到决定性影响，同时从交易双方或一方获取不当利益。

如果交易第三方对交易双方的影响能够决定交易双方交易的达成，即具有决定性影响，则构成商业贿赂。所谓决定性影响，是指交易第三方能够直接决定对交易任意一方的选择权或是交易任意一方必须依赖于交易第三方的意愿进行交易，或者能够直接决定双方交易的达成。

二、不明示入账、不入账、不入法定账是否构成商业贿赂以及销售返利、促销与商业贿赂的关系

判断此类问题的关键在于正确理解回扣与折扣、商业促销、让利的区别。根据《反不正当竞争法》的规定，回扣一定是账外暗中，但是账外暗中不一定是回扣。账外暗中只是回扣的充分不必要条件，回扣只是账外暗中的形式之一而不是唯一。现在，对于此类问题是否构成商业贿赂的主流意见，更多体现为判断当事人是否具有收买对方的主观意图。

销售返利等商业促销行为的表现，往往在交易达成的事前和事后，按照双方合同等约定的内容给付一定的价款，以刺激对方销售产品，如果没有损害其他经营者的利益，没有损害消费者的合法权益，不宜按照商业贿赂定性。但如果企业管理人员将返利据为己有，则可能构成个人的贪污行为。综上认为，账外暗中是不是回扣一定要按照实际情况具体情况具体分析，要通过现象看本质，不能简单把账外暗中等同于回扣。

三、以给付钱物等方式串通拍卖是否属于商业贿赂

此类问题本质上是《反不正当竞争法》与《拍卖法》《招标投标法》等特别法的关系问题。在查办类似案件时，应仔细分析行为的违法主体是否属于《反不正当竞争法》规制的范围、违法行为的本质破坏何种市场关系以及该市场关系是否有特别法规制。通过给付钱物达成串通拍卖的目的，是典型的串通拍卖案件，以商业贿赂定性处罚，不失为一种权宜之计。但不宜倡导、鼓励在串通拍卖的行为中抽其一段以商业贿赂进行查处，这样不能完整地反映整件案件的事实面貌，也不符合法律精神。

四、向医院赠送大型医疗设备是否构成商业贿赂以及借此捆绑销售仪器、试纸、试剂是否构成商业贿赂

在实践中,这种行为有四种表现形式。一是医院在招标采购文件中要求必须赠送;二是通过红十字会等机构赠送;三是医院与企业达成协议赠送;四是企业通过第三方赠送大型设备等或向医院销售试纸、试剂等产品。此类行为是否构成商业贿赂的关键在于赠送行为的目的,若赠送大型医疗设备与其后续销售行为不挂钩,则不宜按商业贿赂定性;若赠送大型医疗设备与试剂进行捆绑式销售,则涉嫌构成商业贿赂行为。在招投标过程中捆绑赠送设备和购买试剂,应由《反不正当竞争法》规制还是由《招标投标法》规制,是属于指定经营者的限制竞争行为,还是属于商业贿赂行为,应个案具体分析,不能一概而论,不能都以商业贿赂定性处罚。

第十二章

虚假商业宣传行为规制制度

我国学术界对于引人误解的虚假商业宣传行为的理解为经营者利用广告或其他宣传方法，对商品或服务做与实际情况不符的公开宣传，引起或足以引起其交易相对人对商品或服务产生错误认识的行为。2016年白云山公司公告称，根据广东省高级人民法院就公司控股股东广药集团及子公司王老吉大健康公司诉加多宝虚假宣传及商业诋毁纠纷一案的二审判决书，被告广东加多宝及加多宝中国需赔偿原告经济损失及维权合理开支共计人民币500万元。该案中：原告广药集团起诉称，两被告借助王老吉后人的声明通过媒体大肆宣传炒作，以制造其独家拥有正宗王老吉祖传凉茶秘方的假象，以否定原告正宗配方；通过散布所谓广药集团不拥有正宗王老吉秘方的虚伪事实，来诋毁原告的商业信誉和商业声誉，严重侵害了广药集团及王老吉大健康公司的合法权益。广州市中级人民法院一审判决称，被告广东加多宝、被告加多宝中国于本判决发生法律效力之日起立即停止涉案虚假宣传及商业诋毁的侵权行为；被告广东加多宝、被告加多宝中国于本判决发生法律效力之日起10日内赔偿广药集团及王老吉大健康公司经济损失及维权合理开支共计人民币500万元；被告广东加多宝、被告加多宝中国于本判决发生法律效力之日起10日内需在有关媒体及加多宝集团官方网站首页刊登声明，向两原告公开赔礼道歉。加多宝中国、广东加多宝不服广州市中级人民法院的一审判决，随后向广东省高级人民法院提起上诉。广东省高级人民法院就该案作出了"驳回上诉，维持原判"的终审判决。虚假商业宣传行为本质上是一种欺骗性交易的行为，违反了诚信原则和商业道德，扰乱了市场竞争秩序，同时也必然损害诚实经营者的利益。因此，各国立法均严格禁止这种不正当竞争行为。

第一节 虚假宣传的概述

一、虚假商业宣传的界定

虚假宣传是一种侵权行为。2014年3月15日起施行的《消费者权益保护法》对经营者的欺诈行为，进一步加重了惩罚力度，增加了赔偿金额，从商品价款或服务费用的1倍增至3倍。立法发生变化，意在应对近年来有增无减的消费欺诈现象。其中，相较于商品而言，经营者所提供之服务，因大多缺乏较为明确的客观标准，无国家、地方或行业标准可供衡量，致使不诚信经营者的虚假宣传行为相当普遍，并成为服务欺诈最为重要的一种表现形式。在民事范畴，被侵害的主体，其一为享有知情权的消费者，对此，《消费者权益保护法》第20条、第45条、第50条以及《广告法》第38条均有规定。其二为市场其他经营者，对其他经营者造成的侵害，实质上是误导消费者后果的衍生，此时虚假宣传被界定为恶性竞争行为，在《反不正当竞争法》第9条、第20条以及《最高人民法院关于审理不正当竞争民事案件应用法律若干问题的解释》第8条中均有规定。当然，除民事责任之外，经营者做虚假宣传的，还可能面对行政责任甚至刑事责任的追究。

以上所涉条款中，立法者使用了"虚假宣传""虚假广告""引人误解的虚假宣传"等概念，究其实质，上述概念都强调了"虚假"以及"引人误解"，本质特征大致可总结为：宣传呈现的内容不实，意图导致信息接受者产生错误认识。基于此，我们可将三者统称为虚假宣传，并采取体系化和类型化的方式对此概念进行解读。

二、虚假商业宣传的特点

①宣传所提供的信息是虚假信息。在现代社会对商品和服务进行宣传是最普通的营销战略，通过宣传，一方面使消费者迅捷地了解有关商品或服务的信息，并依此作出是否购买的判断；另一方面可以树立企业的品牌形象，增加企业的知名度，在生产经营中获取更大的竞争优势，如果经营者向社会提供虚假信息，必然会误导消费者，侵害消费者的合法权益。

②虚假宣传的性质是不正当竞争。竞争是市场经济有效运行的前提和基

础,也是决定市场主体命运的重要因素,正当的竞争是通过不断改进技术,降低成本,开发新产品、新市场等方式实现的,合法的竞争要求每一个竞争参与者都必须按照符合市场规则的、诚实守信的原则行事,偏离了这些原则和规则,必然走向不正当竞争。经营者在宣传产品方面进行不正当竞争是很容易实现的,因为随着科技的现代化,生产工艺日益复杂,产品的种类纷繁多样,消费者对产品的性能、质量等不可能有足够的知识,消费者获取产品信息依靠广告、商品上的标注等,经营者提供虚假的信息,会使消费者作出错误的判断,在既定的市场容量的前提下,依靠虚假信息赢得竞争优势或获取利润,势必会使其他竞争者的态势减弱或减少,损害其他竞争者的合法权益。

③虚假宣传的直接受害者是消费者或同业竞争者。因消费者充分相信虚假广告的内容并按照广告实施购买行为,就会损害消费者的利益,广告的形式有多种,比较广告或贬低广告可能被利用进行虚假宣传,比较广告与贬低广告影射的主体是同业竞争者,当然,比较广告与虚假广告是有区别的,比较广告符合真实性和限制性并遵循正当竞争的原则,就是合法广告;比较广告或贬低广告,如果出现下列情形之一,则与虚假广告融合,以自己商品或服务的长处与竞争对手商品或者服务的相关短处相比,不说明比较内容只表现结果,违背事实,片面扩大,无根据引用最高级形容词,对比、诋毁,发布这些广告均采用不正当竞争手段,损害了竞争对手的合法权益,是典型的不正当竞争行为。被告使用与客观事实相悖的虚假广告用语,误导消费者,从而使原告的消费群体在购买决策上产生困惑,甚至产生对非被告商品的排斥心理,构成不正当竞争。

④虚假宣传是通过广告或者其他形式实现的。广告的基本功能是传递信息,同时广告传递的信息不同于一般的商品信息,它带有劝诱性,诱导人们的思想和行为接近其推销的目标,通过广告宣传,可以吸引人们注意,引起人们的兴趣,使人们处于潜在状态的需求被唤醒来形成显现的需求,因此,广告还有诱导和说服的功能,为了追求诱导和说服的效果,广告主或广告经营者就可能采用夸大宣传的方式发放信息,欺诈消费者,这样就形成了虚假宣传广告,当然,虚假宣传还可以其他媒体形式进行,如文学形式等。

第二节 虚假商业宣传行为的认定

虚假宣传行为如何认定？唯有《最高人民法院关于审理不正当竞争民事案件应用法律若干问题的解释》第8条给予了回应。该条列举了三种具体的情形：对商品做片面的宣传或者对比的；把科学上未经定论的观点、现象等当作定论的事实用于商品宣传的；以歧义性语言或者其他引人误解的方式进行商品宣传的。该司法解释同时指出，人民法院应当根据日常生活经验、相关公众的一般注意力、发生误解的事实和被宣传对象的实际情况等因素，对引人误解的虚假宣传行为进行认定，并将以明显夸张方式宣传的行为排除在外。显然，上述规定意在引导市场良性发展的同时避免司法权的过度干预，因此，更为强调虚假宣传致使消费者被误导的可能性和客观事实。

在引人误解的虚假宣传的判定上，主要应从其客观行为方式造成的后果，即是否引人误解着手。"引人误解"是构成引人误解虚假宣传的最终标准或根本标准。

一、"引人误解"与"虚假"的关系

引人误解的虚假宣传行为与其他不正当竞争行为最重要的区别在于"引人误解"及"虚假"。有观点认为，引人误解的虚假宣传必须符合"引人误解"及"虚假"两个要件，缺一不可；也有观点认为，"引人误解"与"虚假"两者居其一即可构成引人误解的虚假宣传。那么，"引人误解"与"虚假"是否是一一对应关系？

① "虚假"但不"引人误解"：德国法认为，即使是与客观情况不相符合的宣传，若消费者能正确理解其含义，就不属引人误解的宣传。

我国台湾地区的"处理虚伪不实或引人错误之表示或表征原则"也认为，"引人错误"是指"表示不论是否与事实相符，足以引起相当数量之相关大众错误之认知或决定"。"虚假"但不"引人误解"最典型的情况就是"过度吹嘘"——采用过分夸张的手法宣传商品或服务。如宣称面条之弹性能与橡皮筋媲美。由于消费者能凭常识正确判断这一宣传的真伪，这一"虚假"的宣传并不会造成消费者的误解。

② "真实"但"引人误解"：这通常发生在字面上的真实陈述有虚假的

第二层含义的时候。如某家具宣传手册注明"瑞士聚酯漆家具",字面看来是全套进口家具,实际上第二层虚假的含义是仅家具漆是从瑞士进口的。英国1968年《商业描述法案》第3条即是对此类行为的规范。根据该条规定,对于不是虚假的描述行为,只要结果引人误解,即被视为虚假的商业表示。美国联邦贸易委员会法第15条也表明:"虚假广告"是指在主要方面是欺骗性的广告,内容与实际情况的符合程度并不作为主要考虑的方面,即使内容真实,但结果引人误解的广告也是虚假广告。不少国家和地区的反不正当竞争法都有类似的规定,在市场竞争中,某个经营者所提供的商品或服务误导或可能误导公众的任何表示行为或做法,便足以构成不正当竞争行为。因此,"引人误解"与"虚假"并非完全对应关系。只要宣传的效果"引人误解",即构成不正当竞争行为,宣传内容是否"虚假"并不妨碍结果的产生及引人误解的虚假宣传行为的成立。

二、"引人误解"的判定标准

误解的对象既然是"人",则"人"的范围的确定对行为的判定至关重要。在判定宣传是否"引人误解"时,应该以宣传的针对对象的理解为准,而不应以宣传者的理解为准。国外的立法对此有一套独特的标准。

1. 美国

一般消费者施以普通注意的标准。美国学者考曼认为,对广告是否引人误解的判定标准应以:①一般消费者施以普通注意标准;②整体观察及比较主要部分标准;③异时异地隔离观察标准。第①种判定标准最为常见,比利时、法国、意大利等国都采用了这一标准。所谓一般消费者,是按一般交易观念,通常可能消费该商品的人。如医疗器械广告,其受众应是医护人员,应以这一"可能消费该商品"的人群为一般消费者,以其理解来判定广告是否"引人误解",而不能以儿童为一般消费者。同时,购买商品时的注意程度应是"普通",即通常买这类商品的注意程度。我国台湾地区的"处理虚伪不实或引人错误之表示或表征原则"中规定的判断原则就有:"表示或表征应以交易相对人之认知……一般商品或服务以一般大众施以普通注意力为准;专业性产品则以相关大众之普通注意力为准。"通常人们购买价格较低的商品,注意程度较低,商品价格越高,人们越会仔细比较分析,注意程度就越高。儿童购买玩具时注意程度较高,女士购买衣服时注意程度较高。因此,针对不同的年龄、性别、专业的消费者,其注意程度是不同的,应根据实际情况考虑。

2. 德国

量化的标准。引人误解的虚假宣传不可能使所有的人都产生误解，受误导的只能是消费者中的一部分。那么，多大"一部分"消费者受误导才能被认为是"引人误解"？德国联邦最高法院一般都将误解率确定在10%~15%的范围内，即10%~15%的一般消费者对该宣传产生误解，则判定该宣传引人误解。然而，这种量化的标准在实际操作中会遇到一些困难，因此，法官会根据具体案件调整确定一个比较合理的比例。

3. 我国：细化的标准

《最高人民法院关于审理不正当竞争民事案件应用法律若干问题的解释》第8条明确了"引人误解的虚假宣传行为"的内涵：① "以歧义性语言或者其他引人误解的方式进行商品宣传的。" 这一规定的完善将"真实"但"引人误解"的宣传行为列入了"引人误解的虚假宣传行为"，即只要"字面含义"和"第二层含义"中有一种是引人误解的，就可以认定为是"引人误解"。② "以明显的夸张方式宣传商品，不足以造成相关公众误解的，不属于引人误解的虚假宣传行为。" 这一部分承认了过度的"虚假"不一定"引人误解"，只要消费者能以常识判断出宣传的真伪，过度的夸张并不属于"引人误解"的宣传。由以上两点可见，《最高人民法院关于审理不正当竞争民事案件应用法律若干问题的解释》肯定了"引人误解"与"虚假"之间不存在必然的对应关系，判定"引人误解的虚假宣传行为"的根本要素应是"引人误解"，这与国际通行的原则是一致的。③ "人民法院应当根据日常生活经验、相关公众一般注意力、发生误解的事实和被宣传对象的实际情况等因素，对引人误解的虚假宣传行为进行认定。" 商品宣传是否足以构成引人误解的虚假宣传往往具有较大的自由裁量性。为了约束和指导法官更准确地在判断该行为中的自由裁量行为，《最高人民法院关于审理不正当竞争民事案件应用法律若干问题的解释》第8条第3款借鉴了考曼的"一般消费者的普通注意力"原则，同时结合其他相关因素，规定了"日常生活经验""相关公众一般注意力"等一般性的考量因素。

但上述认定标准显然不能适用于《消费者权益保护法》第20条、第45条所称之虚假宣传行为。相比较而言，《消费者权益保护法》中禁止的虚假宣传，强调的是经营者具有导致消费者产生错误认识的主观动机，但在认定中，应可适用《最高人民法院关于审理不正当竞争民事案件应用法律若干问题的解释》第8条第1款列举的三类情形。例如，在深圳创互公司诉深圳多门公司不正当竞争纠纷案中，经营者利用互联网进行宣传时，将竞争对手完成的智力成果宣传为自己完成的智力成果,以此捏造虚假事实来抬高自己,以达到引起相关公众误解进而招揽客户的目的,该行为构成引人误解的虚假宣传行为,应承担相应的不正当竞争侵权责任。关于虚假宣传应承担的民事责任,可根据不同被侵害主体划分。一是经营者基于反不正当竞争法的规定向其他经营者承担的损害赔偿责任;二是经营者基于《消费者权益保护法》和《广告法》的规定向消费者承担的损害赔偿责任,但此处经营者所承担的损害赔偿责任,一般限定在消费者所受实际损失范畴内。应予注意的是,与《消费者权益保护法》第55条的惩罚性赔偿责任相比,《广告法》与《反不正当竞争法》对消费者的保护力度悬殊巨大。

第三节 引人误解或虚假宣传行为的表现形式

一、引人误解或虚假的广告宣传行为

引人误解或虚假的广告宣传行为主要是指通过报刊、广播、电视、路牌、橱窗、印刷品、霓虹灯、电子显示牌、实物等广告媒介的形式,进行欺骗或误导用户和消费者的商品或服务的宣传行为。为了维护公平竞争秩序,保护诚实经营者和消费者的合法权益,我国一直比较重视利用法律手段规范和约束广告宣传活动,禁止引人误解或虚假的广告宣传行为。引人误解或虚假的广告宣传行为除了传统的表现方式外,在诱饵广告、荐证广告、比较广告中都有非常具体的体现。为整治虚假广告乱象,2015年9月1日起实施的《广告法》明确,广告不得含有虚假或者引人误解的内容,不得欺骗、误导消费者;还明确了无论是广告主、广告经营者还是发布者、代言人,只要和虚假广告沾上边,就要承担责任。

1. 诱饵广告

诱饵广告,又称为引诱性广告,是指经营者对实际上不能进行交易的商品作出广告,或者对商品的买卖数量、日期有显著的限制而在广告中未予明示,以此引诱顾客前来购买,并鼓动顾客购买其广告商品之外的商品的广告。例如,在发布的商品房广告中,最流行的一词是"每平方米××元起价",如果购房者到现场购房时,发现此类房屋在广告时就已售完或者压根就一套此种房屋,经营者做此广告的目的是引诱购房者前来购买其他价格更高的房屋,

这种广告就可以构成诱饵广告。

2. 荐证广告

荐证广告是推荐、保证、见证之类的广告的泛称，广告主的目的显然是利用推荐、保证、见证者（或荐证者）的知名度、专业性、代表性，吸引视听者的注意，以便说服、刺激潜在的消费者购买商品。

3. 比较广告

从大陆法系国家的立法和实务来看，原来坚持即使内容真实的比较广告也是违法的，原因是认为广告是用于宣传自己的商品或服务的，不能对其他竞争者品头论足，此后逐渐转变态度，承认对竞争者的商品或服务可以进行比较，当然，比较的范围仍然是有限制的。英美法系国家则持比较宽松的态度。

二、对商品或服务价格的引人误解或虚假宣传行为

由于价格是竞争最重要的方面，所以尽管我国《反不正当竞争法》对于对商品价格作引人误解的虚假宣传行为未作明确的列举式规定，但并不表明对于引人误解的虚假价格宣传不予规范。对价格所做的引人误解的虚假宣传行为主要表现为：①引人误解或虚假的价格比较行为。引人误解或虚假的价格比较行为，是指将实际价格与对照价格相比较，以表示降价、售价便宜等方式，具体表现为：以一般市场价作为比较价格；以虚假的进价作为比较价格；以虚假的本店以前的销售价作为比较价格等。②从进货方法或者进货来源方式进行价格宣传，通常表现为"进价销售""清仓销售""搬迁销售""歇业销售""厂价销售"。③其他对商品价格的引人误解或虚假宣传行为。

三、对商品质量的引人误解或虚假宣传行为

2009年修订的《产品质量法》第5条规定："禁止伪造或者冒用认证标志等质量标志；禁止伪造产品的产地，伪造或者冒用他人的厂名、厂址；禁止在生产、销售的产品中掺杂、掺假，以假充真，以次充好。"石嘴山市工商行政管理局2016年4月1日执法巡查时，发现正在促销的、丹华公司生产的丹华牌灵芝孢子粉利用广告宣传材料和广告宣传牌，夸大保健功能，误导消费者，使用引人误解的虚假宣传的广告用语。在店内柜台上摆放的以"原生态、纯天然、灵芝破壁孢子粉""功能与药用价值"为题的广告语中，对丹华牌灵芝孢子粉的保健功能描述为："1. 抗肿瘤，包括化疗、放疗术后的康复。2. 各种慢性病的辅助治疗：如心血管疾病、冠心病、高血压、高血脂、慢性支气管炎、哮喘、肺炎、胃及十二指肠溃疡、慢性胃炎、失眠、尿毒症、糖尿病、红斑狼疮等。"柜台后墙上悬挂的丹华公司保健品系列的广告牌上,对丹华牌灵芝孢子粉的保健功能描述为:"功能主治:益气血、安心神、健脾胃、主虚劳、心悸、失眠、头晕、神疲乏力、久咳气喘、冠心病、矽肺、肿瘤。"以上广告宣传用语,当事人无法提供真实有效的科学依据及相关的证明文件。❶ 故,均属于虚假广告宣传。

四、对商品产地的引人误解或虚假宣传行为

产地是指商品的地理来源,如商品的出产地、制造地或加工地等。产地标识是指表明商品出自特定地理区域而在商品上使用的文字或标记。由于自然环境的差异,经济发展程度的不同以及历史的原因,产地往往与商品的质量、价格、信誉等紧密相连。产地标识是商品竞争的重要工具,具有产生信誉和市场竞争力的功能,也因此成为不法商家加以伪造或冒用的对象。我国《产品质量法》第5条中规定:禁止伪造产品的产地,伪造或者冒用他人的厂名、厂址;禁止在生产、销售的产品中掺杂、掺假,以假充真,以次充好。

五、其他引人误解或虚假宣传行为

经营者还会从事对行为主体(经营者)的引人误解或虚假宣传行为,对商品数量的引人误解或虚假宣传行为,对赠品的引人误解或虚假宣传行为等其他的引人误解或虚假宣传行为。当然,有一些非常夸张的广告,例如,某洗发水广告洗完头梳子能从头发上滑落;在某零食广告中,女生吃完该商品后变成猛男。这种广告自吹自擂,为了达到广告的娱乐性而夸大其词,但一般消费者都能识别出夸大成分,所以此类广告并不会使消费者产生误解,我们不认为它是虚假宣传的一种。

第四节 片面的虚假宣传

《反不正当竞争法(修订草案)》第8条规定:"经营者不得实施下列引人误解的商业宣传行为:(一)进行虚假宣传或者片面宣传。……"

---

❶ 案例来源:张兆威,杨学明. 经营者利用广告对商品作引人误解的虚假宣传案 [EB/OL]. (2016-05-18) [2016-12-30] 宁夏回族自治区工商管理局网.

在片面宣传中，一般经营者都只突显自身的优势，这类行为人发布的广告信息往往不完全虚假，而是包含了一部分真实的信息，或避重就轻，或报喜不报忧，甚至通过语言的歧义误导消费者。《广告法》第12条规定：广告中涉及专利产品或者专利方法的，应当标明专利号和专利种类。未取得专利权的，不得在广告中谎称取得专利权。禁止使用未授予专利权的专利申请和已经终止、撤销、无效的专利做广告。

片面宣传具体包含两种情形：一是对产品信息的模糊表示，即行为人采取模棱两可的语言进行宣传，或者故意在一些概念上含糊其辞，使得消费者对产品的功能、质量产生误解。例如，某市有甲、乙、丙3家房地产开发公司，同等层次的商品房销售单价基本相同，但甲在售房广告中宣称"买房送家私"，吸引大量购房者与甲签订购房合同，乙、丙销售情况不佳。其后，甲称其"买房送家私"广告语的意思不是买房赠送家具，而是帮业主运送家具。二是引诱性广告宣传行为，即故意以模糊的词语和表示引起消费者误解，从而影响他们的购买决策的广告行为。

【片面宣传和对比案例】

2016年8月8日，云梦县工商局查处一起利用广告对商品质量作片面宣传和对比的虚假宣传案。云梦县工商局在某孕婴生活馆内发现，湖南某食品公司生产的一款营养米粉的彩色宣传册上对其商品质量与同类商品作片面的宣传和对比。从工艺、冲调、营养等方面将自身米粉与普通米粉、粉状米粉商品进行质量优劣对比，贬低其他商品"易导致宝宝味觉发育迟缓、容易吃腻、容易造成上火、容易结团、流失营养"等质量问题，突出显示自身优势，没有客观反映事实，容易误导消费者。执法人员认为当事人片面的宣传和对比，损害了竞争对手商品的声誉，侵害了正常的市场竞争秩序，已涉嫌违反《反不正当竞争法》的有关规定。

【宣传所用主要材质表述不规范案例】

2016年12月，消费者向中消协反映8848钛金手机实物与宣传不符。8848钛金手机其官网和实体店中随处可见"采用瑞士名贵腕表所用5系钛合金""名贵钛合金""稀有贵金属材质"等宣传语，把8848钛金手机捧成了高端手机。8848钛金手机官网宣传"采用瑞士名贵腕表所用5系钛合金"，而金属行业不存在5系列钛合金的说法。中消协认为，8848钛金手机自造5系钛合金概念，实际材质为普通工业纯钛或钛合金。根据中国消费者协会委托国家有色金属及电子材料分析测试中心的检测结果显示，8848 钛金手机（巅峰版）的背面金属件中的圆形部分基体为工业纯钛，背面金属件中带刻纹部分材质相当于国产 TC4 钛合金。对此，8848 钛金手机官方声明称，其手机使用的金属材质是钛六铝四钒，国内称为 Ti-6Al-4V 或 TC4 钛合金，国际称为 Gr5（Grade5）钛合金。由于 8848 钛合金部件委托香港企业生产加工，故其所提供的物料等级编号采用了国际品名规范，即 Gr5（Grade5）钛合金，通称 5 系钛合金，国内牌号 TC4 钛合金。此外，8848 钛金手机宣称使用"名贵钛合金""稀有贵金属材质"。

针对钛金属是否为稀有贵金属，8848 钛金手机官方声明称，钛在自然界中含量并不稀少，但被认为是一种稀有金属，是因为其在自然界中存在分散难以提取，并且极难加工，所以钛合金产品通常价格都比较高（价格通常达到钢材的 10 倍左右）。因此大多在航天、深海潜艇以及生物医疗等领域被使用，除此之外，被少数奢侈品品牌使用。

中消协则表示钛金属并非稀有贵金属，部分手机边框仅是钛合金镀金。根据各国的约定俗成，钛金属并不在贵金属之列。实际市场中，贵金属价格差别很大，最便宜的银每克 5 元左右，而铂每克可达 200 元以上。目前，市场上纯钛每克大约 0.06 元。单纯从价格上来讲，钛金属也并不名贵。中消协调查及检测结果表明，8848 钛金手机线上线下宣传不一致，所用主要材质表述不规范，甚至涉嫌虚假宣传。

第五节　对未定论观点与现象的宣传

《反不正当竞争法（修订草案）》第 8 条规定："经营者不得实施下列引人误解的商业宣传行为：……（二）将科学上未定论的观点、现象作为定论的事实用于宣传"。

2007 年上海工商部门发布的违法广告监测情况称：10 件违法广告中，除一则与证券投资有关外，其余 9 件均为化妆品，而且几乎都是家喻户晓的"国际大牌"，而这也是上海历史上化妆品广告违法的最严重情况。其中违法次数最多的是海飞丝新生去屑洗发露广告，有 1 239 次；其余 8 个化妆品广告分别为清扬去屑洗发露、清扬男士去屑洗发露、潘婷乳液修复系列、玉兰油焦点皙白泡沫精华凝露、海飞丝柠檬清爽控油洗发水、玉兰油多效修护防晒霜、科豆和欧莱雅雪颜双重精纯护理液广告。宝洁、联合利华、欧莱雅等众多国际大牌在虚假广告问题上的集体沦陷，使其在消费者心中的公信力大打折扣。而违规广告所采用的手段，主要有两种形态："强效对比法"和"绝对化承诺"。诸如"头屑不再来""一周见成效"就属于典型的"绝对化承诺"；而模特脸上的雀斑迅速消退、名人一头枯发瞬间得到"滋润"的片段演示则属于"强效对比法"。

一、对未定论的观点、现象规制

《广告法》第2条第2款规定："本法所称广告主，是指为推销商品或者服务，自行或者委托他人设计、制作、发布广告的自然人、法人或者其他组织。"

在广告中可以用文字来说明商品的有关情况，也可以用图画或其他形式来表示，各种形式的广告说明实际上表明的是经营者的一种主张，它是向消费者介绍可以检验的商品（或服务）的信息，通过检验的信息的正确性与否决定广告的合法性，一些通过夸张的手法使消费者只产生正面的印象，而反面含义被掩盖的广告就有虚假广告的嫌疑。例如，有的广告词把某种产品说成市场上同类产品的唯一最佳商品，这属于独占广告，违反《广告法》第7条第3款规定的"不得使用最高级、最佳等用语"。

我国《广告法》第11条规定：广告内容涉及的事项需要取得行政许可的，应当与许可的内容相符合。广告使用数据、统计资料、调查结果、文摘、引用语等引证内容的，应当真实、准确，并表明出处。引证内容有适用范围和有效期限的，应当明确表示。第12条规定：广告中涉及专利产品或者专利方法的，应当标明专利号和专利种类。未取得专利权的，不得在广告中谎称取得专利权。禁止使用未授予专利权的专利申请和已经终止、撤销、无效的专利做广告。

我国《民事诉讼法》第64条第1款规定：当事人对自己提出的主张，有责任提供证据。第65条第1款规定：当事人对自己提出的主张应当及时提供证据。《最高人民法院关于适用〈中华人民共和国民事诉讼法〉若干问题的解释》第90条规定：当事人对自己提出的诉讼请求所依据的事实或者反驳对方诉讼请求所依据的事实，应当提供证据加以证明，但法律另有规定的除外。在作出判决前，当事人未能提供证据或者证据不足以证明其事实主张的，由负有举证责任的当事人承担不利的后果。

二、"缺乏科学定论的观点"的宣传案例

在"上海回波公司诉海斯凯尔公司、海斯凯尔北京分公司实施不正当竞争行为"案[1]中,海斯凯尔公司在其公司官网中载明:"2008 年,公司核心技术团队成功研发了第三代瞬时弹性成像技术,并研究将其应用至肝纤维化的体外无创诊断,以改变目前慢性肝病患者病情确诊只能依赖于肝穿刺的现状。"在海斯凯尔公司推出其无创肝纤维化检测仪之前,法国 ECHOSENS 公司已有类似产品的销售,即慢性肝病患者病情确诊已经实现体外无创诊断。海斯凯尔公司在其公司官网中陈述"以改变目前慢性肝病患者病情确诊只能依赖于肝穿刺的现状"不符合事实。

关于海斯凯尔公司采用"第三代瞬时弹性成像技术"进行宣传行为属性的认定中,虽然《实用医学杂志》《北京医学》等期刊文章中存在有关"第三代瞬时弹性成像技术"的论述,但是根据在案证据,是否就该技术领域的代际存在普遍、一致的认知无法进行确认。同时,根据相关消费者的日常生活经验而言,一般代际越高表示相关产品性能效果越优,自然所获得消费者选购的机会越大,因此在对市场中存在的普遍性产品进行代际介绍时,相关经营者更应当具有审慎的义务,对缺乏科学定论的观点不能采取放任或误导性的方式进行宣传,从而获得不当的竞争优势。由此,海斯凯尔公司作为"成功研发了全球首台影像引导的肝纤维化无创检测系统 FibroTouch,采用第三代瞬时弹性成像技术"内容的发布者,同时也是相关产品的经营者,其在并无确凿事实的基础上,在其公司官网上对前述内容予以宣传,该行为已然构成虚假宣传。

第六节 歧视性语言的广告宣传

《反不正当竞争法(修订草案)》第 8 条规定:"经营者不得实施下列引人误解的商业宣传行为:……(三)以歧义性的语言或者其他引人误解的方式进行宣传。"

---

[1] 见(2015)高民(知)终字第 4430 号民事判决书。

一、歧义性的语言界定

歧义是人们在使用语言过程中经常遇到的语言现象。歧义一般指一种语言形式缺乏清晰性，意义模棱两可，具有两种或两种以上意义的现象。英国的杰弗里·利奇（Geoffrey Leech）将歧义定义为"……一个语言项目具有一个以上的认知意义"。学者通常认为歧义是消极的，给交际带来了障碍，应尽量消除；也有学者认为歧义是语言本身的一种优势，创造性地使用歧义可以使语言变得更生动形象，取得某种特定的修辞效果。因此，歧义已广泛地应用于日常交际、文学作品、商业广告、演讲、外交等各种场合。

二、商业炒作引歧义

以歧义性语言或者其他引人误解的方式进行商品宣传的，此类宣传行为虽然没有虚构或歪曲事实，但由于对商品或服务进行了"片面的宣传"或采用了"歧义性语言"进行描述等，没有真实反映商品或服务的品质，足以误导消费者的选择。"如果有人一次又一次对你撒谎，你要做的就是立刻甩了他"——这是小S代言"清扬"的广告语。此番话语，让人猜想是否在对"海飞丝"的去屑效果发出质疑和挑战。广告的作用不仅在于传达产品信息和品牌形象，同时也在帮助创造着社会文化。歧视性语言是一种语言暴力、信息暴力，一经媒体刊出，伤害的就可能是一个团体、一个阶层，也可能会造成恶劣的社会影响。

第七节 侵害商标权及不正当竞争纠纷案

商标侵权也是不正当竞争之一种，本节从商标合理使用的界限、商标权权利用尽及激活、商品商标权与渠道保护等方面，分析法国皮尔法伯公司与慧吉公司侵害商标权及不正当竞争纠纷案。

一、案情简介

原告法国皮尔法伯公司系第 1476327 号、第 699055 号、第 1972018 号"雅漾"商标的注册人。原告在其官网以及其他对外宣传中均称"雅漾商品仅限专柜销售"。被告经营的网站上具有"雅漾中国官方网站""雅漾中国商城"等字样,介绍雅漾商品的图片以及"Avène""雅漾"标识。原告认为,被告未经授权在其网站上使用雅漾系列商标并销售雅漾商品的行为构成商标侵权;被告对外宣称是"雅漾官方网站",并使用原告商标及官网图片的行为构成不正当竞争,遂提起诉讼。法院认为被告的行为不构成商标侵权,但构成不正当竞争,判令其停止不正当竞争行为并赔偿原告经济损失4万元。

二、法官点评

该案汇集了商标合理使用的界限、商标权权利用尽及激活、商品商标权与渠道保护等法律关系。商品商标在商品提供者与消费者之间建立起的联系是指标注相同商标的商品具有同一来源,一般不指向商品的具体销售者。经营者在销售商标权人的商品时使用商标,该商标指向的商品来源与经营者销售商品的实际来源具有同一性,该使用行为并不会损害商标权人与其商品的联系,就具体商品而言,亦没有妨碍商标功能的发挥,故一般情况下,指示性使用商标属于商标的合理使用,不构成商标侵权。虽然指示性使用商品商标并不会造成相关公众对商品来源发生混淆,即不应纳入商标法的调整范围,但如果经营者在使用该商标时超出了合理范畴,使相关公众误认为经营者与商标权人具有授权许可关系,此时,该使用行为则受反不正当竞争法的规制。商品一经销售,商标权人即丧失了对其商品使用或再次销售的限制,即商标权利用尽,除非当再次销售的商品质量发生变化或者商品特性有所改变,从而导致再次销售的行为会对商标权人的声誉造成损害,此时用尽的商标权则将被重新激活,商标权权利用尽原则就不再适用。

三、裁判要旨

通常情况下,商品商标不保护销售渠道。随着商品的销售,原告的商标权权利用尽。被告在未对商品本身作出改动的情况下,利用网站销售原告正品的行为不构成商标侵权。被告销售原告正品时在网站上使用"雅漾"系列商标的行为客观上能起到指示商品来源的作用,就具体商品而言,并没有妨碍商标功能的发挥,不会导致原告附着于商品上的商标权被重新激活,不构成对原告注册商标专用权的侵害。但被告超出合理限度使用他人商标,让人误以为其与原告存在授权许可关系,即使销售的是正品,其行为仍构成不正当竞争。

第十三章

商业秘密的规制制度

商业秘密作为知识产权的一种特殊形式，与一般的知识产权（主要指专利、商标和版权）相比有着自身的特殊要求。因此，商业秘密常常成为被侵害的对象，导致有些企业因此而失去竞争优势，面临停产、歇业甚至破产倒闭。2010年7月全球最大社交网站"脸谱"（Facebook）爆出大规模用户私隐外泄事件，据信，有网络安全专家利用简单手段，从Facebook上套取了多达1亿名用户数据，并将数据以BT形式发布。德国《商业周刊》（*Wirtschaftswoche*）刊登了2010年10月24日公开的调查报告显示，出于安全考虑，德国多家公司禁止员工使用知名社交网站Facebook和其他同类网站。调查报告说，除担心员工使用社交网络存在泄密风险外，公司还害怕这些网站或将使自己更易遭受电脑病毒攻击，原因是员工点击其他网站页面的链接时可能将感染的病毒传递至公司电脑。

第一节 商业秘密的概念、特征和范围

一、商业秘密的概念和特征

《与贸易有关的知识产权协定》将商业秘密定义为"未公开的信息"，只要求"其在某种意义上属于秘密，即其整体或者要素的确切体现或组合，未被通常涉及该信息有关范围的人普遍所知或者容易获得；由于是秘密而具有商业价值；是在特定情势下合法控制该信息之人的合理保密措施的对象"。[1]
在《反不正当竞争法（修订草案）》中，商业秘密是指不为公众所知悉、能为权利人带来经济利益、具有实用性并经权利人采取保密措施的技术信息和

---

[1] 见《与贸易有关的知识产权协定》第39条第2款。

经营信息。在欧美各国，商业秘密被视为企业竞争力的核心，关系到所有者的生死存亡，受到多项法律的保护。企业的技术信息或经营信息如果具备了秘密性、价值性和保密性这三个特征，就成为受法律保护的商业秘密。

（一）秘密性

秘密性包括两层含义：一是"不为公众所知悉"，表明技术秘密只能是一定范围内的人所掌握和知晓的信息，已为社会公知公用的通用技术不属于技术秘密范畴；二是"经权利人采取保密措施"，持有人是否采取保密措施，是确认是否构成技术秘密的关键因素之一。秘密性是技术秘密受到法律保护的事实基础，任何一项为社会公众（这里的公众主要指该信息应用领域的竞争者，即同业竞争者）所知、可以轻易获取的信息，对其拥有人来说就失去了竞争的价值，法律无需再给予保护。这也是商业秘密区别于专利、商标、版权等具有公开性的无形财产的显著特点。例如，当今世界最有价值的商业机密之一——可口可乐饮料的配方，已保持了约一个世纪。可口可乐公司对配方采取了严密的保密措施，配方深锁在亚特兰大可口可乐公司总部的保险箱内。为了保住这一秘方，可口可乐公司享誉盛名的元老罗伯特·伍德拉夫在1923年成为公司领导人时，就把保护秘方作为首要任务。当时，可口可乐公司向公众播放了将这一饮料的发明者约翰·潘伯顿的手书藏在银行保险库中的过程，并表明，如果谁要查询这一秘方必须先提出申请，经由信托公司董事会批准，才能在有官员在场的情况下，在指定的时间内打开。[1] 全公司只有少数高级员工参与饮料初始浆液的配制。这些员工都与公司签有保密协议。可口可乐公司分布在世界各地的分部只进行将初始浆液稀释成饮料及装罐、运输和销售等业务。[2]

（二）价值性

判断该信息是否具有价值性的标准有两个：一是可以产生竞争优势，二是可以带来经济利益。《关于禁止侵犯商业秘密行为的若干规定》对价值性作出的解释是："该信息具有确定的可应用性，能为权利人带来现实的或者潜在的经济利益或者竞争优势。"而无论是产生竞争优势，还是带来经济利益，既包括现实的，也包括潜在的。价值性要求某信息想成为商业秘密必须是具体和确定的。所谓具体性，是指该信息应该是有用的具体方案或信息，不应该

---

[1] 可口可乐秘方保密120年 知情者至今不足10人（2006-08-07）[2016-12-30] http://news.sohu.com.

[2] 赵艳秋. 如何规避知识产权侵权对知识产权很重要[N]. 中国电子报，2005-09-23.

是大概的原理和抽象的概念。确定性要求该信息应能说明详细内容和划定明确周界，对于该信息的组成，构成信息的各要素及其组成方式，该信息与公知信息的界限均要有明确的说明。从商业秘密的实施利用结果来看，权利人因使用了自己所掌握的技术秘密或商务信息取得在市场竞争中的优势地位。例如，在技术上，含有技术秘密的新产品、新材料、新工艺使其在同类产品中拥有性能稳定、质量可靠的特点，或者能够降低产品成本、节约原材料；在商务方面，经营信息的持有和运用能够拓宽商品销路或提高商品销售价格；在经营管理上，商业秘密的运用能够提高劳动生产率，开源节流，促进生产要素的优化组合等。商业秘密持有人可以从上述几个方面使自己在竞争中处于更有利的地位，创造更多的利润。

（三）保密性

保密性首先要求权利人在主观上必须具有保密意愿，并且采取了适当的保密措施，这种保密措施可以是行政措施、技术性措施或法律措施，其具体形式多种多样，因秘密内容而异。至于权利人采取的保密措施是否达到了适当的程度，应根据不同案件的各种因素确定，并不要求在任何情况下都万无一失，使企业成为"固若金汤"的堡垒。某种信息是否构成商业秘密要看信息持有人是否尽合理的努力去维护它不为公众所知悉的秘密状态，亦即是否采取了保密措施。保密措施不仅是事实行为，也是法律行为。权利人通过采取保密措施，表明了商业秘密的存在，对其进行控制从而主张权利，也使相关人员承担了不得泄露秘密的义务，产生了创设商业秘密权的法律结果。

上述三个条件是确定商业秘密必须具备的条件，相互联系、缺一不可，缺少任何一个要件，均不构成商业秘密。

二、商业秘密的范围

（一）商业秘密范围的界定

《关于禁止侵犯商业秘密行为的若干规定》列举了商业秘密包含的项目：设计、程序、产品配方、制作工艺、制作方法、管理决策、客户名单、货源情报、产销策略、招投标中的标底及标书内容等方面。

而根据《反不正当竞争法》规定，商业秘密分为两类——技术信息和经营信息。技术信息是指技术诀窍、非专利技术成果、专有技术等，主要表现为生产方案、产品设计、工艺流程、实验数据、工程设计图纸、配方、质量控制和管理方面的技术知识。经营信息是指与经营销售有关的保密资料、情报、计划、方案、方法、程序、经营决策等，具体包括未公开的产品市场占有状况、区域分布、推销计划、市场信息、财务信息、人力资源信息、客户名单、进货渠道、销售网络、产品价格、供求状况、标底、标书内容等资料。

(二) 容易被忽视的企业商业秘密

①方法、程序、阶段性成果和研究开发的有关文件。微软在2005年8月提出了一个关于"操作系统关闭计算机的过程"的专利申请,目的在于更有效地关闭Windows和其他操作系统,例如,在程序阻止关机时,系统向用户所发出的提示。这套专利描述了关机的整套用户界面和流程,包括开始关闭、终止GUI、拖延关闭提示等。这个"操作系统关闭计算机的过程"在研发过程中,在没有申请专利之前都属于商业秘密。

②机器设备的改进。在公开市场上购买的机器、设备不是商业秘密,但是经营者的技术人员对其进行技术改进,使其具有更多用途或效率更高,那么这个改进也是商业秘密。

③客户名单。客户是交易的相对人,本来就是公开的,为什么还能认定客户名单是商业秘密?这是因为客户名单不为公众所知悉,并不是客户自身具有秘密性,而是指经营者与客户的具体交易关系具有秘密性。其他经营者并不知道客户需要这一类产品或服务,要得到客户是需要花费一定时间和财力的,这一信息被竞争者知道后,势必对企业不利。

④企业内部文件。与经营者各种重要经营活动有关联的文件,也是商业秘密。如采购计划、供应商清单、销售计划、销售方法、会计财务报表、分配方案等都是企业的商业秘密,它们被竞争对手知道后将产生不良后果。

⑤与公开信息容易混淆的经营信息。商业秘密中的经营信息与经营者应当公开的数据信息紧密相连,不易划分,也最易遭受不正当的侵犯。因此,必须运用多种手段明确界定应公开的企业信息与商业秘密之间的关系,既保证信用服务机构公正、合法地搜集、分析和披露企业应公开的信息,保护授信者的合法权益;又防止授信者以商业秘密为由拒绝公开自己的信息,以促进信息的有效使用和保护,建立完善的企业信用管理体系。

第二节 不正当手段获取商业秘密

《反不正当竞争法(修订草案)》第9条规定:"经营者不得实施下列侵犯商业秘密行为:(一)以盗窃、胁迫、欺诈或者其他不正当手段获取权利人的商业秘密……"

一、盗窃获取权利人的商业秘密

盗窃是以非法占有为目的的窃取他人财物的行为。

1. 盗窃售出

2011年5月,王某潜入深圳龙兴化工厂财务室,撬开财务室的保险箱,盗走现金1 000元及一份新产品配制方案。6月份,王某将新产品配制方案以5万元的价格卖给深圳华龙化工厂。

2. 盗窃未售出

南安市水头一家机械公司员工李某未经公司许可,私自拷贝属于公司商业秘密的图纸,该图纸是公司设计团队的设计成果,正准备投入生产,具有巨大的商业价值和经济利益。李某是该机械公司技术绘图部的一名员工,2008年11月与公司签订了劳动合同和技术保密协议,承诺严格遵守公司保密制度与要求。但在利益的驱使下,2009年8月,李某曾发电子邮件给香港某公司声称持有该机械公司各类设备的完整图纸等,如有需要可与其联系,香港公司未予答复。此时因李某尚未获得公司机密设计图纸,此事暂时告一段落。2009年10月,李某偷偷从同事的电脑上拷贝了公司磨机设计图纸并刻成光盘存放。此外,还私自从公司总工程师刘某的电脑中拷下了石英板材设备设计图纸存在自己的私人电脑上。此后,李某频繁与多家石材厂家联系,欲出售自己手中持有的公司机密设备图纸。经调查,至查获时止,李某尚未将手中持有的公司内部资料售出。南安工商部门的及时介入调查,阻止了李某的犯罪行为,为该公司挽回经济损失达1 400万元。

二、利诱获取权利人的商业秘密

利诱是以非法占有为目的,以给予利益或者许诺给予利益为手段,如行贿、许以要职等,从有关人员手中得到商业秘密的行为。

为牟利,重庆渝中区员工罗某在苹果重庆解放碑分公司工作之际,利用自身职务之便泄露公司商业秘密。罗某在公司担任代理主管,负责对顾客返修、退货的产品进行故障诊断及维修,并对涉及公司的商业秘密负有保密责任。据公诉机关的起诉书指控,2015年3月,罗某在负责售后服务部工作期间,李某找到罗某,要求帮忙提供苹果公司内部检测、维修、退换货等方面的各类信息。李某承诺,将给予被告人罗某好处费10万元,罗某表示同意,向李某提供了银行账户。2015年3月10日,罗某收到李某划转的10万元,后多次违反公司保密规则,为李某提供苹果公司维修、退换货的操作流程以及检测手段等商业秘密信息。

三、胁迫获取权利人的商业秘密

胁迫是指用威胁或要挟等方法欺诈有关人员使其透露所掌握的商业秘密。甲公司拥有某项独家技术，每年为公司带来 100 万元的利润，故对该技术严加保密。乙公司的经理丙为获得该技术，带人将在回家路上的甲公司技术员丁强行拦截，并将丁推入丙的汽车，对丁说如果丁提供该项技术资料，就给其 2 万元；如果丁不提供，就将丁嫖娼之事公之于众。丁于是配合。次日丁提供该项技术资料，并获得 2 万元报酬。以盗窃、利诱、胁迫或者其他不正当手段获取权利人的商业秘密的，给商业秘密权利人造成重大损失的，构成侵犯商业秘密罪。该案中，行为人的行为不能认定为强迫交易罪、敲诈勒索罪、绑架罪等具有迷惑性的罪名，而应当以侵犯商业秘密罪定罪处罚。

四、欺诈获取权利人的商业秘密

欺诈是指以使人发生错误认识为目的的故意行为。例如，假借谈判合作，骗取有关竞争对手的商业秘密；隐瞒自己的真实身份使对方泄密；通过所谓"合作开发""学习取经"及"技术贸易谈判"等假象套取他人商业秘密，将商业秘密用于自己生产经营。《最高人民法院关于贯彻执行〈中华人民共和国民法通则〉若干问题的意见（试行）》第 68 条规定："一方当事人故意告知对方虚假情况，或者故意隐瞒事实情况，诱使对方当事人作出错误意思表示的，可以认定为欺诈行为。"

智能手机生产商魅族公司的负责人黄章在魅族论坛（2011）称曾被某天使投资人以投资为名从其处获得了大量手机生产的经验和商业秘密。在这种商业合作中，即便双方未签保密协议，投资人把因投资意向取得的资料泄露给第三方或者自己使用的，仍然是违法行为，因为这种行为有违诚信原则。只有当投资方表现出有意投资企业，并且双方进入实质性的磋商阶段时，被投资方才会对投资方产生将来可能合作的信任感，并基于这种信任感向投资方提供企业有关的技术秘密和经验秘密。

五、其他不正当手段获取权利人的商业秘密

其他不正当手段是指用电子及其他方法进行侦查以获取他人商业秘密的行为。"不正当手段"应不仅仅局限于刑事法律、法规中的行为，从社会常识的角度来看，具有违法性的恶性行为都纳入其中，也就是通常所说的违反

"公序良俗"的行为。

根据我国《反不正当竞争法》第10条第1款第（1）项，"以盗窃、利诱、胁迫或者其他不正当手段获取权利人的商业秘密"，属于侵害商业秘密的手段之一。该项仅列举了盗窃、利诱、胁迫等几种获取商业秘密的不正当手段。但从该法第2条第1款来看，任何违反自愿、平等、公平、诚实信用原则和公认的商业道德的商业行为均属于该法所禁止的不正当竞争行为。侵害商业秘密属于一种不正当竞争的手段和行为。因此，根据目的解释规则和体系解释规则，凡是以违背自愿、平等、公平、诚实信用原则和公认的商业道德的手段获取、披露、使用他人商业秘密的行为均属于侵害商业秘密的不正当手段。

判断获取手段是否正当，应该考虑案件的全部情况，包括获得手段是否符合公共政策的公认原则，以及商业秘密所有人是否采取了合理保密措施。例如，A为化学公司，发明了一种生产甲醇的新工艺，开始建设使用该工艺的生产企业。A并未采取保密措施以防止过路人观察其施工现场，有关施工现场也可以从附近的高速公路上清楚地观察到。B为竞争的化学公司，派了若干化学工程师去观察A的建筑工地。他们从邻近的高速公路上拍摄了正在施工的工厂，通过对照片的分析，最后得到了新工艺。此种情形下，B并未以不正当手段获取A的商业秘密。与此相反，如果为防止他人观察，A在施工现场附近设立了大规模的铁丝网，然而由于施工现场的规模和工厂的性质，如果要求A在施工现场上设置临时天棚是困难和昂贵的。B雇用一名飞行员，使用轻型飞机飞越施工现场上空，使B的工程师对施工现场进行了摄影，并事后研究照片，从而知悉了A的新工艺。法院应当认定，A已经对工艺采取了合理的保密措施，B以不正当手段获取了A的商业秘密。

《合同法》在第43条规定，当事人在订立合同过程中知悉的商业秘密，无论合同是否成立，不得泄露或者不正当地使用。泄露或者不正当地使用该商业秘密给对方造成损失的，应当承担损害赔偿责任。

第三节 披露、使用或者允许他人使用不正当手段获取商业秘密

《反不正当竞争法（修订草案）》第9条规定："经营者不得实施下列侵犯商业秘密行为：……（二）披露、使用或者允许他人使用以前项手段获取的权利人的商业秘密……"

2007年至2008年间,谢某与时任D公司生产车间主任的宋某结识后,多次与宋某相谈并以利益相诱,欲从宋某处获取D公司的微孔过滤管及相关设备生产的制造工艺,后宋某违反与D公司的保密合同,将相关过滤管技术泄露给谢某。继而谢某于2008年5月注册成立E公司,并顺利生产出与D公司同样的产品进入市场销售,造成D公司经济损失。经会计师事务所评估,D公司因此所遭受的经济损失为人民币1 223 817.61元。该案的核心问题:市场上存在同类或相关技术相近似的产品,能否主张涉案技术方案不可构成商业秘密?

商业秘密属于相对的权利,其专有性不是绝对的,不具有排他性。该案中提出的"市场上已广泛存在同类产品,因此,D公司的所谓商业秘密根本已不属于商业秘密",这种说法不成立。因为商业秘密不同于商标权、专利权,任何人只能通过合法方式(独立开发获得、合法购买、从公开渠道观察获得、合法接受许可获得及通过反向工程获得)取得同一内容的商业秘密。而商业秘密的特殊性决定了其存在独立多重发明的情况,即权利人和他人均可自行研发生产同一种产品相近或相同的商业秘密,且均可以以自己为该商业秘密的唯一权利人。因此,不可以忽视商业秘密的非排他性,该案中市场上存在同类产品并不代表着D公司的商业秘密即已为他人所非法获取并丧失其秘密性,以此作为非罪抗辩是难以成立的。

另外,当时辩护人还提出谢某完全可以通过反向工程的手段获取防脱落设备的生产诀窍并自行生产,但是反向工程并非如该案辩护人提出的只需要拆解权利人投入市场的产品再行组合即可完成,反向工程也需要通过自行研究并发现产品的商业秘密,并且必须同样作为秘密予以管理,才可称为反向工程。综观该案,辩方没有提供可以证明谢某对该防脱落设备进行反向工程研究的数据记录、资金投入及生产试验等方面的证据,其辩护观点本身没有事实及证据基础。另外,当时法院审理该案时,鉴定人及咨询专家也当庭对于该部分的反向工程提出专业意见,认为D公司的防脱落设备通过反向工程拆解必然造成设备磨损从而产生公差,并非简单的拆解、组合所能够完成的。因此,辩护人就此提出的辩护意见亦不能成立。

第四节 违反约定披露、使用或者允许他人使用

《反不正当竞争法(修订草案)》第9条规定:"经营者不得实施下列侵

犯商业秘密行为：……（三）违反约定或者违反权利人有关保守商业秘密的要求，披露、使用或者允许他人使用其所掌握的商业秘密……"

一、利用掌握的商业秘密竞业

2016年6月，义乌某汽车用品有限公司正准备将公司最新研发成功的一伞两用汽车遮阳伞投入市场时，意外发现市场上已有大量一伞两用汽车遮阳伞出现，两款产品外形和功能高度相似。让人生疑的是，公司原设计师亢某、原销售人员刘某和童某此前先后离职，并疑似在义乌经济开发区某厂房内组织生产一伞两用汽车遮阳伞，市面上在售的遮阳伞正出自该厂。为此，该公司负责人带着当初与3人签订的劳动合同、保密协议、新产品设计图和实物样品等证据，将3人举报至义乌市场监管局稽查大队。

尽管亢某等3人并未以自己名义开展遮阳伞的有关经营活动，但稽查人员在蹲点中发现，亢某等3人同时在该工厂出现。后经调查，3人分别交代了案件全部事实。原来，亢某、刘某、童某3人因不满原先公司的劳资待遇先后离职，后3人察觉到原公司研发成功的一伞两用汽车遮阳伞有广阔的市场前景，于是相约合资办厂，利用亢某掌握的公司核心技术和刘某、童某的销售渠道，抢先生产遮阳伞，并抢在原公司前上市销售。

二、公开经营者的商业秘密

2008年11月，宋某到梅花集团公司的全资子公司通辽梅花公司从事技术研发工作并签署了保密协议。2009年7月至2013年5月，梅花集团公司研发团队对"色氨酸生产技术开发"项目进行研发，宋某是该研发团队的成员，工作期间宋某私自复制了一份该"色氨酸提取工艺试生产总结"的电子版并存放在自己的笔记本电脑中。2013年8月宋某从通辽梅花公司辞职。2013年10月16日，宋某以网名"梅花"在互联网"发酵人论坛"上发帖公布"色氨酸提取技术方案"。经司法鉴定，梅花集团公司"色氨酸提取工艺试生产总结"在2013年10月16日之前是不为公众所知悉的技术信息，系梅花集团公司的商业秘密，宋某在互联网上所披露的"色氨酸提取技术方案"与梅花集团公司的"色氨酸提取工艺试生产总结"中记载的相关信息实质上相同。经专项审计，梅花集团公司的"色氨酸生产技术开发"项目研发成本为1600万余元。该案中宋某的犯罪行为导致权利人投入巨额成本研发的成果进入公众领域，商业秘密的非公知性遭到破坏，商业价值完全丧失，给权利人造成了无可挽回的损失。

第五节　第三人明知或者应知视为侵犯商业秘密

《反不正当竞争法（修订草案）》第9条第2款规定："第三人明知或者应知前款所列违法行为，获取、披露、使用或者允许他人使用权利人的商业秘密，视为侵犯商业秘密。"

也就是说，第三者在获取商业秘密的时候对于存在有不正当获取行为的事实不知晓，或者在该认知过程中并无重大过失，但获取后，在明知或者由于重大过失未能得知存在有不正当获取行为的事实下，仍然使用或者披露该商业秘密的行为，视为侵犯商业秘密。例如，在获取商业秘密之后，受到商业秘密所有人的警告得知该商业秘密存在有不正当披露的时候，仍然继续使用和披露商业秘密的，是侵犯商业秘密的行为。

由于要证明在商业秘密获取时存在明知或者重大过失未能得知的事实非常困难，所以该条通过对事后的不正当竞争行为进行规定，可以弥补此处的举证难题。例如，当侵犯人利用商业秘密实施侵犯行为的时候，商业秘密所有人对其进行警告，或者通过诉状的传达、商业间谍的媒体报道等，都可以作为事后得知的证据。

第六节　商业秘密保护与举证

一、举证环节与排序

在一般的商业秘密案件中，受害企业首先需要证明其具有的技术信息或经营信息为商业秘密，同时还需要证明涉案的商业秘密不为公众所知悉、采取了合理的保密措施并且具有经济价值。另外，还需鉴定商业秘密确实是他人从受害企业盗取来并使用的。缺少其中一项，就容易被判定为证据不足。

经营者在举证环节要理清证据之间的关系和重要排序，还需注重核心证据的组织工作。一般来讲，涉及保密措施和侵权行为的证明相对容易确定，但是其中最难确定和证明的往往是"秘密点的梳理和证明"，这是整个商业秘

· 221 ·

密诉讼的核心,"能否完整明确地说明商业秘密的具体范围和内容,往往是决定商业秘密侵权案件的成败关键"。

二、非技术类商业秘密保护难度更大

(一) 案例

几个朋友在某企业服务领域拥有一定的人脉资源,为此成立了A公司。几个创始股东将各自了解和掌握的企业客户名单进行共享和整理后,形成了一个完整的数据库,包括客户的名称、联系方式、地址和具体的联系人及联系方式,甚至还有为这些企业服务的工作底稿和客户需求分析等信息。得益于这个极富针对性的数据库,A公司在巩固并发展自己的客户群方面取得了良好的成绩。

公司发展良好之际,员工B与其他人私下成立了C公司,服务领域与A公司完全一致,存在直接竞争关系,工商登记显示,B是C公司的出资人之一。没过多久,B从A公司离职,开始为C公司全职工作。此时A公司发现,自己原有的几十个长期合作的企业客户中,只有4家企业还在与A公司继续合作,大部分企业已成为C公司的主要客户。A公司因此诉至法院,基于B与C公司的不正当竞争行为,要求双方连带赔偿A公司受到的损失。

(二) 举证与认定

案件经北京市朝阳区人民法院审理,认定A公司在涉案的企业客户业务往来过程中,花费了相当的人力、财力去收集,获得了有别于公共信息的更具体细致的客户信息,并形成了自己独特的信息体系。A公司也对这些客户信息进行了相应的保护,在正常情况下足以防止信息的泄露。B曾在A公司任职,有机会接触到A公司的涉案客户名单,其中一部分客户在B尚未离职时就已经与C公司有了业务往来,成了C公司的客户,C公司也不能提供证据证明这些客户都是自己努力发展获得的。

因此,法院支持了A公司的诉讼请求,认定B与C公司使用A公司相关客户信息的行为构成侵犯商业秘密的行为,属于不正当竞争行为,应对A公司所造成的损失予以赔偿。

三、侵犯商业秘密的认定标准

在司法实践中,确定是否侵犯商业秘密主要从以下几个方面进行:

①应当确定权利人是否存在一项有效的商业秘密。不仅应当弄清楚所称的商业秘密的内容,还应当认真审查该项要求保护的信息,是否满足商业秘

密的构成要件,即从是否具有秘密性、是否能够带来经济利益、有无合理的保密措施等方面来确定该项信息应否受到保护。人民法院一般委托鉴定部门或者鉴定人对是否存在商业秘密进行鉴定。在专业技术鉴定的基础上,由法院从法律上判断确认该项经营信息或者技术信息是否受法律保护。

②应当查明被控侵权人所掌握的该项秘密信息的来源。被控侵犯商业秘密的人,经常辩称其商业秘密是通过合法途径得到的,因此,查明其信息的由来十分重要。在多数案件中,查明被控侵权人有关信息的由来,对于查明侵权人是否采取了不正当手段至关重要。

③要确认被控侵权人是否采用了不正当手段。这是确定被控侵权人是否实施了不正当竞争行为的必要条件。只有侵权人采取了不正当手段获取、披露、使用他人的商业秘密,才承担相应的法律责任。不正当手段主要有胁迫、利诱、盗窃等,其他违反公认的商业道德的手段,也属于不正当手段。对于采取不正当手段获取、使用、披露商业秘密的,可以直接认定行为人有过错,要求其承担法律责任。

四、侵犯商业秘密罪的入罪标准

侵犯商业秘密罪的入罪标准比社会期望值高。侵犯商业秘密罪的犯罪构成要件可以简单概括为:①侵犯对象为商业秘密,即同时满足非公知性、价值性、保密性、实用性;②实施了侵犯商业秘密的行为,满足"实质性相似+接触-合理怀疑"。

1. 实质性相似

在相似性的判断上,"相同或实质性相似"需要进行对比,且与专利侵权诉讼中的"被诉侵权技术方案包含与权利要求记载的全部技术特征相同或者等同的技术特征的,人民法院应当认定其落入专利权的保护范围"的判断原则不同,若被控侵权信息中包含部分商业秘密内容,也符合"相同或者实质性相似"的特征。也可借鉴日本司法实践中对"实质性相似"的判断:即便从外观上看上去具有差异性,但只要两者实质内容相一致,也可以被认定为相似。例如,两图纸在文字字体、大小等方面具有差异性,但由于实际所记载的尺寸、加工记号等信息完全一致,而且有很大部分属于设计者可以自由设计空间的内容也完全一致,那么就可认定两者具有高度一致性。

2. 接触

"接触"既包括"实际接触",还包括"接触的可能"。"接触"的客体则是指行为人与权利人商业秘密的接触,行为人在不接触权利人的条件下也可能接触到权利人的商业秘密，如通过接触知悉商业秘密的权利人的离职职工而获取商业秘密。在接触这一事实过程中，其实只要证明显而易见的接触机会就可以被作为认定接触事实的考虑因素之一。例如，在"陶瓷电容器积层机等的电子数据事件"案中，被告 A 与 B 曾是原告公司的职工，担任陶瓷电容器积层机及印刷机的设计工作，就其工作性质而言，是需要接触到涉案的商业秘密的。原告公司职工曾目击被告 A 用笔记本电脑长时间接续公司主机进行操作，之后将该笔记本电脑带回家中。从上述事实可以看出，被告 A 完全有机会在没有得到原告公司的允许之下，将原告公司的数据复制，并带回家中。据此，法院认定了被告接触商业秘密的事实。

3. 无合法来源

"合法来源"包括自行开发或研制获得，通过反向工程获得，合法购买获得，从公开渠道观察获得，合法接受许可获得等。

4. 给权利人造成重大损失

给权利人造成重大损失指给权利人造成直接经济损失数额在 50 万元以上，或者致使权利人破产或者造成其他严重后果的。

第七节　商业秘密豁免披露规定

外资审计、评级、咨询、承销、战略投资、管理顾问等，已经使我国企业乃至部分政府部门在近乎透明的状态下运作。2010 年《中央企业商业秘密保护暂行规定》的出台为中央企业的商业秘密保护提供了重要法律依据，确保了企业核心经营信息和技术信息的安全，为国有资产保值增值发挥着重要保障作用。这是我国第一部关于商业秘密保护的部门规章。同时在证监会《公开发行证券的公司信息披露内容与格式准则第 2 号——年度报告的内容与格式（2015 年修订）》中引入了"不披露即解释"原则。

一、对中央企业商业秘密的界定与范围

《中央企业商业秘密保护暂行规定》第 2 条规定："本规定所称的商业秘密，是指不为公众所知悉、能为中央企业带来经济利益、具有实用性并经中央企业采取保密措施的经营信息和技术信息。"第 3 条规定："中央企业经营信息和技术信息中属于国家秘密范围的，必须依法按照国家秘密进行保护。"

第 4 条规定："中央企业商业秘密中涉及知识产权内容的，按国家知识产权有关法律法规进行管理。"第 10 条规定："中央企业依法确定本企业商业秘密的保护范围，主要包括：战略规划、管理方法、商业模式、改制上市、并购重组、产权交易、财务信息、投融资决策、产购销策略、资源储备、客户信息、招投标事项等经营信息；设计、程序、产品配方、制作工艺、制作方法、技术诀窍等技术信息。"第 11 条规定："因国家秘密范围调整，中央企业商业秘密需要变更为国家秘密的，必须依法定程序将其确定为国家秘密。"

二、"不披露即解释"原则

2003 年 1 月 1 日起施行的《政府采购法》第 11 条规定：政府采购的信息应当在政府采购监督管理部门指定的媒体上及时向社会公开发布，但涉及商业秘密的除外。

《公开发行证券的公司信息披露内容与格式准则第 2 号——年度报告的内容与格式（2015 年修订）》中引入了"不披露即解释"原则，增加信息披露弹性。考虑到公司信息披露的成本以及公司个性化的经营情况，本次年报准则允许公司在不影响披露内容完整性的前提下，根据实际情况对准则具体要求作出适当修改，但要求说明原因。同时，考虑到过度披露可能会泄露公司商业秘密，本次年报准则引入商业秘密豁免披露规定，对确因商业秘密等原因导致无法按照准则规定要求披露的，可以豁免披露，但要求其详细说明原因。《公开发行证券的公司信息披露内容与格式准则第 2 号——年度报告的内容与格式（2015 年修订）》第 5 条规定：由于商业秘密等特殊原因导致本准则规定的某些信息确实不便披露的，公司可以不予披露，但应当在相关章节详细说明未按本准则要求进行披露的原因。中国证监会认为需要披露的，公司应当披露。

第十四章

商业诋毁行为规制制度

第一节 商业诋毁概述

商业诋毁，是经营者为了战胜竞争对手，采取捏造、散布虚伪事实等恶意竞争手段，贬低、诋毁竞争对手的商业信誉和商品声誉，从而为自己谋求竞争优势和不正当利益的行为。商业信誉，是指社会公众对某一经营者的经济能力、信用状况等所给予的社会评价，即该经营者在经济生活中信用、声望的定位。商业信誉主要表现在企业与供应商之间及时结算贷款，使企业在供应商那里获得良好的信誉；经营者与消费者之间言而有信、货真价实、童叟无欺，使经营者获得公众的信赖，从而获得更大的市场，使企业飞速发展。机械制造行业的商业信誉，尤以过硬的产品质量赢得客户、树立信誉。商品声誉是市场对经营者所经营的产品的质量、价格、性能、售后等的积极评价，一般是经营者通过多年努力经营或保持优质、优良的服务所建立起来的。在市场竞争中，少数企业采用虚构事实诋毁竞争对手的事时有发生，其原因就在于这部分企业并非通过艰苦、诚实的经营去以优质、优价争取顾客，而是希望在搞垮同行以后，自己获得竞争优势和超额利润。

1. 商业诋毁行为的概念

商业诋毁行为又称商业诽谤行为，是指损害他人商誉、侵犯他人商誉权的行为。具体而言，它是指经营者自己或利用他人，通过捏造、散布虚伪事实等不正当手段，对竞争对手的商业信誉、商品声誉进行恶意的诋毁、贬低，以削弱其市场竞争能力，并为自己谋取不正当利益的行为。

2. 商业诋毁的特点分析

湖北省荆州市工商行政管理局公平交易分局 2012 年 7 月 19 日对荆州 H

商贸有限公司立案调查。❶ 经查，H 商贸有限公司自2012年4月利用店堂广告，将自己代理的 V3 菱锐东南汽车与其他代理商经营的长城腾翼 C30、比亚迪 F3、长安悦翔等品牌汽车的质量和性能等作针对性的对比广告宣传，列举了动力、油耗、操控性能、转向、制动、科技等6个方面的内容及相关技术数据，称 V3 菱锐东南汽车动力更强、油耗更低、操控性能更强、转向更灵活、制动更安全、人性科技更贴心。在宣传期间，H 商贸易有限公司销售汽车16辆，销售金额973 360元，税后利润13 744.8元。该案中，H 商贸易有限公司在经营活动中针对同业经营者，采取店堂对比广告形式，捏造与事实不符的技术数据，对其他公司代理的商品进行贬低和诋毁，误导了消费者，扰乱了市场经济秩序。

　　商业诋毁案件从表现形式上来看，具有四个明显特点：①有特定的诋毁对象，有明确的意在贬低竞争对手的目的性，直接打击、削弱竞争对手与其进行竞争的能力，谋求自己的市场竞争优势。例如，在上述案例中，当事人与其竞争对手所经营的商品皆为排气量1.5升的小轿车，商品的价格、质量、性能差别不大。②行为本身表现为捏造、散布与真实情况不符的虚假、不实之情。这里的捏造，既可以是无中生有，也可以是对真实情况的歪曲。经营者无论是捏造还是散布虚假事实，都可以构成商业诋毁行为。③有明确的诋毁目的。当事人从同行业生产商内部加密网站上下载数据，并将该内部资料用来制作比较性店堂广告，其目的就是贬低竞争对手，直接削弱竞争对手经营商品的优势，谋求自己的市场竞争优势。④有确凿的违法事实。该案当事人在其店堂中，运用广告的手段将自己经营的商品与其他经营者经营的商品从多个方面进行片面恶意对比，捏造事实，误导消费者。⑤有明显的违法后果。当事人的违法行为损害了竞争对手的商业信誉和商品声誉，既侵害了消费者选择权，又严重扰乱了平等竞争的市场经济秩序，行为后果损害的是竞争对手的商业信誉或商品声誉。商业信誉包括经营者的资产情况、经营能力、信用情况等；商品声誉主要包括商品的性能、用途、质量、效果等，商品声誉最终也反映了经营者的商业信誉。

---

❶ 案例来源：李明湘，况庆. 商业诋毁案件的特点及查办技巧 [N]. 中国工商报，2014-07-31.

第二节 对商业诋毁行为的认定

商业诋毁以破坏商誉为特征，是一种典型、易见的不正当竞争行为，严重危害了公平竞争的市场秩序。《反不正当竞争法（修订草案）》第11条规定："经营者不得捏造、散布虚假信息、恶意评价信息，散布不完整或者无法证实的信息，损害他人的商业信誉、商品声誉。"

一、商业诋毁行为的构成要件

判断一个行为是否构成商业诋毁，主要看其是否具备以下要件。

1. 行为主体的特定性——经营者

经营者即从事商品经营或者营利性服务的法人、其他经济组织和个人。只有他们所实施的损害竞争对手商誉的行为才构成不正当竞争行为；而非经营者实施的侮辱、诽谤、诋毁的行为则以一般侵权论。这一构成要件反映了现代各国主要是从竞争法的角度来保护商誉权的。《巴黎公约》及世界知识产权组织制定的《反不正当竞争示范法》，均将商誉侵害视为不正当竞争行为。英美法系国家为商誉权提供仿冒诉讼与其他特殊诉讼的救济方式，其主体指向概为经营者。

2. 行为人主观目的性——贬诋竞争对手

行为人实施商业诋毁行为，捏造、散布虚伪事实必须出于故意，并且目的就是使竞争对手减弱或丧失竞争能力，从而谋求自己的不当利益或竞争优势。如果经营者过失散布了虚伪事实，使竞争对手受到损害，即使承担民事责任也不构成商业诋毁。从过错心理方面来分析，行为人明知自己的行为会发生损害他人商誉的结果（认识因素），但希望或者放任这种商誉毁损的危害结果的发生（意志因素），行为人的这种主观故意性是明显而确定的。

当然，经营者也可能因过失造成对竞争对手商业信誉或商品声誉的损害，并要承担相应的损害赔偿责任，但这种行为并不构成商业诋毁，这是基于不构成竞争法体系中规定的侵犯商誉权之行为的条件所决定的。

3. 行为侵害客体的特殊性——商誉

在反不正当竞争法中，商誉包括商业信誉和商品声誉两部分内容。商业信誉是社会对经营者的评价；商品声誉则是社会对某一特定商品的评价。根据世界知识产权组织在《反不正当竞争示范法》中所作的概括，侵犯商誉权的行为分为两种：一是采取虚假说法的行为，即凭空捏造或散布有关他人商誉的、与其商业信誉、商品声誉真实情况不相符的事情，既包括无中生有的编造，也包括对真实情况的恶意歪曲；二是采取不当说法的行为，即不公正、不准确、不全面地陈述客观事实，意在贬低、诋毁竞争对手的商誉。

4. 行为的客观表现——捏造、散布虚伪事实

捏造是指无中生有、假造事实；散布虚伪事实或者对真实的事件采用不正当的说法，将捏造的虚伪事实扩散传播。例如，在比较广告和产品促销活动中，对同类产品、服务的评价使用贬损性质的言辞；在未有科学定论的情况下，片面宣传某些产品、服务的副作用或者消极因素。如果经营者散布的不是虚伪事实，即使造成了不良后果，也不属于商业诋毁的范畴。

此外，值得注意的是，多数情况下经营者是自己实施的对竞争对手进行商业诋毁的行为，有时经营者也利用他人对其竞争对手实施商业诋毁行为。他人既可能是其他同业经营者，也可能是非同业经营者或非经营者的社会组织或个人。例如，会计、审计、质量检验等机构及其工作人员，政府机关及其工作人员以及消费者个人等，如果这些组织或个人与经营者之间就实施商业诋毁行为有过共谋，即存在主观上的共同故意，他们就应与该经营者一起对该行为承担法律责任。

二、商业信誉与商品声誉的区别

商誉实际上是商业信誉和商品声誉的合称。其中，商业信誉本身又是商业名誉与商业信用的统称，它是指经营者在经营活动中，通过遵规守法、诚实信用、公平竞争等多方面努力，在社会上获得的积极评价。

侵害商业信誉与侵害商品声誉是两个不同的行为。以第一节中 H 商贸有限公司为例，当事人的商业诋毁行为既侵害了同行业其他经营者商业信誉，也侵害了其他经营者的商品声誉。如果经营者的竞争对手以不正当手段篡改了社会赖以评价经营者的客观标准，社会对该经营者的商誉就会有较大改变，有时甚至发生根本性变化，诋毁者可从中直接获利，致使正当经营者经济利益蒙受损失。

第三节 诋毁新技术

诋毁新技术之所以构成不正当竞争缘于一个案例：甲公司系一家研发、生产、销售农业机械设备的公司，近年来，主要制造、销售"油博士"系列"5、6级榨油机"。乙单位也是制造、销售榨油机的厂家，乙单位在其官网、微信公众号、百度文库等互联网渠道广泛发布宣称"5、6级榨油机是随意炒作""5级压榨榨油机是骗局""5、6级压榨给用户造成非常大的经济损失"等观点。同时，在其制作的企业宣传册及官网上也宣称"5、6级压榨属于伪科学"，劝说用户"谨慎购买5、6级压榨榨油机"。乙单位的行为导致甲公司"5、6级榨油机"销售受到直接影响。为此，甲公司将乙单位诉至法院。2015年12月6日，一审法院判定：乙单位实施了捏造、散布虚伪事实，损害竞争对手的商业信誉、商品声誉的不正当竞争行为，需停止其行为、消除影响，并赔偿甲公司5万元损失。该案后来提起了上诉。值得关注的是，乙单位辩称，其所有行为，包括发布的文章等，都有合法的来源和出处，而且其发布的涉案文章及文字用语并非针对甲公司，故不是不正当竞争行为。

在这起案件中有两个问题值得关注：一是对未确定的争议中的技术问题，商业宣传是否要承担不利后果？二是不指名道姓贬低竞争者，而仅是贬低其使用的某项技术，是否构成不正当竞争。

一、对于尚未具备确定性结论的技术问题，表示自己的主张，传播否定性观点，是否构成不正当竞争法上的商业诋毁

（一）对负面评价是否属于"诋毁"的界定

经营者对一项技术的负面评价是否属于"诋毁"，专家们的观点如下：中国政法大学管晓峰教授表示：商业竞争者都可以对某项技术评头论足，但要有数据支持；没有数据支持就说某技术不好，很容易构成侵权。中国人民大学吴宏伟教授将其核心要素概括为"如果宣传的信息是虚假的，就是诋毁"。同理，诋毁商品、诋毁商标、诋毁信誉等都是商业诋毁行为。北京大学刘凯湘教授表示，在上述案件中，虽然被告一方贬低的是技术，但这种贬低有特定性、唯一对应性，其特质是指向原告和原告所生产的产品，从主观、客观要件看，被告构成"诋毁"。而北京市第二中级人民法院葛红提出，我国反不正当竞争法将引人误解的虚假宣传行为定性为不正当竞争行为，误导行为包括宣传虚假事实或宣传真实事实而使人产生与商品或服务的实际情况不一致的认识。《最高人民法院关于审理不正当竞争民事案件应用法律若干问题的解释》第 8 条规定："经营者具有下列行为之一，足以造成相关公众误解的，可以认定为反不正当竞争法第 9 条第 1 款规定的引人误解的虚假宣传行为：（一）对商品作片面的宣传或者对比的；（二）将科学尚未定论的观点、现象等当作定论的事实用于商品宣传的；（三）以歧义性语言或者其他引人误解的方式进行商品宣传的。"实际上，只要构成"诋毁"，就一定是不正当竞争。

中国互联网协会研究中心秘书长胡钢表示，经营者发布虚假、误导性信息对竞争对手进行诋毁，实质上侵犯了消费者的知情权和选择权，同时也违背了公认的商业道德，冲击了以诚信、公平为基础的市场秩序，这种不正当竞争行为危害很大。无论是公司法还是反不正当竞争法，都是对其予以严格规制的。中国人民大学吴宏伟教授认为，不正当竞争行为危害众多，会影响技术进步、社会发展，反不正当竞争法旨在维护竞争者利益、维护消费者利益、维护国家利益，创造一个符合国家需要的、发展的竞争环境。不正当竞争首先表现为侵权，侵犯他人的商标权等，其次是影响到公平竞争的商业秩序。因此，仅让责任方承担民事责任不足以抵消其造成的危害，建议对其加大行政处罚乃至刑事处罚力度，确保市场竞争公平有序。

（二）学术争议和不正当竞争应当有所区分

中国知识产权法学研究会副会长郑胜利表示："诋毁是用语言来表述的，这就涉及言论自由问题，在学科研究和技术发展过程中，批评和自我修正都是实践中会经历的，应给学术界创造一个轻松、和谐的环境，允许自由探讨，让科学家、技术人员自由地研究，只有这样，国家的科学技术才能发展。"他认为，"言论自由才能保证信息充分披露，才能保证消费者的知情权。例如，我们对转基因、对雾霾成因还没有完全认识，就应该让不同意见方说话，并让其列举数据以支持其论证。总体权衡，对诋毁新技术的行为应否认定为不正当竞争行为，应把握以下要件：第一，责任主体应限于法人；第二，存在捏造事实或提供虚假事实的行为；第三，获取了商业利益或损害了竞争对手的利益。"中国民事诉讼法学研究会副会长姚红表示，在司法实践中需要考虑商业宣传的范围、宣传的目的，以区分合理范围内的负面评价和不正当竞争。中国华融集团法务总监郭卫华认为，甄别是否为诋毁行为主要看两方面因素：一是否故意，二是否有竞争关系。中国人民大学法学院姚欢庆副教授认为，要注意商业言论的言论自由和商业诋毁的平衡，法律并不禁止经营者对其他经营者进行商业上的评价。在惩罚虚假宣传行为的同时，允许信息自由流通、信息对称，对消费者乃至整个社会都非常有益。

二、不指名道姓，是否构成不正当竞争

仅仅贬低某项技术，并不指明对象，为何构成不正当竞争？对于该问题，上述案件的一审法院认为，虚假宣传以行为人是否实施了引人误解的虚假宣传作为侵权判定依据，并不取决于该行为针对的对象。反不正当竞争法规定商业诋毁行为，并不以行为人直接注明诋毁对象名称为要件，商业诋毁行为指向的对象应是行为人的竞争对手并且是可辨别的。从不正当竞争侵权行为实施者的角度分析，其意欲实施的某一侵权行为，往往是以虚构事实、误导他人的虚假宣传为手段，以散布虚构事实、损害竞争对手商誉为目的。

"诋毁新技术，实质上是商业诋毁。其目的就是排挤竞争对手，采取的手段就是捏造事实或传播虚假事实，后果就是导致竞争对手的市场商誉贬损，客户评价的降低，最终导致其销售份额的萎缩、减少。"刘凯湘认为，判断诋毁新技术是否构成不正当竞争行为，应更多地从排挤竞争对手和获取市场份额角度考察。最高人民检察院检察官孙加瑞认为，理解法律、适用法律，更要从法律立法目的、主旨去理解。反不正当竞争法的根本目的是要建立和维护一种自愿、公平、诚实信用的竞争秩序，规范的不仅仅限于具有直接竞争关系的经营者之间的竞争秩序，而且包括整个市场的竞争秩序。姚红认为，该案判决有引领意义，因为反不正当竞争法并没有规定针对技术的负面宣传是否构成不正当竞争的问题。姚欢庆表示，不特定对象可以作为商业诋毁的权利主张者，例如，用比较广告中大量的虚假信息来诋毁竞争者的技术的时候，每一个生产这个产品的相对人，都可以提起诉讼。

三、"诋毁新技术"这种行为是否有必要入法

"诋毁新技术"是商业诋毁的一种类型，为了规制这种行为，有必要将其写入反不正当竞争法吗？姚红提出，"新技术"是指什么、如何来界定需要准确认识。一些专家也表示，"新技术"并不具备法学意义上的概念，目前仅是行业通用词汇。姚欢庆认为，在法学意义上完全不需要单列这一行为，因为法律对商业诋毁已经有明确规定，其构成要件很清晰，这种行为完全可以按照传统的商业诋毁来处理。因此，在修改法律时还需持谨慎态度。郭卫华则认为，从技术发展的角度来看，如果诋毁新技术的不正当竞争行为数量比较多，在实践中比较突出，在这种情况下将该类行为单列，则有其必要性。北

京德和衡律师事务所管理主任陈浩表示,修改法律时应减轻原告举证义务,并提高侵权方的违法成本。如果损害行为的对象是唯一确定的,损害后果是唯一确定的,可以减轻原告的举证义务。如果这种不正当竞争行为侵害的对象是唯一的,那么损害后果甚至不需要原告举证,而是根据通常的商业习惯,应该认定原告受到了相应的损失。

第四节 案析商业诋毁行为

一、基本案情

X集团与S集团系国内两大给排水设备生产商,均为国内知名企业,两家先后主持、编写了行业新产品的国家标准,SZ公司为S集团投资控股的子公司。[1] 本诉原告X集团起诉称:该公司系专业生产WFY给水设备和提供相关配套服务的高新技术企业。该公司生产的产品广泛应用于建筑、市政、工矿等供水领域,在全国市场及业界内享有较高的知名度和美誉度。该公司先后获得多项国家专利及行业荣誉称号。S集团和SZ公司同为生产WFY给水设备和提供相关配套服务的企业,与X集团存在直接的市场竞争关系。S集团和SZ公司为了达到在市场竞争中取得优势地位的目的,采取损害X集团商业信誉、商品声誉的不正当竞争手段:一是以S集团和SZ公司名义编印了《S集团WFY给水设备专家评定专用材料》一本,在该材料中编印了四个失实的"市场上假冒WFY实例";二是编印了封面为《假冒供水设备带来的危害》传单式宣传材料20余页,在该材料中除包括前述失实案例外,还包括两篇失实报道。这两份材料均采取歪曲事实,进行片面性、误导性宣传,贬低X集团产品质量,对X集团商业信誉和商品声誉进行恶意诋毁。S集团和SZ公司将上述材料在全国范围的客户中散发。2010年,S集团、SZ公司与X集团共同参与荆门市内几个项目的投标,S集团和SZ公司在向招标单位递送投标文件的同时,还将前述材料向招标单位和负责人或经办人呈送,致使X集团丧失竞争优势。X集团认为,S集团和SZ公司通过捏造并散布虚假事实的不正当竞争行为,损害了X集团的商业信誉、商品声誉,致使X集团遭受严重经

---

[1] 案例来源:徐延辉. 案析商业诋毁行为的构成要件[EB/OL]. (2016-05-31)[2016-08-05] 法律教育网.

济损失。故诉至法院，请求：第一，判令S集团和SZ公司停止损害X集团的不正当竞争行为，收缴、销毁其印制的损害X集团商业信誉、商品声誉的宣传材料；第二，判令S集团和SZ公司在国家、省级媒体上公开澄清事实，向X集团赔礼道歉；第三，判令S集团和SZ公司赔偿X集团经济损失和调查费用等。

本诉被告S集团和SZ公司共同辩称：第一，X集团称《S集团WFY给水设备专家评定专用材料》《假冒供水设备带来的危害》的传单宣传材料系S集团和SZ公司编印，属诬陷、诽谤；第二，X集团诉称S集团和SZ公司对其进行了商业诋毁，无事实依据；第三，对于X集团对S集团和SZ公司进行的商业诋毁行为，S集团和SZ公司依法提起反诉，并请求法院驳回X集团的诉讼请求，支持S集团和SZ公司的反诉请求。

反诉原告S集团和SZ公司反诉称：S集团和SZ公司均为我国二次供水设备制造行业的龙头企业，拥有专利近两千项，五项国家金奖。作为国内供水设备生产的领军企业，S集团主持编写了《WFY给水设备》的行业标准和国家标准，全国WFY给水设备标准化专业技术委员会即在S集团设立。X集团作为S集团和SZ公司的同行，在给湖北省相关单位报关投标宣传文件时，公然捏造、散布"S集团的失败案例（部分）"达14例的虚伪事实，致使S集团和SZ公司的多份合同无法履行，给S集团和SZ公司造成直接经济损失100多万元。X集团的行为损害了S集团和S公司的商业信誉和商品声誉，已构成不正当竞争。反诉请求：第一，判令X集团停止诋毁S集团和SZ公司的商业信誉、商品声誉行为；第二，判令X集团在国家性报纸及侵权行为地报纸上向S集团和SZ公司赔礼道歉，并将其书面道歉声明知会相关单位以消除影响；第三，判令X集团赔偿S集团和SZ公司经济损失和调查费用等。

反诉被告X集团答辩称：X集团没有实施针对S集团和SZ公司的商业诋毁行为，请求法院驳回S集团和SZ公司的反诉请求。

二、一审法院的审理与判决

根据双方的举证、质证，一审法院确认以下事实：X集团与S集团、SZ公司均研发、生产、销售成套供水设备，同为供水设备行业经营者，存在实际竞争关系。SZ公司的股东发起人为S集团和案外另一公司。2011年3月28日，SZ公司的业务代表孙某在湖北省荆门一茶楼与某建筑工程公司员工张某洽谈供水设备采购业务时，向张某递交了两本文件：《S集团WFY给水设备专家评定专用材料》及《假冒供水设备带来的危害》，并现场作了宣讲和说明。《S集团WFY给水设备专家评定专用材料》系一本装帧精美的宣传材料，内容包含七个部分。在G部分"市场上假冒WFY实例"中，四个案例均为用户使用X集团产品出现的问题。该专家评定专用材料封面打印有"S集团"字样，材料内页A至F部分共有四处加盖有"S集团湖北分公司业务专用章"，G部分无签单。《假冒供水设备带来的危害》系未经装订的活页式宣传材料，部分内容与《S集团WFY给水设备专家评定专用材料》G部分相同。

法院认为：《反不正当竞争法》第14条规定："经营者不得捏造、散布虚伪事实损害竞争对手的商业信誉、商品声誉"。即从事商品经营或者营利服务的经营者不得以谋求自己的市场竞争优势为目的，通过实施捏造、散布虚伪事实的行为，侵害竞争对手的商业信誉、商品声誉。该案中，原、被告双方同为供水设备行业经营者，存在竞争关系。现双方均主张对方实施了捏造、散布虚伪事实的商业诋毁行为，故该案争议的焦点在于X集团及S集团、SZ公司是否分别实施了捏造、散布虚伪事实的商业诋毁行为。

①关于《S集团WFY给水设备专家评定专用材料》及《假冒供水设备带来的危害》中是否编印了诋毁X集团商业信誉、商品声誉的虚伪事实的问题。法院认为，该案中X集团主张已损害其商业信誉、商品声誉的相关虚伪事实的主要证据有《S集团WFY给水设备专家评定专用材料》及《假冒供水设备带来的危害》，但经法院审查核实，无充分证据证明这其中存在诋毁X集团商业信誉、商品声誉的虚伪事实。

②关于《S集团WFY给水设备专家评定专用材料》及《假冒供水设备带来的危害》是否由S集团编印并散布的问题。法院认为，SZ公司编印了《S集团WFY给水设备专家评定专用材料》，但无证据证实S集团参与了该材料的编印活动，无证据证实《假冒供水设备带来的危害》由S集团及SZ公司编印。

根据法院认定的事实，可以认定孙某向张某散布了《S集团WFY给水设备专家评定专用材料》及《假冒供水设备带来的危害》两本资料，孙某的行为系代表SZ公司履行职务的行为。但在该案中，X集团未提交证据证实S集团和SZ公司将这两本材料在全国范围内进行散布。

综上，SZ公司虽编印了《S集团WFY给水设备专家评定专用材料》，并向张某散布了《S集团WFY给水设备专家评定专用材料》及《假冒供水设备带来的危害》两本材料，但其行为因不构成捏造、散布虚伪事实的情形，对X集团针对SZ公司的本诉请求，法院不予支持。关于该案反诉部分，该案无证据证明X集团实施了针对S集团和SZ公司的商业诋毁行为。反诉原告S集团和 SZ 公司的主张不能成立，法院对其反诉请求不予支持。一审判决如下：第一，驳回原告 X 集团的全部诉讼请求；第二，驳回反诉原告 S 集团和 SZ 公司的全部反诉请求。

三、二审法院的审理与判决

一审判决后，双方均不服，上诉至湖北省高级人民法院。二审经审理查明，一审查明的基本事实属实，二审院依法予以确认。结合当事人的上诉请求、理由及答辩意见，经庭审确定，双方当事人认可，该案的焦点有三，分别评判如下。

1. S 集团和 SZ 公司是否对 X 集团实施了商业诋毁行为

①关于《S 集团 WFY 给水设备专家评定专用材料》及《假冒供水设备带来的危害》是否由 S 集团和 SZ 公司编印、散布的问题。一审法院关于 SZ 公司编印《S 集团 WFY 给水设备专家评定专用材料》，并散布《S 集团 WFY 给水设备专家评定专用材料》和《假冒供水设备带来的危害》两本材料的认定并无不当，二审法院予以确认。

②关于《S 集团 WFY 给水设备专家评定专用材料》与《假冒供水设备带来的危害》两本材料中是否存在虚伪事实的问题。在《S 集团 WFY 给水设备专家评定专用材料》中的 G 部分有四个"市场上假冒 WFY 实例"，其中 G3 部分无任何 X 集团信息，不能产生诋毁 X 集团商业信誉和商品声誉的后果。另 G1、G2、G4 三个案例均有关于 X 集团产品问题的描述，且 S 集团将该三案例列为"市场上假冒 WFY 实例"，其应对上述三案例中 X 集团的产品属于假冒 WFY 产品承担举证责任，但 SZ 公司却不能提供任何证据予以证明。《假冒供水设备带来的危害》中第 1、2 部分内容与《S 集团 WFY 给水设备专家评定专用材料》G1、G2 相同。因此，二审法院认定在《S 集团 WFY 给水设备专家评定专用材料》与《假冒供水设备带来的危害》两本材料中具有《反不正当竞争法》规定的虚伪事实。

③关于 SZ 公司的行为是否构成商业诋毁的问题。二审法院认为，商誉作为社会对于经营者及其提供商品服务的总体评价，是通过长期诚实经营逐步建立起来的，WFY 设备具有不为公众所熟悉的技术属性，在此情况下 SZ 公司将 X 集团的上述三例产品编印在一起作为"市场上假冒 WFY 实例"进行散布，即使消费者未确信此实例为假冒产品，但只要难辨真假或风险加大，就极有可能改变购买选择，特别是在上诉人双方均系供水设备经营者，相互间存在市场竞争关系的前提下，SZ 公司将上述未确定、未定论的事实冠以

"假冒 WFY 实例"之名极易引人误解，足以损害他人的商业信誉和商品声誉。SZ 公司在市场竞争中违背了诚实信用、公平竞争的经营原则，其行为已经构成商业诋毁。

2. X 集团是否对 S 集团和 SZ 公司实施了商业诋毁行为

S 集团和 SZ 公司指控 X 集团实施商业诋毁行为的证据为某店出具的《证明》《S 集团的失败案例》和吴某的调查笔录。经审查，在无其他有效证据的情况下，尚不能认定《S 集团的失败案例》系由 X 集团编印或散布，一审法院对上述证据不予采信并无不当。

3. 关于该案民事责任承担方式和赔偿范围的问题

在该案中，SZ 公司的行为在事实上造成了对 X 集团商品声誉、商业信誉的不利影响，已构成不正当竞争，应当承担停止侵害、消除影响和损害赔偿的民事责任。结合 SZ 公司商业诋毁行为的情节、影响范围及可能造成的损害后果，二审法院酌定赔偿金额为 10 万元。关于 X 集团主张的合理费用，酌定为 2 万元。

该案终审判决后，S 集团和 SZ 公司向最高人民法院申请再审。结合再审申请人的申请再审理由和被申请人的答辩意见，最高人民法院将该案的争议焦点归纳为：《S 集团 WFY 给水设备专家评定专用材料》与《假冒供水设备带来的危害》是否包含诋毁 X 集团商誉的内容；SZ 公司是否编印了《S 集团 WFY 给水设备专家评定专用材料》；SZ 公司是否散布了《S 集团 WFY 给水设备专家评定专用材料》与《假冒供水设备带来的危害》；X 集团是否存在诋毁 S 集团和 SZ 公司商誉的行为。

最高人民法院裁定：驳回 S 集团和 SZ 公司的再审申请。

四、该案 SZ 公司的行为已经具备商业诋毁的全部要件

1. 从法律的规定上看

SZ 公司实施了捏造和散布"假冒商品"的两种行为，而法律只要求实施其一即可构成商业诋毁。《反不正当竞争法》第 14 条规定："经营者不得捏造、散布虚伪事实，损害竞争对手的商业信誉、商品声誉。"该规定中捏造和散布是并列关系，并不要求捏造且散布同时具备。

捏造行为：三审法院一致认定 SZ 公司编印了涉案的《S 集团 WFY 给水设备专家评定专用材料》。

散布行为：三份判决、裁定均确认 SZ 公司代表孙某散布了《S 集团 WFY 给水设备专家评定专用材料》及《假冒供水设备带来的危害》两份资料。

2. 从捏造的内容上看

SZ 公司捏造了"假冒商品"的事实。①"假冒商品"是指以营利为目的，未经权利人许可，复制或者模仿包括商标、产地、包装装潢及整体外观等商品特征，使该复制或仿制品与真品难以辨别的行为。"假冒商品"的主要特征是：未经注册商标所有人许可，在同一商品或者类似商品上使用与注册商标相同或者近似的商标；假冒商品名优标志、认证标志或者批准文号、商品产地、他人名称字号、地址；假冒专利标记、专利号或生产许可证编号等。②S 集团的诋毁材料将 X 集团产品定性为"假冒"。《S 集团 WFY 给水设备专家评定专用材料》G 类的标题是"市场上假冒无负压实例"，即所附的四个案例就是"假冒"实例。③X 集团有优良的资质，殊不知"假"在何处？"冒"于何方？X 集团系专业生产 WFY 给水设备和提供相关配套服务的高新技术企业，各类资质证明已在一审中提供并质证。至今为止，包括 SZ 公司编制的诋毁材料在内，所有产品 X 集团均是以自己名义和专利，自行生产而出。④SZ 公司不能证明 X 集团"假冒"谁的商品、哪个商标、何种专利，而在其编制的材料中定性"市场上假冒无负压实例"，且明确针对 X 集团，完全是子虚乌有，属于虚伪事实，即典型的捏造。

3. 从散布的行为上看

所捏造的虚假事实已经针对不特定的第三人进行散布。①在全国散布是 SZ 公司明确的目标。"限中国境内使用"——《S 集团 WFY 给水设备专家评定专用材料》开宗明义的标题。四个案例的收集也是来源于全国各地，说明捏造、散布的动机不是针对某个地区或某一区域。②SZ 公司已经开始了"散布"的行为，对 X 集团实施不法侵害。虽然一审判决没有认定《假冒供水设备带来的危害》是 SZ 公司所编制，但确认了由其业务代表实施的"散布"行为。案件审理中，SZ 公司否认孙某为其员工，但丝毫不影响其"散布"行为的成立。因为，法律对"散布"的规定并不要求一定是本单位员工所为，只要其所虚构事实为不特定人所知晓，即为实施"散布"，包括了有意传播与放任传播事实的现实。③散布是将捏造的虚伪事实扩散传播。一审判决称一定要在全国范围进行散布才是侵害构成的必备要件。然而，法律并没有就散布的"量"度作出规定，更没有规定被侵害人的受害程度达到一定标准才能寻求司法救济。

4. 从主观的意图上看

SZ 公司将诋毁 X 集团的材料与美化宣传自己的资料加以捆绑，具有显著的针对性和更大的侵害性。①对 X 集团的诋毁和 S 集团的营销战略如影随形。

正如一审判决所称"《S集团WFY给水设备专家评定专用材料》系一本装帧精美的宣传资料,内容包括七个部分"。前六部分均是S集团营销方面的战略宣传资料,第七部分即为诋毁X集团的"虚伪事实"。其每进行一次宣传行为即同时是对X集团实施一次恶意的诋毁,且诋毁行为直指X集团。以此,S集团的营销规模越大,X集团受侵害的程度就越广、越深。②S集团针对X集团的侵害行为正在合国范围内蔓延。从《S集团WFY给水设备专家评定专用材料》编制内容分析,其成书的时间应该是在2010年。该案中,根据法院认定的事实,可以认定孙某于2011年3月28日代表SZ公司向张某进行了散布。说明从印刷装订,再由集团总部分发至各业务单位,最终到每个业务人员手中并用于具体项目,在半年时间里已经完成。从该材料"限中国境内使用",可以推定:该材料绝非用于一事、一地,制作者的意图非常明显。湖北销售公司、孙某散布的行为,只是S集团全国布局之冰山一角。

法院的判决对社会的指引作用非常明显,既可以遏制不法行为,同时也可以弘扬正能量。该案一审判决对S集团的行为不指正和制止,其违法行为经过一审错误的判决后,既然不算违法,势必导致其违法行为的持续,并为他人效仿。X集团也可以"以其人之道还治其人之身",继而收集S集团的产品纠纷案例,然后冠以假冒的名称,在全国宣传。因为,根据一审的判决,这种做法并不构成违法。更可怕的是企业都如此无限复制下去,这样的以血还血同态复仇行为将无限地破坏经济秩序,而导致这一结果的源泉也许就是该案一审判决的影响力。所幸的是,二审法院和最高人民法院均对案件加以纠正,制止了不法行为,维护了经营者利益。

五、最高人民法院就该案的评判

1. 涉案两份材料是否含诋毁X集团商誉的内容

基于维护公平竞争的市场秩序,《反不正当竞争法》第14条所规定的"虚伪事实",不仅是指无中生有、根本不存在的事实,还包括对已发生的事实进行夸大、歪曲等人为加工进而误导相关公众、损害有关市场主体商誉的事实。该案中,涉案两份材料所举示的"假冒WFY给水设备"的所有案例,均指向X集团的产品,明显有人为针对性,显然并非出于善意提醒消费者的目的;两份材料对有关事实进行了人为的夸大加工处理,将陷入产品质量纠纷的X集团产品,夸大、歪曲为X集团不具有生产WFY给水设备的资质、能力,却从事WFY给水设备的生产,损害了X集团的商业信誉与商品声誉。

2. SZ公司是否散布了两份材料

根据一审法院查明的事实,孙某于2010年11月离开S集团,在此之前,孙为 SZ 公司的业务代表，其与张某洽谈业务并交付材料的时间为 2011 年 3 月 28 日。由于两份材料主要为 S 集团的宣传推广材料，且距孙离职时间仅 4 个月，因此，可以认定孙某系代表 SZ 公司履行职务，孙是否为 SZ 公司的正式员工，不影响该职务行为的认定。至于张某是否为对方洽谈公司的员工，并不影响这一事实的认定，反不正当竞争法并未对虚伪事实的散布对象作出限制性规定。具体到该案，即使如 S 集团和 SZ 公司所言，虚伪事实的散布对象是与营销业务无关的自然人，也同样会损害 X 集团的商业信誉和商品声誉。张某是否实际看了材料，即散布对象是否实际获知虚伪事实，并不影响"散布"行为的成立。

第五节 商业诋毁反诉

海斯凯尔公司是最早实现无创肝纤维化诊断技术和产品突破的中国企业。海斯凯尔用于肝纤维化早期无创诊断的核心产品 FibroTouch 获得了北京市科学进步奖，该产品同时也是全球首台影像引导的无创肝纤维化诊断仪。FibroTouch 面世短短数年，已经在国内数百家三甲医院使用，其中包括北京友谊医院、地坛医院、瑞金医院、华西医院、西京医院等大批知名三甲医院。而福瑞股份子公司法国回波公司的产品 FibroScan 曾经是全球唯一的无创肝纤维化设备，垄断市场多年。

2016 年，上海市第一中级人民法院就海斯凯尔公司起诉福瑞股份及上海回波商业诋毁、虚假宣传纠纷案件作出一审判决。这是福瑞股份及上海回波在多地不断起诉海斯凯尔公司后，海斯凯尔公司发起的反诉案件。

因福瑞股份曾经发布公告称，其关联公司上海回波在起诉海斯凯尔公司公司的不正当竞争案中胜诉。而从海斯凯尔公司方面了解到，北京市高级人民法院仅支持了上海回波对于海斯凯尔公司部分宣传用语不当的控诉，而对上海回波提出的"商业诋毁""傍名牌""巨额赔偿"等指控未予支持。故法院认定：福瑞股份及上海回波针对海斯凯尔 FibroTouch 产品存在捏造、散布局虚伪事实等不正当行为，损害了海斯凯尔公司的商誉，构成商业诋毁，应立刻停止侵害商业诋毁、消除影响及赔偿损失。法院判定，福瑞股份及其关联公司，以竞争为目的，通过律师函、告知函，针对海斯凯尔公司 FibroTouch 产品捏造虚伪事实，并向海斯凯尔公司的经销商和目标客户散布虚伪事实，以不正当方式破坏了海斯凯尔公司的竞争优势，损害了海斯凯尔公司的商誉，构成商业诋毁；同时福瑞股份高管在网络平台公开捏造、散布虚伪事实，对海斯凯尔进行否定性评价，构成商业诋毁。

该案之所以引发业界关注，缘于背后涉及肝纤维化诊断领域的巨大市场，而涉案双方是目前全球肝纤维化无创诊断领域最大的两个企业。公开数据显示，作为全球性疾病，全世界现有近10亿肝病人群，而其中有近3亿在中国。中国每年用于肝病治疗的直接医疗费用超过1 000亿元。为了消除商业诋毁导致的对海斯凯尔公司商誉及产品的影响，法院判处福瑞股份关联公司上海回波在《中国医药报》上发布声明消除影响；福瑞股份则被法院要求在上市公司"投资者关系互动平台"上发布声明以消除影响。"作为掌握无创肝纤维化诊断核心技术的中国创新企业，海斯凯尔一直专注于产品技术改进和服务品质提升。"海斯凯尔创始人邵金华表示，"海斯凯尔立志于用领先的技术和产品服务国内外肝病患者，在这一过程中，我们也随时准备拿起法律武器维护自己的合法权益。"

在中国市场，过去几年无创肝纤维化检测技术逐步被临床认可，肝纤维化无创检测设备市场也从独家垄断走向了多家竞争格局。随着海斯凯尔 FibroTouch 在市场上快速发展，并开始走向海外，对福瑞股份的冲击也越发明显，随着双方市场份额此消彼长，双方冲突也随之激烈。该案件是双方系列纠纷的一件。福瑞股份曾经发布公告称，其关联公司上海回波在起诉海斯凯尔公司的不正当竞争案中胜诉。而从海斯凯尔公司方面了解到，北京市高级人民法院仅支持了上海回波对于海斯凯尔公司部分宣传用语不当的控诉，而对上海回波提出的"商业诋毁""傍名牌""巨额赔偿"等指控未予支持。同时，法院还认定海斯凯尔公司研制出"全球首台影像引导的无创肝纤维化检测系统 FibroTouch"符合客观事实。

此外，在2015年10月，河南许昌中级人民法院审理的福瑞股份关联公司起诉海斯凯尔商标一案也已经一审尘埃落定，上海回波主张无锡海斯凯尔侵犯其注册商标权的相关诉讼请求被法院驳回，法院判定海斯凯尔拥有自己合法有效的注册商标，不侵犯上海回波商标权。❶

可以预计的是，这场细分领域两大龙头的鏖战还将继续。该案背后是两大同业竞争者因利益关系所产生的商业纠纷，在一定程度上也折射出本土医学自主研发产品和国外产品在市场比试中此长彼消的矛盾状况。

---

❶ 案例来源：杨英杰，曹敏慧. 海斯凯尔反诉福瑞股份商业诋毁案胜诉[EB/OL]. (2016-05-31)[2016-12-30] 网易财经网.

第六节 商业诋毁和虚假宣传相竞合

一、案情简介*

2015年4月3日,山东省济南市市中区工商局接到山东某商贸有限公司(以下简称"甲公司")的举报,称济南某电器有限公司(以下简称"乙公司")利用微信公共平台发布客流对比信息,涉嫌以不正当的手段诋毁竞争对手。该局于当日立案调查。经查,2015年3月27日,乙公司通过其微信公众号发布了总店、八一旗舰店促销信息,同时发布了甲公司和乙公司店内客流对比图片。经查,乙公司将其某个时间段客流量大的场景和甲公司某个时间段顾客稀少的场景作对比,客流对比图片拍摄时间不同,涉嫌不正当竞争。

据此,市中区工商局认为乙公司作了引人误解的虚假宣传。6月11日,该局向乙公司作出停止违法行为、消除影响和罚款10万元的处罚告知书,乙公司在法定时间没有提出听证申请。6月17日,该局向乙公司下达了处罚决定书,认为乙公司违反了《反不正当竞争法》第9条第(1)款,构成虚假宣传行为。根据《反不正当竞争法》第24条第(1)款,市中区工商局对乙公司处以罚款。

二、案件分析

该案既是商业诋毁行为,同时又是引人误解的虚假宣传行为。需要全面准确理解法条文义,而不能狭义地解读法律。该案通过将不同时间点的个体商业场景进行对比,从单纯个体角度看,场景都是真实的,但时间点是不对的,把它们集合在一起,就向消费者传播了不真实的信息,这些行为符合商业诋毁的"捏造、散布虚伪事实"特征。

同时,《反不正当竞争法》第9条虽然规定的是经营者对自己产品或服务做虚假或引人误解的宣传,但该案中,乙公司用甲乙公司不同时间点的图片做对比,夸大了自己,贬低了同行,同样是引人误解的虚假宣传。对此,我们可以参考《最高人民法院关于审理不正当竞争民事案件应用法律若干问题

---

* 案例来源:杨海. 发布图片诋毁竞争对手工商如何处罚?[N/OL].(2016-05-31)[2015-07-23] 山西新闻网—山西市场导报.

的解释》第 8 条第（1）项：经营者对商品作片面的宣传或者对比，足以造成相关公众误解的，可以认定为《反不正当竞争法》第 9 条第 1 款规定的引人误解的虚假宣传行为。

《最高人民法院关于审理不正当竞争民事案件应用法律若干问题的解释》第 8 条第（1）项对《反不正当竞争法》第 9 条第 1 款进行了直接解释，若将此处"商品"换为"服务"也符合《反不正当竞争法》的立法本意。同时，商业微信的内容虽然不全是广告，但就此案而言，乙公司发布的微信内容完全符合商业广告的特征。

此外，该案基于一个事实所构成商业诋毁和虚假宣传相竞合的行为，市中区工商局将该案按照虚假宣传定性和处罚，过罚相当；市中区工商局建议甲公司就乙公司损害其商业信誉和声誉的诋毁行为，通过诉讼主张民事赔偿，笔者认为该建议合理。

第十五章

串通招标投标行为规制制度

串通投标是招标投标活动中以不正当手段排挤竞争对手的行为，它不仅破坏了公平竞争的市场环境，而且还损害了国家利益、社会公共利益或者他人的合法权益。招标和投标是一种贸易方式的两个方面。这种贸易方式既适用于采购物资设备，也适用于发包工程项目。2016年10月11日，加拿大竞争局（Competition Bureau）发布官方新闻，称Construction Benvas Inc.（一家建筑公司，以下简称"Benvas"）承认参与串通投标魁北克省Saint-Jean-sur-Richelieu市的基础设施维修项目，该公司被处以10万加元罚金。2008年5月，Benvas与CIVBEC Inc.（另外一家建筑公司，以下简称"CIVBEC"）通过非法合同约定，Benvas放弃参与位于考维尔街的基础设施维修项目招标，而CIVBEC将据此向Benvas支付2.5万加元。最终，CIVBEC赢取有关招标。值得一提的是，在该案中，当事方认罪是加拿大反腐机构（Sûreté du Québec's Service des enquêtes sur la corruption, a division of the Unité permanent anticorruption unit）与竞争局通力合作的成果。自2012年6月以来，双方已通过合作针对来自建筑行业的13个自然人以及11个公司提起83项刑事指控。[1] 美国、奥地利、比利时等国家的法律规定，采用谈判招标，一般情况下必须引入竞争机制，即至少有三家以上供应商或承包商参加投标谈判，而且都必须事先公布招标通告和中标结果，以便其他投标人询问原因直至向行政或司法部门提出异议或诉讼。招标过程中，招标人与投标人可以就价格等实质性内容进行协商，一般情况下不需开标（也无标可开），谈判后直接决定中标结果。

---

[1] 案例来源：加拿大建筑公司因参与串通招投标遭刑事处罚 [EB/OL]．(2016-05-31) [2016-10-13]．https://www.ishuo.cn/doc/zmkliiqf.html．

第一节 串通招标投标行为概述

一、串通招标投标行为的概念与分类

(一) 串通招标投标行为的概念

所谓招标投标，是指采购人事先提出货物、工程或服务采购的条件和要求，邀请众多投标人参加投标，并按照规定程序从中选择交易对象的一种市场交易行为。市场经济的一个重要特征，就是充分运用价值规律，发挥竞争机制的作用，使市场主体在平等条件下公平竞争，优胜劣汰，使社会各项资源达到最佳配置，获得最大的经济利益。实现资源的优化配置，宏观上必须建立与之相适应的调节资源、改变资源配置的经济运行机制。而招投标这种择优竞争的采购方式在市场经济条件下，对于优化资源配置，对于建立健全规范统一的市场都扮演着十分重要的角色，完全符合市场经济的上述要求，成为政府与企业之间、企业与企业之间、宏观经济调控与微观经济行为之间的纽带。从采购交易过程来看，它包括招标、投标、评标、开标和中标的全部程序。

招标，指招标人向一定的对象发出投标邀请的单方行为。投标是指符合投标文件规定的资格的投标人，按照投标文件的要求，提出自己的报价及相应条件的书面回答行为。凡符合投标文件规定或者通过资格预审的单位或个人都可以参加投标，投标人应当向招标人提供投标文件。开标，就是投标人提交投标截止时间后，招标人依据招标文件规定的时间和地点，开启投标人提交的投标文件，公开宣布投标人的名称、投标价格及投标文件中的其他内容。评标是指招标人根据招标文件的要求，对投标人报送的标书进行评议和审查的过程。中标是指经评标最终选定一个投标人，被选定的投标人即为中标人。招标人通知投标人选中的行为，对招标人而言是授标，对投标人而言是中标。在招标投标的各环节都有可能出现串通行为，从而构成串通招标投标。有效遏制串通招标投标行为，才能保护当事人的合法权益，充分发挥招标投标的竞争机制，维护公平的市场竞争环境，树立我国在国际贸易中的良好形象及信誉。

《反不正当竞争法（修订草案）》第 12 条规定：投标者不得串通投标，

抬高标价或者压低标价。投标者和招标者不得相互勾结，以排挤竞争对手的公平竞争。《关于禁止串通招标投标行为的暂行规定》第2条第4款规定："本规定所称串通招标投标，是指招标者与投标者之间或者投标者与投标者之间采用不正当手段，对招标投标事项进行串通，以排挤竞争对手或者损害招标者利益的行为。"也就是说串通招标投标行为分为两类，一类是投标者之间相互串通；另一类是投标者与招标者相互串通。

（二）串通投标行为的分类

1. 投标者之间串标行为认定

《招标投标法实施条例》第39条第2款规定："有下列情形之一的，属于投标人相互串通投标：（一）投标人之间协商投标报价等投标文件的实质性内容；（二）投标人之间约定中标人；（三）投标人之间约定部分投标人放弃投标或者中标；（四）属于同一集团、协会、商会等组织成员的投标人按照该组织要求协同投标；（五）投标人之间为谋取中标或者排斥特定投标人而采取的其他联合行动。"

《招标投标法实施条例》第40条规定："有下列情形之一的，视为投标人相互串通投标：（一）不同投标人的投标文件由同一单位或者个人编制；（二）不同投标人委托同一单位或者个人办理投标事宜；（三）不同投标人的投标文件载明的项目管理成员为同一人；（四）不同投标人的投标文件异常一致或者投标报价呈规律性差异；（五）不同投标人的投标文件相互混装；（六）不同投标人的投标保证金从同一单位或者个人的账户转出。"

《政府采购法实施条例》第74条规定："有下列情形之一的，属于恶意串通，对供应商依照政府采购法第77条第1款的规定追究法律责任，对采购人、采购代理机构及其工作人员依照政府采购法第72条的规定追究法律责任：……（三）供应商之间协商报价、技术方案等投标文件或者响应文件的实质性内容；（四）属于同一集团、协会、商会等组织成员的供应商按照该组织要求协同参加政府采购活动；（五）供应商之间事先约定由某一特定供应商中标、成交；（六）供应商之间商定部分供应商放弃参加政府采购活动或者放弃中标、成交；……"

2. 投标者与招标者串标行为认定

《招标投标法实施条例》第41条第2款规定："有下列情形之一的，属于招标人与投标人串通投标：（一）招标人在开标前开启投标文件并将有关信息泄露给其他投标人；（二）招标人直接或者间接向投标人泄露标底、评标委员会成员等信息；（三）招标人明示或者暗示投标人压低或者抬高投标报价；

（四）招标人授意投标人撤换、修改投标文件；（五）招标人明示或者暗示投标人为特定投标人中标提供方便；（六）招标人与投标人为谋求特定投标人中标而采取的其他串通行为。"

《政府采购法实施条例》第 74 条规定："有下列情形之一的，属于恶意串通，对供应商依照政府采购法第 77 条第 1 款的规定追究法律责任，对采购人、采购代理机构及其工作人员依照政府采购法第 72 条的规定追究法律责任：（一）供应商直接或者间接从采购人或者采购代理机构处获得其他供应商的相关情况并修改其投标文件或响应文件；（二）供应商按照采购人或者采购代理机构的授意撤换、修改投标文件或者响应文件；……（七）供应商与采购人或者采购代理机构之间、供应商相互之间，为谋求特定供应商中标、成交或者排斥其他供应商的其他串通行为。"

二、招标投标串通行为的认定

（一）标投标串通行为的认定

《招标投标法》第 53 条规定："投标人相互串通投标或者与招标人串通投标的，投标人以向招标人或者评标委员会成员行贿的手段谋取中标的，中标无效，处中标项目金额千分之五以上千分之十以下的罚款，对单位直接负责的主管人员和其他直接责任人员处单位罚款数额百分之五以上百分之十以下的罚款；有违法所得的，并处没收违法所得；情节严重的，取消其 1 年至 2 年内参加依法必须进行招标的项目的投标资格并予以公告，直至由工商行政管理机关吊销营业执照；构成犯罪的，依法追究刑事责任。给他人造成损失的，依法承担赔偿责任。"

《招标投标法实施条例》第 67 条第 2 款、第 3 款规定："投标人有下列行为之一的，属于招标投标法第 53 条规定的情节严重行为，由有关行政监督部门取消其 1 年至 2 年内参加依法必须进行招标的项目的投标资格：（一）以行贿谋取中标；（二）3 年内 2 次以上串通投标；（三）串通投标行为损害招标人、其他投标人或者国家、集体、公民的合法利益，造成直接经济损失 30 万元以上；（四）其他串通投标情节严重的行为。投标人自本条第 2 款规定的处罚执行期限届满之日起 3 年内又有该款所列违法行为之一的，或者串通投标、以行贿谋取中标情节特别严重的，由工商行政管理机关吊销营业执照。"

（二）串通投标罪的认定

《最高人民检察院、公安部关于公安机关管辖的刑事案件立案追诉标准的规定（二）》第 76 条规定："投标人相互串通投标报价，或者投标人与招标人串通投标,涉嫌下列情形之一的,应予立案追诉:(一)损害招标人、投标人或者国家、集体、公民的合法利益,造成直接经济损失数额在五十万元以上的;(二)违法所得数额在十万元以上的;(三)中标项目金额在二百万元以上的;(四)采取威胁、欺骗或者贿赂等非法手段的;(五)虽未达到上述数额标准,但两年内因串通投标,受过行政处罚二次以上,又串通投标的;(六)其他情节严重的情形。"第88条规定:"本规定中的'虽未达到上述数额标准',是指接近上述数额标准且已达到该数额的80%以上的。"第89条规定:"对于预备犯、未遂犯、中止犯,需要追究刑事责任的,应予立案追诉。"第90条规定:"本规定中的立案追诉标准,除法律、司法解释、本规定中另有规定的以外,适用于相应的单位犯罪。"第91条规定:"本规定中的'以上',包括本数。"

第二节 隐蔽的串通投标纠纷证明标准

一、案情[*]

2012年12月14日,现代公司与国际招标公司签订了"代理招标委托协议书",约定现代公司委托国际招标公司代理"虚拟现实评审系统"项目招标工作。智程景颐公司、银景公司、京世纪公司、朗迪锋公司均对涉案项目进行了投标。2013年2月6日,在国际招标公司处进行了涉案项目开标。评标结束后涉案项目进行了评标结果公示,公示结果为银景公司中标。

智程景颐公司诉至法院,主张三被告现代公司、国际招标公司、银景公司在招投标过程中串通,要求法院宣告现代公司"虚拟现实评审系统"的采购招标项目中标无效,三被告连带赔偿原告经济损失及律师费。

智程景颐公司诉称:开标前,原告发现涉案招标项目的招标文件存在以不合理条件限制和排斥投标人之情形。招标文件中规定的技术规格唯一指向了Barco公司的产品,从而排斥了原告的投标。被告现代公司及被告国际招标公司无视原告在所有投标人中报价最低的事实,仅以原告未使用招标人指定的品牌进行投标为由,将原告的投标作为废标处理,系与其他投标人串通投

---

[*] 案例来源:魏嘉.隐蔽的串通投标纠纷,法官如何分配双方举证责任?[EB/OL].(2016-05-23)天同诉讼圈微信号.

标，被告银景公司中标应属无效。招标文件中规定的部分条件，原告确信无投标人能够满足此项要求。被告北京现代公司及被告国际招标公司最终确定未满足要求的被告银景公司作为中标人，明显系串通投标。原告请求法院依法判令：被告现代公司"虚拟现实评审系统"的采购招标项目中标无效；三被告连带赔偿原告经济损失及律师费。

被告现代公司辩称：原告投标文件提交的制造商授权函、资信证明书、制造商成功案例等都没有对招标文件的实质性条件和要求作出响应，理应被拒绝。

被告国际招标公司辩称：招标文件不存在不合理条件限制、排斥投标人之情形，所有投标人的投标文件均由评标委员会依法评审后出具结论。

被告银景公司辩称：银景公司投标文件符合招标文件要求，未与其他被告串通，原告指称三被告串通招投标无证据支持。

二、争议焦点：串通招投标标准为何

一审法院经审理认为，该案的争议焦点为涉案项目的招投标过程中是否存在违法行为，以及如存在违法行为，是否可以认定三被告构成串通招投标。

招标文件规定，投标人在投标中可以选用替代标准、品牌或型号，因此招标文件规定 CLO 及 DynaColor 技术不具有限制性和排斥性。根据原告在其投标文件中的表述，原告投标的科视投影机，其物理分辨率为 4K，具备三片 DLP，具备基于投影机内部全光谱亮度传感器技术的 CLO 技术，符合招标文件要求。因此 DLP 技术、CLO 技术和 4K 分辨率并不能唯一指向 Barco 公司的产品，并未排斥原告的投标。原告智程景颐公司未中标系其自身原因导致，在案证据均不能直接或间接证明三被告串通招投标。依照《反不正当竞争法》第 15 条第 2 款、《招标投标法》第 32 条第 2 款、《招标投标法实施条例》第 41 条之规定，一审法院判决驳回原告智程景颐公司的全部诉讼请求。宣判后，原告及三被告均未提起上诉，一审判决生效。

三、分析案情

《反不正当竞争法》第 15 条第 2 款和《招标投标法》第 32 条第 2 款之规定为法院审理串通投标不正当竞争案件的法律依据，但相关法律、法规及司法解释均未规定串通招投标中民事责任的构成要件、证明责任分配原则及证明标准，且该类型案件数量极少且可供参考的在先判例极为有限。如何认定投标者和招标者在招标、投标、评标的过程中进行了串通和勾结，是审理该

类案件的重点和难点问题，该案的裁判初步确定了该类案件的审理思路和裁判规则。

(一) 串通招投标不正当竞争行为民事责任的构成要件

①不正当竞争行为具有民事侵权的性质，是对正当竞争行为的违反和侵害。在竞争过程中，采用虚假、欺诈、恶意串通、损人利己的手段进行竞争，会损害其他经营者和消费者的合法权益，扰乱社会经济秩序。不正当竞争行为的民事责任，系指经营者在市场竞争关系中违法实施不正当竞争行为而应承担的民事法律后果。串通招投标不正当竞争行为民事责任的构成要件，是指认定在招投标过程中招标者与被诉投标者构成串通勾结并承担不正当竞争行为的民事责任所必须具备的条件。具备该构成要件，则构成串通招投标不正当竞争行为民事责任；欠缺任何一个构成要件，都可能导致串通招投标不正当竞争行为民事责任的不构成。根据反不正当竞争法及侵权责任法的一般原理，串通招投标不正当竞争行为民事责任的构成要件包括：①招标者和被诉投标者的行为违法。即招标者和被诉投标者违反法律、法规的规定，实施以不合理的条件限制或者排斥潜在投标者，或者对其他投标者实行歧视待遇的违法行为。涉及的法律、法规条文包括：《反不正当竞争法》第2条、第15条，《招标投标法》第5条、第18条、第20条、第22条、第32条，《招标投标法实施条例》第23条、第28条、第32条、第41条。上述法律、法规条文规定了在招投标过程中招标者和投标者应遵循的一般原则（如公开、公平、公正和诚实信用）以及具体行为准则。如果法官在案件审理过程中发现招标者和被诉投标者的行为违反了上述法律、法规，例如，招标人授意投标人撤换、修改投标文件等，则两者存在串通勾结的可能性，法官应继续审查其他构成要件是否具备；如果法官在对案件进行全面审查后发现招标者和被诉投标者在招投标过程中所实施的行为均属合法行为，则无须继续审查其他构成要件是否具备，可直接认定原告的指控不成立。投标者的违法行为一般为作为；招标者的违法行为既可能是作为，也可能是不作为，例如，向投标者泄露标底、评标委员会成员等信息为作为的违法行为，在资格审查过程中不按照法律、法规的规定严格审查投标者的资格条件为不作为的违法行为。

②有损害后果。即原告的合法利益，因可归责于招标者和被诉投标者的原因事实发生，以致利益减少，包括直接损失与间接损失。直接损失指原告为投标所直接支出的费用，包括前期评估调研、编制标书等费用支出；间接损失主要指预期利益的丧失，如丧失中标机会进而丧失与招标人订立合同的机会。即使招标者与被控投标者实施了违反法律法规的行为，如果原告的损

害后果并不存在或从未产生,则原告的诉讼请求不能得到支持。例如,原告发生合并、分立、破产等重大变化导致其投标资格丧失,其已不可能与招标人签订并履行合同,则此时原告的预期利益损失不可能产生。

③招标者和被诉投标者的违法行为与原告损害后果之间具有因果关系。即招标者和被诉投标者实施的违法行为是造成原告损害后果的原因。即使招标者与被控投标者实施了违反法律、法规的行为,原告存在损害后果,但是如果原告的损害后果并不是该违法行为所导致,则原告的诉讼请求依然不能得到支持。例如,原告未中标系因其投标文件中有项目不符合招标文件规定的必须具备的条件,即原告未中标系其自身原因导致,则招标者和被诉投标者是否实施了违法行为,对原告能否中标无直接影响。

④招标者和被诉投标者主观上有过错。即招标者和被诉投标者通过意思联络形成的排挤该投标者竞争对手的共同主观意图和心理状态。因串通勾结必须建立在意思联络的基础上,故招标者和被诉投标者的主观心态一般情况下为直接故意,个别情况下体现为直接故意和间接故意的结合,而不包括双方均为间接故意(投标者不存在不作为的可能)或一方存在过失(无论是疏忽大意的过失还是过于自信的过失,均无法体现双方的意思联络)。直接故意,即招标者和被诉投标者明知自己的行为会起到排挤该投标者竞争对手,并导致该竞争对手合法权益受到损害的后果,而积极实施该行为。直接故意和间接故意的结合,即投标者积极实施排挤竞争对手的行为,招标者明知投标者的该行为会导致其竞争对手合法权益受到损害的后果,而通过不作为的方式放任该结果发生。

(二) 串通招投标案件的证明责任分配原则

《现代汉语词典》对于"勾结"一词的解释为:"为了进行不正当的活动暗中相互串通、结合","串"即相互联络,"通"即达成共同的意图。串通招投标,即指在招投标过程中投标者和招标者之间通过意思联络达成了排挤该投标者竞争对手公平竞争的共同意图,并实施了以不正当手段排挤该投标者竞争对手的行为。

根据心理支配行为的心理学原理,排挤该投标者竞争对手公平竞争的主观心理支配招标者和被诉投标者实施排挤该投标人竞争对手的行为是构成双方相互勾结的事实路径,而勾结和串通必须以投标者和招标者之间的意思联络为前提,这一前提条件的生成必须以一定的客观行为方式加以实现。从哲学上讲,这一过程是"客观(与对方进行意思联络)——主观(形成排挤投标者竞争对手的共同意图)——客观(实施以不正当手段排挤该投标者竞争对手的行为）"的过程。在串通招投标案件的审理过程中，法院应重点审查原、被告双方的证据，查明是否存在上述事实过程。根据证明责任分配的一般原则，主张消极事实者不承担证明责任，主张积极事实者应承担证明责任。具体到案件中，应由主张在招投标过程中存在串通招投标事实的一方承担证明责任。

对证明责任进行分配时应考虑待证事实的证明难度、原告和被告的举证能力，并注重发挥司法的能动作用。如原告已举证证明招标者和被诉投标者在招标、投标、评标过程中实施了以不合理的条件限制或者排斥潜在投标人的违法行为的，法官可以将涉案招投标流程符合法律规定，评标委员会专家的产生程序符合法律规定且与招标者和被诉投标者不存在利害关系，招标者和被诉投标者实施的违法行为，没有导致排挤被诉投标者竞争对手的结果等事实的证明责任分配给招标者和被诉投标者承担。法官还可以主动调取并审查招投标过程中形成的函件、招标书、投标书、评标报告等文件材料，综合判断涉案招投标过程中是否存在串通招投标行为。

四、串通招投标案件的证明标准

考虑到证明招标者和被诉投标者存在串通招投标行为的举证难度，此类案件的证明标准应为高度盖然性标准，即综合案件的全部证据，法官对涉案招投标过程中招标者和被诉投标者存在串通招投标行为是否能够达到内心确信。根据证据法的一般原理，直接证据的证明力较高，间接证据的证明力较低。如果有直接证据证明招标者和被诉投标者曾经召开会议商讨或者通过函件往来沟通并最终确定通过设立招标文件的某一特殊条款，达到限制或排斥该投标者竞争对手的目的，则可以直接认定涉案项目招投标过程中招标者和被诉投标者存在串通招投标行为。

在串通招投标不正当竞争案件中，原告很难获得招标者和被诉投标者存在串通行为的直接证据，仅能提供一些间接证据。如果原告提供的证明招标者和被诉投标者存在串通招投标行为的间接证据能够形成连贯一致、合乎逻辑、真实完整的证据链条，能够使法官内心确信涉案串通招投标行为存在，则没有必要苛求原告提供招标者和被诉投标者存在串通招投标行为的直接证据。

如原告有证据证明被诉招标者曾经向被诉投标者泄露标底价、评标委员会成员信息、已先行投标的投标文件内容，或招标者在审查、评选标书时差别对待，或被诉招标者或其工作人员收受被诉投标者或其工作人员给予的回扣、财物或其他好处，或被诉招标人授意投标人撤换、修改投标文件，或招标文件违反《招标投标法》及《招标投标法实施条例》，存在限制或者排斥潜在投标人的特定条款，使某一特定投标者获得独特优势且招标者无法作出合理解释的，即使无直接证据证明招标者和被诉投标者存在意思联络和排挤投标者竞争对手的共同意图，法院此时仍可认定招标者和被诉投标者存在串通招投标行为。

第三节 招投标瑕疵是否构成串通投标不正当竞争的认定

当招投标过程中存在一定瑕疵时，不应据此直接推定中标人与招标人之间存在串通投标行为，仍应从招投标活动的制度价值出发，以是否导致招标目的落空为判断标准进行审查。若招投标瑕疵并不足以导致中标无效，则不应据此推定中标人与招标人之间存在串通投标的不正当竞争行为。

一、案情[*]

中力神盾公司与联电公司同为涉案项目"上海中心大厦项目机电系统分包工程浪涌保护器智能监控系统专业供应"的投标人，上海建工集团、上海市安装工程公司、上海中心大厦公司为该项目的招标人，中国技术进出口总公司为该项目的招标代理单位。招标公告及招标文件中对投标人的投标资质、投标产品的技术要求、开标时间及招标文件的答疑等进行了规定，该项目的评标采用综合评估法。

经过一系列招投标程序，联电公司被公示为第一中标候选人。中力神盾公司以联电公司不具备投标资格、产品不符合技术要求为由，向招标方提出异议，并向上海市机电设备招投标工作领导小组办公室投诉。评标委员会经复评后出具会议纪要，一一具体回应了原告所提异议，维持原评标结果不变。上述办公室亦作出支持评标结果的处理意见。

中力神盾公司以相同理由（即联电公司不具备投标资格、产品不符合技

---

[*] 案例来源：刘焕廷．招投标瑕疵是否构成串通投标不正当竞争的认定——上海知识产权法院判决中力神盾公司诉上海联电公司等串通投标不正当竞争纠纷案［EB/OL］．(2016-09-06)［2016-12-30］．http://china.findlaw.cn/lawyers/article/d515335.html．

术要求）及招标程序违法为由，认为联电公司不应中标，据此推定各被告存在串通投标的不正当竞争，向法院起诉，要求判令上述中标结果无效。各被告辩称：该次招标程序合法，由评标专家据其专业知识进行综合评标，并非简单核对参数。经评标和复评，评标委员会均认可了联电公司的投标文件，并经行政监管部门处理，故应驳回原告的诉讼请求。

二、裁判

一审法院经审理认为，原告中力神盾公司指控的据以推定各被告串通投标的情形中，部分与事实不符，部分系对招标文件或法律的理解错误。联电公司仅在部分产品技术参数方面与招标文件有所不符，同时招标方仅公示第一中标候选人的行为违反了招标程序。关于技术参数，评标委员会根据评标细则及其专业知识进行综合评分，并在原告提出异议后复评，仍对联电公司投标产品的技术性能予以认可，故该不符并不导致中标无效。未公示第二中标候选人的程序瑕疵亦并不导致招标目的不能实现。故根据上述瑕疵不足以认定各被告之间存在串通投标。据此，法院判决驳回原告的诉讼请求。

判决后，中力神盾公司不服，提起上诉。二审法院判决维持原判。

三、分析

涉案招投标过程中存在一定瑕疵，是否可根据该瑕疵直接认定招标人与中标人存在串通行为，进而导致中标无效的法律后果，为该案的争议焦点。

招投标作为一种制度的基本价值在于通过竞争性缔约机制的引入，给投标人以公平竞争的机会，从而使最优的投标人脱颖而出，使招标人以较低的价格获得最优的商品或服务。为此，我国《招标投标法》及其实施条例规定了串通投标行为的具体情形，并规定其法律后果是中标无效。

当中标人的投标文件在某些方面与招标文件的要求不符，但并不存在《招标投标法实施条例》规定的具体串通投标行为的情况下，是否可以根据该种瑕疵直接推定招标人与中标人之间构成串通投标的不正当竞争？从中标无效的判断标准上来看，并非任意瑕疵招投标行为均可导致招标目的无法实现。因此，从招投标的制度价值角度考虑，瑕疵招投标并不意味着可直接推定中标人与招标人之间存在串通投标行为，仍需结合该瑕疵对招标目的的影响来判断。既不能操之过严，将轻微瑕疵行为均认定为不正当竞争；亦不可失之过宽，以免放纵投机、违规，使反不正当竞争法失去其应有的约束力。

该案招标项目的标的为"浪涌保护器智能监控系统"，主要包括浪涌保护器以及其监控系统,故招标目的在于选出最优的防雷产品及与其相应的智能监控系统。防雷方案为一项系统工程,决定防雷效果的关键因素包括各级浪涌保护器的技术参数、安装位置、监控系统的设计等。在原告列举的众多被告联电公司不符合招标文件要求、招标程序违反法律的事实中,确实存在瑕疵的情形包括:三级产品的最大持续工作电压及第三级产品的电压保护参数不符合招标要求、招标方仅公示第一中标候选人而未公示第二中标候选人。其余情形经审查,系原告对招标文件或法律规定理解错误所致。上述瑕疵招投标情形中,招标方仅公示第一中标候选人与招标目的关联度较弱,不足以导致招标目的不能实现。两类技术指标的不符与招标目的息息相关,但是否足以推定存在串通投标行为还需结合其对招标目的是否产生不利影响来判断。在原告提出异议后,评标委员会经复评,仍对联电公司投标产品的技术性能予以认可。据此,法院认定,原告根据上述情形推断招标人与中标人存在串通投标的不正当竞争行为缺乏事实和法律依据,其主张各被告之间存在串通投标的不正当竞争行为的主张不能成立。

第十六章

互联网影响选择行为规制制度

随着互联网在商务活动中的应用,反不正当竞争法的职责自然延伸至网络环境。平台经营者旨在为平台上的用户之间的交易提供服务。电子商务的迅猛发展,深刻改变了传统的经济发展模式和人们的生活方式,也引发了一些新型社会和法律问题。如何营造诚信安全的交易环境,确保网络平台交易安全,无疑也是平台经营者的重要职责。互联网竞争行为边界尚未厘清,导致部分网络经营者法律意识淡薄,往往倚靠不正当手段获取商业机会,侵害其他网络经营者的合法权益。

第一节 对经营者的网络行为的规制

随着现代信息技术的发展和消费者购物行为的变化,网络交易市场组织正在迅速崛起。由于网络交易平台具有显著的规模经济、范围经济、网络经济效益等自然垄断特性,在平台之间的市场竞争中出现了"一枝独秀"和"赢者通吃"的市场竞争格局,有可能出现损害市场效率的垄断现象。

一、经营者的网络干扰行为概述

网络经济的突飞猛进,电商的异军突起,互联网金融的崛起牵引着工商行政管理从实体走向网络。围绕网络监管,国家工商总局出台了《网络交易管理办法》《流通领域商品质量抽查检验办法》,2014年3月15日起实施的修订后的《消费者权益保护法》增加了消费者通过网络交易平台购买商品或接受服务受保护的内容。

经营者的网络干扰行为,泛指经营者利用网络技术或者应用服务等其他手段实施影响用户选择、干扰其他经营者正常经营的行为。不少互联网不正当竞争案件,如网页初始混淆类案件,往往难以举证行为侵害了经营者的正当、合法利益；而诸如互联网安全软件企业拦截视频广告、标注搜索结果中的恶意网址等行为，《反不正当竞争法（修订草案）》第 13 条规定："经营者不得利用网络技术或者应用服务实施下列影响用户选择、干扰其他经营者正常经营的行为：（一）未经用户同意，通过技术手段阻止用户正常使用其他经营者的网络应用服务；（二）未经许可或者授权，在其他经营者提供的网络应用服务中插入链接，强制进行目标跳转；（三）误导、欺骗、强迫用户修改、关闭、卸载或者不能正常使用他人合法提供的网络应用服务；（四）未经许可或者授权，干扰或者破坏他人合法提供的网络应用服务的正常运行。"

二、法律的规制

近年来，随着智能手机和移动互联网的普及，以及大数据、云计算的出现和运用，互联网迎来了加速度裂变式的新一轮革命。这场革命不仅使社会的各个方面发生了许多颠覆性的变化，而且改变了人类世界的空间轴、时间轴和思想维度。在整合信息、方便用户查阅方面，搜索引擎发挥着重要作用，但也存在不少问题。部分搜索结果有失客观公正或含有谣言、淫秽、暴力、恐怖等违法信息。为规范互联网信息搜索服务，保护公民、法人和其他组织的合法权益，2016 年 8 月 1 日起施行国家互联网信息办公室出台的《互联网信息搜索服务管理规定》要求：互联网信息搜索服务提供者不得以链接、摘要、联想词等形式提供含有法律、法规禁止的信息内容；提供付费搜索信息服务应当依法查验客户有关资质，明确付费搜索信息页面比例上限，醒目区分自然搜索结果与付费搜索信息，对付费搜索信息逐条加注显著标识；不得通过断开相关链接等手段，牟取不正当利益。

第二节 对互联网商业推广行为的规制

在经营者的竞争领域里，经常出现雇佣"网络水军"，操纵网络媒体，诋毁竞争对手，或者通过网络虚假宣传以包装自己等行为，它们不仅构成了不正当竞争，破坏了市场竞争秩序，还蒙蔽了普通的互联网用户与消费者，侵犯了消费者的知情权。

一、互联网的商业推广行为的类别

互联网的商业推广行为通常可以分为两种：一是对经营者自己的正面宣

传或者包装；二是对竞争对手的负面评论或者攻击。尽管网络媒体行为常常由于对竞争对手进行负面攻击而牵涉诸如侵犯商誉、侵犯隐私、侵犯其他民事权利等事由，我国对于侵犯商誉、侵犯网络著作权等网络违法行为还存在法律依据不够明确等问题，还需要进一步通过修改法律以及制定司法解释来提供依据；但是，这些领域应该说基本已经有规可循，近年来的立法活动也对此作出了积极的回应，目前主要是严格执法问题。随着执法能力的提升，这种负面攻击对手的行为，应该会实质性减少。

二、互联网的商业推广行为的司法规制

对于商业领域不当的互联网推广行为，目前的制度设计应该说严重落后于现实需要。司法实践中，由于侵犯商业信誉、商品声誉、虚假广告等相关刑法条款长期缺少适用于互联网环境的司法解释，加之这些规定的适用均有比较严格的门槛标准，公权力的介入长期可望而不可即，相关的司法判例屈指可数。由于诽谤属于自诉案件范畴，根据刑法，必须依靠当事人自身收集证据并提起诉讼。然而，网络推手之间的幕后交易以及诽谤行为若是全部在网上进行，那么受害人在每个环节的取证都非常困难，要启动诽谤犯罪司法程序是几乎不可能的。同样的难题也决定了受害人很难通过民事侵权制度维护自己的民事权利。即使司法解释根据形势发展做了更新，仍然存在许多适用上的难题。例如，对于互联网上大量的虚假广告行为，目前仍然没有可以适用的司法解释；对于侵犯商业信誉、商品声誉犯罪，网络写手、网络公关公司与媒体平台是否都要承担责任，以及各自应承担什么责任，目前的标准并未涉及，各界的认识也存在很大分歧。

三、互联网的商业推广行为的行政执法机制

在发达国家，网络商业推广行为是互联网管制的重点领域。欧盟《电子商务指令》不但以专节系统规范网上商业推广行为，还于2005年专门制定了《不当商业推广行为指令》，规范了媒体公关。美国有关网络商业推广行为的管理机关是联邦贸易委员会，该委员会根据《联邦贸易委员会法》对于虚假陈述的规定，专门制定了适用于网络媒体公关的行为规范指引，并在实践中对于违反规定的网络公关公司、网络写手予以制裁。

在我国就行政执法机制而言，由于缺少对互联网商业推广行为的准确定性，加之对网上争议事项的管辖权划分不明确，我国的行政执法机制在规范网络言论方面，要么长期处于虚置状态，导致网络鱼龙混杂，缺少规范，普

通消费者难以鉴别，无所适从；要么等情况比较严重后直接走入另一个极端，完全以封堵、屏蔽、过滤等技术方式或者传统管理手段解决问题，负面效果难以控制，也难以形成良性的治理结构与秩序。

四、规范互联网商业推广活动

要规范网上商业推广活动，关键是强制性的经营者信息透明、公开要求，让互联网用户和消费者享有知情权以及相应的选择权。明确相关法律界限，平衡各种价值追求。只要有商品交换，就需要商业推广；只要有买卖关系，就会产生相互评价的需要。因此，只要存在商业对价关系和网络推广行为两个要件，不论链条多长（包括发帖人、跟帖人、删帖人、转发者、评论者、网络公关公司、ISP以及最终出资企业等），也不论在推广链条中扮演什么角色，均需履行信息披露的义务，否则即构成违法，需要承担相应的法律责任。

因此，合法有效的互联网商业推广，既是市场经济的必要组成部分和推动市场主体不断创新的动力，也是现代社会的基石。为此，在规范互联网商业推广行为时，需明确法律界限，实现各种价值追求的平衡。除非法律另有规定，只要充分披露、公开了相关商业对价关系，原则上各种形式的商业推广行为均是合法的，不得加以禁止或者限制；如果没有商业对价关系，互联网上的商业言论原则上应该不受任何形式的干预；如果商业推广行为同时涉及对他人其他权利的侵犯，可以合并或者分别追究其他的违法责任。

第三节 互联网的新型不正当竞争行为

网络环境中一方的行为直接干扰另一方提供的产品的行为，主要包括修改产品、阻碍软件和屏蔽广告三类。修改产品主要表现为修改他人提供的互联网产品。阻碍软件主要表现为设置障碍妨碍他人软件的安装和运行，诱导用户卸载他人软件。屏蔽广告主要表现为屏蔽或过滤他人网站或软件中的广告。

一、新型不正当竞争行为判断规则

对于修改产品、阻碍软件和屏蔽广告这三类行为，我国法院在司法实践中提出过四种判断行为是否构成不正当竞争的规则。

①在百度诉珠穆朗玛案中，北京市第一中级人民法院提出了"不得破坏他方合法经营模式，也不能阻碍他方公司与客户之间的正常交流"规则，即一家互联网公司的经营模式不得建立在破坏他方合法经营模式的基础上，对他人可持续经营造成损害，也不能阻碍他方公司与客户之间的正常交流。

②在百度诉联通青岛分公司等案中，青岛市中级人民法院提出了"不能未经他人许可、利用他人的服务行为或者市场份额来进行商业运作并从中获利"的规则，即从事互联网业务的经营者应当通过诚信经营、公平竞争来获得竞争优势，不能未经他人许可，利用他人的服务行为或市场份额来进行商业运作并从中获利。

③在爱奇艺诉北京极科极客案中，北京知识产权法院提出了"不得恶意破坏他人的经营模式上的某一链条"的规则，即在互联网企业的市场竞争中，应当遵守的商业道德包括对于竞争对手经营模式的尊重等内容。如果其他经营者采用恶意破坏经营模式上的某一链条的手段，达到增加自身网络用户的目的，其行为就应被法律所禁止。

④在百度诉奇虎案中，北京市高级人民法院提出了"非公益必要不干扰"规则，该规则在该案的再审申请裁定中得到了最高人民法院的认可。根据非公益必要不干扰规则，网络服务经营者不得未经其他互联网产品或服务提供者的许可，干扰他人互联网产品或服务的运行，除非这种干扰是出于保护网络用户等社会公众的利益的需要，而且应当确保干扰手段的必要性和合理性。

二、"非公益必要不干扰"规则

从上述四种规则中可以看出，前面三种的规则较为具体，"不得破坏他方合法经营模式，也不能阻碍他方公司与客户之间的正常交流""不能未经他人许可、利用他人的服务行为或者市场份额来进行商业运作并从中获利"和"不得恶意破坏他人的经营模式上的某一链条"三种规则在表述上虽有不同，但实质内容大同小异，都是禁止干扰他人的经营模式。而"非公益必要不干扰"规则却是较为抽象，不仅可以包含前三种规则的内容，禁止干扰他人的经营模式，还包含了在一定条件下可以干扰他人经营模式的例外情况，可以更准确地划定不正当竞争的界限。因此，"非公益必要不干扰"规则优于其他三种规则。

法律对平等主体之间的竞争行为的规制，不属于政府对市场的管制，而是法律界定产权的过程，目的是促进市场的运作，因为明确的产权界定是市场交易的前提。在权利交易的费用较高的情况下，初始权利配置就十分重要，此时应该比较权利配置给哪一方更优。如果放任一方的行为直接干扰另一方提供的产品，必然会引起另一方的反击。因此，非公益必要不干扰规则使得互联网产品的提供者拥有不受他人干扰的权利，原则上他人不得干扰其产品。只有在例外的情况下，为了公共利益（如杀毒、屏蔽恶意广告），才可以干扰他人的产品，并由干扰者承担举证责任。

三、涉互联网不正当竞争案件的新特征

随着互联网行业竞争加剧，涉及新型互联网不正当竞争行为的案件数量呈现爆发趋势，且案件重要性以及疑难复杂程度均有极大突破。通过对近年来涉互联网不正当竞争案件进行的调研，这类案件存在以下新特征：

①案件具有典型意义，导致审理难度进一步加大。近年来互联网公司间新类型的不正当竞争纠纷频发，这类案件疑难复杂程度高、社会影响力大，涉及各个领域的技术创新，关乎互联网行业诚信经营判断标准，涉及技术发展和商业模式竞争的边界规则，表面上看来考验着法官对新技术的敏感程度、对商业模式的熟悉程度，实则考验着法官依法裁判的能力，以及如何运用知识产权法律规定的各种利益平衡机制，统筹兼顾权利人、竞争者及社会公众对创新的利益诉求的能力，审理难度较传统不正当竞争案件加大。

②侵权行为技术性强，导致事实认定陷入困境。在以用户体验为向导的利益驱动模式下，涉互联网不正当竞争行为和垄断行为往往与新技术密切相关，因此有很多案件引入专家辅助人参与诉讼。专家辅助人的参与在一定程度上缓解了技术困扰，但鉴于其由当事人各方自行聘请，多为各家公司自己的技术人员，资质难以评估、水平良莠不齐；且基于其"非中立"的角色定位，专家辅助人当庭往往只谈对聘请方有利的技术问题，而对不利的问题避而不谈，因此，法官还要比对、甄别专家辅助人的意见可否成为可采纳的客观结论，导致涉案技术事实的查明更加困难。

③侵权行为呈现复杂性，导致案件赔偿额判定困难。由于互联网企业业务领域多呈现交叉重叠的状态：涉互联网不正当竞争案件有多个不正当竞争行为，且互联网企业的商业模式有不同的收入模式，故对其财产损失的认定与实体经济有较大的不同。另外，企业商誉和商品信誉的损害对互联网企业的经济损失也有重要影响，但是目前对于商誉诋毁所造成的品牌损失如何认定，在资产评估界和法律界仍无统一标准。因此，法官在法定赔偿限额之上自由裁量、合理确定赔偿数额难度较大。

第四节 互联网竞争的市场替代

以"上海汉涛信息咨询公司(大众点评网的创建者和运营商)诉北京百度网讯科技公司、上海杰图软件技术有限公司不正当竞争纠纷"一案为例对互联网竞争的市场替代进行说明。汉涛公司是知名网站大众点评网的创建者和运营商。该公司发现,自2012年以来,百度公司未经许可在百度地图、百度知道中大量抄袭、复制大众点评网的用户点评信息,直接替代大众点评网向用户提供内容。此外,作为城市吧街景地图的经营者,杰图公司将含有侵权内容的百度地图内嵌于自己的网站中,汉涛公司认为,此举扩大了侵权范围,已构成共同侵权。汉涛公司因此向浦东法院起诉,请求法院判令两被告立即停止不正当竞争行为,共同赔偿经济损失9 000万元及合理费用45万余元,并在媒体上刊登公告消除影响。

法院审理后认为:大众点评网的用户点评信息是汉涛公司的核心竞争资源之一,能给汉涛公司带来竞争优势,具有商业价值。汉涛公司为运营大众点评网支出了巨大的成本,通过法律维护点评信息使用市场的正当竞争秩序,有利于鼓励经营者创新业务模式,投入成本改善消费者福祉。百度公司大量、全文使用涉案点评信息,实质替代大众点评网向用户提供信息,对汉涛公司造成损害,其行为违反了公认的商业道德和诚实信用原则,具有不正当性,构成不正当竞争。2016年5月26日,该案在上海市浦东新区人民法院宣判:百度公司停止不正当竞争行为,赔偿汉涛公司经济损失300万元及合理费用23万元,驳回汉涛公司的其余诉讼请求。❶

一、市场替代与互联网领域竞争关系

北京市海淀区人民法院在审理大众点评与爱帮网不正当竞争案中,首次提出市场替代这个概念。❷ 北京市海淀区人民法院在审理中认为:爱帮网对大众点评网的点评内容使用,已经达到了网络用户无需进入大众点评网即可获

---

❶ 案例来源:王治国. 大众点评诉百度案一审宣判法院判百度赔偿323万 [N/OL]. (2016-05-27) [2017-12-30] 中国青年报—人民网.

❷ 案例来源:互联网拒绝"搭便车"垂直搜索不能构成市场替代 [N/OL]. (2011-07-20) [2017-12-30] 中国消费网·中国消费者报—比特网.

得足够信息的程度，超过了适当引用的合理限度，事实上造成爱帮网向网络用户提供的涉案点评内容对大众点评网相应内容的市场替代，对大众点评网的合法利益产生实质性损害。此案认为使用垂直搜索技术的爱帮对于特定行业网站的信息的利用，应控制在合理的范围内，不得对该网站造成市场替代的后果。❶

市场替代并不是一个成熟与规范的法学概念，更像是一个经济学上的概念，此处的替代，指的是一方的提供行为满足了用户的某种需求，导致另一方交易机会的丧失，进而导致其市场份额降低的现象。由于上述案例中的行为涉嫌内容的抄袭，属于《反不正当竞争法》所规制的"搭便车"行为。经营者以不当手段侵犯他人的合法权益而获得竞争优势或者交易机会，违反了诚实信用原则与商业道德而具有可责性，因此可视为不正当竞争行为。不过上述逻辑推演都置于《反不正当竞争法》之内，竞争关系的判断，在论证市场替代构成时就有其必要性。在处理不正当竞争案件中，竞争关系的判断在该类案件中已成为后续工作的逻辑起点。在传统商业环境中，大量案件由于原告与被告之间不具有狭义的竞争关系，而被法院不予立案或者驳回原告的诉请。因为在狭义的竞争关系中，是指商品之间具有替代关系（相同或者近似商品）的经营者之间的相互争夺交易机会的关系，商品互不相同、不具有替代关系经营者之间不存在竞争关系。❷

但是当社会化大生产竞争已经不断跨越行业界限的现实背景下，立法与法律实施中就要对竞争关系认定态度逐步宽松。从互联网交易模式出发，对竞争关系作广义解读。重点关注经营者是否通过不当方式、不劳而获增加交易机会从而增加自身竞争优势或掠取、减少他人市场份额、破坏其竞争利益等。由于互联网商业模式更新快、业务交织并转化，特别是现行互联网企业多将广告收入作为重要来源的情形下，认定两个业务关系看似不同的互联网企业之间具有竞争关系并不困难。

二、互联网领域市场替代的判断标准

作为一种新型的互联网竞争行为，市场替代行为是一种竞争行为。"大众点评与爱帮网不正当竞争案"中明确了垂直搜索服务的行为边界——垂直搜索服务的提供者不得为了谋取商业利益而通过技术手段对来源网站形成市场

---

❶ 周樨平. 反不正当竞争法中竞争关系的认定及其意义——基于司法实践的考察[J]. 经济法论丛, 2011 (2): 81-82.

❷ 孔祥俊, 刘泽宇. 反不正当竞争法原理·规则·案例[M]. 北京: 清华大学出版社, 2006: 34.

替代，否则，将构成对来源网站的不正当竞争。在反不正当竞争法中，通过诚实信用原则与公认商业道德等来判断其是否缺乏正当性。因此在判断市场替代行为是否具有正当性时，只要重点分析该行为是否违反商业道德。在"大众点评诉百度案"中，法院只是概括性地指出百度公司的行为违反了公认的商业道德和诚实信用原则，并没有详细的分析论证。可从当前的发展趋势来看，从行业惯例、比例原则下的价值判断两个角度来判断互联网领域市场替代的标准。

第一，站在行业惯例的角度来看，如果对"百度诉360违反Robots协议案""腾讯诉360不正当竞争案"等加以分析的话，可以发现：通过援引行业规则来认定互联网领域的商业道德，进而判断涉诉行为是否具有正当性，成为当前部分法院审理互联网新型不正当竞争案件的基本思路。

在"大众点评诉百度案"一案中，百度公司声称其为搜索引擎服务商，其遵守了国际通行Robots协议[1]。那么它是否可以依此免责呢？仅将Robots协议作为行业惯例似乎是不够的，将Robots协议与《互联网搜索引擎服务自律协议》一起纳入评判标准，才能彰显互联网公认的商业道德内涵。依据《互联网搜索引擎服务自律协议》第11条："倡导公平理性竞争，抵制不正当竞争行为，维护公平、开放、竞争、有序的市场秩序等"这一个倡导性的规定，从侧面说明即使搜索公司遵守了Robots协议，但是如果其通过不合理的技术手段获得竞争优势，或者为他人争取交易机会，其行为也可能被视为违反了自律协议。这是依据百度公司的主张所做的分析。但现实生活中，百度地图、百度知道由于提供了商户的信息以及点评，同时设置了团购链接，导向美团，其提供的服务似乎已经超越了搜索服务的范围。面对这种跨界竞争行为，行业惯例可能并不成熟，这时对于商业道德的理解，就需要从经营者、消费者、社会公共利益三个维度、更广义的角度来进行一一解读。例如，从经营者权益保护的角度，在互联网市场，经营者只要通过不当途径攫取更多商业机会、争取更多交易对象从而牟取更多经济利益，皆可认定该行为违反了互联网领域公认的商业道德。综上，无论是从行业惯例，还是从广义经营者保护的角度，市场替代行为都可以被视为违反诚实信用原则或者公认的商业道德的不正当竞争行为。

第二，对比例原则下的价值判断。公认的商业道德、商业伦理等均是非

---

[1] Robots协议作为最初由互联网技术人员发展出来的技术规范，类似于在新型市场生态中自发生长出来的秩序。在后续的实践中其被证明是有效的，而逐渐成为搜索引擎行业公认的、应当被遵守的行业通行规则或者商业道德。

常抽象的概念，而且道德具有多元性、滞后性，在互联网领域可能尚未形成确定的公认商业道德，其在具体案件中如何理解和适用存在非常大的不确定性。无论是借助行业惯例，还是法官创设规则予以运用，都面临较大的主观性，存在一定不足。而如果利用比例原则进行价值判断与衡量的话，将相关环节细化，似乎可以解决上述问题。以百度地图使用大众点评的点评内容为例，可以肯定的是，百度地图作为一种工具性应用，其呈现商户的相关信息与点评内容，可以让用户在检索过程中对检索内容有一个全面直观的了解。此外内置百度糯米链接，也可以满足用户的多样需求，降低二次检索时间成本。从这个角度而言，百度公司的这种信息分享行为带来了一定的社会正向收益。但是该行为是以损害大众点评的现实利益为代价，如果对上述行为予以放任的话，最终的后果是抑制社会创新，经营者层面与社会长远层面的负面影响不可估量。此外，从替代方式上讲，百度完全可以以摘要或者部分展示的方式，合理使用点评内容。但现实中，百度公司并没有这样做，而且在一审判决之后，依旧完整展示大众点评中的内容，可见其存在明显的主观恶意。综上，可认为百度的市场替代行为违反了公认的商业道德，不具有正当性。

第五节　互联网竞争关系的规制困境与发展

《反不正当竞争法》及其在实践过程中所确立的各项规则，就是产业内市场主体在"江湖"中应坚守的规矩。互联网产业向来是竞争高地，伴随着互联网产业整体高歌猛进和大数据时代的到来，高度市场化的互联网产业在迎来巨大机遇的同时，也将面临残酷异常的竞争。

竞争关系的判断是逻辑的起点，在此基础上，需要进一步分析不当手段是什么，交易机会是如何丧失的。具体到本章中，就是要对市场替代行为进行认定。结合"涛公司诉爱帮聚信案""大众点评诉百度案"，可从中提炼出一些标准或者类型化行为。例如，要看被诉一方是否有未经许可的提供行为，提供内容与其他经营者花费巨大时间、精力和巨大投入积累的网站内容是否相同或者相似，最为重要的是要看是否达到用户转移的效果，即用户进入其他经营者网站的必要性降低，最后检验经营者是否因此遭受损失等。互联网经营者之间的竞争实质上是技术的抗衡。法院在解决互联网环境中出现的新型不正当竞争纠纷时，由于难以找到法律的具体条款作为依据，所以在案件的审判过程中较为频繁地适用一般条款。由于一般条款规定的模糊性和欠操作性，法院虽然通过若干案例审判经验的积累发展出诸如"最小特权原则""非必要公益不干涉原则"等裁判示范原则，但仍然避免不了知识产权法定主义❶者对于法院滥用自由裁判权的非难。目前，网络环境下互联网公司以优势业务为基点，不断开发增值业务。如百度公司以搜索引擎打开市场，然后凭借市场优势开展知道、贴吧、地图、音乐等。在这种商业模式下，竞争越来越表现为领头羊之间的竞争，全网络竞争、同业经营的界限不断被模糊。百度公司的服务已经超越搜索，业务深入到多个领域。百度地图，除了提供定位、导航等常规服务外，也为用户提供商户信息查询、团购等服务。因此，在界定竞争关系的时候，宜从广义的角度。不管其行为主体是否从事相同或相似但具有替代功能的产品服务之经营，也不管是否同属于同一行业或同一经济等级，一旦行为表现为通过不当方式增加与有限用户交易的机会从而攫取自己业务的竞争利益或破坏、减少本应属于他人的竞争优势，皆可认定存在竞争关系。

"大众点评诉百度案"等相关互联网竞争纠纷案件之所以能够引发广泛关注，除了行为定性存在争议外，更深层次的原因在于其带给市场的疑惑，即在跨界竞争成为常态的背景下，合理的竞争边界在哪。信息的分享与自由流动，能给民众带来便利，提升社会公益。但是如果允许对信息相关内容的无序使用，那么最终导致的结果是经营者的辛苦付出得不到珍视，抑制社会创新。如何兼顾经营者的合法权益、消费者利益、社会公共利益，都是在处理互联网新型不正当竞争时所要考虑的。

---

❶ 郑胜利先生首先提出了知识产权法定主义。"知识产权法定主义"是指知识产权的种类以及权利内容必须由法律统一确定，除立法者在法律中特别授权外，任何人不得在法律之外创设知识产权。为切实维护与知识产权有关的公共利益，法定主义提出应警惕来自司法途径的新型知识产权创设，但针对是否也应防范来自立法途径的新型知识产权创设，既有理论分歧较大。

第十七章

市场竞争的创新战略

第一节 全球市场创新竞争的战略

当今时代,是一个科技迅猛发展,全球各国、各地、各企业都在创新风浪中激烈竞争的时代。审时度势,发挥自己的创新优势,弥补自己的"短板",找准具有自身特色的创新道路,对一个国家、一个地区乃至一个企业,都是一项决定未来发展成败的要务。

从创新局面和创新能力的宏观层面上看,全世界的创新势力布局可以分为三类。一是创新强势国家和地区,以美、日、欧为代表。这类国家和地区除了教育、科技、人才基础雄厚这些基本共性外,也有自己的特色:美国高科技产业竞争力强,汇聚了全球创新人才;日、欧在高端制造业和时尚品牌上有一定的竞争优势,同时,高等教育和科技创新传统浓厚。美、日、欧作为发达经济体,依然是全球创新和现代化的先进代表,它们之间在创新上也存在激烈的竞争。二是发展中国家中正在快速实现现代化的国家,以中国等金砖国家为代表。这些国家的一个基本共性是:科技、教育发展已经有了一定的基础,基础设施建设也基本到位,但在一定程度上存在人才流失现象。这些国家主要利用发展中国家的低成本及新兴市场的优势,以发展加工贸易及配套生产为突破口,成为工业化和现代化的重要新生力量。当然这类国家发展得有快有慢,相互之间在工业化进程中也存在一定程度的竞争。三是发展中国家中还没有能力进行现代化建设的相对落后国家,即所谓的农业化贫困国家。这些国家教育、科技落后,基础设施差,工业化还没有真正起步。这类国家在全球创新竞争中基本没有话语权。

这三类国家在全球性的创新竞争中,其地位及其在创新方面的竞争优劣势也并非一成不变。以我国为例,虽然我国制造业总体在全球还处于中低端水平,在全球产业链分工中,往往是发达国家居于高端制造业环节、掌控关键技术和部件及高端品牌，我国处于引进技术设备和品牌的地位，但我国毕竟已发展成为世界第一制造业大国，有200多种工业产品的产销量排名世界第一。与此同时，我国正在大力发展教育、科技事业，推动企业及全社会的创新活动，努力向高端制造业挺进。这一努力已经取得一定效果，以高铁、电信等工业产品为代表，我国的工业创新活动已经对发达国家创新领先地位构成了一定的挑战。

在这种形势下，发达国家在全球创新与工业化竞争中也不得不调整既往战略。一个较成趋势的做法是：一些发达国家正利用发展中国家发展速度相对有快有慢这一现状，试图将发达国家的创新优势，与发展速度相对较慢的发展中国家低成本优势相结合，努力将以中国为代表的新兴崛起的工业大国在创新竞争中挤出去。其具体做法是，通过对相当一部分制造业生产活动的智能化、机器人化的再创新，实现生产的自动化，从而使这些产业具备回归本国条件，实现所谓"再制造业化"，而对那些不能通过智能化机器人化改造的生产环节，则直接放到越南等相对后进的发展中国家。通过这种产业活动安排，就能将创新和低成本这两个决定制造业竞争成败的关键优势牢牢掌握在自己的手中。

第二节 我国市场公平竞争环境与创新机制

尽管经历了30多年的高速发展，我国已成为世界第二大经济体和制造业大国，但是在全球产业链上，我国制造业依然处于中低端水平。我们以较少的人均资源占有量和脆弱的生态环境，承载着巨大的人口规模和实现持续快速发展的压力，面临着节能减排、应对气候变化等严峻挑战，根本出路就在于创新，实现从要素驱动、投资驱动向创新驱动的重大转变。建立公平竞争审查制度的目的是为了维护公平竞争的市场秩序，实际是要建立一个全国统一开放、竞争有序的市场体系。公平竞争是市场经济的基础，只有公平竞争，市场机制才能有效，在公平竞争的环境下才能推动大众创业、万众创新，才能有效地激发市场主体的创新活力。[1] 2015年出台的《中共中央国务院关于深化体制机制改革加快实施创新驱动发展战略的若干意见》提出，发挥市场

---

[1] 国家发改委委员会副主任胡祖才介绍建立和实施公平竞争审查制度有关情况．发改委：建立公平竞争审查制度对创新创业是利好［EB/OL］．（2016-07-08）［2017-12-30］中国网．

竞争激励创新的根本性作用，营造公平、开放、透明的市场环境，强化竞争政策和产业政策对创新的引导，促进优胜劣汰，增强市场主体创新动力。这为营造激励创新的公平竞争环境指明了方向。

一、实行严格的知识产权保护制度

知识产权保护是自主创新的重要环节，因为知识产权在市场经济中不仅有财富的属性和商品的属性，而且还具有高附加值的属性；产权化的知识在知识经济中，构成了非常重要的生产要素；同时，知识产权既是自主创新的基础和衡量指标，又是市场竞争的重要手段。因此，要进一步强化知识产权制度的激励作用，一方面要完善知识产权保护相关法律，研究降低侵权行为追究刑事责任门槛，调整损害赔偿标准，探索实施惩罚性赔偿制度；另一方面，要完善商业秘密保护法律制度，明确商业秘密和侵权行为界定，研究制定相应保护措施，探索建立诉前保护制度。研究商业模式等新形态创新成果的知识产权保护办法。

二、促使反垄断法与知识产权协调发展

从立法目的上来讲，专利法和反垄断法都体现了一个从个体权益到群体秩序之间的一个整体维护，具有互补性。专利法通过赋予权力的法定，完全保护了创新，通过创新又提高了竞争的层次。那么对于反垄断法来讲，可以通过预防和制止垄断，来营造保护竞争的秩序，秩序得到维护了，也就是说，给创新提供了一个非常好的市场环境和竞争环境。无论专利法还是反垄断法，创新，竞争，就能提升我国经济的整个竞争力，这两部法律保护的路径可能有所不同，但是在结果上是一样的。国家工商行政管理总局发布的《关于禁止滥用知识产权排除、限制竞争行为的规定》对《反垄断法》进行了补充，明确界定了知识产权与垄断之间的界限，对知识产权和反垄断领域都会产生比较正面的指引作用。随着社会和科技的发展，尤其是随着网络技术的发展，包括无线通信技术等各个科技领域的发展，现在已经到了一种对知识产权不仅要保护，还要规治的层面。知识产权滥用的防范和规治逐渐提上了日程。在国家的法律框架里面一直需要对我国知识产权和反垄断之间平衡的一部法律规章，国家工商行政管理总局颁布的《关于禁止滥用知识产权排除、限制竞争行为的规定》刚好填补了这块空白，尤其是对高科技企业而言怎么样来预判自己的行为的合法合规性，这将有很大的指引作用。

三、打破制约创新的行业垄断和市场分割

一方面要加快推进垄断性行业改革，放开自然垄断行业竞争性业务，建立鼓励创新的统一透明、有序规范的市场环境。切实加强反垄断执法，及时发现和制止垄断协议和滥用市场支配地位等垄断行为，为中小企业创新发展拓宽空间；另一方面要打破地方保护，清理和废除妨碍全国统一市场的规定和做法，纠正地方政府不当补贴或利用行政权力限制、排除竞争的行为，探索实施公平竞争审查制度。

四、健全企业主导的产学研协同创新机制

要建立政府与企业创新对话机制，让更多的企业参与科技发展战略、规划、政策和指南制定。支持大中型企业建立健全高水平研发机构，牵头组织实施关键共性技术和重大产品研发项目，引导其加大基础前沿技术研发投入。激发中小企业创新活力，制定科技型中小企业标准，开展科技型中小企业培育工程试点，完善区域性中小企业技术创新服务平台建设布局，发展壮大一批科技小或小微企业。促进产学研用深度融合，建立产业技术创新联盟形成市场化、运行规范化、管理社会化的发展机制，支持联盟编制产业技术路线图，承担重大科技项目，制定技术标准，构建产业创新链，提升产业核心竞争力。

第三节 垄断与发展创新并存

垄断和创新几乎就是对立的，垄断往往会扼杀创新，创新又常常会打破垄断。以英特尔为例，它以技术创新发明了CPU，并以创新引领了CPU产业将近30年。那么英特尔又是怎样从创新者蜕变为垄断者的呢？

一、破解"摩尔定律"* 的价值

"摩尔定律"（Moore's Law）是IT产业的第一定律。它所倡导的"更快、

---

* 1965年，英特尔联合创始人戈登·摩尔提出了他著名的理论：半导体芯片上可集成的元器件的数目每12个月便会增加一倍。也就是说，同样规格的芯片的成本，每12个月便会降低一半。1965年每个芯片可以容纳50个晶体管，摩尔预测到了1970年，每个芯片将能够容纳1 000个元器件，每个晶体管的价格会降低90%。这个发现被归纳成了"摩尔定律"。

更小、更便宜"的理念,使得整个 IT 业变成了另一个"奥林匹克"竞技场。英特尔当然也就成了无冕之王。但是,当前发展形势已经明确无误地告诉我们:摩尔定律正在成为英特尔乃至整个半导体产业的"第一符咒"。当摩尔定律成为形式,不再反映消费者内在的需求,它就沦为企业发展方向的禁锢;当摩尔定律成为一个企业的面子,需要穷尽一切力量去维护定律,而不是勇敢跨越战略转折点,英特尔的未来就无法美妙。

在过去技术驱动的几十年里,英特尔坚持以"摩尔定律"为中心,那是整个公司最神圣的不可动摇的最高法律,终于成就了自己的霸业,一度成为半导体市场垄断者。但是,在市场趋于成熟、技术趋于过剩、消费趋于理性的新形势下,固守摩尔定律就成为一个越来越沉重的包袱。但是,这个问题涉及的不是一个企业的战略,而是更加复杂微妙的企业的政治考虑。

摩尔定律不但制约了英特尔,而且也禁锢了整个半导体产业。摩尔定律是以技术创新本身为中心。依据摩尔定律,几十年来半导体产业一直受制于间歇性的周期。如同过山车一样,剧烈起伏。总在等待有美妙的复苏等愿景在前面,这种期盼复苏的精神,几乎是这个水深火热的产业唯一的支柱。可是,一直等待到了韩国半导体的雄起和中国半导体的崛起,全球半导体格局已经发生根本性的变化,其周期规律也已完全不同。根据全球领先的信息技术研究和顾问公司 Gartner 2017 年研究结果,中国国有企业将成为全球最活跃的投资者,竭力在增长缓慢的半导体市场内跻身为世界级厂商。依据旧有规律期盼的好日子,可能不会再如期而至了。同时,摩尔定律一直直接主导了 PC 的升级换代,也间接主导整个 IT 产业的升级换代。Gartner 公司称,PC 的三年升级周期的说法日益成为谎言,因为消费者和企业还要充分地利用他们的老电脑。尽管处理器的速度已经达到 3 GHz,但是,多数消费者仍在使用配置 700 MHz 或 800 MHz 处理器。美国联储前主席格林斯潘(Alan Greenspan)曾表示:我们不再需要重大创新,只要将已有的高科技产品好好使用起来,未来 10 年内,就能确保生产率年均增长 3%。而即使在 1995~2000 年的泡沫时期,每年生产率增长也只有 2%。

显然,过于依靠一个定律,可以成就一个企业,也可以毁掉一个企业。以摩尔定律为中心的时代,就是速度至上、主频为王的时代。当这个时代渐渐远去,英特尔却依然生活在旧有的"定律"之中,开始丧失真正的技术创新活力。因为他们一旦脱离这个定律,就不知道该怎么办,更何况根本不可能脱离。英特尔的股票已经一跌再跌,2001 年时美国第一大证券投资商美林证券分析师乔·奥沙(Joe Osha)将英特尔中期投资评级由"逢低买进"降

■ 市场竞争法与创新战略

为"中立"。奥沙认为，英特尔的产品需求并未出现根本改善，股票估价过高。而在2004年时，美林证券再次将英特尔股票降级，从"中立"降为"卖出"，美林公司表示，以英特尔为代表的芯片制造公司股票价格普遍偏高，建议投资者及早抛售手中持有的这类股票，以免遭受损失，于是，股价再次应声而落。

1998年是英特尔和微软双垄断的巅峰。如今，微软的垄断在位依然势如破竹。而英特尔却不断抛锚，收入水平又回到了1998年的水平，而利润却远远低于当时的水平。活生生的事实和铁一般的数据，足以证明一个摩尔定律的时代的确已经过去了。当然，我们没有必要仓促地宣判摩尔定律的死刑。它当然还会生效，因为技术永远要进步。但是，它的确不再是消费者的定律，不再是市场的核心。需要一个新的战略指引，彻底摆脱摩尔定律，为英特尔重新选择方向。

二、破解"摩尔定律"的创新

在过去近30时间里，在那辉煌的PC时代的"W英特尔"联盟垄断了PC市场，成为PC时代获利最丰厚的两个巨头。W英特尔[1]垄断力量究竟何时瓦解？这是好几年前的热门话题，如今似乎已经销声匿迹。是互联网的热潮淹没了这个话题，未来几年，IT业可以见证的最大变化就是W英特尔垄断力量的真正瓦解。当然，我们首先见证的就是英特尔将如何失去产业主导力。而微软因为从事软件，更为强大，韧性和柔性更大。因此，会比英特尔的跌落滞后2~3年。那么，我们先重点看看为什么英特尔会必然走向陨落。一言以蔽之，W英特尔逐渐失去主导力的核心，就是自身真正创新能力衰退的必然结果。

摩尔定律作为技术定律的神话，我们必须还原一个真实状况：随着时间的推移，摩尔定律真正的技术含量已经越来越稀薄。因为技术创新不能一概而论，每种创新的技术含量迥然不同（第一章已提及）。同样在摩尔定律身上，也发生着戏剧性的变化：在30年前，摩尔定律代表着半导体行业的基础性创新；20年前，摩尔定律代表着半导体行业的根本性创新；而10年开始，摩尔定律只是代表着渐进性创新。也就是说，过去十多年，财大气粗的英特尔每年投入数亿美元和数十亿美元于研发，主要用于渐进性创新：提高主频，

---

[1] Wintel 即 Wintel 架构。字面上是指由 Microsoft Windows 操作系统与 Intel CPU 所组成的个人计算机。实际上是指微软与英特尔的商业联盟，该联盟意图并成功地取代了 IBM 公司在个人计算机市场上的主导地位，所以也称为 Wintel 联盟。

第十七章　市场竞争的创新战略

提升性能，改善量产工艺等。而基础创新和根本性创新几乎是空白，因为这两者反而很可能会"威胁"到摩尔定律。

摩尔实用主义的观念也塑造了英特尔几十年的研发理念。但是，其他公司却没有受到英特尔的影响，IBM、HP、AT&T、朗讯、NEC、通用电气和日立等都在大力支持全世界各个最先进领域的基础研究。这些企业，虽然可能没有从基础研究进行根本性转变，也没有使自己变成"诺贝尔奖获得者"的生产车间。但是，他们却因为有着将工程师、科学家、思想家、实践家和企业家等诸多智慧、才能和观点的集成能力，而使得企业获得了一种内在的生命力，创造了一种全新的技术和市场敏锐度及更符合人类发展趋势的企业文化。而英特尔和微软，虽然规模已经达到世界顶级水平，但是在技术产业中缺乏基础创新和根本性创新，与世界一流创新企业之间形成鲜明差距。因此，一旦IT业真正结束突飞猛进的起飞阶段，进入稳步发展的相对成熟阶段。这些在深处被业绩所掩盖的致命弱点，都将开始逐渐呈现。因此，到了今天，英特尔依然拥有量产最大、营销最强、客户最多的微处理器产品。但是，芯片业最前沿的技术却已经不在英特尔。实用主义成就了英特尔，因为它幸运地、最正点地踩到了PC革命的节拍，甚至自己本身也成为PC革命的重要驱动。但是，时过境迁，实用主义也可能毁掉英特尔。因为，当芯片技术达到根本性创新的临界点，一场新的技术革命开始时，英特尔很可能将两手空空。

在过去几十年，英特尔利用"技术专利"为武器，为竞争对手设置相关市场中的进入重重障碍，甚至一次又一次碾碎创新者的崛起。创新企业Transmeta[1]，消费者对它热情高扬，连产品还没有全面上市，其股市价值甚至就超过了AMD[2]，但是，也很快被英特尔碾得几乎粉碎。因为，英特尔不但封死了重要客户，而且还"慷慨"地准备了至少30项法律诉讼的连环拳，连Transmeta喘气的机会都不会多给。但是，未来，崛起的竞争对手很可能会以同样的武器、同样的手段，将英特尔置于被动局势。有道是："以其人之道还

---

[1] Transmeta是一家设计超长指令字（VLIW）程式码转译微处理器的美国有限公司，集中于开发减低电子设备功耗的运算技术，于1995年由Bob Cmelik、Dave Ditzel、Colin Hunter、Ed Kelly、Doug Laird、Malcolm Wing与Grzegorz Zynerlo创立，至今为止共出产了两款兼容x86架构的处理器：Crusoe与Efficeon，该些处理器用于非常重视低功耗与散热能力的超便携式笔记型电脑、刀锋伺服器、平板电脑与安静型桌上电脑上。

[2] AMD公司专门为计算机、通信和消费电子行业设计和制造各种创新的微处理器（CPU、GPU、APU、主板芯片组、电视卡芯片等）、闪存和低功率处理器解决方案，AMD为技术用户——从企业、政府机构到个人消费者——提供基于标准的、以客户为中心的解决方案。AMD是目前业内唯一一个可以提供高性能CPU、高性能独立显卡GPU、主板芯片组三大组件的半导体公司。

治其人之身"。技术创新从来不是以金钱论英雄。虽然，英特尔投入研发的经费超过了整个行业其他公司的总和，但是，英特尔依然无法改变自己创新枯竭的局面。即使在英特尔最为擅长的渐进性创新方面，英特尔也居然开始落在 AMD 的后面。英特尔和 AMD 每年注册的专利数量分别为：1998 年（560项、705项）、1999 年（825项、735项）、2000 年（1 055项、797项）、2001年（1 090项、811项）。也就是说，从 1999 年开始，AMD 已经在专利注册数量上领先英特尔。虽然，这不是一个反映技术创新能力的唯一指标，却足以说明一种趋势。英特尔一直以来最骄傲的就是，它是一家科学家创办的公司❶。但是，这一切，都因为英特尔技术创新的不断衰竭而越来越远去。创新成就了英特尔历史的辉煌，但是失去了基础性和根本性创新，如何成就英特尔的未来呢？

三、放弃创新、着手捆绑，英特尔沦为"微软第二"

经历了互联网大潮的洗礼，仿佛一眨眼之间，产业结构已经物是人非。微软已经从那时候每年收入不到两亿元，猛升到现在年入约 20 亿元（还不包括 PC 厂商预装的大笔收入），几乎席卷了中国 PC 软件业的绝大多数财富。而英特尔的变化也明显，中国市场的年收入已经从十多亿元，达到了现在的 100 亿元大关。但是收入的高涨，却无法保障企业的进步。当年那个充满激情、充满活力的英特尔已经不见，开始逐渐沦为一个越来越平庸的销售企业。过去，中国 IT 业重要的新理念和新概念，多数都是英特尔传播出来、并推波助澜的，足以让 IBM、HP 和微软等都相形见绌。过去，是英特尔全球市场支持中国市场的推动。如今，是中国市场的收入来弥补其他市场的下滑。这也决定了英特尔在中国角色的微妙变化。

"迅驰"❷ 不仅是一个具有无线功能的微处理器，还是英特尔投入 3 亿美元市场推广费用进行豪赌的产品，"迅驰"的发布代表着英特尔放弃自主创新、大力实施"捆绑"战略的开始，是英特尔公司发展策略一个里程碑的转折点。英特尔的创新能力与微软相比，本就不可同日而语，但创新活力难逃生命周期。再持久的成功，再巨大的创新，都无法逃脱衰竭的命运。失去了创新，并不是绝路一条。微软就是这方面的成功典范：在"强者为王"的市

---

❶ 英特尔的创始人是诺贝尔奖获得者罗伯特·诺伊斯（Robert Noyce），也是集成电路之父。

❷ 英特尔公司为笔记本电脑专门设计开发的一种芯片组的名称，我国计算机界常称之为"迅驰"。"迅驰"是一种计算功能强、电池寿命长，具有移动性、无线连接上网等功能的 CPU、芯片组、无线网卡结合的名称。

场中，充分利用自己已有优势，居高临下，展开"捆绑策略"搭乘别人的创新，挤走竞争对手，"掠夺"他人的资源。原本一个真正的创新者从来不需要依靠掠夺他人和打击别人，来获得自己的成功。我们看到的英特尔已经失去了创新活力，正变得更加"聪明"，开始向微软"取经"，开始放弃创新的努力，而使用"捆绑"策略。创新多么可遇不可求，多少金钱都不一定能堆砌得出，而捆绑多么简单、轻松、便捷，简直是多、快、好、省的绝妙策略！围绕无线技术的格局是如此混乱，英特尔这样的鲨鱼"浑水摸鱼"多么隐蔽！AMD主席、美国半导体协会主席桑德斯（Jerry Sanders）曾一针见血地指出，英特尔"迅驰"的根本目的是搅浑"真正的创新"，并试图控制PC架构的所有组件，以后不断将低劣的技术强加给合作伙伴和用户。"迅驰"当然不是第一次，多年来，英特尔在芯片组和主板方面采取了同样的"捆绑"并打击竞争对手的策略。而且，英特尔本来就在不断将更多的功能集成到芯片。但是，这些毕竟都在其核心业务之内。而这一次，集成无线技术，不但跨越了CPU业务，甚至超越了计算机的范畴，跨入通信的地盘。

多少年来，微软利用其操作系统的垄断优势，以"捆绑"为核心策略，不断"吸取"别人的创新技术，变为自己的"增值"产品。人们痛恨微软的理由很多，但这是其中最核心的一条，每年数百亿美元的收入，400多亿美元的现金积累，却几乎从来没有给业界贡献重大的原创性创新技术。一个Office的累计销售金额已经将近500亿美元，可是依然臃肿无比，缺陷无数。这么多年来，也几乎没有添加任何独特的创新。如今，英特尔的创新活力逐渐衰退，其每年的专利数量居然连续几年都落后于AMD，尽管，英特尔每年号称的研发费用是AMD总收入的好几倍。这些金钱大量浪费在无谓的生产能力扩展、盲目的多元化和错误的技术投资之中。真正的创新已经久违。尽管在英特尔创立之初，有"集成电路"共同发明人诺伊斯坐镇，以及此后作为"微处理器"的发明人霍夫的偶然贡献，英特尔的确曾经充满创新活力。但是，后来，英特尔把这些创新存进了"银行"，吃它们的利息而发展。由于这个创新实在是重大，而且有着神奇的摩尔定律的护驾。这些利息足够英特尔吃上几十年。

但是，利息终于有吃尽的一天。这几年的英特尔就已经面临"口袋越来越紧"的窘境。借着摩尔定律的惯性，英特尔一直寄希望于64位芯片，来终结原本称霸服务器市场的IBM和Sun自己的RISC处理器，继续开拓新的厚利市场。但是，事实却让人大跌眼镜。10多年前制定的战略64位程序犯下了致命的错误：放弃对32位程序的向下兼容。在64位的决战之中，英特尔已经处在竞争的下风，AMD高高扬起了它的"大锤"，怀揣英特尔原来的兼容法宝，接连把64位大火烧向服务器和台式机，把英特尔甩在了身后。创新的惯性之路也已经近乎堵绝了。无路可走的英特尔必须寻找新的突破。于是，"迅驰"豪赌开始了。这一次，英特尔的发展方向不再是"向上"，而是"向下"。这个产品的战略直接学习微软的成功经验，在缺乏实质性创新的前提下，瞄准无线技术的大势所趋，准备提前行动，将无线技术捆绑进入微处理器。其策略与微软如出一辙。

①在一个极具潜力的新兴标准确立之前，及时出击，"劫持"和"污染"新兴标准，逐渐与自己的私有标准和技术捆绑，最后达到控制和主导新标准的目的。这次"迅驰"就是将微处理器和无线芯片捆绑，不许分拆。桑德斯指出，英特尔此次利用市场推广费用补贴，来强迫合作伙伴购买捆绑的芯片，而不能购买可替代的无线芯片。同时，也有效打击了竞争性的CPU。随着802.11标准的不断演化，英特尔的动作将越来越有力。

②凭借垄断地位，利用"FUD"战略，打击竞争对手。"心理恐怖战术"FUD就是恐惧（Fear）、不确定（Uncertainty）、怀疑（Doubt）的缩写，是行业垄断巨头对付比自己弱小竞争对手时使用的最"下三烂"的竞争手段，也是最实效和最灵验的招数。通过直接吓唬对手及胆敢与对手合作的公司，同时利用各种手段动摇竞争对手客户的信心，使其产生先动摇、进而怀疑的心理，从而挤掉质量和技术优于自己的产品，难以有效形成市场力量，确保独家垄断。使得用户无法得到最佳的产品和服务，整个行业的创新也被阻碍。公司越强大，效果越佳。FUD由IBM发明，却由微软发扬光大。英特尔内部有专门的报告，透露在亚洲要强力"镇压"与迅驰兼容的芯片开发和销售。

亚洲是"迅驰"芯片成败的关键，因为亚洲无线应用比美国还超前。日本市场是其重中之重。韩国、中国等市场也是必争之地。国内的计算机广告中，大概一半的广告与英特尔有直接和间接的关系，因此英特尔对渠道和媒体的控制力是极其强大的。如果使用不当，将对正常的市场竞争带来极大的损害。竞争是市场经济发展的正常规律，给竞争以机会，才能给用户以充分选择的自由，才能给创新以健康的空间。在亚洲市场里除了有"威盛"❶，还有AMD。如果市场能够充分认识到英特尔垄断的危害，而充分激发竞争，给这些对手以机会，那么未来依然是十分美好。但是，如果任英特尔主导，那么必将造成长期损害。媒体舆论应该呼唤、倡导和激励公平的市场竞争，这

---

❶ 威盛电子股份有限公司（VIA Technologies），是我国台湾地区的集成电路设计公司，主要生产主机板的晶片组、中央处理器（CPU）以及记忆体。它是世界上最大的独立主机板晶片组设计公司。

样才能使产业、企业、消费者和公共利益最大化。垄断总是窒息产业的创新，也窒息自身的创新。只有有效的竞争才能激活技术创新，包括英特尔公司的创新活力。"迅驰"命运如何，很难预测。会不会因此开辟出全球又一个反垄断战场，与微软呼应，也很难预料。但是，英特尔超越 PC 的 CPU，而把微处理器当成平台，来不断捆绑新技术、新功能的全新战略已经浮出水面，并将成为主导。这对英特尔的竞争对手、合作伙伴、用户将带来巨大的影响，而将对产业发展和反垄断法等各个层面带来许多新的问题。我们将保持密切关注。

四、英特尔 CPU 假冒"国产芯片"

华为等国内企业采取积极的国际化策略，联想等企业虽然没有真正国际化，但也在宣传上竭力沾"国际化"的光。的确，国际化的品牌对中国广大消费者的接受和认同，有着不可替代的内涵。国际化也自然成为大家共同努力的方向。但是，近年来出现了一股极为反常的现象，不少国外跨国巨头却开始一再弱化自己国际化的背景，开始标榜"中国制造"，以"国产"招牌来吆喝自己。除了微软之外，近年的典型就是英特尔。大家都知道英特尔是全球最大的半导体和 CPU 厂商，是美国 IT 业的旗舰力量。在市场上，目前除了我国台湾地区的威盛外，只有美国的 AMD 和英特尔生产 PC 的微处理器。虽然英特尔多年以来，一直在爱尔兰设有芯片部件生产厂，并在设立在菲律宾、马来西亚和哥斯达黎的加工厂进行组装和测试；但是，从来没有说过爱尔兰、菲律宾、马来西亚和哥斯达黎加生产 CPU。自 1995 年以来，英特尔就开始在中国封装和测试闪存产品，2002 年又增加了芯片组。也从来没有听说过英特尔生产的内存是"国产"内存。那么，这一次英特尔 CPU 为何假冒"国产"芯片？为什么会出现如此荒谬的情况？最大的可能性就是专门针对《政府采购法》，以"国产"之名绕过中国法律在政府采购和国家信息安全方面的诸多限制。

对何谓"国产"目前并无专门定义。2003 年 1 月 1 日起实施的《政府采购法》第 10 条："政府采购应当采购本国货物、工程和服务。但有下列情形之一的除外：……前款所称本国货物、工程和服务的界定，依照国务院有关规定执行。"1999 年 4 月 17 日发布的《财政部政府采购管理暂行办法》第 6 条规定："未经批准，采购机关不得采购外国货物、工程和服务。前款所称外国货物，是指最终货物为进口货物，或者最终货物虽在我国境内生产或组装完成，但其增加值含量不足总价值 50% 的货物。"这条规定界定了外国货物，也就相当于界定了"国内货物"（也就是严格意义上的"国产"产品）。

出现冒充"国产"的现象，说明了我国市场的力量不断增强，也说明了我国企业崛起的威力，同时我国也希望英特尔这样的一流企业在我国市场上输入的是真正的技术，制造出真正的"国产芯片"。但是，对于虚假宣传的"国产"应该予以揭露，必须对其背后的真实意图有所了解，并作出相应对策。同时笔者也希望英特尔这类大型企业在广告宣传方面，珍惜自己多年建立的"诚信"和品牌影响，不要轻易作一些偏离事实、甚至误导的宣传，损害自身的长远发展。我国《反不正当竞争法（修订草案送审稿）》第8条规定："经营者不得实施下列引人误解的商业宣传行为：（一）进行虚假宣传或者片面宣传；……（三）以歧义性的语言或者其他引人误解的方式进行宣传。"我国《广告法》第4条规定："广告不得含有虚假或者引人误解的内容，不得欺骗、误导消费者。经营者应当对广告内容的真实性负责。"面对企业发展与创新的战略需要，我国媒体在宣传时应该具有基本的常识，对其是否属于"国产"，应谨慎对待。同时，我国《民法通则》第68条规定：一方当事人故意告知对方虚假情况，或者故意隐瞒真实情况，诱使对方当事人作出错误意思表示的，可以认定为欺诈行为。

五、相关市场的创新战略规划

2015年6月1日，英特尔宣布同意以167亿美元收购硅谷芯片制造商阿尔特拉（Altera），这成为英特尔史上最大一笔交易。2015年8月14日全球最大智能手机芯片供应商高通宣布，以24亿美元完成对英国芯片制造商CSR公司的收购，收购完成后，CSR的间接全资子公司——Cambridge Silicon Radio Limited将更名为Qualcomm Technologies International Ltd，并且成为高通的子公司。这一系列收购行动清晰地显示，芯片产业正在处于并购热潮之中。产业巨头加快整合力度，将会使得技术高度密集的芯片产业知识产权竞争愈加激烈。以英特尔收购Altera为例，这一举措将大幅强化英特尔的专利领先优势。英特尔长期致力于信息领域关键技术的开发和专利布局，并已在具有传统优势的处理器芯片技术领域建立庞大的专利积累。阿尔特拉拥有超过3 300件美国专利授权和550件美国以外的授权专利，以及全球1 200件正在审批中的专利申请。阿尔特拉在我国的专利申请已经累计超过335件。并购使得英特尔在通用处理器和专用处理器芯片等领域核心关键技术上的专利优势进一步扩大。这也意味着我国企业规避其专利技术的难度将明显增大。

同时，在竞争对手台积电和三星纷纷宣布量产10 nm先进制程后，曾作为半导体制程技术龙头的半导体大厂英特尔却似乎没有太大动静,依旧停留在 14 nm 制程上等待时机,因此外界预估英特尔的 10 nm 先进制程目前看最快也得到 2018 下半年才能量产。届时台积电的 7 nm 都已经开始量产,而三星的 7 nm 也已经开始试产投片。正当相关市场或竞争对手认为英特尔在制程技术上黔驴技穷时,英特尔在最新一期(2017)的半导体行业权威刊物美国电气和电子工程师协会❶杂志(*IEEE Spectrum*)上发布的消息中,不但畅谈了自己的 10 nm 制程发展,更强调无论在技术还是在成本方面都有比竞争对手更好的强大优势。根据英特尔高级院士马克(Mark Bohr)强调,英特尔的本代制程和相关产品要传达的一个重要资讯,就是希望能够打破产业对于摩尔定律将死的忧虑。以目前市场上竞争对手的状况来观察,包括台积电、Global-Foundries、三星等厂商都在积极筹划 7 nm 制程,这方面英特尔进度似乎还很遥远。马克也对此指出,如果从 10 nm 制程过渡到 7 nm 制程会花更长时间,当前最重要的就是设法增强已有技术,每年带来新产品。而这样的说法似乎意味着,未来至少 5 年左右,英特尔仍会坚持当前的产品研发和策略布局,整体计划将不会有太大的改变。

第四节 网络共享环境与创新战略

总体来看,今后互联网的发展,在应用上,将由现在的商贸领域向制造业领域拓展;在智能化上,将由现在的人网分离向人网一体拓展;在连接上,将由现在的有限连接向连接一切拓展;在数据上,将由现在的部分采取向全方位自动采取拓展;在服务上,将由现在的产品体验向个性化定制拓展;在使用上,将由现在的"独建自营"向"合作共享"拓展。未来的互联网时代,将是一个"人网一体"的时代,将是一个"连接一切"的时代,将是一个"数据为王"的时代,将是一个"个人定制"的时代,将是一个"互联共享"的时代。公平开放的创新环境是加强自主创新的必要条件。连接产生效率,连接产生价值,互联网将带来一个低成本和零边际成本营销的时代。这也是基于一个创新环境下的必然发展趋势,而创新环境是包括科技政策和科

---

❶ 美国电气电子工程师协会(IEEE)每年都会对全美国当年所有的专利申请进行广度以及深度的专业分析。该协会杂志 *IEEE Spectrum* 的"全美技术专利记分卡"是衡量各家公司在技术研发和创新领域科研实力的最佳晴雨表。

技体制在内的各种制度和各项政策综合作用的结果。近年来，我国创新环境不断优化。从《科学技术进步法》修订实施，《科技规划纲要》配套政策加快落实，到国家中长期人才、教育规划相继出台，知识产权战略实施力度明显加强等，都可以看出技术创新工程深入实施，科技中介服务能力不断增强。创新文化和科研诚信建设得到重视，全社会关注创新、支持创新、参与创新的氛围正在形成。

《2016年度电信改革趋势报告》称，信息通讯技术新商品、新服务的出现给经济社会带来了巨大冲击，公平的竞争环境对于竞争和创新极其重要，要确保公平竞争，就必须解决监管问题。这份年度全球信息通讯技术监管报告全面介绍了全球信息通讯技术的政策和监管趋势，分析了信息通讯技术监管机构所面临的机遇和挑战。报告以"探索把握数字机遇的监管激励措施"为主题，强调了灵活、宽松、技术中立监管原则的重要性，认为"这些原则可以刺激市场增长，同时保护消费者权益，鼓励新生力量"。

一、在网络共享方面

共享经济激活了互联网的创新，使之最具创新活力的新商业模式。《2016年度电信改革趋势报告》认为，当网络覆盖不再是竞争区分的一个重要因素时，运营商可能需要通过网络共享合并网络，作为从基础设施投资向开发创新业务转型的一种手段；目前各国政府主要按照专用原则来划分频谱，动态频谱接入新技术可允许设备在特定地理区域内或特定时间使用未被使用的频谱；网络共享亦有风险，包括降低了竞争激烈程度，可能形成合谋和串通信息，并减少了业务竞争的选择余地。

二、在物联网方面

物联网的核心和基础仍是互联网，是在互联网基础上的延伸和扩展的网络，其用户端延伸和扩展到了任何物品与物品之间，进行信息交换和通信。《2016年度电信改革趋势报告》预计到2020年，M2M（机器通信）连接的数量将在10亿美元至20亿美元之间，各种不同的应用及目标要求各异的利益攸关方已引发物联网技术标准的形成；物联网设备市场将呈指数级增长，到2019年为全球经济贡献的附加值将超过1.7万亿美元；最简单的物联网技术——无源RFID标签早已在零售、运输和门禁领域广为使用，现在近场通信功能已包括在新型智能电话中，可实现无接触支付等应用；统一的物联网不太可能在中期形成。

三、在互操作性方面

《2016年度电信改革趋势报告》认为："互操作"❶概念比技术互操作性更加宽泛，其影响辐射到4个关键层面——技术、数据、人员和组织；提高互操作水平可增加用户选项和自主性，但互操作也可增加产生系统漏洞的机会；互操作本身并不是终极目标，也不总是需要实现最大程度的互操作。

国际电联秘书长赵厚麟表示："目前，信息通信技术无处不在，其将是协助世界实现17项可持续发展目标的核心所在。信息通讯技术监管机构在创建有利的环境、促进信息通讯技术增长以及发展方面，可以发挥前所未有的重要作用。报告为世界各国监管机构针对其国内市场制定正确的政策提供了支持"。❷

共享经济的进一步发展，一定是相伴着社会文明的步伐在前进。各种共享产品的提供者，也在不断尝试新的规则、改良内部机制，以保证其的顺利进行。可以说互联网时代为共享经济提供了技术上的可行性，共享经济对当今世界有限的资如何更有效地配置，取得其价值上最大的开发利用，无疑起到了一定的促进作用。我们期待"共享性"的发展观念能够带来更好、更快的经济增长，同时也带来可持续的、长期的"共享性"经济成长。

---

❶ 传统上互操作是指"不同平台或编程语言之间交换和共享数据的能力（Interoperability is the ability to communicate and share data across programming languages and platforms）"。为了达到"平台或编程语言之间交换和共享数据"的目的。

❷ 陈建. 国际电联阐释全球电信改革新趋势 [EB/OL]. (2016-04-22) [2016-12-30] 中国经济网, 凤凰财经网.

第十八章

市场商业模式创新与战略

2003年,苹果公司推出iPod与iTunes音乐商店。这场便携式娱乐设备的革命,创造了一个新市场,并使苹果公司成功转型。短短3年内,iPod-iTunes组合为苹果公司赢得了近100亿美元,几乎占公司总收入的一半。苹果公司的股票市值一路飙升,从2003年的50亿美元左右,升至2007年的1 500多亿美元。苹果公司的成功众所周知,但很多人却不知道,苹果并非第一家把数字音乐播放器推向市场的公司。1998年,一家名为"钻石多媒体"(Diamond Multimedia)的公司曾推出MP3随身听Rio。2000年,另一家叫Best Data的公司也推出了Cabo 64。这两款产品均性能优良,既可随身携带,又时尚新颖。但最后获得成功的为什么是iPod,而不是Rio或Cabo 64?

这是因为苹果公司不仅为新技术提供了时尚的设计,而且把新技术与卓越的商业模式结合起来,苹果公司真正的创新是让数字音乐下载变得简单便捷。为此,公司打造了一个全新的商业模式,集硬件、软件和服务于一体。这一模式的运行原理与吉列公司著名的"刀片+剃刀"(blades-and-razor)模式正好相反:吉列公司是利用低利润的剃须刀来带动高利润刀片的销售,苹果公司却是靠发放"刀片"(低利润的iTunes音乐)来带动"剃须刀"(高利润iPod)的销售。这一模式以全新方式对产品价值进行了定义,并为客户提供了前所未有的便捷性。

一、什么是商业模式

商业模式是一种包含了一系列要素及其关系的概念性工具,用以阐明某个特定实体的商业逻辑。它描述了公司所能为客户提供的价值,以及公司的内部结构、合作伙伴网络和关系资本等,借以实现(创造、推销和交付)这一价值,并产生可持续赢利收入的要素。

简单来说,商业模式就是一种价值实现方式,当一种价值主张用一种固定方式持续得以实现时,就形成一种模式。商业模式由4个密切相关的要素构成,这4个要素互为作用时能够创造与实现价值,目前来说其中最重要的是创造价值。

1. 客户价值主张

凡是成功的公司都能够找到一种为客户创造价值的方法——即帮助客户完成某项重要工作。在此,"工作"的含义是指在特定情境下需要解决的一个关键问题。只要理解了工作的含义以及工作的各个维度,包括如何完成工作的整个过程,我们就可以设计给客户的解决方案了。客户工作的重要性越高,客户对现有方案的满意度越低,而你提供的解决方案比其他可选方案越好(当然还有价格越低),你的客户价值主张就越优秀。我们发现,提出客户价值主张的最佳时机是:其他可选产品和服务的设计并未考虑到客户真正的需求,而你此时却可以完全针对客户的工作设计出圆满的解决方案。

2. 赢利模式

赢利模式是对企业如何既为客户提供价值、又为自己创造价值的详细计划,包括以下构成要素:

①收入模式:产品单价×销售数量。

②成本结构:直接成本、间接成本和规模经济。成本结构主要取决于实施商业模式所需关键资源的成本。

③利润模式:在已知预期数量和成本结构的情况下,为实现预期利润要求每笔交易贡献的收入。

④利用资源的速度:为了实现预期营业收入和利润,我们需要实现多高的库存周转率、固定资产及其他资产的周转率——并且,还要考虑从总体上该如何利用好资源。

人们往往把"赢利模式"和"商业模式"的概念混为一谈。事实上,赢利模式只是商业模式的一部分。

3. 关键资源

关键资源是指人员、技术、产品与厂房设备以及品牌这类资产,用以向目标客户群体传递价值主张;这里我们关注的是可以为客户和企业创造价值的关键要素,以及这些要素间的相互作用方式(每个企业也都拥有一般资源,但这些资源无法创造出差异化的竞争优势)。

4. 关键流程

成功企业都有一系列的运营流程和管理流程,确保其价值交付方式能够被大规模复制和扩展,这包括员工的培训与发展、生产制造、预算与规划、销售和服务等重复发生的工作。此外,关键流程还包括企业的制度和条例、绩效指标等。

上述四个要素是每个企业的构成要素。客户价值主张和赢利模式分别明确了客户的价值和企业的价值；关键资源和关键流程则描述了如何交付客户价值和企业价值。这一框架看上去再简单不过了，其力量蕴藏于各部分之间复杂的、相互依靠的关系。4个要素中的任何一个发生大的变化，都会对其他要素和整体产生影响。成功企业都会设计一个比较稳定的系统，将这些要素以连续一致、互为补充的方式联系在一起。

商业模式创新改变了很多行业的整个格局，让价值数十亿元的市场重新洗牌。不过在老牌企业中，像苹果一样进行商业模式创新的公司却是凤毛麟角。人们对过去10年间发生的重大创新进行了分析，发现与商业模式相关的创新成果屈指可数。美国管理协会（American Management Association）的一项研究也表明，全球化企业在新商业模式开发上的投入，在创新总投资中的占比不到10%。要想让大家透过表象，看到新商业模式能够带来的前景，企业就需要一幅前行的地图。做法分为以下简单的三步：第一，要认识到，成功的起点根本不是去考虑商业模式，而是考虑面临的机遇，即如何才能满足客户的需求，让他们得以完成工作；第二，制定计划，说明企业将如何以赢利的方式来满足客户需求；第三，将新模式与公司现有的模式进行比较，确定为了抓住机遇要进行多大程度的变革。当完成了这3步后，就可以知道公司是可以利用现有的商业模式与组织结构，还是需要设立一个新的业务单元，来实施新的商业模式。每个成功的企业，都在通过有效的商业模式来满足客户的需求——不管它们是否清楚地理解了自己的商业模式。

二、商业模式的创新

商业模式创新（Business Model Innovation）作为一种新的创新形态，其重要性已经不亚于技术创新等。近几年，商业模式创新在我国商业界也成为流行词汇。一个纪律严明的团队，加上有效的系统方法，就能更好地实施创新，并取得超越当今全球标准10倍乃至20倍的成绩。有效的商业模式，引领企业向更有序、更可靠的创新方向迈进了一大步。

1. 赢利模式创新

赢利模式创新指的是公司寻找全新的方式将产品和其他有价值的资源转变为现金。这种创新常常会挑战一个行业关于生产什么产品、确定怎样的价格、如何实现收入等问题的传统观念。溢价和竞拍是赢利模式创新的典型例子。

2. 网络创新

我国互联网的功能也在这个过程中通过"拿来主义"逐渐丰富，并且通过本土化，迎合了中国网民的需求，创造出独有的中国互联网文化。在此过程中，新开发的软件，针对我国网民需求的网站结构设计，以及适合国内环境的商业模式，都应该算得上是创新的产物。在当今高度互联的世界里，没有哪家公司能够独立完成所有事情。网络平台以及创新的模式让经营者可以充分利用其他公司的流程、技术、产品、渠道和品牌。互联网金融就是网络创新的典型例子。

3. 结构创新

结构创新是通过采用独特的方式组织公司的资产（包括硬件、人力或无形资产）来创造价值。它可能涉及从人才管理系统到重型固定设备配置等方方面面。结构创新的例子包括建立激励机制，鼓励员工朝某个特定目标努力，实现资产标准化，从而降低运营成本和复杂性，甚至创建企业大学以提供持续的高端培训。

4. 流程创新

流程创新涉及公司主要产品或服务的各项生产活动和经营。这类创新需要彻底改变以往的业务经营方式，使得公司具备独特的能力，高效运转，迅速适应新环境，并且获得领先市场的利润率。流程创新常常构成一个企业的核心竞争力。

5. 产品性能创新

产品性能创新指的是公司在产品或服务的价值、特性和质量方面进行的创新。这类创新既涉及全新的产品，也包括能带来巨大增值的产品升级和产品线延伸。产品性能创新常常是竞争对手最容易效仿的一类。

6. 产品系统创新

产品系统创新是将单个产品和服务联系或捆绑起来创造出一个可扩展的强大系统。产品系统创新可以帮助你建立一个能够吸引并取悦顾客的生态环境，并且抵制竞争者的侵袭。

7. 服务创新

服务创新保证并提高了产品的功用、性能和价值。它能使一个产品更容易被试用和享用；它为顾客展现了他们可能会忽略的产品特性和功用；它能够解决顾客遇到的问题并弥补产品体验中的不愉快。

8. 渠道创新

渠道创新包含了将产品与顾客、用户联系在一起的所有手段。虽然电子商务在近年来成了主导力量，诸如实体店等传统渠道还是很重要——特别是在创造身临其境的体验方面。这方面的创新老手常常能发掘出多种互补方式将他们的产品和服务呈现给顾客。

9. 品牌创新

品牌创新有助于保证顾客和用户能够识别、记住你的产品，并在面对你和竞争对手的产品或替代品时选择你的产品。好的品牌创新能够提炼一种"承诺"，吸引买主并传递一种与众不同的身份感。

10. 消费者契合创新

消费者契合创新要理解顾客和用户的深层愿望，并利用这些了解来发展顾客与公司之间富有意义的联系。消费者契合创新开辟了广阔的探索空间，帮助人们找到合适的方式把自己生活的一部分变得更加难忘、富有成效并充满喜悦。

只选择一两种创新的类型的商业模式不足以获得持久的成功，尤其是单纯的产品性能创新，很容易被模仿、被超越。企业需要综合应用上述多种创新类型，才能打造可持续的竞争优势。虽然复杂的创新需要付出加倍的努力，要求企业内部打破各自为政的组织边界，建立跨职能团队、融汇各方人才和知识，但是这种创新不仅能阻挡竞争对手的追击，而且能开拓更大的市场机会，让企业能发展得更长远。

三、如何打造卓越的商业模式

商业模式由四个密切相关的要素构成，这四个要素互为作用，能够创造与实现价值，目前来说其中最重要的是创造价值。为了阐明这一商业模式构成要素，我们来看看一家企业进行划时代商业模式创新的过程。

（一）制定客户价值主张

如果没有确定一个清晰的客户价值主张，打造或重塑商业模式就无从谈起。客户价值主张往往来自人们很简单的感悟。例如，塔塔集团（Tata Group）的拉丹·塔塔（Ratan Tata）想要完成一项艰巨的工作：为穷困家庭（在印度孟买街道上可经常看到有许多摩托车在汽车中间摇摇晃晃地穿来穿去，并且大部分摩托车都载着一家人——爸爸妈妈和几个孩子，非常危险）提供更安全的交通工具。但即使是当时印度最便宜的汽车，其价格也是摩托车的5倍，这是骑摩托车的家庭无法负担的。于是，为这些家庭提供一款更安全、可以挡风遮雨的廉价汽车就成了一个有力的价值主张。这一价值主张的潜在客户是千百万尚未进入汽车市场的广大民众。拉丹·塔塔还认识到，依靠塔塔汽车公司现有的商业模式，无法开发出这样一款廉价汽车。客户价值主张最重要的特性是其精准度——如何只针对客户的工作，完美无缺地满足客户的需求。然而，这样的精准度往往是最难以达到的。企业在创造新主张的时候往往会忽视"只针对某项工作"这一点；它们将重点分散，试图面面俱到；而面面俱到的结果就是无法精准。有一种方法可以确保客户价值主张的精准性，即考虑阻碍人们完成具体工作的四个最常见因素：资金、途径、技能和时间。

(二) 设计赢利模式

拉丹·塔塔认为，要想让那些骑摩托车的家庭拥有汽车，唯一的办法就是大幅调低车价，让这些家庭能负担得起。他想："我是否可以打破常规，推出10万卢比一辆的汽车呢？"他把汽车价格定在2 500美元左右，还不到市面上最便宜的汽车价格的一半。不过，这对其赢利模式带来双重挑战：既要大幅降低毛利润，又要大幅降低成本结构中诸多要素的费用。但他知道，只要能大幅提高销量，公司仍可赢利；而且他所瞄准的客户群潜在规模巨大。

(三) 确认关键资源和关键流程

在清楚地陈述了客户和企业双方的价值主张后，公司必须考虑实现价值所需的资源和流程。以专业服务公司为例，关键资源往往是指工作人员，关键流程自然也与人员有关（如培训和发展）。对零售包装消费品公司来说，关键资源包括强大的品牌和精心挑选的渠道零售商，而关键流程则包括品牌建设和渠道管理流程。

很多时候起作用的并非资源或流程本身，而是二者之间的相互关系。为了使某个客户群圆满完成工作，企业几乎总要通过独特的方式来把关键资源和流程整合在一起。只要能做到这一点，企业大都能创造出持续的竞争优势。而且，只有先关注价值主张和赢利模式，才能够清楚地了解资源和流程之间应如何互为联系。对于塔塔汽车公司来说，要满足其廉价车"Nano"的客户价值主张和赢利模式要求，就必须重新构想汽车的设计、制造和分销方式。为此，塔塔成立了一个由年轻工程师组成的团队，这些人不会像公司里比较有经验的设计师那样，在思想上受汽车厂商现有赢利模式的影响和制约。这个小组尽可能地减少汽车零部件的数量，使成本大幅下降。此外，塔塔还重新考虑了供应商策略，把Nano车型高达85%的零部件生产都进行了外包，所选择的供应商数量也比以前减少了近60%，因此降低了交易成本，提高了规模效益。

在生产线的另一端，塔塔构想了一种全新的汽车装配和分销方式。其最终目标是将模块化的零件运往一个由公司下属独立装配厂组成的联合网络，由该网络负责按订单生产汽车。如此一来，Nano的设计、生产、分销和服务就都可以采用全新的方式——如果不是因为它建立了一个新的商业模式，这些工作根本无法完成。虽然一切还没有最后定论，但拉丹·塔塔已经解决了汽车的一个安全性问题。在创建商业模式的过程中，制度、条例和指标往往是最后出现的。它们在新产品或服务被实地检测前可能无法完整构想出来，而且也不应该被提前设计好。在最初几年，企业的商业模式应该是灵活变化的。

（四）何时需要新商业模式

经营时间长的企业一般不应轻易进行商业模式创新。它们无需对现有商业模式进行根本性改变，就往往可以创造出颠覆性业务或新市场。不过，显然会出现这样的情况：创造新增长既要冒险开拓新市场，又要大胆创建新的商业模式。何时会出现这类情况？简单的答案就是"当现有商业模式的4个要素都需要进行重大改变时"。但是实际情况未必总会如此简单，这显然需要管理者发挥自己的判断力。通常需要改变商业模式的情况包括：①由于现有解决方案价格太高或过于复杂，大量潜在客户被挡在市场外，需求有待满足的时候。在新兴市场中（或在发达市场中的最底层）普及产品就属于这一情形，如塔塔的 Nano 车。②通过应用新的商业模式让新技术被充分利用（如苹果公司和 MP3 播放器），或者利用成熟技术进入一个全新市场（把军事技术用于商业领域，或把商业技术用于军事领域）的时候。③当某个行业领域尚无"以完成客户的工作为核心"的理念时。这种情形在制造企业很常见，在这些领域中，企业关注的核心是产品或者客户群，于是它们对现有产品不断加以改进，使产品越来越大众化。而以客户的工作为核心的做法能够让企业重新定义赢利能力。④需要抵御低端的颠覆性竞争者的时候。如果 Nano 车款成功推出，就会威胁其他的汽车生产商。这种情况就像半个世纪前的小钢铁厂一样，它们的炼钢成本极低，对大型的综合性钢铁厂带来了严重威胁。⑤需要对竞争基础的改变作出响应的时候。在市场中，随着时间的推移，合适的解决方案的定义也在不断变化，导致核心细分市场的大众化。

当然，除非企业对成功利用这类时机重塑商业模式有很大把握，否则不应强求。新建商业模式不仅对企业是全新的，而且从某种程度上来说，对整个行业或市场也是新的或划时代的——如果不是这样，新商业模式就毫无意义，只会浪费时间和资金。

四、商业模式与战略的联系

商业模式是从共生体"俯视"的视角出发，首先分析的是共生体内不同利益相关方之间的合作方式是否仍有改进机会、是否仍有价值空间还未挖掘，这是一种从外到内的分析视角，产出的是若干种可能的商业模式，最终逐渐回归到焦点企业选择最适合自己的商业模式上来。战略的视角是由内而外的，它以焦点企业为核心，关注解决焦点企业如何更好地满足客户，获得超越竞争对手的绩效表现以及自身运营效益的持续提升，人们习惯于围绕焦点企业展开分析并给予焦点企业改善的建议。

时代要求卓越的企业不仅要有一流的战略管理能力，还要有商业模式的视野和洞察。焦点企业既需要在不断发展演进的共生体中找到最适合自己的商业模式，也需要通过战略获得持续的竞争优势。一个企业的价值同时受战略和商业模式的影响。战略聚焦于企业对于客户的价值主张、与竞争对手的差异化以及企业自身的运营效益，而商业模式则强调焦点企业的利益相关方有哪些以及如何有效地开展合作，商业模式关注的是焦点企业在所处的共生体中是否有效。

对于相似的战略（例如，提供相似价值主张的产品或服务），可以选择效率更高的商业模式。相似的商业模式也可以应用到不同的战略领域（市场或客户）中去：例如"剃须刀—刀片"是一种典型的商业模式，剃须刀和刀片必须组合使用，这种商业模式通过"剃须刀"切入市场，形成用户基础（install base），锁定用户消耗"刀片"的市场，并通过源源不断地销售"刀片"获得利润。这种商业模式不仅为吉列公司所独有；如果我们分析索尼的PS2游戏机和游戏软件，其业务系统、赢利模式和现金流结构也与"剃须刀—刀片"的模式相似。只有当我们清晰地认识到商业模式与战略之间的区别时，我们才能够理解两者的不同作用，并运用不同的视角与方法论工具加以分析；只有当我们掌握了商业模式与战略之间的联系时，我们才能通过促进两者之间互动与融合，帮助企业走向一个新的高度。

五、VRIN：作为竞争优势基础的战略能力

在经济全球化的市场中，拥有竞争优势的商业模式最后才会生存下来，其余则被淘汰出局。那么，关于什么是构成组织能力的基础，进而带来可持续竞争优势和卓越绩效的问题，战略制定者是怎么考虑的呢？如之前的讨论那样，如果企业和竞争对手没有什么差别，那么企业不可能比竞争对手获得更多的利润。入门能力可以获得与竞争对手的同等地位，但是，不会带来超越竞争对手的优势。资源观的主要倡导者杰伊·巴尼（Jay Barney）从提供获得竞争基础的角度，提供了能力评估的四项标准：价值性（Value）、稀缺性（Rare Capabilities）、难以模仿性（Inimitable Capabilities）和不可替代性（Non-substitutable），四项标准简称VRIN。

(一) 价值性

能够提供企业潜在的竞争优势，使其在某一市场能以一定的成本实现可接受的收入（私营部门），这样的战略能力具有价值性（Value）。它有四种组成要素：①利用机会优势并消除威胁。最基本的问题是，能力是否有潜力捕捉到企业环境中增加的机会和威胁。②价值。显然，要使能力对于客户和企业的健康运营都有价值。实践中，人们可能忽视这点或对其理解不够。例如，管理者可能想方设法建立看起来有价值却不能满足客户关键成功因素的能力，或者他们可能认为独特能力有价值仅仅是因为它很独特。须知，拥有与其他企业不同的能力不是竞争优势的基础。③提供潜在竞争优势。尽管如此，战略能力需要有能力提供竞争对手目前没有或者没有重视的产品或服务。④成本。投入到产品或服务的成本，能够让企业获得预期的利润（如投资者预期的利润）。可能的风险在于，为提供对消费者有价值的产品或服务，开发这些能力不赢利。因此，制定战略时需要认真思考企业的哪些活动对于提供这样的价值特别重要，哪些活动的价值不高。

(二) 稀缺性

如果竞争对手有相似的能力，他们就能很快对同行的活动作出反应。汽车生产商给汽车添加更多零配件和小工具时，这种情况在其竞争中时有发生：一旦竞争对手知道这些小配件对于消费者有价值，就会广泛地采取相同的策略。另外，稀缺能力（Rare Capabilities）是只有某一企业或少数几家企业所拥有的独特能力。这时，竞争优势可以长久维持，例如，某家企业可能拥有给企业带来优势的产品或服务的专利权；服务企业可能拥有智力资本这种形式的稀有资源——或许是有能力的人；一些图书馆拥有其他地方没有的藏书；某家企业拥有知名的品牌，零售商拥有黄金地段。能力方面，企业或许拥有长期发展出来的独特技能，或许与消费者或供应商之间建立了特别的关系，而这不为其他竞争对手所具备。但是，关于稀缺性能在很大程度上带来竞争优势，有两点必须谨记。①满足消费者需求。稀缺性本身不拥有什么价值，除非资源或能力的产出是能满足消费者需求的产品或服务，才会有价值。②可持续性。稀缺性可能是暂时的，例如，才华横溢可能是人的一个优势，但是也存在风险。在2009年和2011年，金融媒体以"没有史蒂夫·乔布斯，苹果还能存活吗？"为标题进行了报道：鉴于首席执行官史蒂夫·乔布斯的健康状况，人们提高了对于苹果公司的关注。同样，认为稀缺的资源和能力可能会一直持续的思想也非常危险。如果企业是基于一些独特的资源或条件获得成功，那么，竞争对手很可能会努力模仿或者获取这种独特性，因此，有必要考虑其他可持续的基础。

(三) 难以模仿性

到现在为止，我们知道寻找战略能力以获取可持续竞争优势并不容易。拥有对消费者有价值并且相对稀少的能力很重要，但这可能还不够。竞争优势还包括识别不可仿效能力（inimitable capabilities）——竞争对手很难模仿或者难以获得的能力。

冒着过度归纳的危险，将竞争优势用企业有形资源的差异来解释，显得不太合理，因此这些资源经过一段时间也可被其他企业获得或者模仿。竞争优势更可能由企业利用及管理资源的活动方式所决定。换言之，就是能力，例如，IT系统本身不可能提高企业的竞争力，尤其是竞争对手可能在公开市场能够买到类似的东西，但对能带给消费者价值的系统进行管理、开发和利用的能力，更难被模仿。如果一个公司满足卓越绩效与集成能力两个条件，将很难被模仿，进而有能力使其产品或服务的绩效水平极大地超过竞争对手。使竞争者难以模仿的特定原因主要有以下四方面。

1. 复杂性

企业能力可能由于其复杂性而难以被模仿，这主要有两个原因：①内部连接。活动和流程连接在一起给消费者传递价值。②外部连接。企业能够通过与客户一起开发活动，让客户对其生产依赖，从而使得其他企业难以模仿或者获得其竞争优势的基础。例如，一家工业润滑剂企业不是仅向客户出售产品，而是与客户协商一起管理使用润滑剂的设备，以帮助其削减成本。润滑剂使用得越有效，双方获益就越大。类似地，软件企业可以通过开发独特的计算机程序以满足特殊客户需求，从而获得竞争优势。

2. 因果模糊性

能力之所以难以复制还有一个原因，就是竞争对手难以识别企业优势背后的原因和结果，这被称为因果模糊性。这可能有两个原因：第一，能力本身就难以识别或者领悟，或许是因为它是基于隐性知识，基于人们的经验。例如，成功服装零售商的知识可能体现在批发的服装有多少卖给了消费者，但是，竞争对手却很难知道这些知识到底是什么。第二，竞争对手难以识别哪些活动和程序依赖于其他因素，并形成联合体从而创造核心能力。服装零售商的专业知识不可能只局限于一家企业或者一种功能，它们可能与服装供应商建立了人际关系网，而这能够使其理解市场并与设计者相联系。

3. 文化和历史

能力可能嵌入企业的文化之中，因此，协调各种活动变得"理所当然",

每个人知道自己在组织整个系统中扮演什么角色，或者只需要理所当然地用特别的方式活动。我们看到高绩效团队或体育队伍通过合作将特殊技能结合起来，或者一些企业整合不同业务的活动从而为消费者提供优质服务，这就是嵌入组织文化历史中的能力。

4. 变化

这与动态能力的概念相关。如果企业建立竞争优势所基于的资源或能力随着市场或者消费者需求的变化而变化，那么竞争对手就难以模仿。甚至可以这样说，企业要成为市场的领头羊，想要创新并创造新市场，就必须基于动态能力，这样才会不断有新的基础，从而始终走在竞争对手前面。

（四）不可替代性

企业能给客户带来价值，并且拥有稀缺的、难以被模仿的能力，这意味着其他企业很难复制，但是，企业仍然可能面临来自替代品的威胁。替代品有两种不同的形式：产品或服务的替代。在波特的竞争五力模型里提到产品或服务可能或受到替代品威胁。例如，越来越普及的电子邮箱系统已经取代了邮政系统，无论邮政系统能力多么复杂，嵌入其中的文化多么深厚，仍然避免不了被替代的下场。替代不只存在于产品或服务层面，还存在于能力层面。例如，任务型的行业经常受到打击，这是因为人们对于技术娴熟的手工工人的过度信任，已经转移至专家系统和机械化。

总之，按照企业资源观，制定战略时需要考虑到企业是否有战略能力以获得并维持竞争优势——要做到这点，必须考虑到企业如何并在多大程度上拥有这样的能力：①对客户有价值；②稀缺；③难以模仿性；④不可替代。如表1所示，这里还有一个额外的效应。满足所有四条标准的战略能力能带来竞争优势的可持续基础。如果获得竞争优势的能力不存在了，那么，制定战略时就需要考虑他们是否能够发展这样的能力。

表1 企业战略能力要素标准

四项标准简称	四项标准详细内容
V	价值性：是否存在对客户有价值并且能带来竞争优势的能力
R	稀缺性：是否存在其他竞争对手不具备或者很少具备的能力
I	难以模仿性：这些能力竞争对手是否难以模仿
N	不可替代性：能力的可替代性风险是否较低

第十九章

竞争法律规制与创新困境

第一节 创新困境与战略推动

当今知识经济时代,创新很重要。怎样使用户增长,怎样开发出新产品,怎样给用户提供更多价值,这些都需要创新来解决。根据普华永道的报告,美国公司每年投入的研发费用高达1 450亿美元。尽管如此,知识创新和技术创新仍然少见,创新仍然是一项稀有的品质。埃隆·马斯克(Elon Musk)的名言就是:"It's time to take risks, do something bold"。当然了,在大胆的同时,他们也会采取理性的行动,以规避可能的失败后果。当负面结果出现时,他们会迅速采取行动,尽可能减少损失。在竞争的市场环境下制定长远发展战略,适应未来的发展趋势。考虑创新与制定战略时,经营者(企业)必须从以下四个方面作出选择:针对市场实际需求,技术创新应走多远;与流程创新相比,应该投入多少产品在创新上;开放创新对外贡献度以多大为宜;对外开放创新活动是将精力集中在技术新上,还是将创新扩展到整个商业模式?

一、技术推动与相关市场拉动

通常,人们认为创新是由技术推动的。在完全的技术推动观点中,推动创新进程的是科学技术专家创造的新知识。研发实验室创造出新的产品、工艺以及服务,然后将这些新事物交给有组织的其他机构来生产、营销和推广。基于这种技术推动理念,管理者应该主要关注其技术人员或科研人员的想法,支持他们的灵感,给他们提供丰富的研究资源。当然,充足的研发经费对于创新自不待言。

创新的另一个途径是相关市场的拉动。市场拉动的观点认为,创新不只是创造,实际使用也非常重要。麻省理工学院的艾瑞克·冯·希贝尔(Eric von Hippel) 教授发现,在很多领域重要的创新普遍来自用户而非生产方。这一发现促进了人们对市场拉动作用的认识,因此,设计创新战略时,组织应当将聆听用户的意见放在第一位,而不仅仅是聆听组织的技术或内部研发人员的意见。希贝尔教授强调,重视用户看法不是指关注普通用户的看法,而是指重视领先用户的意见,因为是这些领先用户主导了创新。例如,在外科手术中,顶尖的外科手术医生经常使用新型的医疗器械来完成新型的外科手术;在单板滑雪或者帆板运动这样的极限运动中,顶尖的运动员会采用新型的技术来获取更优秀的成绩。在市场拉动的理念中,主要是市场用户的意见推动了创新。因此,组织的管理者必须与顶级外科医生或者顶尖运动员这样的领先用户,建立起密切的交流和沟通关系。通过市场销售活动发现某个领域的领先用户,建立起密切的交流和沟通关系。通过市场销售活动发现某个领域的领先用户,然后通过技术研发人员去了解他们的需求,并将他们的意见转化为实际的商业产品、工艺和服务,最后推广到普通人群。

技术推动和市场拉动两种观点各有其优点。然而,过度依赖现存的用户会使企业趋于过分保守,很容易受到颠覆性创新的冲击,尤其是当这种创新代表了市场中未被挖掘的用户需求的时候。同时,历史上也充满了企业不顾市场的实际需求,一味追求尖端的技术而失败的例子。因此,应当将技术推动和市场拉动都看作相对极端的思想,这样才能在做一项基本决策时,考虑此刻应该更加重视科技创新还是市场的实际需求。事实上,大多数经验者都会在这两种观念中找到一个办法,即随着时间的变化,不断调整在这两方面的投入比。例如,滑板运动品公司"唯一技术"(Sole Technologies)的起步和发展,得益于对极限滑板运动员的重视。但是,拥有这一领域领先的技术研发,才是公司获得长久发展的动力。关键问题是:经营者应当了解创新的两难困境,通过反复审视,在这两极之间求得平衡,而不是因循守旧或固执己见。以下两个建议可供参考:一是重大创新往往是技术推动促成的,而不是来自现有消费者的洞见;二是高风险创新更多是源自技术推动,而不是市场拉动。

商业模型的概念强调了如何组织商业活动的基础特征。按照商业模式看,成熟的产业总是包含了很多标准化过程。例如,多数会计事务所的经营方式都非常相似,他们的大部分收益源于审计工作,并且主要依赖于高比例的员工而不是合伙人。商业战略具有一种标准化商业模式的产业特征,这种商业战略大部分是关于差异化策略。所以,不同的会计师事务所在同样的商业模式下为了区分彼此,会强调自己特定的部门专业性或者国际化网络。

然而，商业模式的基本性质意味着，商业模式创新容易引发根本性的转变。商业模式创新不仅涉及技术，还涵盖了公司众多的商业活动。因此，商业模式可以帮助经营者或企业家将科技作为创新整体的一部分来考虑。创新可能源自整个价值链的任何一部分，而不仅仅是技术开发，根本性的技术创新甚至也需要商业模式的创新。例如，丰田为了推广自己革命性的电动汽车在法国的应用，与最大的能源供应商法国电力公司（EDF）合作开发遍布全法国的充电站，并设相应的停车场。

二、产品创新与流程创新

企业进行战略管理时不仅要在技术推动和市场拉动中寻求平衡，还要知道是将重点放在产品创新上，还是放在流程创新上。产品创新关乎最终产品（以及服务）是否能被顺利售出，其中产品特色是关键。流程创新涉及产品的制造和分销，它决定了产品的成本和可靠度。一些企业在产品创新上颇有建树，另一些企业则擅长流程创新。例如，在计算机产业中，苹果公司集中了大部分力量开发极具吸引力的新型科技产品（如 iPad 平板电脑）；戴尔公司则注重自身在流程上的高效率，如网络直销、模块化生产以及按客户需求配置生产。

随着工艺化的发展和时间的推移，产品创新和流程创新的相对重要程度也在发生变化。通常，企业发展的第一步是带来产品新特性的产品创新行为。早期的汽车产业发展史中，充满了关于汽车用汽油、蒸汽还是电力的竞争，也不乏发动机放在车的前身或后尾的探索与实践，乃至汽车是用三个轮子还是四个轮子的尝试。产业最终得出一个主流设计，即拥有基本特征的标准配置，1908 年亨利福特（Henry Ford）的福特 T 型车之后，汽车逐渐变成汽油驱动，发动机放在车子前身，包含四个轮胎，主流设计一旦产生，竞争的重点就从产品创新过渡到流程创新，即从争夺主流设计模型过渡到如何更有效率地生产主流设计产品。亨利福特在 1913 年创造了移动流水生产线，这是一项伟大的创新。现在，随着一些重要的创新开始挑战主流设计，这个循环将会再次启动：以最近的汽车为例，就是电动汽车的出现。新发展产业一般都偏好产品创新，因为竞争的焦点还处于确立产品或者服务的基础特征之上。成熟产业一般偏好工艺流程创新，因为竞争的焦点已经转移到如何尽量高效地生产主流设计的产品和服务上。

小型新竞争者在主流设计还未成形或濒临淘汰时拥有最大机会。在汽车产业的形成初期，福特 T 型车还未出现，那时候的市场上有一百多家小规模的汽车公司,每家都设计了不同的汽车,最近的新能源给汽油驱动的汽车设计带来了挑战,却给加利福尼亚的特斯拉(Tesla Motors)这样的汽车公司带来了发展机会。特斯拉汽车公司在2010年年初就生产了1 000多辆电动汽车。

大型现有企业在主流设计趋于稳定的时候占有优势,尤其是当规模经济和流程创新成为重点时。当20世纪30年代福特的T型车及汽车的流水组装线发展成熟时,美国只剩下4家汽车制造商:福特汽车公司、通用汽车公司、克莱斯勒汽车公司以及美国汽车公司,而且上诉4家公司生产的车型都非常相似。

这种从产品创新到流程创新的发展并不总是整齐划一的。实际情况中,经常有产品创新和流程创新齐头并进的现象出现。例如,每代新的计算机微型处理器面世的同时,也需要工艺流程的创新,因为新的处理器需要更高的制造工艺和精确度。尽管如此,本节介绍的模型可以帮助决策者了解应当在何处侧重考虑产品创新,在何处侧重考虑改进流程。同时,该模型也为新的小型竞争者和现存的大型公司指出了可能的竞争优势。在其他条件相同的情况下,小型的新兴企业应当在主流设计尚未成型时进入市场,并且将在重点放在产品创新上。

三、技术创新与商业模式创新

很多成功的创新并不简单依赖于新的科学技术,而是应用了对各方面商业元素进行的改组和融合。这里,创新创造的是全新的商业模式。无论是否有新的技术产生,这样的商业模式使得消费者、创造方和供应一起,用新的方式来进行商业活动。商业模式(Business Model)是指一个组织通过结构化的活动安排来管理其收益和成本。在瑞安航空公司(Ryanair)的商业模式创新中,采用直接网络销售,取消旅行代理点中间销售环节,以及使用便宜的支线机场,由此使得整个收益模式发生改变。其中,网络销售的方式和采用便宜的机场比技术创新更为重要。事实上,网络销售的模式并非瑞安航空公司首创,较之同行竞争者,瑞安航空拥有的飞机也没有什么不同。但是,这样的商业模式创新可以比技术创新更有效地给公司带来收益。创新的两个潜在领域是:①产品。新的商业模式可以改善现有的产品或者服务。依照价值链分析法,新的模式关系可在技术开发、采购、内部后勤和运营等诸多方面展开。例如,美国纽柯钢铁公司(Nucor)首先在钢铁工业中开发出电炉电弧炼钢技术。这项技术采用电弧炉熔化废钢来炼钢,而不是采用纯铁来炼钢。他们雇用了没有工会组织的劳动力,并且将大部分的商品研发外包给设备供应商奥地利钢铁联合公司（Voest Alpine）。②销售。新的商业模式可能会由于改变销售和分销形式而改变组织的收益模式。依照价值链分析法，新的模式在境外物流、市场、销售和服务上也有改变。美国纽柯钢铁公司在互联网上以标准价格出售其便宜且低质量的钢铁。与此相对，传统的钢铁生产商会在与单个消费者经过细致谈判后，才决定对方所需产品的价格和规格。

第二节　创新困境与竞争规则

在创新过程中，经营会遭遇基本的战略决策困境。因为创新比单纯的发明更为复杂，发明仅涉及将新知识转化为新产品、新工艺或新服务。创新（Innovation）不仅将新知识转化为新产品、新工艺或新服务，还要将它们投入实际应用。战略决策困境便由这扩展的过程而产生。

一、竞争市场的创新困境

PayPal 创始人，Facebook 第一位外部投资者，也是 SpaceX、Linkedin 和 Yelp 投资人的彼得·蒂尔（Peter Thiel）在 2015 创投极客论坛上提出了三种创新模式：①快速迭代式创新、精益创业，就像一个产品的曲线图，可以看到产品随着时间的推移逐渐改进，这个模式是市场最熟悉的与常用的。②研发出令人印象深刻的产品，如比特币，彻底颠覆原来的模式；如生物技术，新的制药公司或者新的药品或者新的治疗疾病的方法都可以是实现点的突破。③复杂协调性（Complex Coordination），是指将已经存在的很多想法用一种全新而复杂的方式汇总起来，产生新的东西。乔布斯和 Elon Musk 的例子，就证明了第三种创新的巨大潜力、优势和价值性。苹果 iPhone 创新之处是什么？就是将原已存在的东西整合起来。这不仅仅包括产品，也包括供应链，与我国台湾地区富士康的合作等，这在很长一段时间给苹果带来了巨大的优势。Elon Musk 创办特斯拉和 SpaceX 也是一样。特斯拉创新之处在哪里？就是将所有已经存在的东西进行整合，形成全新的产品。

二、创新战略的思维模式

彼得·蒂尔列举了 Google 的战略模式，Google 能够特别成功正是因为建立了某种形式的垄断，也就是采用了垄断的战略模式。从 2002 年开始，

Google 就成为全球领先的搜索引擎，过去的 13 年间它没有面临任何竞争。Google 是一部赚钱机器，每一年都赚了数十亿美元甚至上百亿美元的利润，比微软赚取的年利润还要高。因为"垄断"总是以非常糟糕的形象出现在人们面前，它总是人为地创造短缺。美国也有反垄断法来限制垄断，美国政府曾对微软进行过反垄断调查。所以 Google 的 CEO 不会多谈垄断这件事，也不会在全世界到处宣传：我们达到了一个非常不错的垄断地位，我们比微软在 20 世纪 90 年代还要强大。垄断战略藏于人们的视线之外。结果，人们总结了 Google 的很多成功经验，但却离使 Google 的业务有价值的事实基础相去甚远。从 Google 的战略可以看出垄断企业一般都具有以下四个特点：①技术优势，而且它们的技术肯定比会相关市场中的第二名好 10 倍。如以前手写支票 7~10 天才能提现，使用 PayPal 可以立刻拿到现金。再如在照相机的技术创新中，当德国还在器械上追求"更精密"的时候，日本将电子芯片植入相机，让拍照从"专业"变"傻瓜"，从而夺走了德国在相机市场的"领军"地位。②网络效应。要产生网络效应初始用户不用多，最初如果有数百人加入，觉得非常好用就行。③规模经济。这也是一种类型的垄断。随着你的规模越来越大，你的产品就可以更便宜。④品牌。可口可乐和百事可乐各自的品牌都非常强大，却很少有人同时喜欢这两种饮料，因此它们之间的竞争反而是非常少的。要想在未来经济竞争中赢得胜利，必须要提升自身的产品附加值。其中，塑造品牌是关键之一。特别是创业公司应该从一开始就要意识到品牌建设这个问题。而对于传统的制造业企业，打造品牌带来的高附加值也会成为增强"新供给"的一种力量。

大企业寻找大市场，这是匹配的，但创业公司要从垂直市场开始。因为创业初始关注的并不是未来市场的规模能有多大，而是在当前的垂直领域里能够占据了多少市场份额。Facebook 最初的市场不过是哈佛大学的 1.2 万名学生，这个市场如此之小以至于很多投资人说这个市场太小了我们不感兴趣。但 Facebook 的服务在 10 天内占据了市场份额的 50%，这是一个很有希望的起点。随后它又扩展到了其他的大学，最终实现了正向循环。

三、我国企业的技术突破垄断困境案例[*]

中国粘结剂市场一直被国外厂家所垄断，锂电池厂家普遍采用溶剂型的 PVDF 粘结剂。该类粘结剂需要加入 NMP 溶剂配合使用，而 NMP 溶剂含有一

---

[*] 案例来源：发展锂电池离不开这些基础材料 [EB/OL]. (2016-06-28) [2016-12-30] 高工锂电网.

些对人体健康有害的物质，使用时需要投入成本进行回收。为改变这种现状，国内一些企业在持之不懈地努力，研发出环保型水性粘结剂。北京蓝海黑石科技有限公司（以下简称"蓝海黑石"）成立于2007年，是一家在锂电池应用新材料领域领先的高科技企业。在前述背景之下，蓝海黑石自主研发的一款水性粘结剂打破了国内溶剂型粘结剂长期被垄断的市场格局，技术上极具创新性。

蓝海黑石自主研发的 BA-306C 锂离子电池水性粘合剂在低温及倍率性能方面都优于油性粘合剂。该产品通过对分子结构的设计，使粘合剂分子保持较高的柔韧性，从而改善了水性粘合剂在应用过程由于烘烤温度偏高导致的极片卷边以及开裂等现象，提高了打浆及涂布效率。同时通过特殊功能单元的引入，使粘合剂分子对 NCM 等三元材料的分散性大大提高，解决了三元材料在水性粘合剂中常出现的起皮现象。

该产品不仅解决了业内困扰已久的水性粘合剂在三元材料中应用效果差、难以应用的难题，同时通过对粘合剂分子结构的设计，提高了极片的柔韧性，改善了水性粘合剂制备的极片存在的脆性较高、生产效率低下的问题。该产品彻底以水替代了有机溶剂 NMP，解决了 NMP 对环境和人体的危害。同时蓝海黑石的水性粘合剂在帮助生产企业降低生产成本、提高生产效率、解决工艺难题及提高电池倍率性能和低温性能上也发挥着重要的作用。截至2016年6月，蓝海黑石技术团队申请的专利已有12项，部分已获得国家颁发的专利证书。2016年5月6日，蓝海黑石锂电水性粘合剂生产基地已在福建漳州奠基开工，可年产水性粘合剂30 000吨，同期建成产品研发中心与应用技术中心，新基地于2017年6月正式投产运营。自此，蓝海黑石成为锂电池水性粘合剂领域内最具竞争力的公司，其产品将逐步取代传统粘结剂的市场地位，充分分享动力时代所带来的红利。

四、反面教材——清洁能源

在过去10年间，清洁能源这个行业涌入了巨额资金，但现在大部分公司都关门了。出了什么问题？他们失败的原因很多，其中一点就是他们不清楚自己应该找多大规模的市场。2005~2008年间，每一个清洁能源公司的创业者都会说相关的市场有上万亿美元，如果我们的市场份额达到了多少我们就有很多利润。事实上，这个市场的竞争特别剧烈，市场上还有其他的可再生能源技术，如太阳能。创业者不仅要和美国的企业竞争，还要和中国其他公司竞争。竞争无处不在，每个企业在巨大的海洋里都是小鱼，永远不知道将会遇到什么。

另外，要获得垄断得有非常棒的销售策略。要做到技术和销售的平衡是很不容易的。而研发的工程师和科学家总觉得技术就足够好了，却不需要告诉别人它为什么这么好。在市场中我们看到有不少消费品的病毒式营销非常有效。跃然技术或许可以复制、模仿，但有效的营销可以在（潜在）竞争对手有机会跟上以前就已经占领了全世界。

第三节 竞争法律制度与创新的博弈

竞争法律是企业创新和创新竞争的社会通则，并且已成为发达国家政府对创新管理的首要形式和主要工具。互联网企业的营利模式目前最普遍的就是通过提供免费产品及服务而获得利润，这种免费营利模式因美国专家杰里米·里夫金所写的《零边际成本社会》一书翻译成中文变得非常流行。例如，百度通过提供免费搜索等内容服务吸引大量广告而获取巨额效益，其广告收入2016年已超过中央电视台。腾讯通过提供免费微信主要经营游戏，赚青少年的钱。前些时候炒得很热的"滴滴""快的"大战，就是互联网公司免费为出租车提供APP软件让乘客能够便捷地找到空闲出租车，同时还可以通过出租车，把快递、外卖、采购等这些原本不搭界的事情连在了一起，并产生了增值效应。有些互联网企业还创造了崭新的营利模式，最著名的是克里斯·安德森的长尾理论（被忽略的小客户）。他在分析亚马逊书店的图书销售时发现，关注冷门商品"尾部"产生的总体效益有可能会超过热销商品的"头部"。互联网时代将是一个关注"长尾"，发挥"长尾"效益的时代。一个没有安全感的网络空间是十分可怕的，必将会给人类带来混乱、争斗甚至毁灭性的后果。未来在网络空间上、在维护网络安全上的争夺会更加激烈。

一、区分网络创新与不正当竞争的法律边界

各国竞争法对不正当竞争认定的核心要件包括：一是违反了诚实的商业习惯；二是不正当竞争者存在主观恶意，不正当竞争行为的本质，就在于以恶意竞争手段，给其他竞争者造成损害；三是损害了诚实竞争者的利益。所以我们一定要注意区分网络创新与不正当竞争的法律边界。

互联网是一个高速发展的领域，各种新技术、新商业模式层出不穷，但

是，不是仅有某些技术上的进步即应认为属于自由竞争和创新。竞争自由和创新自由必须以不侵犯他人合法权益为边界，互联网的健康发展需要有序的市场环境和明确的市场竞争规则作为保障。

二、是合理创新，还是受规制的创新

在"互联网+"时代到来之前，硬件终端的更新迭代创新的驱动是由上游原材料技术和功能的创新来驱动的。而现在"互联网+"时代到来，在这个时代下，硬件本身的驱动模式已经不再是原来的原材料，因为原材料和技术的创新是有极限的，不可能时时刻刻都有新的原材料、新的技术方法出来。采用互联网企业平台的时候就需要考虑到适合平台型的产品，终端硬件和互联网平台结合以后就变成了平台服务的衍生产品。硬件终端的定位则是平台产品，而不再是硬件本身了，这也是完善服务型互联网生态的必要环节。

乐视第一个提出来了互联网电视，这本身就是一种传统互联网企业转型做终端硬件的表现，而当乐视进入智能手机行业时，已经可以低于成本定价，以智能手机本身的性能，从硬件到原材料的成本都是很高的，为什么可以低于成本定价呢？主要原因是双边市场❶的交叉网络外部性❷，在双边市场网络环境下，跟平台企业交易的双方A和B都是互相影响的，他们之间是有交叉网络外部性的，交叉网络外部性是指参与双方在数量上是有正相关性的。拿猎聘网来说，应聘的多，招聘的企业就会多。消费者价格敏感度是非常高的，如果对消费者这块提高收费，就会流失很多的消费者。

在这个前提下所有平台企业会倾向性地考虑消费者的需求，倾斜性地以低价甚至免费的形式去向消费者做产品或者服务的推广，同时从商家这面获取赢利。我们将这种定价策略称为倾斜式定价策略。用户数量越多，吸引过来的商家也就越多，它们是正相关性的关系，这样对于平台企业来讲，就会有整体的赢利。终端硬件也是这样，终端硬件智能化程度非常高，上面集成、搭载了各种内容服务、生活服务的功能，例如，滴滴打车上集成了大家在日常生活中难以离开的功能。如果这个东西又便宜又好用，大家何乐而不为呢？用户数量提高了以后，服务型企业和内容服务企业才会聚集起来。传统的电

---

❶ 双边市场并非新生事物，随着知识经济的发展，双边市场在社会经济中的作用越来越显著。双边市场也被称为双边网络（Two-sided Networks），是有两个互相提供网络收益的独立用户群体的经济网络。一个双边市场通常包含两个主要方面：一是市场中有两个不同类型的用户，它们通过一个中介机构或平台来发生作用或进行交易；二是一边用户的决策会影响另一边用户的结果。

❷ 所谓交叉网络外部性是指一方的用户数量将影响另一方用户的数量和交易量。交叉网络外部性是双边市场形成的一个前提条件，也是判断该市场是否为双边市场的一个重要指标。

话行业（黄页）最开始面对消费者时也是免费的，这意味从传统的领域到现在的互联网领域，对于倾斜式定价的利用具有普遍性。

以上是互联网双边模式下低于成本定价的经济学模型及原理，它是具有一定普遍性的，但在竞争法传统的逻辑下就会产生一定的冲突。《反垄断法》《反不正当竞争法》和《价格法》都对低于成本定价有一定约束。在法学理论中把低于成本的定价行为称为掠夺定价，需要进行规制的低于定价的行为是掠夺定价的行为。市场主体是有价格自主权的，要想对其价格自主权进行限制，必须在法理上有相应的支撑依据。

掠夺定价的基础、限制价格自主权的经济学基础，是经济学上的"长绳钱袋"（long purse strings）模型，即具有市场支配地位的主体，利用自己的经济优势，以低价去影响市场，排挤竞争对手，达到垄断地位以后再抬高价钱，获取垄断利润，再弥补它曾经的损失。

从单边市场传统角度看，硬件本身确实是低于成本定价的；从互联网平台双边定价角度看，双边定价行为是不可分的，如果仅仅对一边市场定价和成本进行核算，没法解释双边市场的定价结构。这就需要价格和总成本的比较来实现。如果说通过终端产品的低于成本定价想获得未来垄断性利润也是不能实现的，前面所提及的交叉网络外部性不允许互联网平台获取超额利润，如果对消费者稍微提高价，用户就走了，现在这个市场不缺乏替代产品，若没有相对应的办法来吸引用户，用户则会很快流失。所以现实情况中也不允许互联网平台获得超额利润。同时，由于在互联网平台市场大环境下，基本上是没有市场准入限制的条件，经营者都可以进入，如果想要达到市场垄断地位，则当每次有新竞争对手进入时，经营者就只能以降低价格来排挤竞争对手，而这样做将导致经营者永远无法赢利。

低于成本定价硬件终端被认为是非常高效的模型，这也是一种把用户吸引过来的方案，只有更多的用户才能通过双边效应的规模，产生不断的低价，甚至未来免费的终端硬件，进而给消费者提供更优质的服务和产品，从而对整体社会福利也会有所提升。

这是否会被认定为利用市场支配地位进行掠夺定价的一种表现，目前尚未定论。

第二十章

企业国际化竞争与创新战略

在世界经济一体化迅速发展的背景下，中国企业"走出去"，加入到经济全球化的潮流中，进行国际化成长，是中国企业增强国际竞争力，推动企业发展壮大的必然选择。企业的国际化经营从根本上说都是出于整体战略的考虑，即为了寻求更大范围的竞争优势。当代国际经济竞争主要表现为技术竞争与战略创新，这些都是推动企业国际化成长的重要途径。

在本书中，主要是基于知识产权战略的视角来进行企业国际化创新战略的选择。

第一节 企业国际化竞争方式及其选择

企业国际化是当今国际经济学的热点问题。企业出现国际化意图时，首先要考虑的是如何进入国际市场，国际市场进入方式是企业将其产品、技术工艺、管理以及其他资源进入国际市场的一种规范化部署。国际化进入方式主要的类型有：出口、许可经营、战略联盟与合资、跨国并购和建立新的子公司。这几种国际化进入方式代表了企业对进入某个市场不同的进入深度、资源获取程度、风险性、控制程度等，这里着重以经营者的知识产权角度来进行阐述。

一、进入国际市场的方式

具体来说，进入国际市场的主要方式有以下几种：

（一）出口贸易

出口贸易又称输出贸易，是指将本国生产或加工的商品输往国外市场销售。出口贸易通常被认为是投入少、风险低、速度快的国际化进入方式之一，是中小企业初涉国际经营领域试探国际市场行情时最普遍采用的经营战略。但是事实上，许多大企业也同样十分乐于利用国际贸易公司所提供的便利的出口通道，向某一目标国进行市场渗透，尤其是在进入那些高度不确定性市场的时候，因此出口贸易也被认为是企业国际化进程中最理想的初级进入方式。

1. 优点

①增强抵御市场风险的能力，降低了国内市场萎缩所造成的不利影响。即便在国外公司凭借其价格和质量上的优势吞食国内市场份额时，实施出口战略的国内企业依然可以从多元化的国际市场中获得额外收入和利润，或者当国内经济不景气时也可以保证企业的正常生产运作。

②通过将国内产品直销海外，企业可保持对研究、设计和生产决策的很高程度的控制；若生产设施分建在世界几个地区，或企业与国外公司有某种形式的经营瓜葛，这种宏观控制关系就不会这样牢固。维持对研究与生产决策的紧密控制，对企业至关重要。因为这有利于保护关键性技术，并促进产品快速更新换代。

③出口贸易使企业能够保持国内生产规模，继续利用国内生产资源。这是因为由于规模经济效益作用已使得国内生产的边际成本大幅度降低，如果在海外另外再开辟附属生产基地，就会使生产成本急剧上升，这在某些产业中，特别像飞机制造业等产业表现得尤为显著。以美国主要的飞机制造——波音和麦道为例，他们至今仍是以一家国内的产品研究开发基地为中心从事对外出口业务，尽管其主要客户是在国外。

2. 缺点

①企业必须对付外国市场的各种障碍，如关税及各种形式的非关税壁垒等。如"337条款"已成为在美企业阻止竞争对手的高端商品进入美国市场，造成市场垄断合理化的有效手段；也是美国企业阻止竞争对手的产品进入美国市场最省钱、最省时的法律途径。被"337调查"❶ 制裁的对象不仅针对某项产品，更有可能涉及整个行业。截至2014年，我国连续13年因为知识产权侵权成为遭受美国"337调查"最多、涉案金额最高的国家。我国重点产业海外发展在知识产权方面的应对较为被动，海外风险较高。❷

---

❶ 337调查，是指美国国际贸易委员会（United States International Trade Commission，USITC）根据美国《1930年关税法》（*Tariff Act of* 1930）第337节（简称"337条款"）及相关修正案进行的调查，禁止的是一切不公平竞争行为或向美国出口产品中的任何不公平贸易行为。

❷ 高敬. 中国连续13年成受美国"337调查"最多国家 [EB/OL]. (2015-12-22) [2016-12-30] 新华社—搜狐新闻网.

②汇率的不稳定波动使得企业在出口贸易上面临风险。2005年以来，人民币实际有效汇率一直处于升值状态，对我国出口价值增速产生了持续的负面影响，汇率变动的不稳定会带来对外贸易的不确定和风险。从2013年开始到2015年，人民币三年贬值16%，2015年我国进出口总值同比下降8%，其中出口下降2.8%，而进口下降14.1%，主要原因包括外需低迷、内需不足、大宗商品价格下跌、要素成本上升和传统比较优势的削弱。❶

③国外进口商保持成功的合作关系比较困难或代价高昂。如果进口商贪图自己利益，置企业的目标市场战略于不顾，或由于其过高的利润分享要求，往往会使企业的出口意图发生偏离，甚至导致整个市场战略搁浅。

④费用比较高。如运输费、保险费以及为应付各种贸易障碍所需支付的各种额外支出等。

⑤产品到达当地市场的时间过长，难以保持对当地代理商和当地市场需求的监督等。

（二）许可经营

许可经营是企业通过与目标国家的法人之间订立长期的、非投资性的无形资产转让合作合同而进入目标国家的方式，属于一种"非股权安排"（Non-equity Arrangement）❷。通常许可的内容包括专利、商标、专有技术和版权。

1. 优点

①给技术出口企业提供了一种低成本、低风险进入国际市场的形式，能实现最少量的资本投入即在国外市场开展经营活动。

②不受国外市场进口壁垒的限制。由于是无形资产的贸易，能绕过东道国所设置的进口壁垒。

③充分利用技术本身的价值和分担企业研发的成本费用，为后续研究提供经费。如果是本企业不再使用的技术，还可以有偿地转让出去。

2. 缺点

①对被许可方控制程度低。一旦转让协议书签字生效后，被许可方就控制了生产、销售以及产品的调度。尽管可以经过周密谈判可以将严格的质量控制等条文写进合同，以备万一出现问题时许可方能够得到补偿。然而被许可方履行协议的准确程度很难得到监督和提高，这种情况在那些知识产权法和整个法律体系都不大健全的国家尤为普遍。而且许可方的商标和商誉也有

---

❶ 李春顶. 2016年中国出口贸易形势的喜与忧［N/OL］.（2016-02-23）［2016-12-30］东方早报（上海）—网易财经网.

❷ 蓝海林. 企业战略管理［M］. 北京：科学出版社，2011.

可能因为被许可方的产品质量低劣而受到损害。

②容易培育竞争对手。技术转让协议的被许可方有可能成为输出企业未来的竞争对手，特别是在转让协议期满以后，潜在威胁就会转化为现实威胁，例如，日本的雅马哈公司在美国公司授予它的专利许可期满后，堂而皇之地闯进了美国的乐器市场。

（三）品牌战略联盟

品牌联盟（Co-branding），这一以双赢为宗旨的经营模式逐渐成为众多品牌提高自身竞争力的有效手段，被称为 21 世纪最有前途的商业经营模式。在国际化进程中国外企业与目标国企业结成品牌联盟，可以更容易地进行国际扩张，并能与联盟企业实现资源共享，形成一种独特的网络式品牌联合体，增强品牌在目标国市场上的影响力。例如，2015 年美国漫威与三星 S6、吉列、优衣库、奥迪 TT、Under Armour 展开合作，全方位跨界：三星发布了 GALAXY S6 和 S6 edge 的钢铁侠版本；吉列概念剃须刀，与电影中主角对应，剃须刀伴随电影上映而发售；优衣库推出复仇者联盟系列 UT，购买此系列 UT 可获得《复仇者联盟 2》的电影优惠券；奥迪推出复仇者联盟主题特别版 TT，限量发售 199 台并只在天猫旗舰店预售；运动品牌 Under Armour 将复仇者联盟形象印在畅销的运动压缩服装上。美国明尼苏达州大学卡尔森管理学院的一位教授指出："当品牌单独出现没有说服力时，联合品牌可以更好地标明商品的品质。"[1]

1. 优点

①提升竞争力。品牌战略联盟作为一种独特的资源配置渠道，为国际企业利用外部资源并实现内外资源的共享与优势相长提供了框架。通过与其他企业结成品牌国际战略联盟，将信息网扩大到整个联盟范围，大大加快研究与开发的进程。此外，通过建立联盟，可以获取与本企业信息和知识类型十分相宜的科研信息和知识，并带来不同企业文化的协同创造效应。

②分担风险并获得规模和范围经济。激烈变动的外部环境对企业的研究开发提出了新的要求：缩短开发时间、降低研究开发成本并分散研究开发风险。企业通过建立国际战略联盟，可以扩大信息传递渠道的密度与速度，避免单个企业在研究开发中的盲目性，并避免全社会范围的重复建设和资源浪费。与此同时，由于市场和技术的全球化，对企业提出了要在相当大的规模

---

[1] 司丽. 促销新主张应对新危机——部分著名企业创新促销方式采访记［EB/OL］.（2009-02-09）［2016-12-30］中国质量新闻网.

上进行全球生产的要求，以提高其规模和范围经济性，建立品牌国际联盟是实现大规模经营并产生经济效果的重要途径。

③扩张市场。国际企业为了进入东道国市场而结为品牌战略联盟的情况非常普遍。美国通用汽车公司与日本丰田汽车公司的联盟就是一例。双方各持50%的股权，于1983年在濒临废弃的美国加州旧汽车工厂的厂址上，合资成立了新联合汽车公司，新公司由丰田负责管理。对丰田公司而言，其最终目标就是进一步打开美国汽车市场并不断扩大市场份额。丰田公司通过这一举措，提前三年在美国有一个汽车生产基地，同时也顺利地冲破了美国对日本汽车出口的资源限制要求。丰田还因此获得了在美国从事汽车制造的全部信息，以及与美国工会、地方政府打交道的经验。在汽车、化工、食品、软饮料和家用电器等领域，市场扩张导向的战略联盟比比皆是，品牌战略联盟国际化是克服市场进入壁垒、扩张市场的有力武器。

④减缓市场竞争。从跨国公司有价值资源的不可流动性、不可模仿性和不可替代性角度考虑，当另一方拥有该跨国公司新技术商业化所需的增补和补缺资源时，品牌战略联盟可以提高跨国公司的市场地位并且减缓市场竞争。因此，为防止未来竞争地位的丧失，避免在诸如竞争、成本、特许及贸易等方面的纠纷，企业之间通过建立国际品牌联盟，可以共同占领市场，维护竞争秩序，防止过度竞争。如IBM、摩托罗拉和苹果公司的联合开发，IBM拿出它强有力的精简指令集计算结构专利技术，摩托罗拉提供了芯片外部结构的工艺技术，苹果公司则投入了其软件技术专长，共同开发PowerPC微处理器，以与英特尔公司的微处理器抗衡。这三个企业的联盟，可以整合与弥补其中任何一方在新技术商业化时所需要却缺乏的资源。联盟可以提高跨国公司的市场地位并且减缓市场竞争，更好地阻止潜在可能的竞争对手，这使跨国公司获得了稳定的市场份额。

⑤减少文化的冲突。与其他战略相比较，品牌战略联盟具有更活跃的创新机制和经济的创新成本，更能兼顾不同国家、地区、社会团体直至单个人的需求和偏好的差异性，更有利于开辟新市场或进入新领域，不断增强国际企业的市场竞争力。

2. 缺点

①品牌战略联盟，必须建立在双方"门当户对"的基础下。即品牌联盟的双方在品牌核心价值、品牌形象和市场地位等方面较为匹配时，才能实现资源的有效配置和资本的优化组合。

②联盟各方的利益平衡很难达到。如果联盟各方在收益分配问题上存在

分歧和冲突，就很难再进行联盟。

③容易造成知识外溢❶。在合作研发过程中的知识交流和学习，容易导致企业自身的知识向合作伙伴以及通过合作伙伴向第三方的流动，知识外溢虽然不会造成企业短期内的收入减少，但可能会使企业的知识产权资源贬值，壮大竞争对手的实力，损害企业的长期竞争优势。

（四）合资

合资是指双方或多方共同投资、合作开发技术或产品，各方投入一定技术、资金、管理人员，并共同分享利润、支出、风险及对该公司的控制权。

1. 优点

①能够获得本土合作伙伴的互补性资源。这些资源不仅包括合作伙伴的资本投入，还可能涉及技术、人才、市场知识甚至营销网络等难以从外部市场直接获得的隐性知识。❷

②降低在东道国的资产暴露风险。跨国公司通过采用和东道国伙伴利益共享的经营机制，出让海外子公司的部分控制权，可以减少向海外配置资产的规模，从而降低资产在海外市场的暴露风险。

③完善跨国企业全球化经营战略支持与服务体系。例如，同东道国合作伙伴合资之后，不仅可以利用合作者的采购渠道为跨国公司的其他子公司采购原材料、零部件等生产要素，还可以利用其营销渠道销售产品以及收集关于新技术和顾客偏好等方面的信息，为跨国公司在全球范围内调配资源创造条件。以摩托罗拉为例，它起初发现自己很难进入日本无线电话市场，于是在1987年与东芝公司建立了制造微处理器的合资公司。作为这项交易的一部分，东芝向摩托罗拉公司提供营销方面的帮助，包括提供它的几位最优秀的经理，帮助摩托罗拉赢得进入日本市场的政府许可并且获得所需要的使用频率分配。

④改善投资主体与东道国政府之间的公共关系。在很多发展中国家，东道国政府会出台相关政策限制国外投资者进入特定的产业。通过与本土企业

---

❶ 知识外溢是指包括信息、技术、管理经验在内的各种知识通过交易或非交易的方式流出原先拥有知识的主体。知识外溢源于知识本身的稀缺性、流动性和扩散性。知识外溢带来的最坏结果是知识资产流失、投入难以回收、竞争优势丧失等市场风险。

❷ 根据知识能否清晰地表述和有效的转移，可以把知识分为显性知识和隐性知识（Tacit Knowledge）。隐性知识（Tacit Knowledge）是迈克尔·波兰尼（Michael Polanyi）在1958年从哲学领域提出的概念。通常以书面文字、图表和数学公式加以表述的知识，称为显性知识。与之相对的，在行动中所蕴含的未被表述的知识，称为隐性知识。隐性知识对于组织越来越重要，它是企业创新的源泉，能够不断为企业带来竞争利益。

合资，则可以规避政府的这些歧视性待遇。

2. 缺点

①难以避免合作方的机会主义行为。合资企业毕竟是潜在竞争对手之间的合作，企业的建立主要是为了各自的战略需要或者解决一些暂时的困难。因此随着经营环境的变化和各自资源条件的改变，不同的投资主体之间为了自身利益最大化可能会陷入权力控制之争，从而影响国际合资企业的存续期限。

②企业内部难以协调。合资企业由多个投资主体共享产权，并进行共同管理，但是由于各方的投资动机、经营经验以及对企业未来的预期存在差异，导致在合资企业经营过程中内部难以协调统一，影响企业经营的效率。

③国家文化背景差异阻碍合资企业内部融合。对于国际合资企业而言，投资者具有不同的国家文化背景、社会价值观，可能进一步增加合资各方相互融合的难度。

④虽然合资可以较为成功地进入某个市场，以及获得相关经验和本地的专业知识，但出于市场准入目的而设立的合资企业具有相对较高的不稳定性。合资企业的不稳定性在于或是合资经营没有实现目标，或是合资关系终止，或是由于某个合资企业在经营中已经获取所需的相关资源与能力，已经不再需要存在合资关系的必要性了，进而还可能变更原来的所有权关系。例如，西北轴承曾是我国100家最大机械工业企业、轴承行业6家大型一档企业之一，是全国轴承行业首家上市公司。他们生产的铁路轴承曾经占全国铁路轴承市场的25%，在行业内举足轻重。但是，自2002年5月与德国企业合资以后，西北轴承未得到一点实惠，却饱尝苦果：连续两年亏损千万元以上，外资企业还利用亏损逼迫中方慢慢退出，将合资公司逐步变成德方独资企业。❶

（五）跨国并购

跨国并购（Cross-border Mergers Acquisitions），是指一国企业（又称并购企业）为了达到某种目标，通过一定的渠道和支付手段，将另一国企业（又称被并购企业）的所有资产或足以行使运营活动的股份收买下来，从而对另一国企业的经营管理实施实际的或完全的控制行为。随着自由贸易在全球市场的扩展，跨国收购的数量也在猛增。跨国并购为进入新的市场提供了捷径。

---

❶ 新闻分析：国企"跨国合资"的底线在哪里？[N]. 工人日报，2006-07-03.

1. 优点

①迅速扩张市场。并购可以使一国企业以最快的速度进入他国市场并扩大原有市场份额。如2001年法国达能集团（Group Danone）兼并美国麦克森饮料公司（Mckesson Water Products Mpany）后，成为世界上最大的矿泉水市场——美国矿泉水市场上第二大企业。

②有效利用目标企业的各种现有资源。目标企业在东道国一般都有比较成熟和丰富的资源，具体来说包括：成熟完善的销售网络；既有的专利权、专有技术、商标权、商誉等无形资产；稳定的原材料供应保障体系；成型的管理制度和既有的人力资源；成熟的客户关系网。这些资源的存在可以使并购方绕开初入他国市场的困难，迅速投入生产，完善和开拓销售渠道，扩大市场份额，减少竞争压力，这些都是其他跨国投资方式难以获得的。而且并购方能够有效利用目标企业的各种现有资源（包括既有的专利权、专有技术、商标权、商誉等无形资产）和有效降低进入新行业的壁垒，大幅度降低企业发展的风险和成本。2004年年底联想集团成功收购IBM的PC机业务，一跃成为年收入超过百亿美元的世界第三大PC厂商。

③可以打造完整的产业链，实现行业上下游之间的整合。例如，海航集团收购瑞士空港，主要是为了完善海航集团现有的航空、机场、物流和旅游服务产业链。再如，中国化工收购倍耐力是迄今为止中国制造业最大金额的海外并购案例，总交易价格71亿欧元。

2. 缺点

①并购成本非常高昂。跨国并购有着与国内收购一样的缺点，费用很高且常需要借债融资，例如，联想集团是以总价12.5亿美元收购IBM的全球PC业务，具体支付方式包括6.5亿美元现金和6亿美元的联想股票。

②跨国并购的谈判通常比国内收购更加复杂，目标公司所在国家的法规限制和能否获得谈判所需的准确情报也是企业面临的问题。例如，中国中海油集团对尤尼科公司的收购失败，说明了跨国并购的复杂性，企业还需要充分考虑政治风险。

③跨国并购后的整合也比国内并购复杂得多。并购后要对付的不仅是不同的企业文化，还有潜在的不同社会文化和习惯。因此，尽管通过国际并购能快速进入新的市场，但企业往往需要承担相当大的代价和风险。有效的并购整合非常重要，特别是企业文化整合。2002年联想对汉普咨询的并购导致许多原汉普高层管理人员和大批咨询师离职。原因就在于并购双方的企业文化严重冲突。汉普是一家以平等、更高自由为企业文化的知识型企业，而联

想则被普遍认为是以市场能力为本的强势控制力企业,两种不同企业文化的差异和冲突导致人员的大量流失。

④基于"国家安全问题"让并购搁浅。中国企业跨国并购的规模不断扩大,但据统计,我国企业跨国并购成功率并不高,真正算得上成功的并购仅占比33%,有67%的跨国并购不成功。例如,中海油并购尤尼科、中国西色国际收购美国尤金公司、华为和中兴等因"国家安全问题"导致收购业务搁浅等一系列跨国并购都遭遇失败。

(六)建立全资子公司

建立全资子公司是指企业在外国投资建立全资企业,投资企业占有100%的股权。

1. 优点

①借助子公司迅速地进入该国市场,东风汽车有限公司是中国首家拥有全系列卡车、客车、轻型商用车及乘用车产品的汽车合资企业,其商用车使用"东风"品牌,乘用车使用"Nissan"品牌。该公司于2011年10月20日在俄罗斯成立了第一家海外子公司,负责东风汽车有限公司在俄罗斯市场的汽车产品认证、市场研究、信息咨询、协调销售等经营业务;并陆续向俄罗斯引入东风汽车的商用车、轿车、新能源车等。

②企业具有独占所有权,不需要和其他投资者分享利润,有利于发挥企业以技术为基础的竞争优势。这是因为全资子公司可以将技术外漏的风险在制度上降至最低。

③没有合作伙伴,不会存在利益、目标等方面的冲突问题,子公司的战略与企业的整体战略更容易有机整合。投资企业可以对独资子公司进行严密控制,使之为企业的全球战略服务。

④企业采取这种最直接的方式进入国外市场,可以更直接、更全面地积累国际营销经验。

2. 缺点

①这种方式要花费更多的时间和精力去研究市场及投资回报,为了建立新公司,企业需要获取当地的知识和技能。

②存在由于业务量不足,无法得到目标回报的风险,或是目标国政府和公众可能不欢迎外来独资企业,不能得到当地合作者的帮助等。松下电器产业在2002年2月28日结束并关闭两家设在国外的传真机制造子公司:1989年成立的英国 Matsushita Graphic Communication Systems Ltd.(MGUK)和1987

年成立的新加坡 Matsushita Graphic Communication Systems PTE Ltd. (MGS)，❶关闭的原因就是当时对单一功能传真机的需求急剧减少，以及制造商越来越倾向于在国外生产，传真机的价格竞争越来越激烈。为此松下开始重新调整其在全球的生产体系，把在两家公司的传真机业务转移到菲律宾的子公司。

二、国际化进入选择的依据与影响要素

企业对国际化进入方式的选择受到多种因素的综合影响。这些因素大体上可以分为外部因素和内部因素两种。在外部因素中，目标国市场因素包括目标国的市场规模及潜力、目标国市场竞争结构等；目标国生产因素包括基础设施、生产要素的成本、质量与可供应性以及外部采购、销售等方面的协作条件等；目标国环境因素包括目标国的政治、经济、社会文化等特征，与本国地理上的距离等；本国因素主要是指本国的市场、生产和环境因素。内部因素中，企业产品因素主要考虑企业产品的要素密集度、差异性、技术内涵与年龄、地位、服务性；企业的资源包括企业在管理、资金、技术、生产工艺、营销技能、国际市场经验等方面的资源以及在国际市场上资源承诺的程度，这在一定程度上显示了在国外市场的公司战略、在国际组织中的地位、管理者的态度等。

综合上述内部和外部因素的分析，国际化进入方式选择的依据在于企业要考虑如何发挥优势和克服劣势。这些优势和劣势同样分为两个层面：一方面来自于国外层面的优势和劣势；另一方面来自于企业特定的优势和劣势。上述外部因素和内部因素的评估可以帮助企业确认进入国外市场在两个层面的优势和劣势。如果企业在资源不足的情况下可以选择成本较低的进入方式，出口就是其中的方式之一。如果进入市场的风险很大，企业则可以考虑合资的方式来降低风险。如果企业进入市场是为了学习和创新，则可以选择战略联盟或跨国并购的进入方式。考虑到中国企业仍然处于国际化的早期阶段，中国与其他国家在制度和文化上差异很大，因此，中国企业在选择国际化进入方式的过程中应该将适应和学习作为重要的考虑因素。

三、中国企业国际化创新战略面临的主要障碍

中国企业的国际化经营与全球著名跨国公司的国际化经营水平相比还存

---

❶ MCUK 和 MGS 均为松下电送系统公司（60%）和松下电器产业（40%）共同出资的子公司，前者于 1989 年成立，后者于 1987 年成立。前者主要向欧洲提供业务用普通纸传真机（包括耗材）；后者主要向包括日本在内的各国提供普通纸传真机（包括耗材）。

在较大的差距。影响中国企业国际化进程主要有以下方面：

(一) 品牌障碍

品牌价值是一个企业综合实力的体现。如何让自己的品牌得到海外消费者的认可，是几乎所有中国企业必须跨越的障碍。由于中国现代化建设和市场经济起步较晚，技术水平和品牌竞争力与欧美发达国家比有较大差距，而且生产方式多属劳动密集型和资源密集型，技术自主创新和品牌创建的起步较晚，所以世界知名品牌与欧美相比还比较少。

(二) 有关外资并购的法律体系不健全

我国还没有专门适用于外资并购的法律。从目前我国的立法实践来看，对外资并购还没有一套完善、严格的外资审批制度来进行规范，仅有几个用于调节外资并购活动的规章制度，如 2002 年 11 月，国家经济贸易委员会、财政部、国家工商行政管理总局和国家外汇管理局联合发布的《利用外资改组国有企业暂行规定》；特别是 2003 年 3 月 7 日颁布、4 月 12 日起施行的《外国投资者并购境内企业暂行规定》，成为我国第一部外资并购的综合性行政法规。综观这些法规，其规定原则性太强，缺乏可操作性。

(三) 企业产权不清，治理结构不健全

在企业产权不清晰的条件下，国际化进程本身就蕴涵了巨大的风险，企业组织也难以通过产权来实现对资源的内部化配置，并形成跨国直接投资的内部化优势。如股权结构的缺陷，目前我国企业的大股东平均控股比例大多在 50% 以上，这种特殊的股本结构使得外商想成为控股股东就必须取得较大比例的股权，无形之中增加了国际化进程的成本。外资企业若不能控制被并购企业，就无法获得转移技术和管理能力优势的收益，也无法把在生产经营、营销手段、售后服务等方面的经验嫁接到国内企业中来，跨国并购的优势就不能得到充分发挥。

(四) 会计准则存在国际差异

在当今世界，各个国家都会制定适合本国国情的会计准则，因而在各个方面也存在很大的差异。首先，如财务报表的格式，各国在资产负债表、利润表以及现金流量表的格式上都有不同，这也是跨国并购中编制报表的一个问题；其次，会计术语的差异也会给企业在跨国并购中造成混淆；最后，会计方法不一致，就使得跨国企业在合并财务报表的会计方法的选择上要酌情考虑。另外，不同的国家采用的会计年度也不一致，例如，我国的会计年度采用的是公历年制，日本采用的则是 3 月制，合并财务报表是以母公司的会计年度为准的,凡与母公司会计年度不一致的海外子公司,必须按照一定的程序和方法进行调整,使其与母公司的财务报表在会计年度上取得一致。除此之外,就会计本身而言,在经济全球化的背景下,国际会计准则的协调和统一似乎并不是一件难事。但是事实上压力很大,对许多经济大国来说,会计是一种商业语言,如果各国会计准则不统一,那么它们所提供的财务报表的可读性、可比性就会降低,同样对跨国并购中合并财务报表也会产生影响,对经济活动的全球性发展造成一定障碍。

(五) 资金障碍

中国企业在国际化经营过程中普遍面临资金不足的障碍,导致发展速度低,投资规模小,生产经营不成规模,海外并购对象质量不高等情况长期存在。

由以上所述可以看出,企业要进行国际化经营除必须要具备自身合适的基础条件外,还要熟悉并掌握国外的相关竞争法律制度。在国际化创新战略中,品牌占有着非常重要的位置,任何一个品牌要想被市场认可,必须具备良好的口碑效应以及广泛的认可度,这也需要坚实的知识产权支撑基础。

第二节　品牌与知识产权

一、品牌定义、与知识产权联系

(一) 定义

品牌英文单词 Brand 源自古挪威文,意思是"烧灼"。人们用这种"烙印"的方式来标记家畜,以与他人的私有财产相区别。到了中世纪的欧洲,手工艺匠人在自己的手工艺品上烙下标记,以便顾客识别产品的产地和生产者。在现代,品牌是企业最重要的无形资产之一,它是企业的形象,是企业与顾客之间的联系,是企业在消费者心目中形象的集合,是企业持续发展的最有力武器。

品牌的定义最早是从品牌的功能角度来界定的,美国市场营销学会(AMA, 1960)对品牌的界定为:品牌一是个名称、术语标记、象征或设计,或它们的联合体,目的在于确定一个卖方或一群卖方的产品或服务,并将其与竞争者的产品或服务区分开来。传统意义上的品牌,只是产品的补充。营销大师菲利普·科特勒（Philip Kotler）对品牌的定义是：品牌就是一个名字、称谓、符号或设计，或是上述的总和，其目的是要使自己的产品或服务有别于其他竞争者。❶

（二）品牌与知识产权的联系

第一，品牌是经营者最大的无形资产，其本质上属于知识产权。在国际公约对知识产权的定义中有明确定位。

第二，经营者品牌中的知识产权来自先进技术支撑、优良品质保障、诚信经营依托、先进文化铺垫、独特的创意综合等所形成的多维和多项知识产权的融合与集成。

第三，以知识产权集成为基础的品牌，与经营者的商誉❷是互相作用的，并借助于成功营销形成巨大财富。正如著名管理学家克拉伦斯·沃尔顿（Clarence Walton）所说："企业经理人应该用一种全局观点来看待企业的责任，因为在这种观点之下，经营者被看成是讲信用、讲商誉、讲道德的组织而不是赚钱的机器。"❸

二、品牌、自主知识产权与国际化

品牌是与经营者的有形资产相对应的无形资产，从法律角度上来说就是知识产权。❹从深层次上讲，品牌的知识产权属性，不只是体现在商品商标、服务标记、厂商名称和牌号等直接标识上。一个著名品牌依靠先进技术的支撑、优良品质的保障、诚信经营的依托、先进文化的铺垫，达到社会喜闻乐见的精神和艺术品位。所以，品牌是多种和多项知识产权的集成。❺国际品牌是先进生产力的代表，能成为国际品牌，就意味着在所在的行业或领域中处于国际领先地位。

自主知识产权主要是指国内企业通过技术创新所获得的知识产权，企业能控制和掌握技术创新成果，并且有转让、许可别人使用的主动权。由于知

---

❶ 刘伟雄. 对国内外 21 个品牌定义的评析 [EB/OL]. (2007-08-24) [2016-12-30] 中华品牌管理网.

❷ 商誉是指能在未来期间为企业经营带来超额利润的潜在经济价值，或一家企业预期的获利能力超过可辨认资产正常获利能力（如社会平均投资回报率）的资本化价值。好感价值论认为，商誉产生于企业的良好形象及顾客对企业的好感，这种好感可能起源于企业所拥有的优越的地理位置、良好的口碑、有利的商业地位、良好的劳资关系、独占特权和管理有方等。

❸ 王占坡. 合作价值观 [EB/OL]. (2014-08-18) [2016-12-30] 中国讲师网.

❹ 弓颖. 重视品牌企业知识产权保护的法律问题 [J]. 中国品牌, 2011 (1).

❺ 段瑞春. 创新型企业：知识产权与品牌战略 [J]. 中国软科学, 2005 (12).

识产权具有转让和许可的特殊性,拥有自主知识产权的企业就能够在国内国际市场中增强竞争力。自主品牌中最重要的元素是自主知识产权,不仅表现在独占品牌的法律所有权,更实质地表现在对自主知识产权和核心技术的拥有,以及对整个产业价值链的控制上。因此企业必须采取以下手段来使自主知识产权为企业品牌服务,进入国际化竞争。

1. 重视商标的国内外申请与维护

商标是企业品牌的一个组成部分,它只是品牌的标志和名称,便于消费者记忆识别。但品牌有着更丰厚的内涵。企业品牌传达的是企业的经营理念、企业文化、企业价值观念及对消费者的态度等,能有效突破地域之间的壁垒,进行跨地区的经营活动,是企业在产品日趋同质化的情况下,获取产品差异化的重要途径,并通过出色的差异化,在消费者心目中获得特定的位置,从而索取高价,最终获得超额利润的一种市场营销手段。企业的商标,作为其品牌和自主知识产权的重要组成部分,在市场竞争中发挥着重要的作用。企业商标的国外申请与保护,可以为企业积极参与国际竞争与合作创造更为有利的条件,而且对企业增强参与全球经济竞争的能力具有直接的促进作用。

2. 致力于"研发—生产—营销"

自主知识产权为经营者品牌的创造与运营提供科技支撑,而品牌有效运营所创造的级差利润又可促进自主知识产权的持续积累。所以企业要致力于打造"研发—生产—营销"这种一体化价值链协同创新的模式,以自主知识产权(尤其是专利技术、技术秘密等核心技术)支撑的企业品牌。

3. 从产品销售到品牌销售

从长远来看,一个经营者需要到全球市场上去出售强大的品牌,而不仅仅是产品(当然产品的质量、创新有助于品牌的发展)。以销售产品为主的经营者迟早会达到一个临界点——它的价格不再具有竞争性,到时它的经济效益将会萎缩,要获得更高的增长率也将变得异常艰难。但品牌却能够培养消费者的忠诚度,形成消费者的品牌偏好。雀巢咖啡(Nescafe)就是一个典型的例子。巴西生产的咖啡豆过剩,当时巴西政府为其消费不了的咖啡豆保存问题非常苦恼,大量咖啡豆只能充当燃料,巴西希望开发出新的途径以促进销售。1930年,巴西咖啡研究所同瑞士"雀巢"公司商量,请求他们设法生产一种加热水搅拌后立即成为饮料的干型咖啡。咖啡权威马克思·莫根特尔(Max Morgenthaler)立刻同他的研究队伍着手研究一种调配一杯高品质咖啡的方法——只需用水冲调、同时又能保持咖啡原汁原味的方法。经过在瑞士实验室长达七年的调查研究,最终他们找到了答案。雀巢咖啡(Nescafe)也成为世界知名的品牌。[1] 在消费者眼中，雀巢就是速溶咖啡的代名词。由此可以看出，尽管种咖啡的国家是巴西，创建咖啡品牌如世界销量最大的速溶咖啡的国家却是瑞士。

4. 重视知识产权的发展规划

建立品牌的经营者必须根据市场需求和变化对自身商业活动策略进行重新规划，根据现有的技术力量、物质力量、竞争形势、政策环境等，制定相适应的知识产权保护战略，与企业的长远发展战略相协调。品牌经营者要重视知识产权的发展规划，提高知识产权的权利意识，增强知识产权保护的主动性和能力。无论是建立全球研发格局，还是在国内实现产学研结合和产业链上下游经营者的产业协同，都必须解决利益分享机制问题。实践证明，法律框架下的合作是最有保障的合作。在国际通行的知识产权制度下，明确国外与国内、单位与单位、单位与个人、个人与个人之间的权利归属，进而实现创新成果收益的独享、分享和共享。经营者根据市场、经营和科研开发的情况，决定技术以何种法律状态投入市场，从而防范风险，学会利用法律武器来保护自己的知识产权利益不受侵害。

5. 加强品牌的创新与维护

品牌创立之后，并不是一成不变的，品牌的长远发展要依靠创新。以苹果公司为例，该公司把原来纯粹以技术为导向的创新转变为以客户为导向的创新，它让复杂的技术变得为大众所理解，让产品的操作更简单、设计更有品位，一切都以满足消费的需求为出发点，这成了苹果公司创新的源泉。事实上，在一些技术产品方面，苹果公司都是后来者。三星公司在1999年就开发出MP3，而苹果公司的iPod直到2001年才出来，但它加上了音乐下载功能，让消费者可以合法方便下载音乐，这样苹果公司不仅靠卖产品，还可以通过卖音乐来赚钱。短短3年内，它就创收近100亿美元，几乎占其总收入的一半。技术很容易被超越，需求也很容易改变，苹果的秘诀在于通过整合资源，引领改变，并在这个过程中不断积累竞争优势。品牌创新实质就是赋予品牌要素以创造价值的新能力的行为，即通过技术、质量、商业模式和企业文化创新，增强品牌生命力。在市场竞争日益激烈的现代社会，只有通过持续、稳定的创新，企业才能在市场上占有一席之地，企业品牌才能占有一定的市场份额。如果墨守成规、不思创新，必然会遭到市场的否定和淘汰。品牌的维护可起到保护品牌忠诚度的作用，当品牌进行延伸时，就可以利用

---

[1] 根据千腾网等网上资料进行整理。

品牌已有的知名度、美誉度以及忠诚度，以最少的投入迅速占领市场，提高新产品的开发及市场占有率。

第三节 从贴牌到创牌战略的运用

从传统贴牌（OEM）到新型贴牌（ODM）、再到产业升级（OBM），[1] 是企业不同发展阶段的不同经营方式和利润模式，企业在此过程中，要逐步过渡、交叉重叠式发展，积极稳健地向更高一级的经营方式和利润模式进行探索开拓。

一、传统贴牌 OEM

OEM 起源于英国的马狮公司，后来受到几乎所有全球性大公司的青睐，随着各种新兴行业的崛起，OEM 这种生产方式不仅在服装业，还在 IT、家电、汽车配件、玩具和日化等行业都获得了巨大的发展，成为现代经济组织的基本方式之一。[2] OEM（Original Equipment Manufacturer），英文原义是原始设备生产商，在中国往往从不同角度将其称为"贴牌生产""代工生产""委托加工"等。虽然称谓各异，其本质都是指拥有优势品牌的企业为了降低成本、缩短运距、抢占市场，委托其他企业进行加工生产，并向这些生产企业提供产品的设计参数和技术设备支持，来满足对产品质量、规格和型号等方面的要求，生产出的产品贴上委托方的商标出售的一种生产经营模式。OEM 是随着社会分工精细化而产生的一种现象，代表的实际上是一种分工和细化竞争的思想，其最大的特点在于实现了品牌与生产的分离，使生产者更专注于生产，品牌持有者则从烦琐的生产事务中解脱出来，而专注于技术、服务与品牌推广。

OEM 对于贴牌企业能在投资较少的情况下收效快，易于中小型企业的生存。在 OEM 模式中，企业的销售渠道有了保障，库存积压风险就变得较小。但从企业的一般发展规律来看，企业发展有不同的阶段，包括创业、发展、

---

[1] OEM：Original Equipment Manufacture，原始设备生产商；ODM：Original Design Manufacture，原始设计制造商；OBM：Original Brand Manufacture，原始品牌制造商。

[2] 谢泗薪，薛求知. 中国企业全球学习的国内攻略——从 OEM 到 OBM 的学习链接与战略升级 [J]. 研究与发展管理，2009（6）.

成熟、衰退等。在创业阶段，企业为了生存，为大企业做 OEM 生产，可以使创业企业起步相对平稳，并获得极好的锻炼和发展机会。

但 OEM 有一定的极限，等 OEM 生产达到了一定的规模和实力，企业的制造水平相当成熟，技术有了一定的积累，这时的创业企业就进入了一个相对稳定的发展时期，如果不及时改变经营方式，企业要想获得大的发展就比较困难，随着竞争的加剧和利润空间的不断缩小，企业的发展将面临危机。根据日本经济学家青木昌彦的说法，在全球一体化的大趋势下，利润将沿着产业链流向上游的标准制定者；自主品牌和研发能力将是企业的核心竞争力。重要科技业者宏碁集团创办人施振荣先生，在 1992 年为"再造宏碁"提出了有名的"微笑曲线"（SmilingCurve）理论（如图 1 所示），意味着全球生产模式和利润分配格局已经形成：掌握着渠道、品牌和标准的企业拥有最高的定价权，享受丰厚的利润；产业链的中端掌握研发力量的企业，拥有较强的讨价还价的能力，并赚取研发费用；产业链低端的企业只能利用生产要素廉价的比较优势赚取加工费用。

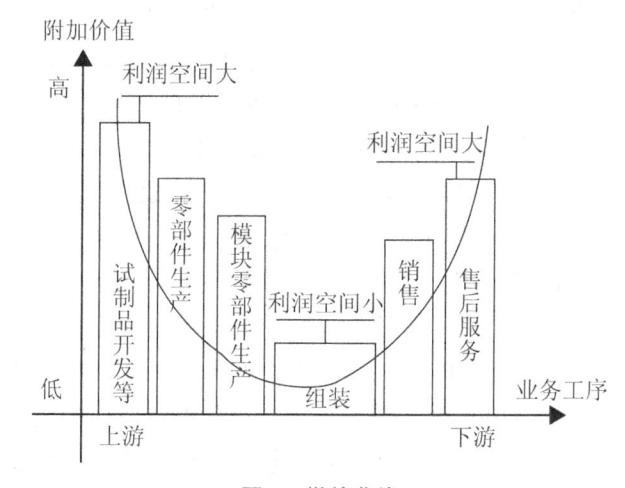

图 1　微笑曲线

图表来源：分析经纬艾略特波浪［EB/OL］.（2011-11-25）［2016-12-30］http：//www.fxeasy.net/wiki/.

二、新型贴牌 ODM

在企业经营中要制定出长远的发展战略，把对研究与开发的投入首要位置，充分利用 OEM 方式将企业的生产结构转化成能对市场态势发展作出快速反应的弹性结构，既在竞争中取得优势，又有利于资产的合理化配置。在企业 OEM 业务发展成熟，形成了自己的制造核心优势，在生产技术、工艺流程、企业管理、员工素质、质量控制、生产效率等方面达到国际同行业的水准后，便有了实力和资本迈向 ODM。

在中国 3G 牌照迟迟没有发放的大背景下，中国通信设备厂商都在为把目标转向海外出货而绞尽脑汁。中国通信设备厂商虽然拥有成本优势，但是其在海外市场的拓展并不如想象中的轻松。2005 年 11 月底，华为与沃达丰（Vodafone）签订"全球采购框架协议"；2006 年 2 月 15 日，沃达丰与华为签署 3G 手机战略合作备忘录。在沃达丰项目上，华为终端成立了包括市场、研发、测试、供应链等的跨部门团队与沃达丰合作。沃达丰的客户将在手机上只能看到沃达丰的标志，而并不能看到生产厂商"华为"的标志。沃达丰需要性能卓越而成本更低的手机终端，这也是沃达丰首款自有品牌的、面对个人用户的 3G 手机；而华为急需在欧洲市场上有更新的突破。华为无线终端营销工程部营销总监李承军说："从品牌本身来说，沃达丰本身的品牌不比欧洲任何一个手机品牌差，但是华为很清楚地知道，自己在欧洲终端消费品市场上，品牌肯定没有什么优势可言"❶。能拿下沃达丰的订单是对华为在传统路由器和基础电信设备以外市场扩张的肯定。华为高级副总裁郭平曾表示，"与沃达丰的合作有助于华为跻身全球顶级手机制造商的行列"。自动放弃全部商标权的做法显示出华为在海外扩张中表现出的灵通性。❷

ODM（Original Design Manufacturer），即"原始设计制造商"，是指某制造商设计出某产品后，在某些情况下可能会被另外一些企业看中，要求配上后者的品牌名称来进行生产，或者稍微修改一下设计来生产，这样可以使其他厂商减少自己研制的时间。承接设计制造业务的制造商被称为 ODM 厂商，其生产出来的产品就是 ODM 产品。与 OEM 不同的，ODM 是在生产过程某一环节拥有自有技术的新型贴牌。企业在生产过程中所使用的技术都是拥有部分或全部知识产权的自有技术，运用自有技术生产出的产品只要在产品性能上达到外商规定的标准，即可"贴牌"。我们把这种方式的贴牌生产称为"新型贴牌"。虽然这种新型贴牌也是一种合约制造或代工的形式，但与 OEM 生产相比，两者存在本质区别，主要表现在三个方面：第一，技术含量不同。传统贴牌生产运用的基本都是外来技术，几乎没有自有技术，而新型贴牌生产至少已部分地拥有了自有技术。第二，利润分配模式不同。传统贴牌生产

---

❶ 华为为沃达丰贴牌拓展欧洲首款 3G 手机 9 月上市 [N]. 第一财经日报，2006-05-26.
❷ 华为学会放弃　为巨头沃达丰贴牌生产手机 [EB/OL]. (2006-10-04) [2016-12-30] www.stnn.cc.

只是依靠廉价的人力赚取低廉的加工费，而"新型贴牌"因投入了自有技术而改变了利润分割方式和比例，赚取的利润中包含了科技附加值。第三，未来发展前景不同。传统贴牌生产只是一个学习过程，其发展前景很大程度上取决于企业能否通过学习过程获得有效的技术积累，并及时转变生产方式，及时"升级"技术水平；而"新型贴牌"已进入到技术的创新阶段，其发展的下一个阶段将是创建自有品牌。

三、产业升级 OBM

事实表明，各国企业在微笑曲线上的位置并不是一成不变的。因此，发展中国家的企业应勇于和善于进行产业升级，向产业链的高端发展。尽管由于历史、环境等原因，世界各国的要素禀赋不同，各国企业也形成了阶段性的比较优势。但产业链各环节的要素结构在不断变化，从而使全球产业链呈现动态的组合与创新。处于产业链低端的国家或企业有可能随着知识密集要素的培育、竞争优势的发挥跃升到产业链高端，依靠领先的技术以及对终端市场的控制把其他国家的企业纳入自己主导的国际分工体系中，从而形成新的产业链。而原来处于产业链高端的国家或企业也有可能丧失原有的优势，下滑到产业链低端，成为别国企业的"生产车间"。产业链的这种动态组合与创新是由经济全球化条件下国际分工特点及高端要素的能动作用决定的，也为产业劣势国家寻求、拥有产业优势提供了契机。

在 ODM 模式下，品牌仍然为发包者所有，代工企业对产品做渐进性的创新，但并不会基于 R&D 开发新的产品，因此并没有改变高级代工的性质。OBM 是产业升级的一个新阶段，通过 OEM、ODM 阶段，企业可一举打破外包业务所造成的代工与消费市场之间的隔阂，迅速了解市场，据此增加研发投入，积极学习和吸收先进技术，提高产品以及工艺的开发与设计能力，最后在此基础上重新定位，经营自身品牌，攀升价值链的高端环节，便可从 ODM 升级到 OBM。OBM（Original Brand Manufacturing）其涵义是生产商有自己的品牌，从生产、设计、品牌优势建立与购买者之间的联系。在 OBM 模式下，企业一方面具有强大的 R&D 能力，另一方面也具有以品牌和渠道为标志的强大的营销能力，在价值链的各个环节上都能够积极参与国际竞争。HTC（High Technology Computer Corporation），曾经垄断了 Windows Mobile 手机代工 80% 的市场份额，当时它凭借自主品牌在全球 Android 手机市场市占率已经达到 39%，并且作为一个强有力竞争者的态势来和众多对手相抗衡。代工企业能否成功进入自主品牌，取决于一系列的转换条件。

(一) 企业的学习能力

发展中国家企业需要培育进一步向产品分工的高端（如设计能力、研发创新能力和品牌运作能力等）自然延伸的动态学习能力，才能通过代工逐步积累参与国际市场竞争的组织能力。就发展中国家代工企业与发达国家企业而言，先进企业的发展水平也是向前移动的，只有比先进企业以更快的速度学习，才能缩小两者之间的差距；某些更为后进的欠发达国家的企业也在追赶，只有以更快的速度学习，才能保持发展中国家企业在国际分工中的相对位置。现有的代工企业在其代工历程中是否体现出高水平的学习能力，是它们能否抓住有利时机进入自主品牌阶段的重要因素。

(二) 开拓差异化市场

企业间单凭以经营效率为基础的竞争，会使竞争者之间的战略趋向一致，导致价格战、损耗战，牺牲企业长远的创新能力。发展中国家代工企业只有抓住市场变化中的新空间，避开原品牌商的竞争锋芒，发展新的适合自身的新品牌，才更有希望获得成功。这就要基于前期先进企业提供的技术和质量指导，实现差异化的技术改变，在既有的市场中挖掘新市场。代工企业可以通过建立在核心技术基础上的多种业务的动态组合，形成能力提升的互动效果，其战略的本质在于制造的垂直差异化和水平差异化，关键是贴近消费者和市场进行技术创新、服务创新和品牌形象创新。从自主品牌形成的市场基础来看，开拓海外市场也可以考虑从发展中国家市场入手，避开既有强势品牌在发达国家的正面较量，逐步提高在全球市场的占有率和知名度。在亚洲危机的背景下，为了扩大市场需求，三星根据消费者特质适时调整区域销售策略。在美国及欧洲一些受亚洲金融危机较小的发达国家，三星把产品撤出沃尔玛和 Kmart 等一些大型连锁商店，转移至百思买（Best Buy）等高端专业店销售，使顾客对三星的品牌联想由"低价格"转变为"高品质"。因为这些连锁店是以低价格作为号召力的，在连锁超市消费的客户也更看重产品的价格而不是产品的品质，这不利于三星高端品牌的塑造。

(三) 国家政策支持

从跨国企业或全球购买者来看，代工企业试图通过 OBM 参与市场竞争会成为其竞争对手，直接对他们的垄断地位和既得利益形成挑战，因此它们会采取知识封锁、威胁取消代工合同等多种手段对这一跨越过程进行阻碍和封堵。所以发展中国家企业在竞争中突破先进国家企业的壁垒创立有生命力的自主品牌，没有政府等外力扶持很难获得成功。日本政府对汽车工业自主发展一直给予强力扶植。在20世纪50年代前期，欧美汽车充斥日本市场。当时的日本政府为了保护本国汽车产业的发展，大力推行"国民车计划"，对进口汽车征收高达40%的关税，同时严格禁止外国资本渗透国产汽车工业。国内一些小汽车厂家为了生存，纷纷与国外厂家联手搞"事业合作"，惟有丰田依靠自身力量开发生产国产轿车。由于自主开发能力在这一时期得到了大力提升，丰田汽车在日本汽车企业中的竞争力取得了突破性的发展。

2007年，美国消费品安全委员会（CPSC）共发布453项产品召回或产品安全通报，中国产品被召回的通报最多，为299项，占该时期召回总数的66%。中国被召回产品中包括自主品牌产品和贴牌产品。中国出口中加工贸易即贴牌生产占有很大比重，而且贴牌产品的被召回不但影响中国生产商的利益，也损害了外包商的利益和品牌形象；❶ 自主品牌产品则影响了中国的自主品牌厂商的利益。召回的原因也许有很多种，但其中包含了国外政府的贸易保护主义行为。政府要强化与国外政府组织的沟通和协调，针对外国政府机构设置的日益苛刻的安全质量标准和检验检测手段，政府应加强与外国政府相关机构的沟通和交流，反对和抵制不合理的贸易壁垒手段；对国外质量安全的新标准以及新趋势及时向企业通报，以便企业能够迅速调整自己的生产，防止产品的召回。

第四节　经营者的融资与知识产权质押

融资是知识产权进入生产、流通和服务领域的先决条件。知识产权质押作为担保制度的一种新形式，在以技术创新为特征的现代社会中越来越受到欢迎，尤其是将知识产权质押引入金融信贷领域，为知识产权充分的、广泛的、多样性的运用，对于促进知识创新型社会的发展作用重大，无疑树立起一个全新的知识产权价值观。知识产权作为一种战略性资源，是增强国家自主创新能力、提高综合竞争力的有力支撑，2008年国务院发布实施的《国家知识产权战略纲要》明确提出要促进自主创新成果的知识产权化、商品化、产业化，引导企业采取知识产权转让、许可、质押等方式实现知识产权的价值。知识产权的投融资就是把知识产权与金融资本对接起来，把知识产权转

---

❶ 齐军领，范爱军. 中国贴牌产品召回与产品供应链管理 [J]. 求索，2010 (10).

化为生产力,实现其市场价值。这对推动企业知识产权的创造、运用具有重大作用,对推动企业的发展,转变经济发展方式,实现产业结构调整都将产生重要影响。

一、知识产权质押融资

质押是指债务人或第三人将其财产移交由债权人占有,以其作为债权担保的担保方式,而权利质押是指以特定权利作为担保物的质押形式,作为权利质押标的只能是财产所有权以外的具有交换价值的财产权。它必须具备两个要件:一是具有财产权,二是具有可交易性。

知识产权既具备财产权性质,又拥有可交易的权利,满足权利质押设立的条件可以设立质押。"知识产权质押融资"是一种区别于传统的以不动产作为抵押物向金融机构申请贷款的新型的融资方式,指企业或个人以合法拥有的专利权、商标权、著作权中的财产权经评估后作为质押物,向银行申请融资。作为一种新型信贷方式,知识产权质押融资对于解决科学成果转化创造了良好的条件。

知识产权质押主要体现在《担保法》和《物权法》中的"担保物权"篇中,如《担保法》第75条规定:"依法可以转让的商标专用权,专利权、著作权中的财产权可质押",这一内容在《物权法》第223条中得到重述。

在市场经济中,金融机构本身除有赢利的要求外,更注重风险的控制。在企业融资中,银行更青睐实体企业,担保方式上首选有形资产做抵押。由于知识产权融资存在种种不确定的因素,目前银行针对知识产权融资主要是采取组合式小额贷款的模式。

二、专利质押融资

据统计,2006年1月至2011年6月,全国累计实现专利权质押3 361件,而差不多同期,全国累计授予专利权202.8万件。也就是说,只有0.17%授权专利成功在市场上"变现",获得了信贷资金支持。[1]

2006年10月31日,柯瑞公司凭借其蛋白多糖生物活性物质的发明专利权从交通银行北京分行顺利获得了150万元的贷款,并成功签署了首个知识产权质押贷款合同。设定知识产权质押的目的,就是使质权人在债务人不能履行还债时,用知识产权变现来满足债权的实现。所以,专利权的有效流转,

---

[1] 知识产权质押为何"外热内冷"[EB/OL]. [2011-06-31] 中国经济网。

是解决专利权质押融资最后出口的根本途径。

从过往成功的专利质押融资成功经验来看,企业用于出质的专利权,应具备如下条件:一是已被依法授予专利权;二是专利权处于法定有限期限内;三是专利权不涉及国家安全与保密事项;四是授予专利权的专利项目处于实质性的实施阶段,如已形成产业化经营规模,具有一定的市场潜力和良好的经济效益,或已进行试生产,产品未来具有较大的规模经营和良好赢利潜力;五是须经批准的专利权已经获得有关部门批准。

三、商标质押融资

商标质押是一种具有创新意义的信贷品种,是指具有品牌优势的企业用已经国家工商行政管理总局商标局依法核准的商标专用权作质押物,从银行取得借款的一种贷款方式。实际上,企业利用商标进行融资事实上就是以企业的品牌进行融资,当品牌经过长期的发展和积累,有了较高的知名度、美誉度和忠诚度的时候,自然会在市场竞争中占据较大的优势。

2007年,世界最大的毛绒生产企业、在华东乃至全国久负盛名的恒源祥曾经拿着自认为价值6亿元的商标去银行办理担保贷款,却遭到银行的冷遇,没有人愿意接手。相比之下,美国可口可乐公司的前任董事长罗伯特·伍德鲁夫(Robert Woodruff)曾经说过:"即使可口可乐所有工厂一天早晨突然在大火中化为灰烬,但只要拥有可口可乐这块牌子,我可以肯定地向大家宣布:可口可乐很快可以东山再起,因为全世界的银行都会争着向可口可乐贷款。"[1]因为他知道银行家们了解可口可乐品牌的价值,可口可乐完全可以重整山河,再为投资者带来巨额回报。事实上,可口可乐这个假设包含着一个深刻的营销学原理,那就是"品牌价值与企业安全系数成正比",一个企业的品牌价值越高、影响力越大,这个企业生存的安全系数越高。这也意味着银行如果能够确定这个企业的安全系数非常高,融资难题就能轻而易举的破解。

若希望企业的商标更容易获得金融机构贷款,反担保也不失为一个解决对策。根据慧聪网[2] 2004年8月26日报道:湖南长沙某知名家饰用品公司通过与担保公司合作,将旗下股权与商标进行组合质押担保融资,顺利地与招商银行长沙分行签订了贷款协议,获得了1 000万元的流动资金贷款,以用于扩大再生产。该家饰用品公司向招商银行长沙分行申请期限为一年的1 000万

---

[1] 林海亮. 做品牌要一"名"惊人不要一名"惊"人 [EB/OL]. (2015-03-26) [2016-12-30] 搜狐网.

[2] 慧聪网网址是 Hc360.com。

元流动资金贷款。但考虑到缺少符合银行要求的不动产抵押物，该公司股东将其持有的公司75%的股权（约2 000余万元）以及其商标全部质押给担保公司，作为这1 000万元贷款的反担保条件。尽管该模式可以解决具有品牌优势的企业贷款难、担保难等问题，但这种方式的融资由于环节比较多，成本比较高。

四、版权质押融资

2010年4月《关于金融支持文化产业振兴和发展繁荣的指导意见》出台，文件明确要求金融业积极开发适合文化产业特点的信贷产品，加大有效的信贷投放，对于具有优质商标权、专利权、著作权的企业，可通过权利质押贷款等方式，逐步扩大收益权质押贷款的适用范围。版权质押的标的是可转让的财产权。

2007年华谊兄弟筹拍《集结号》以版权质押获得招商银行的5 000万元贷款，这是中国的银行首次为国产电影提供商业贷款。但从目前中国的版权融资环境来看，银行对于版权质押仍相当审慎。国家版权局版权管理司司长王自强（2009）认为"版权评估难是版权产业投融资获得大突破的重要原因"，[1]中国缺乏专业、中立的评估机构。事实上，当时首开先河的招商银行在与华谊兄弟的合作中采取了版权质押附加个人连带担保来控制版权质押的风险：王中军、王中磊兄弟和阿里巴巴董事长马云以个人名义担保，并且电影票房收入需要直接进入专设的监管账户；5 000万元贷款以每笔1 000万元的方式发放5次，且华谊兄弟只有在用完其自有资金后，才能动用银行贷款。招商银行还派专人随时检查拍摄过程，严格控制影片成本及支付进度。

按照中国目前的定价原则，交易价格是定价的重要参照。北方亚视资产评估有限公司副总经理郑传国（2011）表示："国外的版权价值评估包括对版权的经济贡献以及相关的专利、知识产权的界定，形成了很多方法。而国内主要的资产评估方法，具体要看版权作品所处的行业特性、文化企业特征、文化项目创作团队、版权归属，以及商业开发的前景预测和分析"。[2]针对影视融资情况，国际上，很少有公司法人代表或相关人承担无限连带责任这种做法，国外比较成熟的操作是：会有专门的保险公司和银行之间有直接关联，如果制片方无力还款，保险公司将向银行赔钱。同时，这家保险公司会找一家再担保公司，把自己的风险再度分散。此外，还有专门的票款保管公司，

---

[1] 版权产业投融资建设渐次铺开 [EB/OL]. (2009-08-27) [2016-12-30] 中证网.
[2] 郭安丽. 完善版权价值评估 助力文化产业融资 [N]. 中国联合商报, 2011-04-15.

作为管理票房收入款项的第三方机构,保证所得票房要优先用于还款。这样,银行放贷的安全性有了合理的保障。❶

五、其他知识产权融资方式

知识产权是保持企业竞争力和赢利能力的核心资产,不仅可以作为一种合法资产转让和交易,而且能够作为一种金融工具扩大企业的融资能力。

(一)知识产权证券化

资产证券化(AssetBasedSecurities,ABS)是证券化的一种特殊形式,指以特定资产为担保发行证券融资的方式,以特定资产组合或特定现金流为支持,发行可交易证券的一种融资形式,是20世纪重要的金融创新之一。传统的证券发行是以企业为基础,而资产证券化则是以特定的资产池为基础发行证券。当这种"特定资产"为以法律形式确认的知识资产时,即通称知识产权证券化(IP-Backed Securitization)。知识产权证券化是以知识产权在未来的收益为支撑,通过一定的证券化架构安排发行证券的一种融资方式。最早利用知识产权证券化的是英国的摇滚歌星大卫·鲍伊(David Bowie)。在1997年,鲍伊为了偿还政府债务,在美国著名的投资银行曾曼集团的建议和安排下,以其25张个人专辑的未来版权费收入为担保,发行了利率为7.9%、总额度为5 500万美元的10年期债券,史称"鲍伊债券"。鲍伊债券的发行使人们对资产证券化有了一个全新的认识,标志着一个新时代即知识产权证券化的到来。

知识产权证券化有利于促进知识产权的运用和后续研发,实现知识产权向现实的生产力和创新能力的转化。美国药业特许公司(Royalty Pharma AG)2003年收购了13种药品的专利许可收益权,并将其证券化为基金Royalty Pharma Finance Trust(RPFT),由瑞士信贷第一波士顿(Credit Suisse First Boston)发行了7年期和9年期总值达2.25亿美元的可转让投资债券(Variable Funding Notes)。2003年7月,标准普尔将此次证券化评级为AAA级,极大地鼓励了投资机构对新药的投资热情。知识产权证券化扩大了知识产权的交易市场,使企业获得更多的经济利益。

在中国目前的条件下,中国知识产权证券化更具有操作性的实践方向是,知识产权以企业信用而非独立的资产信用进行融资担保,以股权形式而非以

---

❶ 华谊融资样本:版权质押附加个人连带担保[EB/OL].(2010-04-16)[2016-10-11]每日经济新闻网.

■ 市场竞争法与创新战略

债权形式发行证券。[1]

(二) 产权拍卖与组合投资

企业还可以在自己的专利优势技术上,通过收购、兼并或者交换专利形成比较完整的"专利组合",通过寻求投资企业上市或者股份转让、拍卖等,获取更高利润。OceanTomo 公司于 2006 年 4 月推出知识产权拍卖服务,通过拍卖形式挖掘了专利在金融和证券价值上的潜力,使知识产权的价值杠杆作用向前迈了一大步。2008 年 OceanTomo 旧金山春季知识产权拍卖会,成交额达到1 963万美元;10 月芝加哥秋季知识产权拍卖会,成交额1 600万美元。除知识产权拍卖之外,OceanTomo 公司推出了专利组合投资、知识产权指数等新的商业模式,投资持有高增值潜力专利的公司,借此间接地使用这些专利。如果被投资的公司未能履行职责,OceanTomo 将有权拍卖专利使用权。OceanTomo 公司还与美国几家证券交易所合作,推出了"OceanTomo300"知识产权指数(IPindexes),专门对各大企业的股票价值进行评估,特别是评估上市公司的知识产权价值。这些知识产权的创新商业模式,扩大了知识产权价值实现的途径,使得知识产权从企业核心资产发展成为新的金融工具。

第五节 企业将商业秘密引入竞争的战略布局

商业秘密继专利、商标、著作权之后,成为知识产权体系中的第四大领域,商业秘密往往直接影响到经营者的核心竞争能力。

一、欧盟对商业秘密的统一性规定

2013 年 11 月 28 日,欧盟委员会发布一份提案,希望"就保护未披露的专业知识和商业信息(商业秘密),避免其被非法获取、使用和披露"制定一份指令。该提案反映了商业秘密在国际上的日趋重要性及人们对商业秘密保护的关注。

企业一直在研究和提出秘密的专门知识来保持自己的竞争力。目前,这种秘密的专业知识被窃取仍然对商业投资和知识产权带来严重威胁。来自欧盟委员会的评估结果显示,欧盟各成员国的商业秘密保护力度参差不齐。这

---

[1] 王岩. 知识产权证券化的现实思考 [J]. 电子知识产权, 2009 (12).

种保护不均的现状会打击企业开展跨境研究和知识交流的积极性，因为缺少统一性使企业对分享信息十分谨慎，特别是在研发领域。而上述提案中提出的法规将寻求设立能够确保对秘密专业知识遭侵占和滥用的情况给予充分法律救济的统一机制，从而鼓励企业在各成员国跨境从事创新活动。

作为商业秘密受到该指令保护的信息应符合以下几点：①该信息必须为秘密的；②必须因其是保密的而具有商业价值；③该信息所有者必须已采取合理措施保证信息的机密性。这一定义符合《与贸易有关的知识产权协定》对"未披露信息"的定义。指令还提出，未取得商业秘密所有者的许可是取得、使用和披露商业秘密构成非法行为的关键要素。指令还规定了商业秘密所有者所能使用的措施、程序和救济。这些措施包括在法庭诉讼中向司法机关提供保护商业秘密机密性的机制，以及对侵权产品颁布初步禁令和采取防范扣押。当颁布这些禁令或纠正措施时，司法机关要考虑的因素包括商业秘密的价值、用户保护信息机密性的举措、侵权者的行为、非法披露造成的后果以及双方、第三方及公众的合法权益等。对这些非法行为的救济还包括向商业秘密所有者给予损害赔偿金。

欧盟委员会希望，统一欧盟境内的商业秘密保护将有助于各行各业的大中小型企业继续开展研发、创新和合作。欧盟委员会的上述提案接下来将被递交给部长理事会和欧洲议会进行审议才能作为一项指令被通过。

二、对非技术类商业秘密保护战略

创业门槛较低而且新设企业较多的领域，大多基于创业者自身原有积累的一些商业信息和基础技能，在较低投入的情况下就可以开始运作的行业，例如人力资源猎头、企业咨询或商标代理等。此类经营者向客户所提供的产品和服务虽然也有区分度，但对其而言最为重要的财富，则是一些由创始股东自有或者公司发展过程中累积的信息资源，例如项目方案、投资计划、商业网络及客户名单等，这部分商业秘密客观上又极易被窃取且难以被发现。即便被发现，被侵权企业也难以证明侵权事实确实存在。以客户信息为例，由于绝大部分客户都不会只有一个供应商，一旦发生员工泄露或私自利用该信息为自己牟利的情况，受害经营者想要证明侵权行为存在并寻求法律的保护，最大的难点就是如何证明别人利用的信息就是自己公司耗费人力、财力形成的商业秘密数据。对非技术类商业秘密进行保护，其难度远大于对技术类商业秘密进行保护，一个很重要的原因就是企业难以在侵害后果发生后，从事实倒推侵害行为的存在，而技术类商业秘密，如专利技术在一定程度上，则是可以通过这样的方式证明的。因此,从设立之初开始,企业就应当在日常运营过程中通过各种方式建立一整套的商业秘密保护体系,并彰显此类商业秘密数据本身的独特性。一旦发生涉嫌侵权行为,它们将成为法院据以认定侵权事实并对受侵害企业提供法律保护的最核心的证据。

三、竞争中合理获取商业秘密

企业以正当手段获取商业秘密主要包括以下四种:

①他人经过独立开发、研制出对于权利人拥有的商业秘密相同的或者相似的商业秘密。

②经商业秘密权利人授权包括明示或者默示同意而获取该商业秘密。

③他人或第三人以善意的方式获取商业秘密,包括他人不知道或不应知道某信息是权利人的商业秘密而获取,以及第三人在不知道或者不应知道是以不正当手段获取商业秘密时从他人处获取的商业秘密。

④他人通过反向工程获取的商业秘密,反向工程是指通过对市场出售的产品或从其他合法渠道获得的产品进行解剖和分析,从而推断出商业秘密的行为。反向工程的前提是合法占有,对于黑箱封闭的产品,则不适用反向工程。黑箱封闭是指将体现商业秘密的产品出租时,权利人将产品密封于保密的黑箱之中,他人不得拆开或分解,否则即构成侵权。此外,获取记载或体现商业秘密的载体如信号、数据、图形、文件、模型或其他实物的行为,也构成侵权。

后　　记

笔者长期以来从事知识产权与竞争法、战略管理的教学科研与实务工作，将近二十载下来的一点心得，遂成此书。其中有部分内容曾在学术期刊上公开发表，并有转载、转摘、引用等；还有部分内容是笔者在企业战略规划实务工作中的一些经验之谈，这体现了学术界与实务界在一定程度上的认可。本书对竞争法的理论、制度与创新战略的系统进行了整体性阐述，尤其注重将我国新生的竞争法制度与创新战略制度结合起来展开解析，意图进一步提升笔者对竞争法与创新战略诸问题的认识和理解，也期待能够起到抛砖引玉的作用，为我国市场竞争法相关法律制度与市场主体的战略创新的进一步发展和完善，作出一点学者以及实务工作者应有的贡献。

本书内容是笔者为副教授期间所主持和参与的多项课题成果经验之谈，主持的项目主要包括：2014年广东省知识产权局软科学研究项目"广东省创新型企业专利商用服务平台构建研究"立项课题，2015年企业横向研究项目"品牌建设与创新战略"，2016年广东金融学院重点研究项目"高校知识产权管理人才培养研究——基于企业需求视角"，2017年广东省"创新强校工程"本科专业建设培育专项"电子商务与法律新专业课程建设与人才培养"；参与的项目包括2015年中共广东省委统战部"创新驱动先行　牵引广东新发展"专题调研项目等。在本书撰写过程中，其他主持和参与的项目也在研究与操作过程中积累了或多或少的经验，在这里不一一列举。

本书在成书过程中，得到了广东金融学院品牌建设与创新战略研究中心、广东金融学院法学院、中国民主建国会广东省委员会参政议政工作处、广东省战略知识产权研究院、广东金桥百信律师事务所与广州市花都知识产权文化研究院的大力支持，笔者向这些单位表示衷心感谢。在资料搜集整理过程中，得到了广东金融学院法学（知识产权）专业本科学生陈晓玲、陈朝霞、冯冬敏、郭斯斯、黄金杏、黄培、雷东翰、李伟业、马淑君与欧钊妍（排名按照姓氏拼音顺序）等的协助，笔者对他们的付出致谢！本书的顺利出版，得益于知识产权出版社的大力支持，感谢知识产权出版社崔玲编辑为本书付梓所付出的艰辛和努力。本书在写作过程中，参考、借鉴和吸收了其他学者的学术成果和相关案例，在此一并表示感谢！

笔者虽力求完善本书，但由于水平有限，书中内容难免粗浅甚或出现错误，恳请读者不吝批评指正！

唐　珺

2017 年 2 月